COLLECTION
FOLIO ACTUEL

Rémy Rieffel

Que sont les médias ?

Pratiques, identités, influences

Gallimard

Rémy Rieffel, professeur à l'Université Paris II (Institut français de presse), enseigne la sociologie des médias. Il est spécialisé dans l'étude des journalistes, des intellectuels et des rapports entre les médias et la culture.

INTRODUCTION

Compagnons de notre vie quotidienne, senti-
nelles de notre curiosité à l'égard du monde, les
médias nous sont aujourd'hui devenus aussi
familiers et indispensables que d'autres outils ou
objets domestiques. Soumis au flux incessant des
nouvelles à la «une» des quotidiens, des flashes
d'information à la radio, des messages diffusés
par les journaux télévisés, nous baignons dans
une atmosphère imprégnée d'informations, de
sons et d'images plus ou moins disparates : signe
tangible d'une mutation technologique et sociale
qui nous fait peu à peu entrer dans une nouvelle
ère, celle de la médiatisation. Pas un jour, en
effet, où nous n'éprouvions le besoin de lire ou
de feuilleter un magazine, d'allumer notre radio
ou notre téléviseur pour nous tenir au courant
de l'actualité ou tout simplement pour nous
détendre et nous divertir. Pas un jour non plus
ou presque où nous n'éprouvions le besoin d'être
en contact avec autrui par le biais du téléphone,
voire d'Internet ; où nous n'écoutions de la
musique sur notre baladeur, où nous ne bran-
chions notre ordinateur. Le principe de connexion

généralisée semble ainsi être devenu l'une des caractéristiques du mode de vie de l'homme moderne.

Rien d'étonnant dès lors, à ce que nous nous sentions tous autorisés, à un moment ou à un autre, à émettre un avis sur le rôle des médias dans notre vie personnelle et que nous soyons conduits à porter des jugements, souvent définitifs, sur leur influence dans la société actuelle. Car, ce qui fait l'une des spécificités des médias, c'est non seulement qu'ils se prêtent à des usages diversifiés, mais aussi qu'ils sont intensément investis de passions et de préjugés. Ils ne laissent, en tout cas, guère indifférents. Que doit-on penser de leur intrusion de plus en plus sensible dans notre existence ? De leur présence de plus en plus manifeste dans la vie publique, autrement dit dans l'activité de tous les protagonistes de la vie politique, économique, sociale ou culturelle d'un pays ? De leur influence sur les relations internationales et sur les échanges entre pays riches et pays pauvres ? Autant de questions, parmi d'autres, qui suscitent le plus souvent leur flot de réponses tranchées.

Un petit florilège de déclarations récentes sur le sujet attestera du penchant marqué, chez certains de nos concitoyens, à prononcer des jugements catégoriques. Prenons, pour commencer, l'exemple des hommes politiques. Michel Rocard : « À trop vouloir du sensationnel, les médias passent à côté de l'information proprement dite. Ils se contentent de reproduire des réactions sans les resituer et sans les confronter à la réalité... Il y a quelque chose de terrifiant dans la différence entre la réalité de la société et des enjeux politiques, et les simplifications produites par les médias. » Martine Aubry : « La médiatisation a tout changé. Elle a renforcé le sentiment d'urgence et le goût pour l'anecdote. Elle a aussi changé la façon de faire de la politique. »

Poursuivons par quelques propos d'intellectuels de renom. Jacques Derrida : « L'histoire de la télévision française, avec la multiplication des chaînes, la concurrence publicitaire, la cohabitation jalouse entre chaînes publiques et privées, a imposé un ajustement du discours et des images au niveau supposé (à tort !) moyen, ce qui veut dire aussi médiocre, des citoyens français... Les responsables des médias qui structurent le champ de l'espace public français mènent une véritable chasse à l'intelligence. » Marcel Gauchet : « Alors que dans un premier temps, les grands médias — surtout la radio qui est le média de l'époque des totalitarismes — ont suscité une peur terrible vis-à-vis de leur capacité de mobilisation, le développement des médias de masse a abouti à un résultat exactement inverse. Ils ont produit, la télévision en particulier, une démobilisation inattendue de nos sociétés, tant sur un plan politique que, plus profondément, civique. » Jacques Bouveresse : « Le pouvoir de plus en plus grand qui est exercé par la presse dans le domaine de la culture pourrait bien reposer essentiellement sur une usurpation de fonction. Il s'agit de contribuer à faire acheter et à faire vendre le mieux possible des produits qui ressemblent de plus en plus à tous les autres, mais il est essentiel que cela se passe sous le déguisement d'une contribution majeure apportée à la culture elle-même. »

Les jugements seraient-ils plus cléments du côté des professionnels des médias eux-mêmes, c'est-à-dire des journalistes ? Jean-François Kahn : « Franchement, je ne crois pas qu'il y ait une pensée unique. Mais un discours médiatique extraordinairement dominant, oui ! Sur l'immigration par exemple, il reste des points de friction importants : entre *Le Monde* et *Le Figaro*, on ne peut pas dire que les points de vue soient les mêmes... Reste que pour les gens, les médias, ce sont d'abord la radio et la télévision. Et dans ce domaine, on a l'impression d'un discours uniforme [1]*. »

Arrêtons ici la litanie des reproches et des accusations. Le diagnostic semble sans appel : les médias détiendraient aujourd'hui un véritable pouvoir et ce pouvoir serait globalement plutôt néfaste. Les médias s'exposent ainsi au soupçon de manipuler, d'une manière ou d'une autre, l'opinion ; les journalistes, à celui d'être des serviteurs plus ou moins zélés de la pensée conforme. Dans le domaine politique, ils encouragent la simplification et la caricature, jouent sur le sensationnel et l'anecdote, pervertissent le débat public et provoquent la démobilisation civique. Dans le domaine culturel, ils suscitent le règne de la médiocrité, favorisent l'émergence d'une pensée unique tout en se faisant hypocritement les hérauts de la défense de la culture. Ce portrait à charge des médias paraît assez représentatif de l'opinion couramment répandue : au lieu de favoriser une ouverture sur le monde, de

* Les notes sont situées en fin de volume p. 447 sq.

renforcer le pluralisme et la diversité des savoirs et des opinions, ils rétréciraient en fait notre champ de vision, empêcheraient de réfléchir et n'œuvreraient guère au bon fonctionnement de la démocratie.

Que penser d'un tel réquisitoire ? N'est-il pas envisageable d'évaluer à sa juste mesure, sans idée reçue, ni parti pris, ce prétendu « pouvoir des médias » dont on ne cesse d'instruire le procès ? Ne serait-il pas possible de dépassionner quelque peu le débat ? Sans avoir la prétention d'apporter toutes les réponses, on voudrait ici reprendre le problème à nouveaux frais, le remettre en quelque sorte à plat en tentant modestement de faire le point que ce que l'on sait et ce que l'on ignore à l'heure actuelle en ce domaine. Trop d'approximations et de caricatures circulent en effet à ce sujet, trop de jugements hâtifs sont émis à son encontre pour qu'on puisse généralement saisir les dimensions exactes du phénomène.

Il s'agit, à vrai dire, d'une question en elle-même éminemment journalistique dont les médias sont très friands, d'un thème pour le moins ambigu et obscur, charriant avec lui des représentations fantasmatiques, suscitant les croyances sociales les plus diverses et favorisant la création d'une véritable mythologie. La force de suggestion et d'évocation de l'expression « pouvoir des médias » est telle qu'elle donne lieu le plus souvent — on vient de le voir — à des appréciations négatives. L'opinion prête ainsi la plupart du temps aux médias un pouvoir tout-puissant, suspecte les journalistes de manquer à leur devoir d'objectivité alors que, paradoxalement, les recherches et les enquêtes menées sur ce thème depuis un certain nombre d'années aboutissent à des conclusions beaucoup plus nuancées. Cette discordance entre l'opinion commune et la connaissance savante ne doit guère étonner : elle témoigne simplement du fait que le succès d'une idée est souvent indépendant de sa scientificité. D'où une difficulté supplémentaire : comment faire la différence entre les croyances et les certitudes, entre les propos fantaisistes et les hypothèses avérées ? Quelle est donc l'essence de ce «pouvoir des médias», souvent assimilé dans l'esprit de nos contemporains à un «quatrième pouvoir» ? À côté des trois pouvoirs traditionnels (l'exécutif, le législatif, le judiciaire) existerait en effet un quatrième pouvoir, celui de l'institution médiatique elle-même, affranchie de tout contrôle puisque tirant sa seule légitimité d'un droit fondamental de la démocratie, celui de la liberté d'expression.

Afin de saisir la teneur exacte du phénomène, essayons d'abord de délimiter les contours de cette notion pour le moins équivoque de «pouvoir des médias[2]». Le premier problème qu'elle soulève est celui du *niveau d'analyse* dont elle relève. Parle-t-on du pouvoir des médias sur la société dans son ensemble ? Auquel cas son évaluation paraît quelque peu hasardeuse et délicate en raison de son trop grand degré de généralité. Évoque-t-on plutôt le pouvoir de ces derniers sur certains groupes sociaux (les électeurs, les jeunes, les femmes, la classe politique, etc.) ou sur certains individus ? L'appréciation portée variera alors en fonction du point de vue adopté et du type d'observation mobilisé.

La difficulté est ensuite redoublée par l'extrême diversité des *registres d'analyse* possibles. Si le «pouvoir des médias» s'applique à l'impact des médias écrits et audiovisuels sur les pratiques de travail et de loisirs, sa détermination renverra à l'analyse des attitudes et des comportements des individus. Si ce pouvoir est perçu comme susceptible de provoquer des changements d'intention de vote ou de jugements sur tel ou tel événement, elle se rattachera plutôt à l'étude des opinions. S'il suscite des transformations des normes sociales en vigueur, elle dépendra en revanche de l'examen des valeurs et des croyances. Attitudes, opinions, valeurs peuvent être tour à tour affectées par le pouvoir des médias ; encore faut-il être capable de distinguer avec netteté ces multiples registres.

Le troisième obstacle tient, non plus à la réception, mais *au contenu des messages* diffusés. Ce pouvoir que l'on attribue aux médias est en effet tributaire tantôt des mots et des images qu'ils transmettent, tantôt des représentations qu'ils véhiculent. Dans le premier cas, l'étude conduit à privilégier l'analyse des discours et des images (photographies, dessins, caricatures etc.) ; dans le second cas, elle suppose de procéder au déchiffrement de l'imaginaire social qui se dégage de certaines fictions télévisées, de certaines émissions de radio, voire de certains articles de journaux. Exercice pour le moins complexe et malaisé.

Le dernier problème a trait au type de *sup-*

ports ainsi qu'aux types de *producteurs* et de *diffuseurs* des messages médiatiques dont on parle, autrement dit à la connaissance des institutions et des acteurs censés exercer ce pouvoir. A-t-on à l'esprit le pouvoir de la presse ou, au contraire celui de l'audiovisuel ? Se préoccupe-t-on uniquement de celui de la télévision ? Veut-on saisir le pouvoir des journalistes, celui des producteurs et des animateurs de télévision ou, plus largement encore, celui des dirigeants du monde politique, économique ou culturel qui se servent des médias pour intervenir dans le débat public ? Parler «des médias» est alors souvent source de malentendus : il conviendrait, dans l'idéal, de bien différencier les supports dont il est question, de ne pas appliquer certaines considérations propres à la télévision au monde de la presse ou certaines spécificités du monde des journalistes à l'ensemble des professionnels qui travaillent dans les médias.

Toutes ces remarques au sujet de la notion de «pouvoir des médias» démontrent, s'il en était besoin, la forte polysémie et l'importante extension de l'expression. On ne sait jamais, lorsqu'on l'utilise, à quel niveau d'analyse on se place et quelle signification exacte elle recouvre. À se demander si cette formule, qui fait florès un peu partout, est vraiment utile et adaptée à la compréhension des phénomènes dont elle est censée rendre compte. Tentons d'y voir plus clair.

La notion de pouvoir, dans une stricte définition, suppose d'être en mesure de disposer d'un ensemble d'atouts et de ressources que l'on doit être à même de mobiliser par la force ou par la stratégie. Elle renvoie à une certaine capacité d'imposer à autrui un mode d'autorité, de domination ou d'obéissance. Les médias répondent-ils vraiment à cette définition ? Sont-ils réellement en mesure de nous contraindre à adopter un certain nombre de conduites et de pensées ? Dans nos démocraties, si l'on excepte quelques cas de figure relativement exceptionnels, rien n'est moins sûr. Ce n'est en vérité que par un abus de langage que l'on emploie l'expression « pouvoir des médias ». Sans doute serait-il préférable de lui substituer celle d'« influence des médias » dans la mesure où l'influence ne repose pas sur une obligation contraignante, sur une volonté de coercition, mais sur une forme de persuasion, de séduction ou de suggestion des individus.

Le « pouvoir des médias » en tant que capacité d'imposition de normes de conduite ou de pensée n'existe guère[3]. Si on l'assimile, en revanche, à une capacité d'influence sur les groupes ou sur les individus, nul doute qu'il s'exerce. On remarquera d'ailleurs au passage qu'avant de parler du « pouvoir des médias » (notion qui n'a émergé en France qu'à l'orée des années 1970), il a tour à tour été question du « pouvoir de la foule » ou « de la masse » (à la fin du XIXe siècle), du « pouvoir de la presse et de l'opinion » (au XIXe siècle et au début du XXe siècle), puis de celui des « moyens de communication de masse » ou des « mass media » (notamment durant les années 1950-1960), illustrant par là même l'existence d'une terminologie qui a tendance à fluctuer au gré des progrès technologiques accomplis et des caractéristiques politiques et sociales de l'époque considérée.

La perception de l'impact du phénomène médiatique n'est en effet rien moins que stable : le poids de la conjoncture influe fortement sur les représentations du « pouvoir des médias ». On est à cet égard frappé, lorsqu'on observe les discours tenus tout au long du xxe siècle à ce sujet, par la succession de jugements contradictoires, par la logique de balancier qui prévaut et qui fait alterner, selon les moments, vision manipulatrice et vision émancipatrice des médias. On a commencé par incriminer le pouvoir de propagande des médias, on a ensuite raisonné (après la Seconde Guerre mondiale) en termes d'effets limités des médias pour en revenir (vers les années 1980) à une interprétation en termes d'effets puissants. Les évaluations portées se sont à chaque fois développées en étroite liaison avec le contexte politique et idéologique propre à chaque époque.

Les discours tenus à propos de l'influence des médias tournent en effet toujours autour de la relation triangulaire entre pouvoir/démocratie/totalitarisme et donnent principalement lieu à deux types d'explication. On considère tantôt que les médias favorisent la discussion, la circulation de l'information et des idées et participent de la sorte à l'instauration de la démocratie ; tantôt qu'ils encouragent les tentatives de manipulation et qu'ils constituent des supports efficaces d'uniformisation des consciences. Ce sont donc les mêmes débats que l'on retrouve quelle que soit la période retenue et les mêmes débats qui continuent d'alimenter les controverses aujourd'hui.

Si la conjoncture politique et idéologique est un facteur déterminant, la conjoncture économique et sociale ne l'est pas moins. Les attentes de la société au sujet d'une meilleure connaissance de l'influence des médias ont constamment interféré avec les attentes des commanditaires d'études et de recherches sur ce thème : l'armée, l'administration, les hommes politiques et le secteur marchand (les annonceurs, les publicitaires) ont sans cesse éprouvé le besoin de connaître l'impact des techniques de persuasion et l'incidence de tel ou tel support sur le comportement du récepteur. L'entrelacement du discours professionnel et du discours savant lorsqu'on touche à cette question est donc une autre des originalités du problème. Le savoir aujourd'hui disponible en la matière est en effet le fruit d'un double apport : d'un côté, celui provenant des commentaires et des points de vue qui circulent dans la société sous l'impulsion des praticiens et des professionnels de l'information et de la communication (journalistes, animateurs, responsables de communication, sondeurs, publicitaires, etc.) ; de l'autre côté, celui émanant des travaux réalisés depuis quelques décennies par des chercheurs d'horizons divers (sociologues, politologues, historiens, sémiologues, etc.). Le caractère en quelque sorte mixte des connaissances accumulées constitue sans nul doute l'une des difficultés majeures de l'évaluation.

Les contours de la notion étant précisés, reste à mesurer la validité d'une analyse s'inscrivant dans une conception des médias qui appréhende ces derniers comme des outils de communication producteurs d'«effets» particuliers sur les individus qui les utilisent. Cette approche du problème vu sous l'angle des effets des médias sur les récepteurs traduit en fait très souvent une vision linéaire et verticale (du haut vers le bas) du processus de communication et ne correspond plus guère à la conception aujourd'hui en vigueur dans le milieu scientifique. À ce titre, elle s'apparente, d'une certaine façon, à un faux problème. Dit plus brutalement : poser la question du «pouvoir des médias» en essayant de repérer des effets imputables à la seule action des médias sur un certain nombre de phénomènes sociaux (la vie politique, la vie culturelle) ou sur une masse d'individus (les comportements de violence, les pratiques de vote) n'a de sens que si l'on déplace le questionnement en soulignant la variété des contextes et des postures de réception. Il faut, en d'autres termes, opérer un décentrement du point de vue ou, en tout cas, reformuler la question d'une autre manière, c'est-à-dire tenir compte de multiples facteurs d'ordre technique, économique, culturel, qui obligent à «recontextualiser» et à «complexifier» le phénomène.

Le «recontextualiser» d'abord. L'évaluation n'acquiert de véritable bien-fondé qu'à partir du moment où l'on cesse de considérer les médias en tant que tels, c'est-à-dire abstraction faite de l'environnement dans lequel ils se trouvent et indépendamment des acteurs qui y travaillent. Les médias ne se réduisent ni à un dispositif technique, ni à une boîte noire, situés en quelque sorte dans une totale extériorité par rapport au monde économique, social et culturel qui les entoure. Ils sont pris en charge par des acteurs et par des groupes sociaux qui les organisent, qui les développent et qui s'en servent avec plus ou moins de bonheur et d'efficacité. Évitons, par conséquent, de résumer le problème du «pouvoir des médias» à celui des seuls journalistes ou à la seule influence de la télévision! C'est l'ensemble de ce qu'on peut appeler la «configuration médiatique» qu'il faut prendre en compte (les techniques, les institutions, les acteurs, les messages, les récepteurs) et surtout les interactions entre ces différents éléments qu'il convient d'analyser. Il est donc nécessaire de raisonner de manière transversale et non plus verticale parce que ce pouvoir est le fruit d'une dynamique complexe entre des techniques, des messages et des individus, entre des informations, des croyances et des opinions. On ne peut plus l'isoler du système économique et industriel en vigueur, des langages (oraux, écrits, iconiques, audiovisuels) mis en œuvre et de leurs modalités d'énonciation, de l'éventail des opinions et des valeurs existant, de la multiplicité des pratiques de réception possibles.

Le «complexifier» ensuite. Le «pouvoir des médias», s'il existe, n'est pas un état de fait, mais un processus. L'information diffusée par les médias est susceptible de modifier nos connaissances, mais aussi nos préférences, d'engendrer des effets cognitifs, mais également des effets persuasifs. On ne peut sérieusement analyser ces phénomènes qu'en les appréhendant comme la manifestation d'une procédure de communication évolutive et changeante, qui s'inscrit dans la durée et qui s'étend de la production et de la diffusion des messages à leur réception plus ou moins diversifiée. C'est ce continuum entre production et réception qu'il est indispensable de décrire pour définir un tant soit peu la teneur du «pouvoir des médias». D'où l'obligation de faire appel aux avancées d'une pluralité de disciplines telles que l'histoire, l'économie, la sociologie, la sémiologie, la science politique, etc. que l'on retrouve aujourd'hui rassemblées dans ce qu'on appelle les Sciences de l'information et de la communication (SIC).

L'attitude strictement «médiacentrée», la focalisation du regard sur les seuls médias risquent fort de conduire à des déconvenues. Les médias ne sont que l'un des aspects d'un problème beaucoup plus large, celui de l'importance prise dans nos sociétés par l'essor du secteur de la communication (les médias traditionnels aussi bien que les technologies de l'information et de la communication (TIC) que sont le micro-ordinateur, le CD-Rom, Internet, le téléphone mobile, voire le magnétoscope ou le baladeur). Ce succès des instruments de communication modernes touche toutes les dimensions de la vie économique et sociale et concerne des sujets aussi différents que la gestion de notre vie quotidienne, les transformations des relations de travail, les modalités de diffusion des opinions, la constitution du débat public, les spécificités des échanges médiatisés à distance, etc. [4].

Prendre en compte la totalité de la configuration médiatique ; articuler ensemble la production, le produit et la réception des messages et enfin s'inscrire dans le domaine plus vaste de la communication : le défi peut sembler pour le moins ambitieux. Trop ambitieux sans doute. Aussi a-t-on volontairement restreint le champ d'étude et a-t-on procédé à un choix : celui de s'en tenir à quelques médias traditionnels (essentiellement la presse, la radio, la télévision sans véritablement traiter le cinéma et le livre) tout en les reliant, à certains moments, à l'environnement technologique des nouveaux réseaux de communication (la question des TIC n'est donc pas centrale ici, mais toujours présente). On a par ailleurs tenté, à partir d'une question en apparence triviale (quel est le pouvoir des médias aujourd'hui ?), d'élargir la perspective à la configuration médiatique en général en dégageant un certain nombre de questions implicites et en en dévoilant certaines des difficultés qu'elle pose. On a également cherché à constamment raisonner en termes de complexité parce que l'appréciation du pouvoir des médias — on ne cessera de le marteler — est un problème *multidimensionnel, complexe et ambivalent*.

On a enfin tenté d'esquisser des éléments de réponses en privilégiant à dessein deux directions d'analyse : d'une part, les rapports qui s'instaurent entre les médias et le politique au sens large et, d'autre part, les rapports qui s'établissent entre les médias et la culture. On a conscience, ce faisant, d'avoir écarté bien d'autres thèmes de réflexion avec toutefois le sentiment que ces deux axes de questionnement constituent aujourd'hui deux entrées particulièrement riches de leçons pour qui veut essayer de saisir ce que recouvre exactement le «pouvoir des médias». Ce choix méthodologique et théorique s'accompagne d'une volonté de multiplier les angles de prises de vue, de varier la distance focale en combinant études micro et macro-sociales. Il consiste à examiner avant tout la manière dont s'articulent, par le biais des médias, aussi bien les rapports sociaux que les mondes vécus, les logiques collectives que les logiques individuelles. La posture adoptée se veut en outre une posture critique à l'égard des médias dans le sens, non pas d'une dénonciation systématique de leur prétendu pouvoir, mais d'une mise à distance de l'objet d'étude, sans volonté de diabolisation ni d'angélisme à son égard.

Ajoutons, quitte à décevoir certaines attentes, que le problème du «pouvoir des médias» est, d'une certaine façon, indécidable. Il est en effet impossible de disposer de véritables certitudes en la matière parce que certaines questions sont par définition insolubles (comment, par exemple, déterminer, à propos de nos comportements, la part respective des médias par rapport à d'autres instances sociales telles que l'État, la famille, l'école, etc. ?) et parce que d'autres sont encore à l'heure actuelle à peine défrichées ou donnent lieu à des évaluations divergentes. Il est en revanche envisageable d'apporter sur certains points précis des éléments de réponses argumentés, de relever des tendances manifestes, qui devraient permettre d'éviter les jugements à l'emporte-pièce.

C'est la raison pour laquelle l'accent a été mis sur des exemples concrets et sur des études précises. Il faut, en ce domaine tout particulièrement, éviter les envolées lyriques ou les généralisations sommaires qui sont souvent le lot des vastes fresques aujourd'hui à la mode sur le développement de la société de l'information ou de la communication et s'efforcer, dans la mesure du possible, d'étayer les affirmations par des constats empiriques, par des faits avérés. Tant il est vrai qu'une théorie ou un discours général ne sont que des élucubrations s'ils ne sont pas confrontés au réel, attestés et validés par des preuves tangibles. Loin de la pratique courante des figures libres, celles de l'essayisme ou de la prospective, on a donc opté pour les figures imposées de l'analyse méthodique et rigoureuse.

Qu'on n'attende donc pas de cette plongée dans le monde des médias des conclusions définitives, mais plutôt une série de résultats ponctuels, des hypothèses de travail et des avancées provisoires. Les schémas et les discours simplistes du genre « la toute-puissance des médias sur les individus » ou « la manipulation du public par les journalistes » ne sont plus, au vu des apports récents de nombreux travaux de recherche, de mise. Ils représentent davantage une entrave à la compréhension fine des phénomènes qu'une évaluation scientifique du problème. Le « pouvoir des médias » ne se réduit pas à une relation univoque partant des médias pour aller vers le public, mais ressemble plutôt à un système d'interdépendances complexes et variables entre les médias, leurs produits et le public ou, si l'on préfère, à une configuration caractérisée par une série d'actions et de réactions, un ensemble de contraintes et de libertés, qui évoluent en fonction du contexte et de la conjoncture[5].

PREMIÈRE PARTIE

LE CONTEXTE

CHAPITRE 1

« LES MÉDIAS » EXISTENT-ILS ?

Le terme « les médias », francisé en 1973 et issu de l'expression « mass media », elle-même introduite en France dans les années 1950, est trompeur : il se prête à de multiples acceptions et interprétations qui fournissent d'entrée de jeu la preuve que toute tentative de définition unifiée s'avère vaine. Il est en effet aujourd'hui passé dans le langage courant sans que l'on s'interroge toujours sur ses nombreuses significations. Tout un chacun croit savoir ce qu'il recouvre alors que son sens et son extension varient considérablement selon les époques et selon les usages comme l'a montré Yves Lavoinne[1] en observant l'histoire du mot et son évolution sémantique. Les attentes du milieu politique, le discours des médias sur eux-mêmes, les perceptions du grand public préconstruisent les représentations que nous nous faisons des médias et contribuent à une certaine ambiguïté du terme.

À la fois technique (la presse à imprimer, les ondes hertziennes, etc.) et entreprise ou institution (Canal+, *Le Monde*, *Ouest-France*, etc.), les médias englobent à l'heure actuelle, selon *Le Petit*

Larousse, « tout support de diffusion de l'information (radio, télévision, presse imprimée, livre,
ordinateur, vidéogramme, satellite de télécommunication etc.) constituant à la fois un moyen
d'expression et un intermédiaire transmettant un
message à l'intention d'un groupe ». Le flotte-
ment terminologique auquel ce terme a donné
lieu[2] tout au long de ces dernières décennies
prouve que l'on s'attache tantôt au support et au
canal de transmission, tantôt à l'usage et à la production de sens.

Deux exemples parmi d'autres illustrent ce
constat. « Un média est d'abord un moyen — un
outil, une technique ou un intermédiaire — permettant aux hommes de s'exprimer et de communiquer à autrui cette expression, quels que
soient l'objet ou la forme de cette expression.
Mais un média se définit aussi par son usage,
lequel désigne un rôle ou une fonction ayant fini
par s'imposer, ainsi que la meilleure façon de
remplir ce rôle ou cette fonction[3] », note Francis
Balle qui privilégie une définition centrée à la
fois sur l'émetteur et sur les modalités d'expression qu'elle autorise ainsi que sur l'utilisation
qui en est faite. « L'existence d'un média renvoie
toujours à l'existence d'une communauté, à une
vision des rapports entre l'échelle individuelle
et collective et à une certaine représentation
des publics[4] », souligne pour sa part Dominique
Wolton, insistant sur les valeurs, les références,
les conceptions de la communication que véhiculent nécessairement les médias.

Les médias doivent donc être conçus, dans
un premier temps, comme un ensemble de tech-

niques de production et de transmission de messages à l'aide d'un canal, d'un support (journal papier, ondes hertziennes, câble, etc.) vers un terminal (récepteur, écran) ainsi que comme le produit proprement dit de cette technique (journaux, livres, émissions); dans un second temps, comme une organisation économique, sociale et symbolique (avec ses modalités de fonctionnement, ses acteurs sociaux multiples) qui traite ces messages et qui donne lieu à des usages variés. Une telle approche a le mérite de ne pas s'attacher uniquement à l'émission des messages ou à l'interface avec l'usager, mais de prendre en compte l'ensemble du processus depuis l'émetteur jusqu'au récepteur. Les médias ont par conséquent une dimension à la fois technique (matériels) et sociale (représentations) qui évolue en fonction du temps, de l'espace et des groupes sociaux qui s'en servent. Ils incarnent aussi, qu'on le veuille ou non, une certaine conception de la société et de la démocratie, une vision particulière de l'information, de l'éducation et du divertissement qu'on ne saurait négliger sous peine d'ignorer un aspect essentiel de leur identité.

On a eu l'occasion de le préciser en introduction de cet ouvrage: on se concentrera ici prioritairement sur certains médias traditionnels (presse, radio et télévision) tout en empruntant, de temps à autre, quelques chemins de traverse qui nous conduiront à évoquer d'autres instruments de communication comme Internet, lesquels s'inscrivent moins dans une logique de diffusion et davantage dans une logique de connexion. Reste que l'expression «les médias» désigne à l'heure actuelle une grande variété de supports et d'entreprises qui ne constituent pas à proprement parler un univers homogène. Bien au contraire, le monde des médias est pluriel, différencié et même parfois très éclaté. On voudrait ici montrer que ce mot courant et anodin masque en réalité de fortes disparités entre les supports, de sensibles différences dans les modes de positionnement à l'égard du public, d'importantes inégalités au sein de l'échelle interne de légitimité ainsi qu'une grande hétérogénéité des milieux professionnels qu'il est censé englober. Parler «des médias» en général est par conséquent une facilité de langage qui ne rend pas vraiment compte de la diversité des objets et des situations que le terme recouvre.

Une offre de plus en plus segmentée

Premier indice de la forte diversité du secteur médiatique : le morcellement grandissant de l'offre des journaux et des programmes. L'idée selon laquelle les médias présenteraient une offre globale relativement uniforme et pourraient être regroupés sous une dénomination commune ne résiste pas à l'analyse. Parler des médias en général conduit non seulement à sous-estimer les particularités des divers supports d'information (écrits ou audiovisuels), mais aussi, à l'intérieur des mêmes types de supports, à ignorer les différences de «ciblage» des destinataires. L'une des grandes tendances observables ces dernières années, en particulier en France, est en effet la

diminution progressive des médias dits générali-
listes au profit d'une offre morcelée et segmen-
tée. Pour bien saisir l'ampleur du phénomène, il
faut procéder à un examen précis des transformations de chaque secteur médiatique, en particulier celui des périodiques.

L'évolution de la presse magazine (on exclura
ici le cas de la presse quotidienne qui a pourtant
multiplié depuis quelque temps les suppléments
«Télévision», «Femmes», «Loisirs», etc. afin de
s'adresser à un public ciblé) constitue un bon cas
d'école en la matière. L'axe d'analyse le plus intéressant, ainsi que le suggère Bertrand Labasse,
n'est pas celui de la périodicité (quotidien ou
périodique), mais du degré de généralisation ou de
spécialisation des journaux. En moins de quinze
ans «les journaux s'intéressant à l'actualité générale ont perdu, globalement, 15 % de leurs ventes,
tandis que ceux se consacrant aux intérêts particuliers en ont gagné 15 %[5]». Le morcellement du
cadre commun de l'information semble être le
phénomène le plus marquant de ces dernières
décennies dans le secteur de la presse écrite.
Un certain nombre d'indicateurs confirment ce
constat.

La presse magazine apparaît pour le moins
diversifiée et foisonnante: il existe à l'heure
actuelle près de 3 600[6] titres de périodiques en
France. Certains domaines d'information ont
connu des changements importants. La presse
féminine, par exemple, qui est l'un des secteurs
les plus florissants, a vu ses titres généralistes
(du type *Femme actuelle*, *Prima*, *Marie-Claire*,
Elle, *Marie-France*, etc.) subir une certaine éro-

sion alors que ses féminins thématiques consacrés à la famille et aux enfants, à la santé, à la
cuisine, à la beauté, etc. montaient en puissance.
La diffusion globale des «féminins généralistes»
est ainsi passée, entre 1981 et 2001, de 210 millions à 172 millions d'exemplaires, soit une diminution de 18 %. Durant la même période, les
«féminins mode» ont connu une augmentation
de 63 % (de 45 millions à 73 millions d'exemplaires), les «féminins santé» ont vu leur diffusion
multipliée par trois (de 5 millions à 15 millions)[7].
Cette évolution s'accompagne d'une segmentation fine de l'offre en fonction de l'âge, du niveau
culturel ou de la catégorie sociale[8].

Parallèlement, les magazines dits «à pôle d'intérêt» qui regroupent de multiples sous-ensembles
(l'automobile, l'évasion et les voyages, les loisirs,
les sports, les animaux et la nature, les sciences,
la culture et les beaux-arts, les maisons et jardins,
etc.) se sont développés très rapidement ces dernières années. Les éditeurs de presse, soucieux
de rester en phase avec les changements des
modes de vie et de travail des Français, ont ainsi
accru le nombre de titres sur le marché en décli-
nant des thématiques de plus en plus fines. Pour
ne prendre qu'un exemple, pas moins d'une quin-
zaine de magazines traitent de l'automobile. La
spécialisation extrême est tout aussi manifeste
pour la presse dite de «de loisirs» (photo, tourisme, etc.). En moins de vingt ans, le nombre de
titres dans cette famille de presse a augmenté
de près de 134 % alors que l'accroissement de
leur diffusion n'a pas suivi le même rythme : les
titres sont donc plus nombreux à se partager le

même gâteau autour de thématiques plus poin-
tues[9]. En d'autres termes, la presse écrite joue
de plus en plus la carte de la segmentation de
son lectorat et offre un panorama relativement
éclaté.

Cette politique de «niches», pour reprendre le
jargon des stratèges en marketing, a également
été appliquée avec plus ou moins d'efficacité dans
l'audiovisuel. L'explosion de l'offre des radios
musicales sur la bande FM a sensiblement modifié l'écoute et conduit les radios privées à damer
le pion aux radios publiques. Les études d'audience régulièrement réalisées par Médiamétrie
sur les personnes âgées de 13 ans et plus montrent que désormais les stations généralistes
(France Inter, France Bleu, RTL, Europe 1) ne
représentent plus qu'entre 40 à 45 % de l'audience cumulée et que les radios thématiques
musicales telles que NRJ, Skyrock, Nostalgie,
Fun Radio et quelques autres réussissent à séduire
un public «jeune» fort important.

Le phénomène est tout aussi notable à la télévision. La preuve en est apportée par un professionnel de l'audiovisuel, Guillaume Durand, qui
bénéficie d'une longue expérience à la télévision :
« Il y a une segmentation des publics. TF1 est une
chaîne de centre droit, France 2 une télévision de
centre gauche ; les riches plutôt à droite se branchent sur LCI, les riches plutôt à gauche sur
i-Télévision. On observe le même phénomène du
côté des chaînes pour les jeunes... Il faut coller
à la demande. Et c'est difficile de respirer en
dehors de tout ça[10]. » L'éventail de plus en plus
large de chaînes thématiques sur le câble et sur le

satellite a en effet peu à peu transformé les conditions de l'offre de programmes et entraîné une nouvelle forme de consommation télévisuelle. Toutes les enquêtes prouvent que les chaînes hertziennes voient leur audience être lentement grignotée par celles du câble et du satellite proposées sous forme de bouquets (CanalSat, TPS). Le nombre total de foyers abonnés aux chaînes thématiques (RTL9, Canal J, Eurosport, LCI, etc.) est passé de 1,6 million en 1995 à 5,1 millions en 2002 [11]. La part d'audience des chaînes thématiques est particulièrement élevée chez les jeunes (45,3 % chez les 4-14 ans, 35,9 % chez les 15-24 ans), mais elle est également non négligeable chez les adultes (35,1 % chez les 25-34 ans, 32,4 % chez les 35-49 ans et 27,1 % chez les 50 ans et plus) [12].

Certes, contrairement à ce que prévoyaient quelques Cassandre, les chaînes généralistes hertziennes ne se sont pas effondrées et ont même plutôt bien résisté puisqu'une majorité de Français continuent de ne regarder que les six chaînes existantes. Leur lent déclin paraît toutefois inéluctable dans la mesure où le numérique hertzien (la TNT) permet désormais de recevoir chez soi une trentaine de chaînes. Il témoigne de la segmentation de l'offre des programmes tout comme de l'émiettement graduel de la consommation télévisuelle. En effet, les pratiques d'écoute flottante de la télévision, l'intensification et la banalisation du zapping, la constitution de vidéothèques personnelles, le téléchargement de la musique sur Internet, sont autant d'indicateurs d'une autonomie plus grande des consommateurs qui peuvent être interprétés comme des tentatives d'échapper à la culture de flot. S'y ajoutent une utilisation très personnalisée des baladeurs et des chaînes hi-fi ainsi qu'un usage intensif des téléphones mobiles. Autant de signes que le champ des possibles s'est étendu, que l'accès aux produits culturels s'est élargi et diversifié et que les contextes d'usage de la télévision notamment ont évolué.

L'essor récent d'Internet va dans le même sens. Ce dernier fait sans nul doute office de formidable instrument d'ouverture sur le monde et véhicule l'image d'un média à vocation universaliste. Mais à partir du moment où chaque utilisateur d'un ordinateur dispose de la possibilité de sélectionner des sites spécialisés qui l'intéressent, de se pencher sur des sujets de plus en plus étroits, l'hyperspécialisation risque également de s'accentuer : on s'achemine donc vers une individualisation croissante des pratiques. En effet, grâce au courrier électronique et aux forums de discussion où l'on peut exprimer ses émotions, ses passions, ses indignations, Internet contribue à renforcer la sociabilité privée, le repli sur des groupes de discussion circonscrits aux affinités communes. La mise en commun, à grande échelle, de préoccupations partagées n'est certes pas irréalisable, mais elle n'est peut-être pas aussi fréquente qu'on le croit.

Contrairement à certains médias traditionnels (journaux, radios ou télévisions publiques généralistes), Internet (mais aussi les télévisions privées et les médias thématiques) favorise en effet la logique de la demande au détriment de la logique de l'offre. Comme le souligne Dominique Wolton, si les nouvelles technologies obtiennent un tel succès, c'est parce qu'elles reposent sur l'idée d'autonomie, de maîtrise et de vitesse. Mais le discours ambiant sur l'accessibilité à tous est pour le moins illusoire : « il s'agit moins d'un effort de démocratisation que d'une spécialisation des informations en fonction des différents milieux solvables[13] ». Cette segmentation des contenus en fonction de critères économiques et sociaux démontre une fois de plus qu'Internet ne construit pas une représentation *a priori* de son public avec une intentionnalité particulière (des valeurs à défendre) comme dans une politique de l'offre : ici ce public est, par définition, indéterminé et illimité puisqu'il se trouve disséminé un peu partout à travers le monde.

Se pose donc la question de la survie des médias généralistes : la multiplication des médias spécialisés, l'émiettement de l'offre conduisent-ils inexorablement à leur lent déclin ? Certains le prédisent ; d'autres, au contraire, émettent des pronostics plus prudents parce que les pratiques médiatiques se jouent de plus en plus sur le registre de la souplesse et de la mobilité. Utiliser selon son humeur et selon ses souhaits, tantôt des médias généralistes, tantôt des médias thématiques devient une pratique de plus en plus courante et nullement contradictoire. En outre, l'hyperchoix conduit le récepteur, une fois passé le moment de l'enthousiasme et de l'euphorie, à restreindre au bout d'un certain temps le papillonnage. C'est tout naturellement qu'il fixera son attention sur quelques stations ou sur quelques chaînes privilégiées. Une preuve parmi d'autres : l'accroissement du nombre de radios thématiques n'a pas mis fin au succès des stations généralistes. Il l'a simplement relativisé. La segmentation de l'offre apparaît par conséquent inéluctable et confirme l'hétérogénéité des pratiques. Elle n'est toutefois pas exclusive du maintien d'une offre généraliste.

Des identités discursives variées

Une deuxième différenciation entre les médias apparaît lorsqu'on examine la manière dont chaque média gère l'identité qui lui est propre et celle avec laquelle il s'adresse à son public. Toute activité médiatique, nous rappellent les sémiologues, s'inscrit en effet dans un contrat de communication[14] singulier, c'est-à-dire dans une situation donnée qui nécessite l'observation de certaines règles et procédures. Lorsqu'on ne se conforme pas à ces règles, des quiproquos et des erreurs d'interprétation surviennent. L'exemple le plus célèbre est celui d'Orson Welles qui annonça à la radio en 1938 l'invasion des Martiens, provoquant ainsi un mouvement de panique chez nombre d'auditeurs américains : ayant pris au pied de la lettre cette information et n'ayant pas saisi son intention parodique, ces derniers ont été victimes d'une mauvaise compréhension du message médiatique. Chaque média, journal, radio, télévision, propose par conséquent à son public un contrat d'information reposant sur une visée informative (transmettre des nouvelles) et éducative (captiver le public potentiel) en essayant d'anticiper sur la réception ou, du moins, d'être en phase avec les attentes supposées des lecteurs, auditeurs ou téléspectateurs. Le discours médiatique est par essence polyphonique et non pas uniforme. Le support mobilisé n'est donc pas neutre : diffuser une information par le biais de l'écrit, de l'image ou du son entraîne des choix de mise en forme et des temporalités différentes. Chaque journal, chaque station de radio, chaque chaîne de télévision possède en quelque sorte son identité propre, sa tonalité immédiatement repérable par l'utilisateur. Trois principes directeurs définissent cette captation du public : la crédibilité, le spectacle et l'empathie [15].

Toute entreprise médiatique se doit d'abord de convaincre son public que les informations publiées sont sérieuses et fiables ; elle multipliera donc les signes d'authentification (référence aux sources, nom du journaliste, incrustation sur l'image de la mention « en direct », etc.). Le lecteur sait en principe faire la différence entre les informations du *Figaro*, de *Gala* ou de *France Dimanche*. En outre, chaque média joue plus ou moins sur la scénarisation et la dramatisation de l'information au moyen des titres de « une » ou de l'image choc : *Paris-Match* ou *Marianne* ne travaillent pas sur le même registre que *Ouest-France* ou *Le Point* ; Arte ne hiérarchise pas l'information comme TF1. Chaque média déploie enfin des signes de connivence et de complicité avec ses lecteurs ou ses auditeurs par le choix de certains thèmes, par la place accordée à certains sujets, par un ton privilégié : le *Vrai Journal* de

Karl Zéro sur Canal+ joue sur l'impertinence, le journal télévisé de 20 heures de TF1 sur le consensus, le magazine *Elle* sur un certain avant-gardisme, *Prima* sur un certain traditionalisme.

Les stratégies discursives mises en œuvre par les médias apparaissent donc très variées : c'est la raison pour laquelle, comme le rappelle Eliseo Veron[16], deux journaux qui s'adressent *a priori* au même type de lecteurs et qui traitent *a priori* les mêmes thèmes se distinguent par leur contrat de lecture, par leur mode de hiérarchisation de l'information et d'énonciation des faits. Chaque lecteur est fidélisé par un ton particulier, par un découpage du réel original, par un mode narratif singulier.

Chaque média est ainsi associé à une représentation particulière. Les sémiologues nomment cette figure publique l'«identité discursive». Celle-ci est synonyme d'une certaine promesse : lorsque j'achète *Public*, je sais que j'ai affaire à un magazine «people»; lorsque je lis *Le Canard enchaîné*, j'ai conscience d'avoir entre les mains un journal satirique livrant souvent des informations inédites sur le monde politique. L'identité discursive est une espèce de capital symbolique de chaque média, sa marque distinctive par rapport aux autres médias offerts sur le marché. Elle offre une image de soi, une sorte de carte d'identité et impose un style d'écriture journalistique qui se constitue dans le temps (numéro après numéro, émission après émission) et dans l'espace (mise en page ou mise en scène à chaque fois identique).

À la fois réalité matérielle et entité imaginaire,

elle repose, selon les distinctions proposées par Jean-Pierre Esquenazi[17], sur trois espaces différents. L'espace *indexique* d'abord, constitué par la recherche de l'information de la part du journaliste, par le lien tissé avec l'investigation de terrain, par la rencontre singulière entre l'informateur et le journaliste. Cette forme d'identité s'élabore essentiellement sur le mode descriptif du constat et consiste à rapporter les faits. L'espace *référentiel*, deuxième élément de l'identité, rend compte de la réalité observée, des circonstances, personnages et objets de l'actualité. Il se construit sur le mode interprétatif, porte sur la rationalité de l'explication, sur le récit et non plus sur la vérité des faits. L'espace *déictique*, enfin, représente les modes de relations instaurées par chaque média avec le public et ressortit, quant à lui, à l'ordre de la mise en scène de l'information.

Prenons des exemples concrets pour comprendre ces particularismes. Chaque média tente de trouver un certain équilibre en se servant simultanément de ces trois composantes ou, au contraire, en privilégiant uniquement l'une d'entre elles. S'il met l'accent plutôt sur les *nouvelles* (un fait tel qu'il est présenté par un média), il privilégiera *l'index*, à l'instar d'un journal tel que *Voici* dont l'originalité repose notamment sur sa capacité à obtenir des photographies de stars dans leur intimité ou, dans un autre registre, du *Canard enchaîné* qui noue des relations de complicité avec ses sources d'information. S'il accorde sa préférence aux *événements* (des systèmes généraux d'explication et d'enchaînement des nou-

velles qu'il rend ainsi intelligibles par une grille
de lecture particulière), il se concentrera sur
le référent, à l'image du *Monde* qui met en valeur
ses compétences analytiques, ses modèles d'interprétation. S'il s'appuie principalement sur le
dispositif lui-même (l'agencement matériel et
symbolique ordonnant et présentant l'actualité
— c'est-à-dire, pour la presse, la titraille, l'usage
des photos, les différences de présentation des
articles et, pour la télévision, la scénographie
du studio, le type de plans employés, l'attitude
du présentateur), il penchera du côté de *la
deixis*, comme le journal de 13 heures de TF1 qui
recherche avant tout à créer l'empathie et la
proximité avec le téléspectateur.

Certains médias réussissent tant bien que mal
à jouer de l'ensemble de la gamme des registres
possibles et à apparaître à la fois comme des
médias d'investigation (rapporter), d'interprétation (expliquer) et de relation (mettre en scène).
Mais, le plus souvent, leur identité discursive est
fondée sur l'un de ces registres qui crée ainsi
avec le public une certaine complicité. Celui-ci
considère le média qu'il a l'habitude de lire,
d'écouter ou de regarder comme son partenaire
et lui attribue une personnalité particulière, une
posture sociale dans laquelle il se reconnaît. Le
public du *Parisien*, de *Télérama*, de *France Soir*
n'est pas seulement définissable par des critères
socio-démographiques traditionnels (âge, sexe,
CSP, etc.), mais aussi par ce degré de familiarité
avec le journal qui s'est instauré au fil du temps.

Preuve, s'il en était besoin, de l'extrême variété
des stratégies et des conventions déployées par

les médias : quand on parle du « journal de PPDA » ou du « ton de *Libération* », on évoque d'une certaine manière cette personnalité médiatique qui fait la différence entre les organes de presse et on laisse entendre que chacun d'entre eux induit un rapport particulier à l'actualité. L'existence de ce « monde commun » entre le média et son public est le signe d'une connivence singulière et donc d'une originalité propre à chaque média. On peut dès lors distinguer plus en profondeur les caractéristiques spécifiques à chaque type de support médiatique.

Dans le secteur de la presse écrite, chaque journal représente à la fois une entité autonome et une variante à l'intérieur d'une collection. Sa mise en page équivaut à une mise en forme de l'espace[18] au moyen de son format, de l'utilisation particulière de la typographie, des titres, d'éléments visuels (photographie, dessin, infographie), de stratégies d'énonciation variées (narration, description, argumentation, registre de langue, etc.), de genres d'articles (portrait, reportage, interview, éditorial, etc.), de rubriques nouvelles. Les études du discours de presse montrent que depuis quelques décennies, se développent une nouvelle rhétorique de l'adresse au lecteur (« Impôts : ce qui vous attend ») et une survalorisation des titres (beaucoup plus accrocheurs que le contenu de l'article). « Depuis une vingtaine d'années, note Yves Lavoinne, les procédés de construction du sens évoluent sans cesse et présupposent toujours plus que l'ordre du journal est une structure qui énonce un certain rapport au monde, mais n'est pas une imposition de parcours. S'est en effet assez largement imposée l'idée que, loin d'être captif, le lecteur est sans cesse à captiver, que le sens qu'il construit repose sur des parcours en partie aléatoires[19]. »

Une station de radio, pour sa part, se caractérise, non seulement par son format (musical, d'information, etc.), mais également par sa couleur (voix, ton des animateurs, jingles, politique d'information, etc.) et par son mode de relation avec le public, souvent plus fusionnel que pour la presse écrite[20]. Le « grain de la voix » dont parlait Roland Barthes prend ici une importance primordiale au travers du timbre, de l'intensité, de l'accent, de l'intonation des intervenants. Bruits, sons, musiques sont le résultat d'une mise en onde qui différencie chaque antenne : l'identité de France Culture, par exemple, est aisément reconnaissable par ses auditeurs parce que le travail sur le son y est particulièrement approfondi et soigné[21]. L'espace phonique fondé sur l'immédiateté et sur la continuité de la diffusion favorise de plus en plus de nouvelles formes de dialogues avec les auditeurs considérés simultanément comme des interlocuteurs et comme des témoins. L'identité discursive et sonore des radios de la bande FM est, elle aussi, facilement repérable par l'auditeur : en dépit de la relative uniformité de la programmation musicale dont nous reparlerons, les différences de style et de ton sont nombreuses. L'auditeur perçoit immédiatement le contraste entre Fun Radio et Nostalgie ou entre NRJ et Skyrock.

La télévision, quant à elle, met, tout comme la radio, le destinataire de ses messages dans une relation de «co-temporalité» avec l'événement, donne un sentiment de co-présence en instaurant une relation forte avec le téléspectateur grâce notamment à la personnalisation du présentateur et de l'animateur qui servent de véritables supports d'identification. L'habillage de la chaîne, la tonalité employée, le dispositif de mise en scène[22], la régularité de certains programmes constituent sa «valeur» identitaire et favorisent la captation, voire l'attachement des téléspectateurs. Le passage de ce qu'on a appelé la «paléo-télévision» (reposant sur un parti pris pédagogique et sur une hiérarchie claire des émissions) à la «néo-télévision» (fondée sur la recherche constante du contact avec le téléspectateur et sur des émissions mêlant information et divertissement) illustre parfaitement le changement qui s'est produit avec le développement des télévisions privées : chaque chaîne prend désormais grand soin d'éviter toute discordance au sein de son identité visuelle et discursive. Si jamais l'une d'entre elles programmait une émission dissonante (Arte proposant par exemple une émission de téléréalité), le public en serait déstabilisé. Les téléspectateurs différencient donc immédiatement M6 de France 2, TF1 de France 3, Canal+ d'Arte : là encore, une relative similitude de certaines émissions ne doit pas occulter les différences identitaires. En d'autres termes, l'expression «les médias» recèle bien des nuances et des dissemblances entre les multiples supports qui se partagent le marché de l'information et du divertissement.

Une hiérarchie implicite des médias

Troisième indicateur de la diversité inhérente au monde des médias : l'existence d'une hiérarchie interne très marquée. Les médias français forment un univers singulier, structuré par une série de clivages professionnels, économiques et sociaux qui se traduisent par des principes de hiérarchisation particuliers. Ils sont loin de constituer un milieu uniforme et homogène : la diversité des situations et des légitimités saute aux yeux pour qui se donne la peine de regarder dans le détail le paysage actuel.

Le premier clivage[23] qui régit le secteur médiatique est celui d'une opposition entre les titres établis, jouissant d'une forte reconnaissance sociale, et les titres moins légitimes, souvent de création plus récente et au lectorat moins prestigieux. Dans le domaine des quotidiens, il est clair que le poids du *Monde*, du *Figaro* et de *Libération* auprès des élites dirigeantes et de l'opinion est largement supérieur à celui d'*Aujourd'hui*, de *France Soir* ou de *La Croix*. Il suffit, pour s'en convaincre, de relever le nombre de reprises médiatiques ou de citations dans les revues de presse radiophoniques dont bénéficient les premiers. Ces journaux disposent en outre d'un vivier de journalistes et d'experts réputés ont tissé avec leurs sources d'information des relations privilégiées et s'adressent à un public majoritairement composé de représentants des classes moyennes et supérieures. Leur influence dans le débat public est donc sans commune mesure avec celle de leurs autres confrères : ils donnent en quelque sorte le ton et orientent la sélection des sujets prioritaires. Le phénomène est également sensible dans d'autres secteurs comme celui de la presse périodique (le poids de *Biba* n'est guère comparable à celui du magazine *Elle* ; l'impact de *L'Express* est beaucoup plus fort que celui de *Marianne*). Mais comme cette dernière se renouvelle beaucoup plus rapidement que la presse quotidienne, les distinctions s'avèrent moins pertinentes pour les magazines qui n'appartiennent pas au domaine de l'information générale.

Dans le secteur de la télévision, les informations diffusées par TF1, France 2 et, dans une autre mesure France 3, exercent une influence beaucoup plus marquante que celles de M6, Canal+, LCI ou Arte. Là encore, la notoriété et la crédibilité des chaînes de télévision les plus anciennes et les plus installées dans le paysage audiovisuel font la différence (comme le prouve le sondage annuel réalisé sur la confiance des Français à l'égard des médias qui place, en matière de télévision, TF1 largement en tête devant France 2, puis France 3, Arte, M6).

Il existe bel et bien une échelle de légitimité au sein des médias qui rejaillit sur l'ascendant exercé par chaque titre ou par chaque chaîne ainsi que sur le travail des journalistes. Cette hiérarchie implicite est trop souvent oubliée lorsqu'on analyse le pouvoir des médias : certains supports disposent sans conteste de davantage d'influence que d'autres en raison de leur passé et de leur audience.

Le deuxième clivage renvoie au poids respectif des services et des rubriques à l'intérieur des rédactions elles-mêmes. Un média ressemble en effet à une structure gigogne composée de l'entreprise/des services/des rubriques : en fonction de son histoire, de ses traditions, de sa culture, chacun est organisé à partir d'une hiérarchie singulière et privilégie plutôt tel domaine que tel autre. Depuis le XIXe siècle, les journalistes travaillant dans un service politique ou international ont toujours été considérés comme des références au sein du milieu professionnel ou du moins comme des individus travaillant dans les secteurs les plus nobles du journalisme. Les journalistes les plus diplômés, et souvent issus des formations ou écoles reconnues, se dirigeaient prioritairement vers ces services. Ils exerçaient une espèce de magistère moral qui transparaissait notamment dans les éditoriaux censés privilégier l'analyse ou le commentaire sur la simple narration des faits. Les professionnels appartenant au service politique étaient en mesure d'obtenir assez régulièrement la priorité à la «une» du journal alors que la culture ou le sport étaient souvent relégués à la fin.

Or, depuis quelques années, ce classement est partiellement ébranlé : la politique se voit ainsi détrônée, dans certains cas, par l'économie, par les finances, voire par le social (secteur longtemps marginalisé dans la presse écrite[24]) dans les journaux dits de qualité alors que les faits divers ou de société continuent de tenir le haut du pavé dans les journaux plus populaires. La lutte entre services pour s'approprier tel sujet d'actualité fait parfois rage au sein des rédactions : lorsqu'un fait divers tel que l'affaire Alègre-Baudis[25] survient, les services « Société » et « Politique » tenteront, chacun de son côté, de s'accaparer le traitement du sujet. Les inégalités de poids entre services et rubriques, évidemment variables d'un support à l'autre et d'un pays à l'autre (certains quotidiens tels que le *Sun* en Grande-Bretagne et *Bild* en Allemagne ne jurent que par les faits divers alors que les quotidiens nationaux français sont plus éclectiques) traduisent à leur manière l'hétérogénéité du secteur et le caractère composite du milieu professionnel sur lequel on reviendra.

Un troisième clivage paraît tout aussi déterminant pour comprendre le fonctionnement des médias : celui qui oppose les entreprises prioritairement tournées vers l'information à celles qui sont axées sur le marché. Les premières développent une conception du journalisme fondée sur l'existence d'une déontologie rigoureuse (avec l'adoption d'une charte interne) et sur une visée normative[26] (informer et accomplir une mission). Les secondes, davantage imprégnées par la rationalité économique et par un modèle managérial de l'information cherchent avant tout la rentabilité et l'efficacité, c'est-à-dire l'accroissement des ventes ou de l'audience. Certes, cette distinction n'est jamais aussi tranchée dans la réalité, mais il est facile de se rendre compte, par exemple, que certains magazines publient des articles parfaitement « marketés » en fonction de la cible visée, que la publicité y joue un rôle majeur (alors que la presse des seniors

atteint difficilement les 20 % de son chiffre d'affaires en recettes publicitaires, les news se situent
autour de 40 % et certains féminins comme *Marie-
Claire* à près de 60 %[27]) et que l'information
répond à des objectifs préalablement définis par
les résultats de sondages. La comparaison entre
un magazine tel que *Télérama* et *Télé 7 jours* est
à cet égard sans équivoque : non seulement le
public des lecteurs y est très différent, mais en
outre, la conception de l'information à propos
des programmes de télévision y est diamétralement opposée. L'un joue sur l'analyse critique et
met en valeur des émissions telles qu'*Envoyé
spécial* ou *Thalassa*, l'autre fait sa manchette sur
des vedettes de la téléréalité et titre sur *La Ferme*.
Illustration parfaite de ce qui sépare journalisme
traditionnel et journalisme de marché, même si
ce dernier a aujourd'hui de plus en plus tendance à déteindre sur les pratiques professionnelles.

Quelles leçons peut-on tirer de telles disparités
au sein du paysage médiatique français ? D'abord
que cet univers est aimanté par certains pôles
plus puissants que d'autres et que le champ
magnétique de ce secteur n'est pas uniforme. Il
faut constamment avoir à l'esprit qu'à l'image
d'autres domaines d'activité, le monde des médias
est structuré par des rapports de force et de
domination et qu'il ne saurait être réduit sans
précaution préalable à l'expression un peu trop
commode « les médias » qui gomme les différences
et occulte les inégalités. Ensuite, que le cas français n'est probablement pas unique en son genre :
on trouverait sans doute de fortes similitudes

dans la hiérarchisation des médias dans d'autres pays européens, américains ou asiatiques.

Une forte hétérogénéité des milieux professionnels

La diversité des médias ne se résume pas à celle des supports et des tuyaux ou des contenus : elle transparaît également chez les professionnels des médias eux-mêmes. Arrêtons-nous un instant sur le cas de la télévision puisque c'est elle qui focalise l'attention et qui suscite le plus de commentaires.

Contrairement aux apparences et au discours ambiant, les professionnels qui y travaillent ne constituent pas vraiment une «grande famille». Faisant appel à une multitude de métiers et de compétences, les chaînes de télévision réunissent en réalité des individus aux conceptions de métiers, aux représentations du rôle de la télévision, souvent contradictoires, et tentent d'unifier tant bien que mal des intérêts souvent fort divergents. Responsables de programmes, producteurs, réalisateurs, scénaristes, animateurs, techniciens et journalistes composent une palette de métiers pour le moins bigarrée et un milieu professionnel sujet aux comportements tantôt corporatistes, tantôt individualistes. On ne dispose malheureusement guère d'étude récente sur ces différentes professions, mais les quelques enquêtes existantes[28] montrent que le milieu n'est pas vraiment unifié : le média télévision est un univers souvent impitoyable et parcouru par de nombreuses dissensions internes. Deux conceptions

de la télévision s'affrontent : d'un côté, les partisans d'une télévision messagère pour qui toute
émission (qu'elle se veuille informative ou dis-
tractive) est mise en scène en vue de transmettre
un message, de délivrer des connaissances et
de solliciter la curiosité du téléspectateur ; de
l'autre, les adeptes de la télévision relationnelle
qui joue sur le registre émotionnel et affectif,
qui recherche la relation et la convivialité avec
le téléspectateur[29].

En raison des transformations du marché du
travail et de l'industrialisation croissante de la
production, le milieu de la télévision a en tout cas
connu depuis quelques années de profonds bouleversements dont témoigne l'évolution récente
de certains métiers. Les animateurs, par exemple,
qui possèdent souvent leur propre maison de production, sont devenus des professionnels puissants au sein des chaînes de télévision, négociant
leur contrat avec âpreté et soignant leur image
auprès du public. Les réalisateurs, en revanche,
ont beaucoup perdu de leur superbe et de leur
pouvoir depuis les années 1970. Les scénaristes[30],
pour leur part, constituent aujourd'hui un groupe
flou et hétérogène, traversé de conflits généra-
tionnels et de rivalités professionnelles : la dévaluation de leur fonction, l'absence de véritable
reconnaissance (ils ont été supplantés par les
acteurs), la précarisation dont beaucoup sont
l'objet, les différences de conception du métier
entre les jeunes (baignant dans une télévision de
« formules ») et les plus âgés (nourris au principe
d'une télévision d'œuvre) sont autant de facteurs
qui expliquent leur désarroi et l'absence de cohé-

sion du milieu. Les techniciens[31] enfin (cameramen, monteurs), contraints de s'adapter aux nouvelles technologies numériques, sont également en proie à une certaine inquiétude. L'évolution de la vidéo a ainsi allégé et simplifié la manipulation des images et a en partie dépossédé les monteurs de la maîtrise complète de leur travail puisque les journalistes sont dorénavant capables, pour beaucoup d'entre eux, de se servir des caméras numériques et de participer activement au montage. Autant dire que les professionnels de la télévision sont soumis à de nombreux tiraillements et rivalités qui ne facilitent pas vraiment la cohésion et la convergence des points de vue : sociologiquement, ils constituent un milieu hétérogène et souvent conflictuel.

De son côté, la profession de journaliste concentre sur elle tous les regards et toutes les interrogations. Elle ne cesse de voir ses effectifs s'accroître depuis un demi-siècle : 6 836 journalistes en 1955, 13 635 en 1975, 28 471 en 1995, plus de 36 000 aujourd'hui. Elle possède certes une certaine unité en raison de sa propre histoire, de sa logique interne, mais au rebours des représentations courantes, elle est loin de former un corps professionnel homogène. Elle se caractérise plutôt par une identité professionnelle floue.

Les nombreux travaux menés depuis une vingtaine d'années sur le milieu des journalistes en France convergent vers le constat d'un relatif éclatement de la profession dont les raisons sont historiquement et sociologiquement fondées. Historiquement car le journalisme a toujours été une profession ouverte, perméable à des modèles extérieurs (écrivain, homme politique, avocat, intellectuel, etc.) et le journaliste, un professionnel partagé entre l'image de l'artiste et celle de l'expert (condensée dans la formule du «flâneur salarié»)[32]. Sociologiquement car les journalistes n'ont eu de cesse de procéder à un véritable travail de construction en tant que groupe professionnel clairement établi, gérant le marché du travail en fermant *a priori* le territoire par une déontologie rigoureuse, par la définition de certains savoir-faire, par l'institution d'une carte professionnelle. Mais la réalité est beaucoup plus complexe et les frontières s'avèrent en fait beaucoup plus souples et mobiles qu'on ne voudrait le faire croire. Cette fermeture apparente de la profession est davantage symbolique que réelle, plus imaginée qu'effective : elle donne lieu à des ajustements permanents en fonction de l'évolution des techniques et du métier et favorise ce que Denis Ruellan a appelé un «flou professionnel» volontairement entretenu[33].

Si l'identité professionnelle est si fragile et l'homogénéité du milieu si faible, c'est aussi en raison de l'absence de consensus sur de nombreux points fondamentaux : par exemple à propos de la formation des journalistes (pas de cursus type comme en médecine ou en droit), du contrôle des pratiques par les pairs (pas d'organe régulateur du milieu), de la déontologie (pas de normes de conduite unanimement partagées)[34]. Quoi de comparable entre un localier du *Bien public* et un présentateur du journal de 20 heures à la télévision ? Entre un rédacteur de *Femme actuelle* et un éditorialiste huppé du *Nouvel Observateur*? Peu de chose à vrai dire. La profession est scindée en de multiples sous-groupes, divisée entre journalistes titrés et anonymes, entre Parisiens et provinciaux, entre jeunes et vieux, entre journalistes «assis» (dans la rédaction) et «debout» (sur le terrain), entre salariés et pigistes, etc.

On distingue aujourd'hui *grosso modo* trois catégories de professionnels parmi les gens de presse. D'abord ceux qui appartiennent à l'élite de la profession, reconnus par la classe dirigeante et par le grand public, jouissant d'un statut et de rémunérations fort enviables, formant une minorité influente. Ensuite, la masse des journalistes rédacteurs-reporters, aux conditions de travail plus ou moins routinières, le plus souvent inconnus du grand public, mais constituant néanmoins le gros du bataillon de l'information. Et enfin, les marginalisés, pigistes aux revenus aléatoires ou correspondants locaux au statut précaire, soutiers de l'information représentant une main-d'œuvre bon marché. L'ensemble forme une mosaïque d'activités et donne l'image d'un groupe professionnel dont la solidarité est souvent de façade et dont les membres ont moins de points communs qu'on ne l'imagine.

Il faudrait, à vrai dire, davantage parler *des* journalismes (au pluriel) que *du* journalisme (au singulier) pour rendre compte de la réalité économique et sociale de cette profession. On a maintes fois souligné[35] que ce monde professionnel est à l'heure actuelle composé de cinq galaxies singulières avec chacune sa logique de fonctionnement relativement autonome.

La plus ancienne et longtemps la plus presti-
gieuse, on l'a dit, est celle du journalisme écrit
d'information politique et générale, censé exercer une fonction critique à l'égard du pouvoir,
mais souvent accusé de connivence ou de complicité avec la classe politique. Victimes de la
concurrence de la télévision et de l'élargissement
du champ de la communication, ces journalistes
(environ 13 % de la population) subissent aujour-
d'hui une perte d'autorité au sein de la profession
et de crédibilité auprès du public.

Deuxième secteur important, le journalisme
de radio et de télévision (qui représente respectivement 8,5 % et 12,4 % de la population totale
des journalistes titulaires de la carte professionnelle[36]), qui a dorénavant le vent en poupe, en
particulier les professionnels du petit écran. Travaillant dans l'urgence et dans un système de
compétition généralisée, ils disposent à présent
d'une légitimité certaine aux yeux de leurs pairs
en raison de la centralité de la télévision dans
nos sociétés.

Troisième univers à part entière, le journalisme de la presse régionale (environ 23 % des
emplois), qui prend ses racines dans les informations locales, qui vit de la proximité avec son
lectorat, de ses liens avec un territoire. Souvent
injustement décrié, il demeure une belle école
d'humilité pour les jeunes entrant dans la profession.

Les journalistes de la presse magazine dite
spécialisée (grand public, technique et professionnelle) forment, quant à eux, un monde professionnel en pleine extension puisqu'ils repré-

sentent près de 41 % des journalistes actuellement en exercice. Leur domaine de compétence
très varié (de l'éducation à l'automobile, de la
presse agricole à celle des « seniors »), leurs conditions de travail souvent dépendantes de la logique
marketing en vigueur, leurs rapports plus ou
moins étroits avec les sources et les annonceurs
publicitaires, en font des professionnels dont
le terrain d'élection est moins l'information
citoyenne que l'information de service.

Cinquième et dernière galaxie, celle des journalistes d'agence (6,1 % de la population totale),
dont on parle peu et qui jouent pourtant un rôle
clé dans la confection de l'information puisqu'ils
alimentent l'ensemble des médias écrits et audiovisuels. Astreints à l'anonymat, contraints à une
extrême rigueur, ils produisent des dépêches qui
sont des modèles de concision et de densité.

Cette répartition par secteurs d'activité spécifique ne doit cependant pas faire oublier que la
grande majorité des journalistes travaille dans
la presse écrite : en 1964 (première statistique
disponible), celle-ci accueillait 81,5 % d'entre
eux ; en 1999, 72,8 %[37]. Malgré une petite baisse
de ses effectifs, elle demeure le bassin d'attraction dominant au sein de la profession. Profession à vrai dire de plus en plus bousculée par les
transformations rapides du marché du travail
et de plus en plus exposée à quelques rafales
de vent déstabilisatrices. Celles-ci se traduisent
d'abord par une précarisation plus grande du
métier (près de 19 % des journalistes ont actuellement un statut de pigiste) ; ensuite par une augmentation, soit de la spécialisation, soit de la

polyvalence des jeunes journalistes. La concentration des entreprises, la diversification et l'ex-
ternalisation des activités risquent à terme de
se poursuivre parce que l'intensification de la
concurrence sur le marché du travail (ou plus
exactement sur les marchés du travail journalistiques dans la mesure où de nombreux sous-
marchés coexistent désormais) ne pourra que
s'exacerber[38].

Que conclure de ce premier tour d'horizon du
monde des médias en France ? Que certaines disparités d'ordre identitaire, économique, culturel,
existant entre les supports et entre les rédactions
dessinent finalement un paysage plus contrasté
qu'un premier coup d'œil rapide ne pourrait le
laisser supposer. Les différents aspects du secteur médiatique français évoqués témoignent en
tout cas d'une certaine segmentation de l'offre,
de fortes inégalités au sein de la hiérarchie des
titres ainsi que d'une relative hétérogénéité du
milieu professionnel. Ils incitent à utiliser l'expression « les médias » en gardant toujours à l'esprit le poids de ces particularismes. Il n'y a pas
les médias en général, mais *des* médias avec des
régimes de vérité, de crédibilité et de temporalité
différents.

CHAPITRE 2

LA MONDIALISATION
DE L'INFORMATION :
UNIFORMITÉ OU DIVERSITÉ ?

La mondialisation de l'information à laquelle on assiste depuis quelque temps a profondément transformé le contexte dans lequel évoluent aujourd'hui les médias. L'extension considérable du marché de l'information nous oblige en effet à procéder à un changement de perspective par rapport à certains modes de pensée traditionnels. On ne peut plus évaluer le poids des médias dans nos sociétés en se contentant de décrire les transformations internes qui touchent la sphère de la presse écrite ou de l'audiovisuel en tant que telle. Il faut, pour saisir tous les enjeux du moment, prendre en compte les innovations techniques, mais aussi les changements politiques, économiques et sociaux qui se sont produits au niveau international durant ces dernières décennies et relier le monde des médias à l'ensemble des mutations qui affectent les pays des différentes régions du globe. L'information franchit dorénavant toutes les frontières des États-nations, fait éclater nombre de barrières économiques ou culturelles, mettant ainsi à mal la pertinence des analyses qui en restent à des considérations strictement régionales ou nationales. L'univers des médias ressemble de plus en plus à un univers déterritorialisé et multidimensionnel, inséré dans celui beaucoup plus vaste de la communication dont l'extension et les ramifications paraissent infinies.

Les formes prises par cette mondialisation de l'information, qui est aussi celle de la communication, méritent toutefois d'être précisées. L'utilisation de ce terme a été précédée, si l'on en croit Armand Mattelart[1], par l'emploi du mot « internationalisation » forgé au début du XXe siècle, qui lui-même désignait le processus par lequel l'interdépendance des nations, engendrée notamment par les progrès technologiques, allait conduire à une sorte d'unification culturelle du monde. Le vocable de « mondialisation » est, semble-t-il, issu du mot anglais *globalization* (parfois également traduit par « globalisation ») qui a fait son apparition chez les spécialistes du management dans les années 1980 aux États-Unis et qui est défini comme un processus d'unification économique de la planète. Le mot « globalisation » est lié à un modèle de gestion de l'entreprise qui procède à la mise en valeur des compétences au niveau planétaire et qui renvoie à une conception totalisante, unitaire, de la réalité économique (la globalisation des marchés et des techniques). Cette vision tend à concevoir le monde comme un seul et grand marché unique qui s'accompagne d'une homogénéisation des comportements des consommateurs grâce notamment aux innovations technologiques.

Le terme « mondialisation », quant à lui, ne se rapporte en principe qu'à la dimension géographique ou géopolitique du processus, mais certains auteurs, tels que Manuel Castells[2], y voient aussi une forme de renouvellement du capitalisme qui fait passer chaque société nationale à un système informationnel bien plus vaste et efficace. Appliqué au secteur de la communication, le raisonnement en termes de mondialisation véhicule en fait une représentation du monde fondée sur l'image de la fluidité des échanges, de l'intensification des flux immatériels qu'incarne à merveille l'extension des réseaux de communication. Le vaste maillage de la planète par les instruments modernes de communication (satellites, paraboles, Internet, etc.) donne le sentiment que le fameux «village global» que prophétisait autrefois Marshall McLuhan s'est enfin concrétisé. Les années 1980 ont ainsi vu se répandre des télévisions «globales» (CNN, Disney Channel et quelques autres) qui, grâce au câble et au satellite, arrosent désormais de leurs programmes de très nombreux pays.

Or, cette métamorphose récente des économies et des sociétés due en partie à l'interconnexion généralisée des individus et à la vitesse de circulation de l'information nourrit une hantise : celle de l'homogénéisation de la planète. Qu'en est-il exactement ? Assistons-nous effectivement à l'émergence d'une société globale et à l'instauration, par le biais de la mondialisation des marchés et des médias, d'une culture universelle et monocolore ? L'impact de la mondialisation semble en réalité être à double tranchant : d'un côté, elle favorise une relative uniformisation des produits et des échanges, une standardisation apparente des contenus; d'un autre côté, elle fait surgir une segmentation des marchés, une fragmentation croissante du monde, des formes de résistance et de réappropriation localisée des biens culturels en circulation. Les polémiques à ce sujet n'en finissent pas d'alimenter les clichés et les fantasmes: raison supplémentaire pour tenter de voir plus clair dans ce dilemme entre uniformité et diversité.

UN « VILLAGE GLOBAL » ?

L'internationalisation et l'industrialisation du secteur

La mondialisation prend d'abord la forme de l'internationalisation des activités de communication. Jusque vers les années 1990, c'était autour de l'audiovisuel que se constituaient les grands groupes internationaux; à la fin des années 1990, ce sont surtout les secteurs des télécommunications et de l'informatique qui ont fait surgir de nouveaux acteurs mariant avec plus ou moins de bonheur contenants et contenus, tuyaux et programmes. On ne compte plus les rachats, les absorptions, les rapprochements ou les alliances qui se font et se défont, dans le domaine de la presse et de l'audiovisuel ou dans celui des télécommunications. Les producteurs de journaux, de films, de livres, de disques, de programmes sont aujourd'hui de véritables multinationales de la communication qui combinent des métiers jusque-là indépendants les uns des autres et qui se livrent à une lutte acharnée pour conquérir de nouveaux marchés.

Cette concurrence oligopolistique, illustrée par des mouvements de concentration verticale, mais aussi horizontale, fait que la conception, la production et la diffusion des contenus sont de plus en plus imbriquées. Ce qu'on a appelé la dynamique de la convergence entre l'audiovisuel, l'informatique et les télécommunications a ainsi donné naissance à un marché géant, décloisonné et à vocation planétaire[3] dans lequel la technique joue évidemment un rôle essentiel, mais où l'information et la culture tiennent également une place prépondérante. Cette convergence est loin d'être totalement réussie et se poursuit à l'heure actuelle selon des rythmes et des modalités variables. Pour en saisir toutes les incidences, il conviendrait évidemment d'analyser par le menu les différentes stratégies des acteurs dominants, c'est-à-dire celles des grands groupes de communication, des opérateurs de télécommunications tout comme celles d'ailleurs des États (au sein, par exemple du G8 ou de l'Union européenne) qui mettent en œuvre des politiques de privatisation dont on connaît l'importance. On se bornera à poser ici quelques jalons pour repérer les grandes tendances du moment[4].

Depuis quelques années, un certain nombre de grands groupes multimédias règnent en effet en maîtres sur le marché mondial de l'information et de la communication et détiennent souvent la totalité ou la quasi-totalité de l'offre en matière de presse écrite, d'édition, de télévision, de cinéma ou d'Internet. Facilité par la révolution numérique et par les politiques de déréglementation, le développement de ces géants de la communication se traduit par la domination d'une dizaine de groupes qui représentent (en matière d'équipements, de contenus et de réseaux) à eux seuls près de 80 à 90 % des marchés mondiaux dans le secteur des médias. Sans entrer dans le détail, rappelons tout de même que les trois pionniers de la convergence ont été d'abord AOL Time Warner, géant de la presse, de l'édition musicale et de la production de films qui a subi de lourdes pertes après la fusion ratée avec AOL; ensuite le groupe allemand Bertelsmann, premier éditeur mondial ayant également investi dans la télévision, dans la presse et dans Internet; enfin Vivendi Universal dont on connaît les déboires et qui a été démantelé en 2002.

Face à ces échecs, d'autres groupes ont préféré consolider leur position en évitant des alliances trop risquées et en pariant davantage sur leur métier d'origine: c'est le cas de Walt Disney (cinéma et télévision), de News Corporation (l'empire de presse et de télévision de Rupert Murdoch) et de Viacom (télévision et studios de cinéma) qui ont obtenu des résultats contrastés. Après l'éclatement de la bulle Internet qui a durement frappé la plupart d'entre eux, les conglomérats privilégient à présent leur équilibre financier si bien que les quatre grands groupes de médias américains que sont aujourd'hui Time Warner, News Corporation, Walt Disney et Viacom semblent être sortis de la zone de tempête. Ces firmes américaines sont de plus en plus présentes sur les marchés européens ou asiatiques et font preuve d'une nouvelle vigueur. Irriguant la planète de leurs productions en tous genres, elles semblent faire émerger une espèce de culture télévisuelle internationale issue des programmes hollywoodiens et fondée sur le modèle commercial américain. Elles détiennent, aux yeux de certains analystes, une forte puissance de rayonnement, contribuant ainsi à forger une matrice commune à la plupart des programmes qui s'échangent dans le monde. L'homogénéisation du monde paraît, sur ce plan, en bonne voie.

On en prend encore davantage conscience quand on se penche sur le cas précis des informations et des journaux télévisés. Les particularismes nationaux semblent en effet de plus en plus s'effacer lorsqu'on examine, par exemple, la manière dont l'information est traitée par certains médias à travers le monde. L'impression de standardisation de l'offre est alors dominante parce que les similitudes paraissent l'emporter sur les différences. Le contenu est globalement comparable d'un pays à l'autre et très dépendant de la logique commerciale. On en veut pour preuve l'étude réalisée dans le cadre du «Baromètre européen des médias[5]» qui a comparé la vision de l'actualité telle qu'elle a été offerte tout au long de l'année 2003 par les principaux quotidiens et par les journaux télévisés des chaînes de cinq pays européens (Allemagne, Espagne, France, Italie, Royaume-Uni), des États-Unis et de l'Algérie. Les résultats de cette enquête sont à cet égard édifiants. Non seulement l'information mondiale émane de quelques pays qui dominent le marché des nouvelles et des images (les agences et les télévisions des États-Unis et de l'Europe de l'Ouest) et qui délivrent un regard occidental sur le monde, mais surtout cette information, qui semble *a priori* abondante, n'est en rien diversifiée.

Les nouvelles diffusées sont d'abord limitées en nombre : on y trouve quelques accroches de politique étrangère, de politique intérieure, beaucoup de faits divers, de sport et de vie quotidienne, mais peu d'économie, de médecine ou de culture. Les événements internationaux sont ensuite vus et commentés par les chaînes qui les sélectionnent, principalement sous le prisme de l'intérêt national ou local. Les médias proposent en effet un regard volontairement restreint à leur zone de diffusion prioritaire : un tremblement de terre au Japon ne sera longuement traité sur les chaînes françaises que s'il y a des victimes françaises, les résultats d'une équipe de football espagnole ou anglaise ne seront abondamment commentés chez nous que si un (ou plusieurs) joueur français en est membre. Il en va de même pour les chaînes italiennes qui ne traitent en détail de la guerre en Irak que lorsqu'il y a des victimes italiennes ou des chaînes américaines qui ignorent superbement certains événements politiques ou culturels en provenance de l'étranger. Sous l'apparente profusion d'informations émerge une vision très formatée de l'actualité qui occulte certaines zones géographiques pour lesquelles les reportages sont rares (l'Afrique et l'Amérique du Sud sont, par exemple, réduits à la portion congrue), dévoilant ainsi une perception très nationale du monde. «Le problème du "regard unique", estime Laurent Gervereau, réside donc peut-être moins dans le fait que chaque événement international serait perçu partout de la même façon, que dans l'étroitesse — et donc l'incroyable sélectivité — de l'ouverture au monde des JT (à l'exception notable de l'Espagne) qui choisissent leurs sujets dans un stock lui-même limité d'images identiques et fabriquées par peu de personnes[6].»

Parallèlement à l'internationalisation de la communication que l'on vient d'évoquer, on observe un autre mouvement de taille, celui d'une recomposition économique qui prend la forme d'une industrialisation croissante du secteur de la communication. Ce dernier est en effet soumis à une reconfiguration des trois catégories d'industries qui le caractérisent d'habitude : les industries de matériel (informatique), les industries de contenus (programmes) et les industries de réseaux (télécommunications). On assiste depuis quelque temps à un déplacement du centre de gravité du secteur vers les industries de contenus et de programmes qui, soutenues par les compagnies de télécommunications et par les opérateurs de réseaux, se déploient de plus en plus efficacement à travers le monde. Comme le souligne Bernard Miège[7], la relation existant entre les industries d'information d'une part et les médias audiovisuels et les réseaux de communication d'autre part est dorénavant de plus en plus étroite car ces derniers ont un besoin important de films, de téléfilms, de produits éducatifs, de services en information. Cette industrialisation de l'information et des produits culturels (CD, DVD, etc.) se traduit donc par une relative domination des fournisseurs de programmes et entraîne dans son sillage un certain nombre de modifications des conditions de production et de diffusion de l'information.

On peut citer, parmi quelques-unes d'entre elles, l'accélération de la vitesse de circulation des messages, un élargissement des formes et des supports d'expression (textes, images, sons) et une individualisation progressive de la réception des programmes grâce à des pratiques de paiement à l'acte ou à l'abonnement suscitant le développement de ce que les spécialistes dénomment une «économie des compteurs». Parmi toutes ces mutations, il faut également mentionner l'essor des programmes de divertissement (*entertainment*) confectionnés selon le modèle américain des séries télévisées ou des reality-shows. Les marchés mondiaux de programmes audiovisuels sont largement constitués de programmes préalablement amortis aux États-Unis, mais d'autres pays tirent également leur épingle du jeu. Il suffit, pour s'en convaincre, de mentionner la très bonne tenue de l'industrie française du cinéma qui tient la dragée haute aux concurrents américains et qui a produit ces dernières années quelques films au succès éclatant (*Le fabuleux destin d'Amélie Poulain* ou *Les choristes*).

Résumons-nous. Deux phénomènes majeurs doivent être mis en avant: d'abord, l'intensification de l'internationalisation des activités de communication qui varie selon les branches;

ensuite le développement d'un environnement marchand et industrialisé. Tous deux participent à l'accélération et à l'augmentation des volumes d'informations échangées à travers le monde. Les principaux bénéficiaires en Amérique du Nord et en Europe en sont les membres des classes supérieures ou moyennes, généralement plutôt jeunes, diplômés et habitant dans des zones urbaines. Dans d'autres régions du monde comme celles des pays émergents ou des pays démunis, les écarts sociaux existants continuent à restreindre la possession et l'utilisation des nouveaux outils technologiques ainsi que celle des produits culturels ou informationnels à des catégories de la population minoritaires et privilégiées.

Entre le global et le local

Peut-on dès lors évaluer plus avant les conséquences de cet univers mondial de l'information et de la communication ? Celui-ci est-il vraiment engagé dans une uniformisation des standards et des produits ou, au contraire, propose-t-il une réelle variété des contenus ? Sommes-nous sur la voie d'une homogénéisation des comportements ou sur le chemin d'une fragmentation des audiences ? Autrement dit, sommes-nous définitivement soumis au règne de l'impérialisme culturel américain ou aspirés par une nouvelle forme de diversité culturelle ? Soulever ces questions, c'est s'interroger sur la signification ultime du processus de mondialisation de la communication dont on sait combien il alimente des débats passionnés et véhéments.

Rappelons d'abord que le processus de mondialisation n'a en lui-même rien de nouveau. Les historiens (comme, par exemple, Fernand Braudel avec la notion d'«économie-monde») nous ont appris que certaines zones géographiques ont pu, par le passé, acquérir une autonomie économique, prospérer grâce à la densité des liaisons et des échanges qu'elles entretenaient. Ils nous ont également fait prendre conscience qu'aux phases d'homogénéisation internationale ont souvent succédé des mouvements d'éclatement et de dispersion, que forces centrifuges et forces centripètes étaient constamment à l'œuvre dans l'histoire des sociétés. Les historiens de la pensée communicationnelle nous ont, de leur côté, enseigné que la métaphore des réseaux de communication abondamment utilisée aujourd'hui n'a en tant que telle rien d'original et que son apparition remonte en fait au XIXᵉ siècle (le télégraphe, à l'époque, a suscité autant d'espoirs qu'aujourd'hui Internet, les dispositifs techniques actuels sont simplement plus performants et plus rapides qu'autrefois). La mondialisation, au XIXᵉ siècle, était en réalité, si l'on en croit l'économiste Daniel Cohen, de plus grande ampleur qu'aujourd'hui et portait davantage sur les personnes car celles-ci quittaient souvent définitivement leur pays d'origine. À l'heure actuelle, elle porte plutôt sur les marchandises et est par ailleurs davantage virtuelle et immobile au sens où «c'est à la télévision, ou pendant les quelques semaines de vacances des touristes venus des pays riches qu'on rencontre les autres peuples», explique-t-il[8]. Il convient donc de relativiser la nouveauté de la représentation du monde comme celle d'un univers de plus en plus intégré.

Si le processus de mondialisation semble indéniable, il n'est toutefois pas aussi homogène et universel qu'on le dit. Il vaudrait mieux parler, comme nous y invitent certains chercheurs, d'une sorte de tension entre une homogénéisation globale (d'un certain nombre de produits) et une hétérogénéité locale (chaque région du monde est partagée entre tradition et innovation)[9].

D'un côté, en effet, la «culture-monde» (issue de la culture de masse qui a pris son essor à partir des dernière décennies du XIXe siècle[10]), semble bel et bien en voie de constitution si l'on en croit l'écho médiatique rencontré par certains événements récents. La retransmission planétaire en direct des premiers pas de l'homme sur la Lune (1969), la chute, toujours en direct, du mur de Berlin (1989), la vision instantanée des attentats terroristes à New York (2001), les obsèques du pape Jean-Paul II (2005), sans oublier la diffusion des finales de la Coupe du Monde de football, semblent attester que nous partageons émotionnellement, par images interposées, les mêmes drames et les mêmes joies et que nous sommes en quelque sorte immergés dans un espace médiatique commun.

D'un autre côté toutefois, plusieurs phénomènes marquants nous invitent à nuancer ce constat, en particulier l'émergence d'une nouvelle cartographie des flux télévisuels et le poids croissant des enracinements régionaux ou communautaires. L'un des faits significatifs de ces dernières décennies est en effet la diversification des pôles mondiaux exportateurs de programmes audiovisuels qui accompagne l'intensification des échanges. Ainsi que l'explique Tristan Mattelart[11], on a longtemps pensé la structure des flux télévisuels comme un système fondé sur la domination d'un centre, en l'occurrence les États-Unis, diffusant les programmes de cinéma et de télévision vers la périphérie, c'est-à-dire la plupart des autres pays. Avec l'apparition, au cours des années 1980, de nouvelles zones de production et d'exportation télévisuelles au Japon, au Canada, au Brésil, à Hong Kong, en Égypte et ailleurs, il a fallu quelque peu réviser et nuancer les analyses en termes de circulation des contenus à sens unique. Une nouvelle géographie des flux s'est mise en place qui tient compte des échanges Nord-Sud, mais aussi Sud-Sud.

Les spécialistes s'accordent pour dire qu'existe aujourd'hui une relative pluralité d'influences étrangères, certes toujours hiérarchisée en fonction de la suprématie des productions américaines, mais qui atténue quelque peu les principes de l'échange inégal. Le succès, par exemple, des *telenovelas* au Brésil est l'illustration de la capacité de certains pays du tiers monde à s'extirper partiellement de l'hégémonie américaine et à conquérir le public latino-américain. Si cette nouvelle cartographie des flux est aujourd'hui reconnue, le sens profond de son évolution continue en revanche à faire l'objet de débats contradictoires. Retenons, pour l'instant, que les diagnostics en termes d'uniformisation culturelle doivent être quelque peu reconsidérés à la lumière de ces changements récents.

Autre nouveauté: les flux audiovisuels sont certes internationaux, mais deviennent aussi de plus en plus transnationaux. En effet, les émissions et les programmes déjouent les frontières habituelles, notamment grâce aux nouveaux outils technologiques de captation et de réception (antennes paraboliques) à la disposition des usagers. C'est ainsi que des radios internationales transfrontières ont exercé ou exercent toujours des fonctions multiformes (parfois subversives, parfois plus conformistes) dans certains pays. Ce fut le cas en Europe de l'Est où Radio Liberty ou Radio Free Europe ont favorisé la résistance civile au sein du bloc soviétique ou encore en Afrique noire avec des stations comme la BBC, Voice of America, RFI, qui sont attentivement écoutées par les populations locales. Certaines télévisions occidentales pénètrent également dans des zones de plus en plus étendues, à l'instar de CCN qui est aujourd'hui captée dans de très nombreux pays, ou de RAI Uno, par exemple, en Tunisie. Quant aux télévisions panarabes telles que MBC ou Al Jazira, on connaît désormais leur audience et leur forte influence dans les pays arabes, mais aussi dans certains pays occidentaux.

La multiplication des chaînes par satellite de par le monde change sans conteste le rapport de nombreuses populations à l'information et au divertissement, tantôt encourageant l'émancipation, tantôt renforçant la dépendance. Le bilan, en ce domaine, s'écrit en effet en demi-teinte. S'il ne fait guère de doute que, dans quelques cas de figure, les médias audiovisuels transnationaux ont contribué à ébranler certains régimes politiques, il est par ailleurs établi que leurs programmes sont souvent instrumentalisés par les gouvernements autoritaires en place. On sait en outre que la standardisation de certains produits culturels et informationnels n'entraîne pas automatiquement une homogénéisation des pratiques, en raison notamment de la fragmentation des audiences et de certaines formes de résistance du public.

L'autre facette de la mondialisation de la communication et de la diffusion quasi universelle de produits culturels en tous genres (séries télévisées, films, annonces publicitaires de grandes marques internationales, etc.) est en effet constituée par la multiplicité des pratiques de réappropriation dont peuvent parfois faire preuve les usagers des médias. On s'est peu à peu aperçu que la «communication-monde[12]» pouvait entraîner des réponses singulières de la part de certaines régions du globe. Les stratégies des multinationales de l'industrie de la communication et des loisirs, les manœuvres des dirigeants d'entreprises spécialisées dans la culture et le divertissement se heurtent souvent à des stratégies d'adaptation de la part de quelques marchés régionaux. Certaines régions géographiques sont ainsi unies entre elles par des liens culturels et linguistiques et ont tissé leur propre mode de relation avec le niveau global : ces marchés géo-linguistiques donnent alors naissance à des chaînes de télévision panarabes, pan(latino-)américaines ou panasiatiques.

Plus fondamentalement, la complexité des

interactions entre les flux transnationaux et
les logiques locales se traduit quelquefois par
des formes d'hybridation culturelle tout à fait
inattendues (que d'aucuns dénomment aussi
«créolisation» ou «indigénisation»). Les che-
vauchements entre les flux financiers, les flux
culturels, les flux migratoires, les flux communicationnels dessinent à leur tour une nouvelle
cartographie des circuits télévisuels soutenus
par l'expansion de la vidéo et du satellite. C'est
ainsi que les membres de la diaspora chinoise à
travers le monde sont tournés vers le pôle de distribution des programmes installé à Hong Kong
ou que les membres de la communauté indienne
exilés en Grande-Bretagne ou aux États-Unis
sont fortement rattachés aux médias de leur
pays d'origine. Ils sont en outre partagés entre
les valeurs culturelles promues par leur région
d'origine et celles prônées par les médias du
pays qui les accueille. Cette situation inédite les
contraint à pratiquer une négociation ininterrom-
pue entre les deux cultures et donne naissance à
une forme de culture syncrétique originale.

En dépit de la persistance des échanges
inégaux de communication et des rapports de
force nationaux et internationaux, le succès de la
chaîne arabophone Al Jazira, déjà évoqué, est le
signe que des formes de résistance se font peu
à peu jour. Cette nouvelle donne qui ne doit pas
pour autant occulter la domination de l'*american way of life*, ni dissimuler l'existence d'une
hiérarchie au sein des différents pôles de production des biens culturels, remet toutefois partiellement en cause les constats d'uniformisation

culturelle. Mondialisation n'est pas systématiquement synonyme d'homogénéisation ou d'occidentalisation du monde. En outre, l'américanisation apparente des modes de vie et de consommation n'est pas forcément le signe d'une adhésion pleine et entière à la culture et aux valeurs des Américains.

En d'autres termes, la marchandisation des échanges n'engendre pas automatiquement, comme la nuée l'orage, celle de la culture et de la communication. Les identités culturelles existantes font parfois barrage à la pénétration d'émissions étrangères et les changements économiques et sociaux qui se produisent au niveau mondial ne détruisent pas totalement les aspirations et les croyances antérieures. Ils les réaménagent ou les font resurgir d'une autre manière. C'est ce que s'efforce de montrer l'anthropologue indien Arjun Appadurai, dans son étude sur les conséquences culturelles de la globalisation[13], en expliquant que l'ancien modèle d'analyse fondé sur les principes d'échange entre un centre et la périphérie est désormais caduc et qu'il faut raisonner en termes de disjonction et de superposition des flux de communication. La «nouvelle économie culturelle globale», pour reprendre son expression, est certes la preuve que les médias électroniques sont désormais diffusés à grande échelle et que les spectateurs disséminés sur toute la planète ont aujourd'hui accès à des répertoires interconnectés d'imprimés, d'images, d'écrans, de récits, dans lesquels sont imbriqués le monde de l'information et le monde de la marchandise. Mais ces spectateurs

sont aussi partagés entre la fascination et la
répulsion, de sorte que «la culture globale se
caractérise essentiellement aujourd'hui par le
fait que les politiques d'effort mutuel de ressem-
blance et de différence se cannibalisent les uns
les autres[14]», constate-t-il. Le nivellement des
particularismes locaux n'est donc pas inéluctable. Dit d'une autre manière, le tableau des
effets de la mondialisation de l'information et de
la communication se présente sous les couleurs
du clair-obscur.

Le monde est peut-être devenu un village global du point de vue technique et économique,
mais certainement pas du point de vue culturel.
Le défi qui est posé par la mondialisation est dès
lors celui de la reconnaissance de l'altérité culturelle, celui de la nécessaire cohabitation entre
différentes cultures. La montée en puissance
des crispations nationalistes, le renforcement des
replis identitaires et la multiplication des discours terroristes, ces dernières années, obligent à
reconnaître que si les distances physiques sont
abolies, les distances culturelles sont loin de
l'être. Ainsi que le suggère Dominique Wolton[15],
il y a sans nul doute des industries culturelles
mondiales, mais pas de culture mondiale et guère
de lien direct entre l'accroissement du volume
d'informations diffusées et la compréhension
du monde, bien au contraire. Les événements du
11 septembre 2001 aux États-Unis en sont la tragique illustration.

Bien que les techniques de communication
soient de nos jours globalement semblables et
que les contenus de certains produits culturels

soient sensiblement identiques, les hommes n'en font pas le même usage aux quatre coins de la planète. L'information, pour être acceptée, présuppose une vision du monde partagée, des valeurs communes. Or nombre de téléspectateurs des pays du Sud rejettent aujourd'hui les informations transmises par les chaînes occidentales et éprouvent le besoin d'affirmer leur identité linguistique et culturelle. Le problème est donc aussi politique : comment rendre la cohabitation pacifique des cultures possible ? Comment concilier pluralisme et universalisme tout en maintenant un minimum de cohésion entre les différents peuples de la planète ? Comment favoriser la compréhension mutuelle et amortir certains effets négatifs de la mondialisation, sachant que les élites sont plutôt mondialistes et les peuples souvent nationalistes ?

LES TRANSFORMATIONS DU MARCHÉ DES MÉDIAS EN FRANCE

La mondialisation de l'information et de la communication est, on le voit, un processus multiforme. Il se traduit en particulier par les concentrations industrielles, par la déréglementation, par la fin des monopoles nationaux et par la financiarisation des activités de communication[16]. Il est donc temps de s'interroger sur les incidences d'un tel phénomène sur le paysage médiatique français lui-même. Y retrouve-t-on

certaines des tendances repérées précédemment,
à savoir une forte concentration des médias, un
système de compétition généralisé et une domination de programmes audiovisuels américains ?
Il n'est bien sûr pas question de dresser ici un
état des lieux exhaustif du secteur[17], tout au plus
de mettre l'accent sur quelques grandes tendances qui se dégagent et qu'il est utile de garder en mémoire pour saisir certains enjeux de
la médiatisation croissante du politique et de la
culture que l'on abordera ultérieurement.

Les principaux acteurs du marché

Premier constat : depuis l'éclatement de Vivendi
Universal, la France ne possède plus qu'un seul
groupe de communication de taille vraiment
mondiale, Lagardère Médias, dont le chiffre d'affaires s'élevait en 2004 à 8 594 millions d'euros.
Constituant la principale branche du groupe
Lagardère par ailleurs spécialisé dans l'aéronau-
tique et dans l'industrie de défense, il est organisé
en plusieurs filiales qui reflètent ses principales
activités : la presse écrite avec Hachette Filipacchi Médias qui est notamment le premier éditeur
de presse magazine au monde (*Elle*, *Paris-Match*,
Télé 7 jours, *Première*, etc.) ; la distribution des
journaux et des livres avec Hachette Distribution Services (49 % des Nouvelles Messageries
de la Presse parisienne ainsi que les réseaux
de librairies et de kiosques Relay ou de grandes
surfaces culturelles Virgin) ; la radio et la télévision avec Lagardère Active (la radio avec notamment Europe 1, Europe 2, RFM ; la télévision

avec 9 chaînes thématiques, une participation dans CanalSat et MultiThématiques, mais aussi 17 sociétés de production) et enfin le livre avec Hachette Livre qui est à l'heure actuelle le premier grand groupe d'édition en France. Lagardère Médias constitue à lui seul un géant de la communication, présent dans tous les secteurs, dominant le paysage médiatique hexagonal tout en étant fortement tourné vers l'international. Rappelons, à ce sujet, que *Elle*, l'un des magazines fleurons du groupe, est aujourd'hui diffusé en 32 éditions étrangères et que le groupe de presse Hachette Filipacchi Médias réalise plus de la moitié de son chiffre d'affaires grâce à l'international.

À côté de ce grand groupe, les autres acteurs du paysage médiatique français sont de moindre envergure, notamment lorsqu'on les compare à ceux de nos voisins européens comme l'Allemagne, le Royaume-Uni ou l'Italie. En presse écrite, le marché est dominé par deux grands groupes : d'une part, Hachette Filipacchi Médias dont on vient de parler, qui édite à lui seul 245 titres de presse magazine et, d'autre part, le groupe Socpresse acquis récemment par Serge Dassault (qui a ainsi racheté l'un des quotidiens nationaux les plus prestigieux, *Le Figaro*, ainsi que de nombreux quotidiens régionaux auxquels s'ajoutent quelques magazines de renom tels que *L'Express*, *L'Expansion*, *L'Étudiant*, etc.). Suivent des groupes d'importance moyenne comme Le Monde, Ouest-France, les Éditions Amaury, Bayard Presse, etc. sans oublier les groupes d'origine étrangère que sont Prisma Presse et Emap dont on reparlera.

En radio, ce sont trois opérateurs privés qui se partagent le marché face à l'opérateur public qu'est Radio France. Contrairement aux prévisions optimistes de certains experts qui tablaient, au moment de la fin du monopole public de la radio et de la télévision (1982), sur l'essor de nombreuses radios indépendantes et sur une diversification des formats et des programmes, le secteur a été soumis à une forte concentration et à la domination de quelques grands réseaux que sont RTL (filiale de RTL Group), Europe 1 (Lagardère Active) et NRJ (NRJ Group) qui a désormais conquis une position de leader et qui s'est solidement internationalisé en exportant son savoir-faire dans de nombreux pays européens. Quant au secteur de la télévision, nul n'ignore que la concurrence entre les chaînes publiques de France Télévisions et les trois chaînes privées que sont TF1, M6, Canal+ (pour ne parler que des chaînes hertziennes) tourne à l'avantage de TF1. Alors que la plupart des grandes chaînes privées de télévision dans le monde sont généralement intégrées à de puissants groupes de communication multimédias, TF1 fait en ce domaine figure d'exception puisqu'elle apparaît peu internationalisée.

Deuxième constat : le marché français des médias subit aussi la concurrence de groupes étrangers au sein même de son propre territoire. En effet, dans le domaine de la presse écrite en particulier, cette présence étrangère s'affirme peu à peu. Prisma Presse, filiale du groupe allemand Grüner und Jahr, occupe ainsi depuis les années 1990 une place privilégiée en matière de presse magazine. Le succès commercial de *Prima*, de *Géo*, de *Gala*, de *Capital* et des quinzomadaires de télévision tels que *Télé 2 Semaines* et *TV Grandes Chaînes* (lancés en 2004 sur un marché qui semblait saturé) témoigne de l'efficacité du groupe qui a su innover en matière de mise en page, de contenu rédactionnel et séduire de nombreux lecteurs. De même, le groupe britannique Emap est parvenu à solidement s'implanter dans le paysage français en lançant des magazines tels que *Télé Poche*, *Télé Star*, *Pleine vie*, *Top Santé*, etc. Preuve que l'internationalisation se mesure aussi au dynamisme d'acteurs étrangers au sein du marché des médias de l'hexagone.

La troisième originalité du secteur de la communication français tient à la présence importante dans les médias de groupes industriels dont l'activité d'origine n'a au départ aucun rapport avec le domaine. C'est le cas du bâtiment et des travaux publics pour TF1 (Bouygues) ; de l'armement et de l'aviation pour *Le Figaro*, *L'Express*, *L'Expansion* (Dassault) ; de l'industrie du luxe pour *La Tribune* et *Investir* (LVMH de Bernard Arnault) ; de la distribution grand public pour *Le Point* (PPR, c'est-à-dire Pinault-Printemps-Redoute), etc. S'ajoute à cette spécificité le poids du capitalisme familial dans les médias français. Quelques-unes des plus grandes fortunes françaises ont en effet des intérêts dans la presse et dans l'audiovisuel. Citons, outre ceux de Bernard Arnault, François Pinault, Serge Dassault, les noms d'Arnaud Lagardère, de Jérôme Seydoux, de Philippe Amaury, de Jean-Paul Baudecroux, etc. Les grands groupes médiatiques français sont souvent la propriété de dynasties inamovibles où les pères transmettent à leurs héritiers les rênes du pouvoir[18].

On peut dès lors s'interroger sur les risques que fait peser la concentration des journaux aux mains de quelques grands groupes industriels et de quelques grandes familles. Le problème est d'autant plus sensible que les prises de participation d'actionnaires extérieurs se multiplient depuis quelque temps, en particulier dans la presse quotidienne nationale : de plus en plus nombreux sont les titres qui sont à la recherche de capitaux extérieurs afin de pouvoir survivre et qui sont désormais adossés à des groupes industriels ou bancaires (Édouard de Rothschild pour *Libération*, Serge Dassault pour *Le Figaro*, etc.). La presse régionale n'est pas non plus à l'abri du phénomène. Pour ne prendre qu'un exemple, les journaux de province totalement indépendants (c'est-à-dire n'appartenant pas véritablement à un groupe de presse tel que la Socpresse, Ouest-France, Sud-Ouest, Hachette, etc.) ne représentent plus que 11,7 % de la diffusion des quotidiens régionaux[19].

Est donc à chaque fois posée la question du respect du pluralisme et de l'indépendance des journalistes qui travaillent dans certains de ces groupes audiovisuels ou de presse. Ont-ils les moyens de tout dire ? Pratiquent-ils une forme d'autocensure ? Ne porte-t-on pas atteinte à l'expression de la diversité des opinions ? La réponse est affaire de conjoncture : les journalistes ne sont certainement pas aux ordres des actionnaires des journaux parce que chaque rédaction a son histoire, sa spécificité et sa culture, mais nul doute que la situation présente laisse planer des menaces sur l'autonomie et sur l'avenir de certains médias. Quelques grands responsables de journaux se plaignent d'ailleurs des effets pervers du système actuel, à l'instar de Jean-François Kahn, directeur de *Marianne*, affirmant récemment : «Le fait qu'il y ait un seul système économique prête plus à une pensée unique que s'il y avait affrontement entre plusieurs systèmes[20].» Toujours est-il que la situation économique du paysage médiatique français apparaît en 2005 contrastée : si la santé des médias audiovisuels est globalement satisfaisante, certains secteurs de la presse écrite, en revanche, notamment celui des quotidiens, souffrent d'épuisement.

En matière audiovisuelle, la situation présente est riche de promesses. L'avenir de la télévision passe désormais par le déploiement de nouvelles technologies telles que l'Internet à haut débit (ADSL) et la télévision numérique terrestre (TNT). Bien qu'un tiers des foyers français seulement soient actuellement abonnés à un bouquet de chaînes thématiques (TPS ou CanalSat), les offres multichaînes vont très probablement se multiplier dans les années qui viennent et modifier les rapports de force existant entre les principaux acteurs actuels du secteur de la télévision.

Bien plus préoccupante, par contre, est la situation des quotidiens, qui traversent aujourd'hui une crise très sérieuse laissant présager de profonds bouleversements du secteur. La presse quotidienne connaît depuis quelque temps une baisse alarmante de sa diffusion : des journaux aussi importants que *Le Monde*, *Libération*, voire *Le Figaro*, perdent des lecteurs, notamment chez les jeunes. La fidélisation du lectorat devient de plus en plus malaisée parce que les modes de vie et de consommation ont changé. Toutes les enquêtes montrent que les Français achètent de moins en moins régulièrement un journal national ou régional et que la percée de l'audiovisuel et du multimédia les détourne, non pas de l'imprimé à proprement parler (car la presse magazine est globalement florissante), mais de la lecture des quotidiens. Le phénomène n'est pas circonscrit à la France puisque, au sein de l'Union européenne, le nombre de quotidiens vendus au cours des huit dernières années a diminué de 7 millions d'exemplaires et qu'à l'échelle mondiale, la diffusion payante des journaux chute en moyenne chaque année de 2 %[21]. Les quotidiens subissent également la concurrence des journaux gratuits qui gagnent du terrain et réussissent à attirer de nouveaux lecteurs ; ils sont par ailleurs confrontés à la baisse constante des points de vente, à la diminution des recettes publicitaires et bien sûr à l'expansion fulgurante d'Internet et de la presse en ligne. Même la presse magazine commence elle aussi à subir, depuis environ deux ans, le contrecoup de la présence des bouquets numériques de télévision, de l'usage intensif du téléphone portable, des pratiques multimédias et de l'augmentation du temps consacré à Internet.

En d'autres termes, l'accès à l'information

passe de plus en plus aujourd'hui par l'audiovisuel et par Internet, par la culture de l'écran, au risque d'encourager progressivement l'abandon de la lecture de la presse (surtout quotidienne) qui est pourtant censée permettre la compréhension en profondeur de l'actualité et sa mise en perspective. Depuis que l'on effectue un sondage régulier sur «Les Français et les médias», la radio demeure le média dont la crédibilité est la plus forte aux yeux de nos concitoyens et la télévision a tendance (si l'on excepte ces deux dernières années) à supplanter les journaux en ce domaine. À la question sur les raisons pour lesquelles ils lisent un quotidien ou un magazine d'information générale ou d'actualité, 61 % des sondés répondaient en 2004 «pour connaître rapidement l'actualité du jour»; 32 % «pour avoir des explications sur un événement précis», 17 % «pour mieux comprendre un sujet de fond», 17 % également «pour connaître les différents points de vue», 11 % «pour le plaisir de la lecture» et 10 % «pour avoir des informations fiables[22]». C'est dire combien la presse est de plus en plus appréhendée comme un outil d'information rapide, réduit à une fonction utilitaire. En tout état de cause, l'influence des médias commence insensiblement à se modifier: ce n'est plus la presse quotidienne qui tient le haut du pavé, mais davantage les médias audiovisuels qui font office de référence.

La prépondérance de la logique commerciale et audiovisuelle

La prépondérance de la logique commerciale est une autre caractéristique du secteur de l'in-

formation et de la communication. Le phénomène est suffisamment connu et commenté pour
qu'on se contente ici de quelque simples piqûres
de rappel. La plupart des dirigeants actuels de la
presse française et de l'audiovisuel privé sont des
capitaines d'industrie ou des commerciaux qui
raisonnent selon les principes du calcul
coûts/avantages et qui ne s'embarrassent pas de
sentiment, comme l'a démontré une déclaration
récente de Patrick Le Lay, P-DG de TF1 affirmant
sans détour que le métier de sa chaîne était
d'« aider Coca-Cola à vendre son produit. Ce que
nous vendons à Coca-Cola, c'est du temps de cer-
veau humain disponible[23] ».

C'est en fait la montée en puissance du secteur
audiovisuel, accompagnée en France de la domination progressive des télévisions privées et commerciales sur les télévisions publiques, qui a
transformé les modalités de fonctionnement du
marché des médias. Les privatisations initiées au
début des années 1980, la libéralisation des ondes,
l'explosion concomitante du marché publicitaire,
la mondialisation des échanges de programmes,
les nouvelles techniques de numérisation et l'apparition des télévisions par satellite et par câble
sont autant de phénomènes qui ont exacerbé la
concurrence entre les chaînes et qui ont sensiblement modifié leur contenu. L'intensification de
la logique marchande inhérente au développement du secteur a enclenché une série de changements dans la production et dans la diffusion
des émissions d'information, mais aussi dans la
conception des émissions de divertissement que
l'on peut rapidement rappeler.

On peut résumer les principales mutations qui ont affecté le monde de la télévision en quelques mots : règne de l'Audimat et de la course à l'audience, recherche du scoop et du spectaculaire, exploitation du registre de l'émotion. Le modèle américain a sans conteste contaminé la plupart des chaînes françaises. La présentation des informations télévisées, par exemple, se signale par l'existence d'un dispositif commun à la plupart des chaînes : présence plus ou moins affirmée d'un présentateur-intercesseur d'un spectacle planétaire, assis derrière un bureau avec en toile de fond une multitude d'écrans qui le relient au monde, appel à des correspondants et à des reporters sur le terrain, rapide lancement des sujets qui défilent devant le téléspectateur sans cohérence apparente. Ces sujets doivent être courts pour ne pas provoquer l'ennui ou la lassitude et pour prévenir les velléités de zapping. L'information est donc organisée et scénarisée selon les principes de la publicité (ce que Laurent Gervereau appelle l'« info-pub[24] ») : offrir un spectacle qui aligne les informations sous forme de clips et d'accroches en faisant une place de choix aux faits divers et aux procès, aux intempéries ou aux catastrophes naturelles, aux événements politiques dramatiques.

À titre d'exemple, TF1 a évoqué, au cours des quatre derniers mois de 2002, six cent soixante fois les problèmes météo alors que la couverture de l'international se réduisait très souvent à des reportages sur les catastrophes naturelles, les faits divers et la vie quotidienne. Autre exemple, les sujets culturels du « 20 heures » de France 2 équivalaient en 1998 à 10 % du contenu du journal ; en fin 2002-début 2003, ils représentaient moins de 4 %[25]. Les thèmes d'actualité liés à la politique intérieure, à l'économie, au social seront donc souvent abordés au mitan du journal, sachant que les sujets factuels l'emportent de plus en plus sur les papiers d'analyse. Le mode de présentation, l'organisation du déroulement du journal télévisé, la surabondance des sujets traités (qui est l'une des caractéristiques des chaînes françaises) sont censés donner du sens à l'actualité traitée malgré le côté disparate des thèmes abordés.

La tyrannie de l'audience conduit par ailleurs les chaînes de télévision à adopter des «concepts» d'émissions qui ont fait leurs preuves à l'étranger, notamment aux États-Unis. Le succès des émissions de talk-show et de reality-show en sont l'éclatante illustration. Il s'agit de fédérer le maximum de téléspectateurs autour d'un programme alléchant tout en attirant le plus grand nombre d'annonceurs afin d'engranger le maximum de recettes publicitaires. Plusieurs recettes sont utilisées pour obtenir gain de cause. D'abord faire appel à la corde sensible des téléspectateurs : nombre d'émissions de divertissement sont ainsi conçues sous forme de mise en scène dramatique et spectaculaire qui joue sur l'émotion du téléspectateur (la fameuse question du type «c'est votre dernier mot ?» appuyée par une musique angoissante lors de l'émission de TF1 *Qui veut gagner des millions ?* ou encore le voyeurisme et le suspense érigés en principe de fonctionnement dans *Y a que la vérité qui compte*).

Ensuite mêler information et divertissement : la plupart des émissions de talk-show mélangent les genres en misant sur des thèmes attractifs comme ceux de l'argent, de la maladie, de l'amour ou de la famille (*Combien ça coûte*, *Ça se discute*, etc.). Enfin multiplier les séquences qui filment les expériences de vie quotidienne en donnant le sentiment du vécu de sorte que les frontières entre réalité et fiction s'estompent de plus en plus (*Bachelor*, *Le gentleman célibataire* ; *Le Pensionnat de Chavannes*, etc.). La « feintise audiovisuelle », selon la formule de François Jost[26], donne ainsi l'allure du vécu au document diffusé en lui conférant l'apparence du témoignage. De manière générale la télévision met en outre l'accent sur le registre, non seulement de l'image, mais aussi et surtout de la parole[27].

Le développement, par ailleurs, du marketing de la réalité (*Loft Story*, *Popstars*, *Star Academy*, etc.) est devenu un atout de poids pour les responsables de la programmation des chaînes qui ont vite pris conscience que ce type d'émissions est économiquement très rémunérateur. Les télévisions réalisent désormais d'énormes bénéfices avec les produits dérivés de certaines émissions de téléréalité : appels téléphoniques, SMS, journaux-magazines pour adolescents, production de disques, etc. Elles concourent également à la notoriété et au succès financier de certaines maisons de production (telles qu'Endemol ou Expand) détenues par des animateurs-producteurs qui font la pluie et le beau temps aussi bien sur les chaînes privées que sur les chaînes publiques.

Le constat est clair : la logique marchande et

commerciale, les impératifs publicitaires déterminent dorénavant le fonctionnement de la télévision et favorisent l'application de formats et de recettes éprouvés. Les nouveaux magazines, les nouvelles émissions de divertissement sont désormais lancés à la suite d'études de marché très sophistiquées qui visent à connaître les attentes supposées des consommateurs potentiels que sont les téléspectateurs. Comme les résultats d'audience conditionnent les tarifs des écrans de publicité, il convient de capter l'attention de la fameuse «ménagère de moins de 50 ans» en élaborant une stratégie de programmation qui relègue le plus souvent les documentaires, les émissions culturelles et les films difficiles à des heures tardives.

Ces principes de la stratégie marketing, qui mettent l'accent sur l'émotion et le spectaculaire (par ailleurs appliqués avec la même efficacité commerciale et la même intensité par les stations de radio privées), déteignent de plus en plus sur la presse écrite. La polarisation médiatique de l'information autour du traitement télévisuel de l'actualité se ressent en effet dans la manière dont certains journaux se saisissent des événements. Tantôt, les quotidiens et les magazines définissent de manière indépendante de la télévision les thèmes qui leur semblent prioritaires : ils permettent alors de diversifier l'éventail des nouvelles et des analyses disponibles. Tantôt, notamment en période d'actualité internationale intense, ils ne peuvent s'autoriser d'être en trop grand décalage par rapport à la télévision : ils éprouvent alors des difficultés à imposer un autre point de vue.

C'est ce que démontre l'étude, déjà citée, menée par le «Baromètre européen des médias»: la presse peut certes élargir le prisme du traitement de l'information, mais elle est aussi de plus en plus souvent contaminée par la logique télévisuelle. Non seulement les journaux se livrent à une rude concurrence en matière de format et de présentation des articles, mais en outre ils n'échappent pas à la règle selon laquelle il convient de proposer des titres de «une» de plus en plus accrocheurs. Le procédé n'est certes pas nouveau en lui-même (depuis que la presse à grand tirage existe, on a tenté de séduire le lecteur par ce biais), mais il se répand de plus en plus dans la presse dite de qualité. Les quotidiens nationaux ont ainsi tendance à calquer certaines de leurs manchettes sur le langage télévisuel et sur la culture du scoop pour retenir le regard du lecteur et à monter en épingle certains faits non avérés au détriment des analyses prudentes et nuancées. Même un journal aussi réputé que *Le Monde* a souvent employé ces dernières années le procédé qui consiste à surfer sur le catastrophisme à la «une» et sur les titres chocs, ce qui l'a conduit à flirter avec la ligne jaune[28]. La volonté d'être toujours le premier et de créer en quelque sorte l'événement répond à une stratégie de positionnement marketing qui brouille la crédibilité de l'information et qui confirme, s'il en était encore besoin, que la différenciation entre les journaux se joue de plus en plus sur l'esthétique et sur la mise en scène.

La logique commerciale et industrielle qui gouverne la presse écrite pourrait être illustrée par

bien d'autres exemples[29]. Contentons-nous, pour
finir, de souligner que les magazines (hebdomadaires, mensuels ou autres) font eux aussi appel à
cette logique : recours massif à la sous-traitance
en matière de fabrication, arbitrage fréquent des
choix rédactionnels par les services commerciaux
des groupes de presse, études quantitatives et
qualitatives pour sonder les attentes et les souhaits du lectorat, etc. La gestion des titres s'effectue aujourd'hui de manière de plus en plus
rationalisée et ce sont des industriels de la communication qui sont le plus souvent en charge du
management de ces journaux.

Ces différents indicateurs des transformations
récentes du marché de médias en France semblent confirmer la pertinence des analyses en
termes d'industrialisation et de logique de marché. Ils autorisent tout du moins à penser qu'on
ne peut plus étudier le poids de la presse, de la
radio et de la télévision dans notre société sans
prendre en compte l'environnement économique
(et sans doute aussi juridique — mais ceci est une
autre histoire...) qui est le leur aujourd'hui. Ils
conduisent également à prendre acte des conséquences de la mondialisation de l'information et
de la communication dont on a vu qu'elles étaient
à double tranchant. Cependant, bien que le paysage médiatique français soit soumis aux impératifs industriels et financiers, on ne saurait en
conclure que les effets de ce système soient uniformément identiques pour tous. Celui-ci autorise malgré tout des ajustements continuels de la
part des journalistes qui procèdent, avec plus ou
moins de bonheur, à des compromis et de la part

du public qui est capable, à des doses variables, de négocier à sa manière les messages qu'il reçoit. On aura l'occasion d'y revenir.

L'ACCÉLÉRATION DES FLUX D'INFORMATION

Si le bilan de la mondialisation de l'information et de la communication apparaît assez contrasté, n'y aurait-il pas toutefois un autre indice qui plaide en faveur de l'uniformisation des médias ? On songe ici au nouveau rapport au temps qu'entretiennent aujourd'hui les médias et à l'impressionnante accélération des flux d'information sur l'ensemble de la planète. Les médias sont en effet de plus en plus soumis à la même logique de transmission instantanée des nouvelles qui les contraint à travailler sous le signe de la vitesse. En lui-même, le phénomène n'a rien d'exceptionnel (la «synchronisation du monde» remonte à la deuxième moitié du XIXᵉ siècle), mais il a pris, grâce aux progrès technologiques récents en matière de diffusion par câble et par satellite, une ampleur sans commune mesure avec ce que l'on connaissait auparavant. Les grandes agences mondiales d'information (Reuters, Associated Press, Agence France Presse) auxquelles sont abonnées la plupart des rédactions diffusent dorénavant leurs dépêches le plus rapidement possible sur les écrans d'ordinateurs des journalistes et permettent à tous les professionnels de se tenir au courant du moindre événement en un laps de temps très court. Les chaînes d'information en continu qui se sont considérablement développées ces dernières années (LCI, Euronews, BBC World, CNN, Sky News, etc.) participent à cette course de vitesse en inondant les téléspectateurs d'un flot d'informations constamment renouvelées.

La planète semble se réduire, sur ce plan du moins, à un village global fondé sur le principe d'ubiquité et sur un maillage très dense d'informateurs déployés aux quatre coins du monde. Les correspondants permanents de certains médias, les envoyés spéciaux sur le front des événements illustrent cette volonté affichée des responsables des médias de couvrir toutes les zones chaudes du globe. Le téléspectateur a le sentiment d'être constamment branché sur le réel, relié en permanence à un dispositif dans lequel la figure du présentateur est omniprésente. Plaque tournante et centre de triage à la fois, le studio incarne le monde de l'information omniprésent. L'arsenal technologique devient alors synonyme de véracité de l'information dans la mesure où il suffit de voir et de montrer pour être au plus près du réel. L'information ne revêt en effet aujourd'hui d'intérêt que si elle est visible, c'est-à-dire si elle donne lieu à des images. Dans le cas contraire, certains événements importants pour lesquels on ne dispose pas d'images seront tout simplement oubliés ou minorés.

La multiplication des émissions sur l'actualité, la prolifération des éditions spéciales pour tout événement exceptionnel nous entraînent alors dans un tourbillon sans fin. Face à cette sur-abondance de nouvelles, à ces flashes d'informa-tion en boucle, l'auditeur ou le téléspectateur risque bien évidemment l'overdose. Le citoyen surinformé n'est en fait guère capable de distin-guer l'essentiel de l'accessoire s'il ne prend pas un peu de recul par rapport à ce flot incessant de reportages et de témoignages en direct. Être branché 24 heures sur 24 ne conduit-il pas à une perte de repères aboutissant en fin de compte à une vision tronquée de la réalité tant il est vrai que trop d'information tue l'information? En outre, à force de trop consommer, on ne réussit plus vraiment à se rendre compte des informa-tions manquantes pour saisir les enjeux d'une situation ou d'un conflit puisque les faits impor-tants sont en quelque sorte noyés sous l'excès de nouvelles.

En d'autres termes, l'essor de l'information en temps réel, l'accent mis sur le direct, le précepte du «tout-info» et de l'information en continu créent le sentiment illusoire de maîtriser notre rapport au temps et de mieux appréhender le monde qui nous entoure. Exemple frappant: les Français qui se contentent de regarder la télé-vision, d'écouter la radio sont-ils correctement informés sur ce qui se passe dans certaines zones du monde telles que l'Amérique latine, l'Afrique, voire le Sud-Est asiatique? On peut en douter. Il faut qu'ils se tournent vers quelques titres de la presse quotidienne (lesquels sont souvent loin de livrer autant d'informations que certains quo-tidiens étrangers comme *The New York Times* ou *Die Welt*) ou vers certains périodiques s'ils veulent en savoir davantage. Internet, pour sa part, accentue encore davantage l'impression d'une diminution de la contrainte du temps : nous avons immédiatement accès à une masse considérable d'informations et nous vivons en quelque sorte dans une compression ou un écrasement de la durée. Alors que le temps humain est discontinu, le temps d'Internet semble homogène et lisse. Bref, le temps médiatique semble lui aussi participer du sentiment d'uniformité et d'homogénéité qui nous étreint à la vue ou à l'écoute de l'actualité.

Quelles sont dès lors les conséquences de cette surabondance et de cette instantanéité de l'information pour les journalistes eux-mêmes ? Non seulement une tendance de plus en plus marquée à l'emploi du registre affectif, de l'émotionnel tel qu'on a pu le constater lors de la mort de Lady Diana, mais aussi à la simplification. Le temps de vérification et d'analyse étant réduit, les journalistes se voient contraints de rendre compte d'un événement le plus rapidement possible et manquent souvent de recul pour appréhender les tenants et aboutissants de certaines décisions en matière internationale notamment. Ils ne peuvent guère se comporter en interprètes des faits et se contentent de fournir un commentaire instantané au risque d'émettre des hypothèses imprudentes et fragiles. Le problème gagne en acuité lorsque les rédactions réduisent volontairement le nombre de correspondants permanents à l'étranger et envoient sur le terrain de certains conflits des journalistes qui connaissent mal le contexte politique ou économique du pays dans lequel ils effectuent un reportage. La mise en perspective des événements nécessite le sens de la complexité et de la nuance : le rythme trépidant de la production de l'information empêche très souvent de procéder à un véritable approfondissement de l'analyse.

Le poids du direct conduit quant à lui à faire du journaliste un simple témoin (ce qu'il est par définition toujours) des faits, commentant sous nos yeux le déroulement d'une guerre, d'une négociation ou d'une manifestation. Il se contente de jouer le rôle d'un enregistreur de situations et ne dispose plus du temps nécessaire pour cadrer les enjeux de cet événement. On s'en doute, l'information ne se réduit pas à cette simple logique de transmission, elle est également fondée sur le principe de la médiation, c'est-à-dire de l'analyse et de l'interprétation. Le direct produit de la sensation, de l'excitation, mais est assez pauvre en information. Il propulse l'auditeur ou le téléspectateur dans le temps même du phénomène, semble lui donner un accès immédiat aux choses, mais oblitère, pour reprendre la formule de Daniel Bougnoux, «la coupure sémiotique[30]», autrement dit le fait que le signe n'est pas la chose. Informer, c'est hiérarchiser et évaluer. Il faut donc que le journaliste se garde de devenir un acteur enrôlé dans le phénomène qu'il décrit : les reporters des grands réseaux américains «embarqués» dans les troupes sur le terrain de la guerre en Irak répondent-ils encore au principe de la sélection de l'information ? Cette sélection ne repose-t-elle pas sur le différé, sur la vérification, donc sur la représentation et non pas sur la simple présence ?

Le sentiment d'être au cœur de l'histoire en train de se faire paraît donc pour le moins trompeur. Le sens d'un événement ne se reçoit normalement qu'après coup, lorsque nous sommes en mesure de prendre de la distance par rapport à lui et de l'analyser avec du recul. Il ne peut, en d'autres termes, être configuré qu'une fois accompli et donc être interprété qu'au bout d'un certain laps de temps. Or, le temps des événements médiatiques donne au téléspectateur le sentiment d'assister à l'histoire en temps réel : « Le public, explique Jocelyne Arquembourg-Moreau, se trouve ainsi projeté dans l'histoire comme s'il ne devait pas y avoir de décalage entre l'interprétation contemporaine de l'événement et son interprétation future[31]. » Le direct accélère tous les phénomènes : la chute du mur de Berlin, les attentats à Madrid, la guerre en Irak sont autant de faits et d'images qui semblent destinés à marquer une rupture, à instaurer un cadre de participation qui nous projette vers l'avenir alors qu'un événement historique est au contraire fondé sur une vision rétrospective des faits qui se sont produits. L'orientation temporelle du temps historique et celle du temps médiatique sont diamétralement opposées.

La télévision favorise ainsi la télé-présence à distance, participe au règne de la mémoire immédiate, à la tyrannie du temps réel qui ne nous permettent pas d'accéder véritablement à la compréhension profonde du monde puisque, ainsi que nous le rappelle Paul Virilio, s'il n'y a plus de délai, il n'y a plus de relief : « le volume n'est plus la réalité des choses, celle-ci se dissimule dans la platitude des figures[32]». Le manque d'épaisseur de la réalité médiatique, nous dit Paul Virilio, nous fait vivre au présent intensif. Ce système fonctionne de plus en plus à l'éphémère et à l'amnésie: l'absence de continuité et de suivi de l'actualité (que sont devenues les victimes des inondations? Où en est l'instruction du dossier à propos de telle affaire? etc.) illustre parfaitement les effets pervers de cette course sans fin et sans fond à l'immédiateté. La maîtrise des lois du récit se pervertit en procédés de séduction, de captation du public avec des faits divers sanglants, des scoops dramatisés, des indiscrétions plus ou moins sulfureuses.

Faut-il cependant réduire l'ensemble des médias, notamment en France, à cette logique de l'urgence et de la vitesse? N'a-t-on pas tendance à englober un peu trop hâtivement tous les types de supports dans le même opprobre et à instruire trop rapidement le procès des journalistes uniformément assimilés à des historiens de l'instant ou à des «instantanéistes» pour reprendre la formule d'Ignacio Ramonet[33]? Certes, la télévision définit de plus en plus la norme en matière d'information et déteint progressivement sur les pratiques de la presse écrite, notamment quotidienne. Certes, l'adage communément répandu et intériorisé par les responsables des médias se résume de plus en plus à la formule: «est vrai ce qui a été vu» et donc ce qui a été éprouvé par le téléspectateur devant son petit écran. Il n'en demeure pas moins que la périodicité de la diffusion de l'information change quelque peu la donne. On ne saurait mettre sur le même plan des chaînes d'information en continu, un grand quotidien national ou régional et un hebdomadaire ou un mensuel. Les journalistes qui travaillent pour un magazine d'informations générales du type *L'Express*, *Le Point*, *Le Nouvel Observateur* ou un mensuel du type *Le Monde diplomatique* disposent de davantage de temps pour vérifier les informations, les contextualiser, adopter un point de vue plus distancié à l'égard de l'actualité chaude et immédiate. Un rythme de travail différent, la possibilité de procéder à des vérifications plus précises libèrent partiellement les journalistes des contraintes horaires quotidiennes. De surcroît, le temps de la production de l'information (règne du direct ou du différé) et celui de sa réception (consommation immédiate ou à différents moments) ne se résument pas systématiquement à un temps homogène et identique pour tous.

L'accélération des flux d'information et l'homogénéisation apparente des contenus semblent aujourd'hui une réalité. Pourtant, on ne le répétera jamais assez, la mondialisation de l'information est par définition un phénomène ambigu. « Le terme de "mondialisation" ne se comprend bien, rappelle Daniel Cohen, que si l'on saisit qu'il scelle l'unité de deux termes qui semblent contradictoires : un enracinement dans le local et un déracinement planétaire[34]. » Si l'on se place uniquement du point de vue de ses conséquences sur l'univers des médias, il ne fait guère de doute que la mondialisation aplatit les différences et qu'elle uniformise le marché, mais aussi qu'elle diversifie les formes de résistance et qu'elle fragmente les réactions. Cette contradiction, ou plus exactement cette tension entre deux tendances opposées, rend les évaluations du pouvoir des médias particulièrement difficiles et invite à la prudence. La logique de fonctionnement des médias met en effet aux prises une pluralité d'acteurs, d'arènes et d'institutions dans un rapport de force jamais totalement joué d'avance. C'est ce que l'on voudrait mettre en évidence à présent en abordant successivement deux cas de figure qui nous paraissent représentatifs de cette tension : celui de l'impact des médias sur le politique d'abord, celui de l'impact des médias sur la culture ensuite.

DEUXIÈME PARTIE

LE POLITIQUE

CHAPITRE 3

LES MÉDIAS, ACTEURS
DES CONFLITS INTERNATIONAUX?

Les conflits armés constituent sans nul doute un terrain d'étude particulièrement propice pour évaluer le rôle des médias dans nos sociétés. Depuis que la presse existe, ils sont l'occasion pour les journaux d'accroître sensiblement leur tirage et de susciter l'intérêt des lecteurs : les guerres soulèvent les passions, favorisent l'exaltation des valeurs nationales, suscitent la haine ou la compassion, font appel aux sentiments humanitaires. Le public est avide de connaître l'évolution de la situation militaire, soucieux d'en saisir les enjeux politiques et économiques, curieux d'en connaître l'issue possible. Il s'enquiert du sort des soldats et du nombre de victimes, ne se lasse pas de suivre au jour le jour l'avancée des troupes. Les récits des opérations, les portraits des combattants, les interviews des hommes politiques prouvent qu'en ces occasions, la presse joue sur tous les registres pour capter l'attention des lecteurs et pour accroître son audience : elle devient un enjeu majeur des conflits.

Les historiens ont noté que dès l'Ancien Régime,

La Gazette (fondée en 1631 par Théophraste Renaudot) a vu ses abonnements passer à plus de 12 000 exemplaires lors de la guerre de Sept Ans (1756-1763) pour retomber ensuite à 7 000[1]. Ultérieurement, la guerre d'indépendance des États-Unis, les expéditions coloniales, les deux dernières guerres mondiales ont chaque fois confirmé la réceptivité du public à l'égard des articles parus dans les journaux. L'importance des événements a en outre justifié, au cours du XXe siècle, le succès des magazines illustrés qui ont publié en 1914-1918 et en 1939-1945 des photos des combats. La guerre est par conséquent un fait médiatique de première ampleur : les images et les récits des conflits nationaux ou étrangers modifient la nature de l'information diffusée et conduisent les autorités politiques et militaires à vouloir systématiquement maîtriser le contenu de la presse, de la radio et de la télévision.

On ne fera pas ici le rappel des manipulations dont a pu être l'objet en France le journalisme de guerre durant les deux conflits mondiaux ou durant les guerres d'Indochine et d'Algérie, tant les faits sont connus : contrôle des sources, censure des contenus, pressions sur les journalistes pour orienter leurs commentaires ont été des pratiques on ne peut plus courantes[2]. Les ciseaux d'Anastasie s'étendaient à toute information d'ordre militaire, politique, économique, pouvant remettre en cause la vision officielle et attenter à l'esprit des armées et de la population. Dans les situations de belligérance, le soutien de l'opinion publique s'avère décisif : il conditionne le regard qui prévaut sur les événements. C'est la raison pour laquelle les autorités politiques et les états-majors cherchent constamment à préserver le secret, à ne diffuser que des informations soigneusement filtrées et surtout à gagner la guerre de l'information.

Après la période de «guerre froide», la chute du mur de Berlin en 1989, symbole de l'effondrement du communisme dans les pays de l'ex-Union soviétique, représente sans aucun doute une date clé de l'histoire de nos sociétés contemporaines et ouvre une ère nouvelle dans les relations internationales. Les crises entre États et les conflits n'ont certes pas disparu, mais ils s'inscrivent désormais, pour la plupart d'entre eux, dans un autre contexte géopolitique où les médias jouent une partition nouvelle. Les préoccupations des États occidentaux se sont peu à peu déplacées vers la sécurité extérieure et ont favorisé, dans certains cas, les opérations d'interposition et de soutien humanitaire. La couverture de l'actualité et la production de l'information en temps de guerre ont, de leur côté, considérablement changé sous le double effet de la compétition économique entre les médias et des innovations technologiques récentes. La concurrence accrue entre les différentes chaînes de télévision nationales et internationales produit en outre une inflation «informationnelle». Celle-ci déstabilise le discours traditionnel des responsables politiques et militaires qui n'ont plus, comme autrefois, l'exclusivité du contrôle de l'information et exacerbe la sensibilité des opinions publiques. L'environnement technologique moderne (réseaux de télécommunication, satellites de diffusion directe, caméras numériques, etc.) modifie, quant à lui, le travail des journalistes sur le terrain qui se livrent à une bataille effrénée pour transmettre en direct des images et rendre accessibles au plus grand nombre les dernières informations. La guerre est désormais vécue en direct ou presque devant son écran de télévision: le lointain est devenu, d'une certaine manière, proche

L'information dite de défense et/ou de sécurité extérieure, domaine contrôlé par les autorités politiques, est, comme le souligne Michel Mathien, dorénavant entrée dans le champ de l'information générale au même titre que l'économie, le social, la santé ou la science. Deux logiques contradictoires s'affrontent: «l'une se fonde sur les valeurs d'un système social "ouvert" où l'information des citoyens est un droit et l'autre sur celles d'un système social "fermé" parce que centré sur la constante préparation à l'action, elle-même motivée par l'obligation de *résultat*[3]». Le phénomène n'est pas nouveau en soi, mais ce qui change, c'est l'ampleur et la sophistication des techniques de communication déployées par les autorités pour séduire les professionnels de l'information que sont les journalistes. Les responsables politiques et militaires ont mis au point des stratégies de communication très élaborées à la source de tentatives de manipulation et d'intoxication qui se développent aujourd'hui dans le cadre d'une «communication de crise» soigneusement préparée en amont pour éviter que la présence des médias sur le terrain ne perturbe les opérations militaires et que les journalistes ne se comportent en électrons libres.

Un certain nombre de questions méritent dès lors d'être posées. Le pouvoir des médias s'exerce-t-il encore en temps de guerre ou est-il contenu par les techniques de manipulation et de propagande ? Les journalistes disposent-ils, dans ce contexte particulier, d'une certaine autonomie dans l'exercice de leur travail ou sont-ils sous la coupe des gouvernants et des militaires ? Les médias peuvent-ils influer sur l'état de l'opinion nationale et internationale, sur la perception des événements et si oui, de quelle manière ? En d'autres termes, sont-ils des instruments ou des acteurs des conflits ? Autant de pistes de réflexion qu'on essaiera d'emprunter et d'interrogations auxquelles on tentera d'apporter des réponses à l'aide de nombreuses études de cas, seules à même d'apporter un éclairage pertinent à ces problèmes pour le moins complexes.

UN PREMIER TOURNANT :
LA GUERRE DU VIETNAM

Les techniques de manipulation des masses ont connu, tout au long du xxe siècle, d'indéniables progrès grâce notamment à l'utilisation des moyens de communication modernes conçus, par de nombreux gouvernants, comme des vecteurs de propagande politique et idéologique. Sans remonter trop loin dans le temps, on retiendra pour notre propos l'exemple de la guerre du Vietnam qui reste présente dans les mémoires comme un moment fort de l'histoire récente en la matière, celui où la représentation idéalisée du conflit véhiculée par le pouvoir ne résiste pas aux coups de boutoir des médias. L'image de la guerre livrée par les médias américains de l'époque reflète assez fidèlement l'évolution de l'opinion publique aux États-Unis : après avoir loué l'intervention militaire et soutenu le gouvernement en place, la presse écrite, et dans une moindre mesure, audiovisuelle, a progressivement tourné casaque en adoptant un regard beaucoup plus critique à l'égard des opérations menées par les GI sur le terrain. Simples courroies de transmission du discours officiel au départ, les médias ont ensuite participé au réexamen de l'engagement américain et ont partiellement infléchi la perception des événements.

Dans l'abondante littérature sur le sujet, on retiendra ici l'analyse d'un chercheur américain, Dan Hallin[4], qui a procédé à une enquête minutieuse de la couverture médiatique de la guerre au Vietnam en s'attachant à l'observation de l'image de la guerre donnée par la télévision américaine à deux moments différents du conflit. De juillet 1965 jusqu'au moment de l'offensive du Têt en 1968[5], la télévision rapporte fidèlement les arguments des hommes politiques américains qui souhaitent lutter contre l'«agression communiste» et préserver la sécurité du monde libre en Asie du Sud-Est. La guerre, dans les reportages télévisés des trois principales chaînes de télévision de l'époque (ABC, NBC, CBS), est présentée comme un effort national qui s'inscrit dans une longue tradition américaine (en particulier celle de la Seconde Guerre mondiale). Elle est le symbole de la virilité, de la ténacité et du professionnalisme : « Ce sont des marines, explique un journaliste de NBC. Ils sont braves et ils le savent. Et chaque bataille, chaque débarquement, est une nouvelle occasion de prouver de quoi sont capables les hommes et les unités[6]. » L'image de la guerre est fondée sur cette mythologie de la bravoure et exalte, au nom de la guerre froide, la nécessité des combats. Ces derniers sont autant de victoires pour les troupes américaines : 62 % des annonces dans les journaux télévisés concernent des victoires alors que 28 % d'entre elles rapportent des succès du camp adverse. La télévision reproduit, durant ces trois premières années de la guerre, l'idéologie du pouvoir en place et se contente de reprendre sans grande distanciation l'information officielle.

Après l'offensive du Têt et durant la période suivante (1968-1973), les élites politiques et l'opinion américaine sont divisées à propos de la guerre. La télévision ne s'oppose pas franchement à elle et les journalistes demeurent mesurés dans leurs critiques parce qu'ils restent pour la plupart d'entre eux convaincus que les Américains œuvrent pour la bonne cause. Mais le doute s'installe néanmoins et les commentaires commencent à changer de tonalité. Le côté viril de l'engagement disparaît au profit de propos insistant sur le coût en pertes humaines. Les victimes autrefois anonymes commencent à être nommées dans les reportages. Il n'est plus question de victoire militaire des États-Unis, et tout le monde s'accorde à dire que le pays va peu à peu se désengager du Vietnam.

Les soldats, explique Dan Hallin, sont désormais les acteurs principaux des récits télévisés : la guerre apparaît de plus en plus comme une entreprise vaine et absurde. Les annonces de victoire tombent à 44 %, les combats jugés inefficaces passent à 24 %. Symptôme révélateur de ce constat, les propos tenus sur CBS en octobre 1968 : « Les forces spéciales et l'ennemi ont combattu sans aucun résultat. Et il ne reste plus qu'à soigner les blessés et qu'à se préparer pour un autre jour de combat. » La télévision, après avoir célébré une guerre glorieuse et rationnelle, diffuse une vision moins positive du conflit vietnamien. Le choc des images a progressivement fait perdre au pouvoir de Washington le consensus de l'opinion publique et a précipité, en raison de la pression exercée, le désengagement américain[7]. On sait par ailleurs que les articles des grands quotidiens nationaux et de magazines tels que *Time* ou *Newsweek* ont contribué, à leur manière, à remettre en cause aux yeux de l'opinion américaine le bien-fondé de cet engagement militaire, de sorte que Richard Nixon, en entrant en 1968 à la Maison-Blanche, promettra de mettre rapidement fin à la guerre

La leçon qu'il convient de tirer de cette expérience est donc claire : l'instrumentalisation des médias par les hommes politiques et par les militaires n'a duré qu'un temps et s'est heurtée au pouvoir des images, charriant avec elles cadavres, corps blessés, scènes de dévastation, images de massacres (par exemple My Lai[8]) qui suscitèrent bien évidemment des réactions émotionnelles fortes. La photographie, prise par un journaliste de l'agence Associated Press, de la petite fille fuyant nue en hurlant de douleur, sur une route enflammée, les bombardements au napalm, fera le tour du monde et restera comme le symbole de cette guerre atroce. Le Vietnam est la première guerre, rappelle l'historien Marc Ferro, qui ait été suivie aussi quotidiennement et aussi largement, et c'est «cette guerre qui a donné aux médias la capacité d'intervenir dans l'histoire, pas seulement comme photographes d'une situation, mais comme *agents*. Or, en dénonçant ceci, en insistant sur cela, en montrant finalement les contradictions, les médias ont joué un *rôle* dans la fin de la guerre[9]». De simples témoins d'un conflit, les médias sont passés au statut d'acteurs à part entière : la donne a considérablement changé.

Les représentants du pouvoir politique et militaire ont pris conscience, à partir de cette expérience malheureuse, que la couverture médiatique du Vietnam avait contribué à démoraliser l'opinion américaine et au retrait des troupes. Ils en ont conclu qu'il fallait désormais intensifier le contrôle de l'information en temps de guerre, maîtriser au maximum la circulation des images afin d'éviter à tout prix la diffusion de scènes de combats, de photos de victimes ou de rapatriements des cercueils, aux effets dévastateurs. Bref, en tirer rapidement les leçons et donner à la prochaine occasion le sentiment que la guerre peut être «propre», sans dégâts collatéraux. C'est en ce sens que le Vietnam représente une coupure dans la conception des guerres modernes : on ne peut plus montrer au public une guerre à l'arrière. La communication de guerre doit l'emporter sur l'information. En d'autres termes, l'instrumentalisation des médias est plus que jamais un objectif prioritaire des belligérants.

UNE VOLONTÉ D'INSTRUMENTALISATION DES MÉDIAS

Les tentatives de manipulation

L'un des moments essentiels d'une nouvelle prise de conscience fut bien sûr, en décembre 1989, l'épisode tristement célèbre du faux charnier de Timisoara en Roumanie dont on rappellera simplement qu'il illustra les dérives de l'information spectacle et de la course au scoop à tout prix. Les faits sont connus : des cadavres déterrés d'un cimetière ont été l'objet d'une vaste mise en scène où une majorité de journalistes occidentaux présents sur les lieux et bardés de technologie n'y ont vu que du feu, interprétant cet événement comme une preuve que le régime politique en place torturait et massacrait systématiquement les « insurgés ». Le journaliste-témoin qui croyait être au cœur de l'événement est en fait prisonnier de l'emballement médiatique qui s'ensuit, il ne prend plus le temps de procéder aux recoupements nécessaires et participe, sans le savoir, à la propagation de rumeurs et d'informations erronées. Celles-ci se répandent d'autant plus vite que les esprits sont mûrs pour les entendre et les prendre pour argent comptant.

L'historien Marc Bloch avait déjà entrevu ce problème et écrivait en 1921 : « Une fausse nouvelle naît toujours de représentations collectives qui préexistent à sa naissance ; elle n'est fortuite qu'en apparence, ou, plus précisément, tout ce qu'il y a de fortuit en elle c'est l'incident initial, absolument quelconque, qui déclenche le travail des imaginations ; mais cette mise en branle n'a lieu que parce que les imaginations sont déjà préparées et fermentent sourdement » ; et il ajoutait : « la fausse nouvelle est le miroir où "la conscience collective" contemple ses propres traits [10] ». Cette manipulation réussie des médias occidentaux en Roumanie a laissé cette fois des traces dans les esprits des journalistes et des responsables des rédactions. Voir, ce n'est pas comprendre : il faut connaître le contexte politique, ethnique, religieux des situations pour être à même de décrypter les enjeux et le sens de certains événements. Les médias sont eux-mêmes instrumentalisés par les lois du marché et par la logique industrielle qui les contraignent à entrer dans une compétition sans fin.

Ces événements de Roumanie révèlent en outre les principes et les mécanismes qui président aujourd'hui à la manipulation des médias et qui se situent à deux niveaux différents. Du côté des belligérants, l'impératif est de mettre les médias sous contrôle au moyen d'une stratégie de communication savamment orchestrée qui permette de filtrer les images que l'on souhaite

transmettre au public, d'orienter les messages
selon sa propre visée ; du côté du marché de l'information, l'exigence est celle de la rapidité de la
diffusion des nouvelles afin de damer le pion aux
concurrents. L'interventionnisme politique et la
logique économique heurtent alors de plein
fouet les principes de la liberté d'expression et
de la libre circulation de l'information.

Cette information est évidemment retravaillée
par l'image, mais aussi par la parole. Dans son
ouvrage *La parole manipulée*[11], Philippe Breton
rappelle que la manipulation repose sur trois
principes étroitement imbriqués. Elle se traduit
d'abord par une action violente et contraignante
(d'ordre psychologique ou cognitive) qui prive
de liberté les individus qui y sont soumis. Elle
s'appuie ensuite sur une stratégie finement éla-
borée qui a pour but de tromper, de faire croire
à ce qui n'est pas : le message délivré est le plus
souvent mensonger. Enfin, le procédé manipula-
toire se heurte à une résistance ou du moins à
une non-acceptation immédiate de son message :
elle est donc « mensonge organisé, privation de
liberté de l'auditoire et outil pour vaincre sa
résistance[12] ». La manipulation du public par le
truchement des médias fait évidemment appel à
un certain nombre de techniques particulières,
aujourd'hui bien connues, qui visent à influer
soit sur la forme des messages en jouant sur les
affects et les sentiments ; soit sur le fond en utilisant le raisonnement et la dimension cognitive
des messages. Propagande et désinformation
sont ainsi le lot commun de tous les conflits
armés et l'on sait que la frontière qui sépare les

deux méthodes de communication s'avère pour le moins ténue [13].

L'un des exemples récents de conflits qui ont donné lieu à une politique de désinformation constante et à une forme de censure pour le moins efficace est celui de la guerre que mène depuis 1994 en Tchétchénie le gouvernement russe qui contrôle sévèrement toutes les informations diffusées sur son territoire et qui entrave le travail des journalistes étrangers souhaitant se livrer à des enquêtes approfondies sur le terrain. Alors que de nombreuses exactions y ont été commises, le discours officiel consiste à qualifier les résistants opposés au régime mis en place par Moscou de «terroristes». Comme les grandes puissances occidentales ferment plus ou moins les yeux sur les nombreuses atteintes aux droits de l'homme qui y sont portées, comme, par ailleurs, les médias occidentaux s'investissent assez peu dans le traitement de ce sujet de peur de lasser leur auditoire et que les images ou les reportages télévisés s'avèrent donc plutôt rares, l'opinion publique internationale, bien qu'alertée, demeure relativement passive. Un contexte de pénurie d'images ne favorise évidemment pas une bonne connaissance des faits.

La visibilité médiatique des conflits apparaît donc très inégale : certains sont négligés [14], d'autres, au contraire, sont surmédiatisés. Tel fut le cas de la guerre du Golfe, théâtre d'une profusion d'images transmises par les télévisions occidentales qui n'a toutefois pas empêché la désinformation. Elle a même porté à son apogée l'instrumentalisation des médias modernes par les autorités politiques et militaires. Le contrôle en amont des sources d'information a été particulièrement efficace.

La mise en spectacle de la guerre

Que révéla en effet la couverture médiatique de la guerre du Golfe (août 1990-février 1991)? La prééminence d'une chaîne de télévision américaine d'information en continu (CNN), la mise en spectacle des événements dans le cadre d'une course au scoop et enfin le musellement de l'information par les états-majors des armées alliées. L'accélération du traitement de l'information eut pour conséquence un accroissement de l'audience des émissions de télévision et de la diffusion des journaux : TF1 et La Cinq y consacrèrent près de la moitié de leur temps d'antenne voué à l'information ; les ventes en kiosque des quotidiens nationaux augmentèrent de 14 % les trois premiers mois de 1991. C'est la première fois sans doute en France qu'un conflit censé être filmé en direct provoqua un tel engouement de la part des téléspectateurs avides de connaître les ultimes rebondissements du conflit. L'armée française, quant à elle, soucieuse de s'assurer le contrôle de l'information diffusée, fit signer aux journalistes sur le terrain une charte individuelle qui leur interdisait notamment d'identifier les lieux exacts, de montrer les morts et les blessés. La constitution de pools de journalistes fortement encadrés confirma cette volonté de maîtrise des images par les armées de la coalition occidentale.

Vue du côté français, la guerre médiatique se

déroula en quatre phases[15]. D'août à décembre 1990, les médias eurent le sentiment de pouvoir préparer les Français à la guerre en leur expliquant les tenants et aboutissants des négociations diplomatiques en cours et en réalisant des opérations spéciales telles que le déplacement à Bagdad de Patrick Poivre d'Arvor (TF1) pour interviewer Saddam Hussein. À compter du début janvier 1991 jusqu'à la mi-février, ce fut le règne de l'information spectacle, l'illusion de la guerre en direct avec les images répétitives de la guerre aérienne (décollages d'avions, de missiles Patriot trouant le ciel nocturne), ainsi qu'avec les multiples sondages d'opinion soigneusement relayés par la presse écrite. La troisième phase fut très brève (20-26 février) et coïncida avec l'offensive terrestre : les journalistes, de plus en plus irrités par la mainmise des militaires sur l'information, commencèrent à regimber publiquement et à mettre en cause la censure émanant de l'armée et du pouvoir politique. Un sondage effectué auprès des journalistes de télévision français montrait à ce moment-là qu'à 84 % «depuis le début de la guerre du Golfe, ils avaient le sentiment d'avoir été manipulés[16]». La quatrième et dernière phase s'ouvrit après la victoire des troupes occidentales et eut pour objet les enjeux de l'après-guerre.

Les journalistes occidentaux, au nombre de 1 300 environ, devaient pour la première fois pouvoir couvrir le conflit des deux côtés et livrer une image neutre de la réalité des combats. Pure illusion quand on sait par expérience que, à l'instar de Fabrice à Waterloo dans *La Chartreuse de*

Parme, on ne peut avoir le don d'ubiquité et quand on se souvient qu'une seule chaîne, américaine de surcroît (CNN), fut autorisée à émettre de la capitale irakienne après le début de la guerre. Pris en tenaille entre la censure militaire et la volonté d'exclusivité des médias d'outre-Atlantique, les journalistes français furent de leur côté constamment à la remorque des informations américaines. Les rédactions parisiennes s'appuyèrent donc sur les dépêches d'agence, leurs envoyés spéciaux et les consultants militaires pour commenter tant bien que mal le déroulement des opérations.

La retransmission en direct de la guerre du Golfe souligna en fin de compte un phénomène pour le moins paradoxal : la contradiction entre l'augmentation considérable des émissions spéciales qui lui furent consacrées et la maigreur des informations vraiment originales. La multiplication des canaux de diffusion n'accroît pas automatiquement la diversité des programmes de sorte que l'hypermédiatisation du conflit se réduisit, pour reprendre la formule de Gérard Arboit, à «une vaste retransmission radiophonique filmée» et rendit encore plus sensible la sous-information, c'est-à-dire la pénurie d'informations fiables et surtout d'images du front qui demeura totalement inaccessible tout au long du conflit. Elle contribua à la redondance et à l'uniformisation de l'information et provoqua un conformisme imposé.

Sans mémoire, sans véritable recul, la plupart des médias audiovisuels et beaucoup de supports de la presse écrite[17] privilégièrent l'émotionnel ou le sensationnel et échouèrent ainsi à donner de la profondeur au conflit, à le mettre en perspective par rapport au passé. Sous les apparences d'une victoire des techniques modernes d'information se cachait en réalité une défaite des médias : avoir le sentiment d'être au plus près des événements (principe de la proximité), ce n'est pas dire la vérité de l'événement ; vouloir diffuser en direct les images d'un conflit (principe de la simultanéité), ce n'est pas rendre compte de la réalité du conflit. Prendre comme idéal de l'information celui de la transparence[18] à tout prix (voir et montrer en permanence, tout offrir au regard), c'est tomber dans le mythe de l'information-spectacle, ne vivre que dans le monde de la représentation au sein duquel la sensation l'emporte sur la compréhension, la compassion sur les véritables enjeux.

Vue du côté des médias américains, la guerre du Golfe[19], comparée à la guerre du Vietnam, présente quelques différences. Les thèmes patriotiques furent davantage prépondérants dans les reportages et les héros masculins furent montrés sous un autre jour : ils semblent plus proches de la vie de famille, comme en témoigne le général Schwartzkopf posant dans le magazine *People* avec sa femme sous le titre « Chérie, je suis de retour ». Mais la véritable nouveauté est ailleurs : on fait appel à des experts militaires qui tiennent un discours technique abstrait où l'on parle de cibles visées et touchées et rarement de personnes tuées ou de civils blessés (« frappes chirurgicales », « dégâts collatéraux »). On évoque relativement peu les victimes dans les reportages parce que la

définition technique de la guerre réussit à préva-
loir grâce aux stratégies de communication efficaces des autorités militaires américaines. Les
principaux acteurs de la guerre du Vietnam étaient
les soldats, ceux de la guerre du Golfe sont les
analystes militaires et les armes technologiques.
Pour qu'une guerre ait bonne presse, il faut dès
lors qu'elle soit conduite par des machines et
pas uniquement par des hommes. D'où le caractère aseptisé de la couverture médiatique de ces
quelques mois de conflit.

La télévision — puisque c'est d'elle qu'il s'agit
essentiellement — possède le pouvoir de fabriquer l'événement ou du moins de le monter en
épingle, mais ce pouvoir fut ici trompeur en raison de la confusion entre traitement de l'information en direct et construction de l'information:
l'un se contente de montrer sans mettre en perspective, l'autre filtre les images en essayant de
leur donner du sens. Or la véritable information
est toujours une reconstruction de la réalité, un
choix et une interprétation fondés sur des faits et
sur un point de vue. Sortes de maîtres de cérémonie du grand théâtre de la guerre, les présentateurs des journaux télévisés ont cru maîtriser
l'événement en donnant successivement la parole
à leurs envoyés spéciaux et à leurs correspondants dans les grandes capitales concernées et
ont ainsi pu faire croire au téléspectateur qu'il
était en mesure de saisir l'état réel des rapports
de force et de prévoir le déroulement futur du
conflit.

Comme le constate Marc Ferro[20], le dispositif
télévisuel français a toutefois joué un rôle sur les

représentations du conflit et sur l'idée que l'on pouvait se faire de cette guerre, d'une part en négligeant par exemple de faire intervenir un correspondant en Égypte (pourtant puissance importante de la région) et en livrant ainsi une image biaisée des vrais rapports de force en présence ; d'autre part en favorisant les reportages sur les forces françaises par rapport aux forces anglaises (pourtant deux fois plus nombreuses) dont le poids était systématiquement sous-évalué. N'est-on pas alors en droit d'affirmer que la couverture télévisuelle de la guerre du Golfe a proposé, voire en certains cas imposé, au téléspectateur une grille de lecture singulière des événements qui a abouti à un cadrage relativement homogène du conflit et à une vision aseptisée des champs de bataille ? Ceux-ci résultent, on aura l'occasion d'y revenir à propos du conflit au Kosovo, des conditions particulières de production de l'information (contrôle de la communication par l'armée, sources d'information identiques, inexpérience de certains journalistes sur le terrain, méconnaissance de l'histoire du Moyen-Orient, impératifs du direct, etc.) et de la logique commerciale en vigueur.

Ne peut-on également mettre en lumière la responsabilité des journalistes eux-mêmes dans la profusion incohérente des commentaires et dans les excès de l'information durant cette guerre ? Confrontant les trois agendas en présence, celui des faits, celui des médias et celui des rumeurs, Dominique Wolton a démontré, preuves à l'appui[21], que le décalage entre les trois agendas était patent. La croissance exponentielle de l'information a généré de la rumeur, de la désinformation et ce qu'il appelle de l'«information-mystère», de sorte que la réalité s'échappait à mesure qu'on croyait s'en approcher. Les journalistes, tout à leur dénonciation de la censure et de la désinformation, n'ont pas eu conscience qu'ils diffusaient beaucoup d'informations inexactes ou approximatives. L'analyse minutieuse du contenu des journaux français et américains révèle une succession d'informations contradictoires dont le ton péremptoire et définitif est rétrospectivement pour le moins surprenant. L'absence de sens critique et de modestie de la part de nombreux professionnels des médias a eu pour conséquence en France de ternir durablement l'image de la profession et de semer le doute sur la crédibilité des médias dans l'esprit du public.

Les guerres modernes ont été transformées par les progrès technologiques qui ont bouleversé leur mise en œuvre, mais qui n'ont guère modifié le régime de croyance qui s'appuie toujours sur trois mondes différents : stratégique, technique et symbolique[22]. Après le Vietnam où le téléspectateur découvre progressivement la guerre et ses victimes ; après l'Irak où il voit une guerre sans victimes, le Kosovo constituera un tournant supplémentaire : une guerre où il ne voit que des victimes et jamais le front.

Les conditions de production de l'information en temps de guerre

Si le conflit en Irak a permis une salutaire prise de conscience des effets pervers de la médiatisation à outrance de la guerre, il a également ouvert la voie à d'autres interrogations. La guerre du Kosovo en 1999 a été à ce titre emblématique de la manière dont les médias peuvent se laisser influencer par les autorités non seulement militaires, mais aussi par d'autres experts ou d'autres sources d'information.

Il convient en effet de souligner que l'interprétation des événements livrée par les médias n'est pas uniquement due aux pressions exercées par les belligérants et aux méthodes aujourd'hui bien connues de censure et de désinformation : elle dépend aussi très largement des conditions de collecte et de production de l'information par les journalistes sur le terrain et dans les rédactions. La manière dont ceux-ci rendent compte des affrontements et des guerres est le fruit de ce que les spécialistes appellent un cadrage interprétatif, c'est-à-dire un schéma de perception du monde qui dépend de notre expérience sociale, de notre vécu et qui permet aux individus d'identifier et de classer les événements[23]. Ce cadrage repose sur une panoplie de significations et de représentations que nous construisons à partir d'un ensemble de valeurs, de principes, de symboles, d'images mobilisés pour donner du sens aux événements. Les modes de cadrage des événements par les médias découlent donc de multiples facteurs et s'inscrivent dans un réseau complexe d'interactions avec d'autres protagonistes (les sources, les concurrents, les rédactions, etc.) dont aucun ne dispose à lui tout seul d'une maîtrise totale de la situation. Nous sommes bien en présence d'une configuration médiatique dans laquelle la couverture de certains conflits obéit tout à fait à une logique d'interdépendance. Elle a été jusqu'à présent peu étudiée sous cet angle.

Partant d'une lecture comparée de la presse anglo-saxonne et française, deux chercheuses ont tenté d'expérimenter cette méthode d'analyse en l'appliquant au conflit du Kosovo [24]. Le problème posé est celui des raisons qui expliquent la différence de cadrage observée entre les journaux anglais et les journaux français à propos de l'organisation militante UCK [25] : pourquoi les seconds sont-ils beaucoup plus critiques à son égard que les premiers ? La réponse tient à plusieurs raisons qui s'entrecroisent et qui conduisent à un cadrage plutôt négatif et homogène.

La couverture du Kosovo a été étroitement liée au caractère international du conflit. Entre novembre 1997 et mars 1999, la presse française ne s'est guère intéressée à la nature de l'UCK, de son organisation ou de ses objectifs. Le dispositif de compte rendu et de suivi de l'actualité à ce sujet est resté très routinier. C'est seulement à partir du moment où le problème du Kosovo est devenu un enjeu international important, en mars 1999 avec l'intervention de l'OTAN, que le dispositif a changé et a pris la forme d'un engagement exceptionnel de certains journaux. Le nombre de journalistes envoyés sur place a alors fortement augmenté et les articles consacrés à l'UCK ont été beaucoup plus fréquents. Ce phénomène illustre le fait que, dans ce cas précis, la presse écrite française a été à la remorque des priorités politiques et qu'elle s'est inscrite, selon les auteurs de l'étude, dans une relation de dépendance vis-à-vis du Quai d'Orsay et de l'Élysée.

En outre, les conditions de couverture de l'UCK, très restrictives pour les journalistes français, ont pesé lourd dans la balance et influé sur leur perception du problème. Les professionnels des médias plutôt hostiles à la guérilla albanaise ont obtenu plus aisément des visas d'entrée dans le pays que leurs confrères davantage favorables à l'UCK. De manière générale, les déplacements durant la guerre ont été soigneusement encadrés : seuls des pools de journalistes sont conduits sur les lieux de «bavures» de l'OTAN. Il semble donc qu'il y ait eu une méfiance de la part de l'UCK à l'égard des journalistes venus de Paris et des Français en général réputés pro-serbes et une certaine mansuétude en revanche à l'égard des journalistes anglo-saxons. Les conditions de travail sur le terrain et les difficultés d'accès à certaines sources, preuve d'une absence de coopération ou du moins d'une réelle défiance de la part de l'UCK, ont eu une influence souvent décisive sur le cadrage retenu par la presse française qui décrit ce mouvement militant en insistant sur son caractère mystérieux, sur les ombres qui planent sur lui. La connaissance imparfaite de l'histoire du Kosovo chez nombre de journalistes néophytes envoyés sur place ajoute à cette incompréhension.

La conjonction de ces différents facteurs produit des reportages et des analyses dans les journaux français qui, à l'exception notable de *L'Humanité* et parfois du *Monde*, adoptent la même grille de lecture, autrement dit un cadrage descriptif de l'UCK globalement critique. La diversité de ligne éditoriale entre des quotidiens aussi différents que *Le Figaro*, *Libération* et *Le Monde* s'estompe au profit d'une présentation soupçonneuse, notamment à partir de l'offensive serbe de juin-juillet 1998 et de l'internationalisation du conflit dans les premiers mois de 1999. L'UCK y est décrite comme une armée de libération jusqu'au-boutiste, un regroupement hétéroclite de militants, une organisation au financement douteux et donc peu crédible. En réalité, la perception des journalistes varie à l'intérieur même de chaque rédaction et il apparaît clairement que les reporters sur le terrain ont souvent une attitude plus bienveillante que les journalistes du desk à Paris.

C'est donc « la position dans le processus de construction de l'information et le rapport aux sources qui déterminent le cadrage[26] ». La grille de lecture qui structure cette vision particulière des relations internationales est plus ou moins conditionnée par la grande distance aux sources et par l'absence d'un acteur politique officiel susceptible de donner une image plus positive de l'UCK. Elle résulte d'une multiplicité de logiques pratiques qui se renforcent mutuellement sans que l'on puisse parler de l'existence *a priori* d'une pensée dominante et conformiste chez les acteurs professionnels de l'information. Les journalistes français ont donc été conduits à adopter un angle d'analyse identique et à se fondre dans une sorte d'unanimisme pré-construit sans qu'ils l'aient toujours sciemment recherché. Les médias découpent le monde en autant de catégories de perception qui semblent donner raison à ceux qui pensent que la presse réagit parfois plus en fonction de ses propres règles qu'en fonction des manœuvres ou des tactiques extérieures. Leur instrumentalisation par les autorités politiques et militaires est certes incontestable, mais leur degré d'autonomie dépend fortement de la configuration et de la conjoncture dans laquelle ils travaillent pour confectionner l'information.

LES MÉDIAS, NOUVEAUX ACTEURS DES CONFLITS

On vient de le voir, les médias ont subi de nombreuses pressions de la part des gouvernants ou du marché. Ils sont souvent contraints de lutter avec âpreté contre les multiples tentatives de désinformation dont ils dont la cible. Ils peuvent cependant aussi, dans certains cas, s'en démarquer et parfois influer sur le cours des événements. La deuxième moitié du xxᵉ siècle a été sans conteste marquée par la médiatisation des relations internationales et des conflits : après l'ère du transistor (crise des fusées à Cuba en 1962, guerre des Six Jours entre Israël et les pays arabes en 1967), le choc des images télévisées durant la guerre du Vietnam a provoqué des changements d'attitude chez les gouvernants à la suite de certaines réactions hostiles de l'opinion publique[27]. Puis le poids de CNN durant la guerre du Golfe a, semble-t-il, intensifié l'impact du débat autour du rôle de la télévision. Aujourd'hui c'est Internet qui bouleverse le paysage international. Certains gouvernements en ont tiré les leçons : mieux vaut éviter la diffusion d'images durant les combats afin d'empêcher l'opinion publique de se manifester trop bruyamment. Ce fut la stratégie adoptée par l'Union soviétique lors de la guerre d'Afghanistan entre 1979 et 1989 et par la Grande-Bretagne lors de la guerre des Malouines (1982) avec des résultats inégaux.

L'instantanéité de l'information, la volonté de transparence médiatique de la part des journalistes, le poids de l'opinion publique nationale et internationale ont notoirement modifié la diplomatie et les rapports internationaux. On est passé d'un système bipolaire, celui du «rideau de fer» et de l'affrontement entre deux blocs, à un système multipolaire plus instable et moins lisible dans lequel les médias jouent leur partition. La question qui est posée est de savoir si ces derniers constituent un facteur parmi d'autres des crises internationales ou s'ils sont devenus des acteurs à part entière des conflits. Détiennent-ils une influence déterminante ? Sont-ils des instruments de paix et de sécurité ou d'insécurité et d'instabilité ? Peut-on véritablement évaluer leur influence ?

À ces questions, il n'existe pas de réponse simple et définitive. Les certitudes sont à bannir en la matière tant la diversité des cas de figure est patente. L'influence des médias lors des conflits internationaux est en fait variable selon l'époque, selon le type de régime politique en place, selon le système international dominant. Les médias peuvent avoir des effets tantôt stabilisateurs, tantôt déstabilisateurs. Les spécialistes s'accordent pour dire qu'avec la médiatisation des relations internationales, rien n'est plus comme avant, mais ils sont bien en peine d'évaluer avec exactitude le pouvoir des médias. Il faut constamment en revenir à des études ponctuelles et éviter les généralisations hâtives.

Les médias peuvent parfois accélérer un processus de décomposition et de déstabilisation d'un régime, comme on l'a vu lors de la chute des régimes communistes entre 1989 et 1991 ; rendre certaines frontières, apparemment étanches à toute ingérence extérieure, peu à peu perméables grâce à la diffusion d'informations via les télévisions par satellites ou Internet ; renforcer la solidarité internationale lors de révolutions ou de catastrophes naturelles ; conforter un pouvoir qui traverse une crise grave à l'instar de l'échec du putsch de Moscou en 1991, etc. Les situations sont tellement différentes les unes des autres qu'elles invitent à se méfier de toute typologie systématique.

On fera donc nôtre le jugement de Daniel Colard : « Objectivement, la pression médiatique, le poids des images, avantagent les démocraties libérales et affaiblissent les régimes autoritaires ou dictatoriaux[28]. » Nul doute que l'ingérence médiatique peut avoir des incidences sur le comportement des belligérants ou des insurgés, sur la conduite des opérations militaires et sur le moral de l'opinion. On voudrait ici tenter d'établir ce constat par le rappel de quelques événements emblématiques sans avoir aucunement la prétention de trancher définitivement la question.

La déstabilisation du pouvoir

La chute du régime communiste de la République démocratique allemande au cours de l'année 1989 constitue une illustration convaincante de l'effet parfois déstabilisateur des médias. Il semble bien en effet qu'à l'occasion de ce changement politique, les médias occidentaux et en particulier les chaînes de télévision ouest-allemandes ARD et ZDF, par leurs reportages et leurs commentaires à chaud, aient permis aux citoyens est-allemands de mieux saisir la complexité des événements qui se produisaient, jouant ainsi un rôle de catalyseur dans l'accélération du processus de changement. Bien évidemment, ils ne déclenchèrent pas à eux seuls ces bouleversements : d'autres facteurs endogènes et exogènes tels que la dégradation permanente de la vie économique en RDA, l'attitude particulière de Mikhaïl Gorbatchev, certains événements politiques dans d'autres pays du bloc soviétique (en Hongrie et en Pologne), ont eux aussi contribué à ébranler le régime. C'est en mettant en relation les médias avec d'autres variables liées au contexte politique, économique et social du moment que l'on est en droit de parler d'un impact notable des médias en cette occasion.

Plus exactement, le contenu des médias occidentaux (aussi bien la télévision que la radio) a, sur le long terme, favorisé chez les habitants de la RDA une prise de conscience des inégalités criantes entre les deux pays (l'Allemagne de l'Est et l'Allemagne de l'Ouest), des disparités en matière de liberté d'expression et progressivement concouru à provoquer les conditions d'un effondrement du régime politique en place. Le fruit était en quelque sorte mûr : les événements de 1989 ne furent que la suite logique d'un long travail de sape antérieur.

Un certain nombre d'enquêtes réalisées entre 1976 et 1988 en RDA ont montré que les téléspectateurs de l'Allemagne de l'Est avaient de plus en plus tendance à suivre les informations politiques diffusées par les médias de l'Ouest qui leur proposaient une vision très différente de leur propre pays. Aucun mur ou barbelé ne peut faire totalement obstacle à la radio et à la télévision : les médias est-allemands qui pratiquaient systématiquement la dissimulation et la désinformation étaient en fait majoritairement rejetés par la population est-allemande. Cette dernière avait accès à des images de la société de consommation occidentale qui contrastaient fortement avec leur expérience quotidienne et les renvoyaient aux difficultés d'approvisionnement qui étaient les leurs. La comparaison avec le mode de vie à l'Ouest était saisissante.

Les médias occidentaux ont également activé le sentiment d'appartenance commune des Allemands. En montrant, à partir de l'été 1989, des images à forte charge émotionnelle, de l'ouverture de la frontière occidentale hongroise, ils ont suscité et précipité une vague d'exode. En octobre et novembre de la même année, en rendant compte des manifestations à Leipzig et à Dresde, de leur répression parfois violente, ils ont encouragé la population est-allemande à descendre encore davantage dans la rue. En relatant sans discontinuer les événements qui se déroulaient en RDA, les chaînes de télévision de l'Allemagne de l'Ouest ont favorisé, selon Kurt R. Hesse[29] qui a longuement étudié le phénomène, l'accélération du processus révolutionnaire, supprimé le sentiment de peur et encouragé l'expérience d'une conscience collective d'opposition. Au bout d'un certain temps, les médias est-allemands ont eux-mêmes sauté le pas et plongé avec délice dans le bain de la mutation politique en cours.

Autre exemple d'effet déstabilisateur : le poids d'Internet et des nouvelles technologies durant la dernière guerre en Irak. Avant d'aborder ce point, essayons d'abord de comprendre la spécificité de ce conflit par rapport à celui de 1991. La guerre déclenchée en 2003 par les Américains en Irak a été l'objet d'une couverture médiatique particulière qui s'est déployée dans un contexte politique inédit (absence d'accord de l'ONU et de soutien de certains pays européens dont celui de la France) et dans une logique concurrentielle un peu différente. CNN, qui avait eu à l'époque l'exclusivité des images à Bagdad, s'est cette fois heurtée à la rivalité d'une chaîne arabophone Al Jazira qui a fait contrepoids aux images américaines et qui a eu très certainement des effets sensibles sur l'opinion publique arabe, voire occidentale.

À cette première nouveauté s'en ajoute une seconde qui tient aux conditions singulières dans lesquelles certains journalistes (pour leur très grande majorité, américains et anglais) ont pu rendre compte des combats. «Embarqués» (*embedded*) dans des unités combattantes des États-Unis et de l'Angleterre, les reporters ont pu rendre visible en temps réel l'avancée des troupes de la coalition au risque parfois de manquer de recul et de ne livrer qu'une vision très partielle, très unilatérale, des événements et d'être ainsi constamment sous contrôle des autorités militaires. À dire vrai, cet accueil de journalistes au sein même des forces armées n'est pas en tant que tel une véritable nouveauté : tout le monde se souvient que les Américains avaient déjà intégré dans leur armée durant la Seconde Guerre mondiale des journalistes (les photos prises par Robert Capa au moment du débarquement du 6 juin 1944 sont restées à ce titre justement célèbres). Il détonne cependant par rapport à la stratégie de communication antérieure des responsables politiques et militaires qui avaient, lors de la guerre du Golfe, totalement muselé la presse.

Les médias ont-ils une fois de plus été manipulés et instrumentalisés au moyen de cette technique d'«embarquement» ? Une récente étude réalisée par des chercheurs anglais[30] sur la qualité de la couverture du conflit par les médias britanniques s'est penchée sur cette question et a tenté de déterminer si les journalistes indépendants ont mieux informé le public que leurs confrères *embedded* et donc s'ils ont fait preuve de davantage d'autonomie par rapport au discours des communicants officiels. Les résultats sont beaucoup plus nuancés qu'on n'aurait pu le penser. Les journalistes « embarqués » ont, dans l'ensemble, été plus objectifs que les autres correspondants sur place ou ont, du moins, livré des commentaires plus équilibrés. Il semble bien que le reportage « hébergé » ait moins été une alternative au reportage indépendant (qui présentait de nombreux dangers) qu'une alternative aux briefings militaires beaucoup plus convenus.

En fait, selon les auteurs de l'étude, le contraste ne se situe pas tant entre journalistes « hébergés » et journalistes indépendants qu'entre présentateurs sur les plateaux (qui ont à eux seuls accaparé 48 % de la couverture télévisuelle du conflit contre 9 % pour les « hébergés »; 6 % pour les correspondants à Bagdad; 4 % pour les journalistes basés dans les centres de briefing militaires et 19 % pour les montages et analyses en studio) et journalistes sur le terrain (« embarqués » ou non). Les journalistes intervenant depuis les studios ont été davantage influencés par les positions du gouvernement britannique à Londres que les reporters sur le terrain et ont proposé aux téléspectateurs un cadrage des événements très proche du discours officiel. L'enquête montre également que les journalistes britanniques « embarqués » ont été globalement plus impartiaux dans leurs reportages que les journalistes américains dont le patriotisme et le manque de recul ont maintes fois été soulignés à l'occasion de cette guerre. On notera d'ailleurs en passant que, selon une étude menée par un centre de recherche américain[31], 55 % des journalistes des médias nationaux estimaient, au premier semestre

2004, avoir été trop peu critiques vis-à-vis de l'administration Bush à ce sujet et que le *New York Times* a fait au même moment son mea-culpa en reconnaissant qu'il avait publié des informations erronées et manqué de rigueur dans le suivi des événements ayant conduit au conflit.

Il n'en demeure pas moins vrai que la propension des chaînes de télévision occidentales à toujours donner la priorité à l'action, à vouloir raconter la guerre, à jouer continuellement sur la narration des faits, a eu pour conséquence de réduire la complexité de cette guerre (ses raisons, son contexte international, ses enjeux économiques). La multiplication des visions partielles n'a pas toujours permis au téléspectateur de disposer d'une véritable mise en perspective, malgré certains efforts louables enregistrés. Les chaînes de télévision françaises ont de leur côté été handicapées par leur dépendance, en matière d'images, à l'égard des chaînes étrangères, essentiellement anglo-saxonnes, et n'ont donc pu disposer d'un regard totalement autonome. Certaines phases décisives de la guerre sont ainsi restées des points aveugles (que s'est-il réellement passé sur l'aéroport de Bagdad ?).

En tout état de cause, le dispositif de présentation en France[32] a été plus sobre que lors de la guerre du Golfe, le ton adopté plus modeste et plus prudent, les rédactions plus soucieuses de diversifier la présence des journalistes sur le terrain. On n'a pas constaté de reprises systématiques des thèses des belligérants probablement parce que la France était moins impliquée dans le conflit : les pressions exercées sur les journalistes de télévision ont donc été moins contraignantes. Ce qui n'a pas empêché des erreurs d'appréciation, en particulier dans les commentaires publiés dans les journaux quotidiens, erreurs dénoncées par certains journalistes eux-mêmes [33]. Il semble bien que pour la première fois, le public ait eu son mot à dire, notamment à la radio. Les auditeurs ont en effet pu prendre la parole, intervenir à l'antenne dans le cadre d'émissions en direct et dialoguer avec les spécialistes, échanger des points de vue sans tomber dans l'ornière d'une discussion réduite à un échange purement formel entre ceux qui savent (les experts) et les autres (les prétendus «ignorants»).

Plus fondamentalement, pour qui essaie de saisir le pouvoir des médias, cette guerre en Irak soulève le problème de l'efficacité des moyens technologiques de plus en plus sophistiqués et performants (téléphones portables, webcams, Internet) mis à la disposition des militaires et des journalistes et, par contrecoup, celui de leur incidence sur la perception des événements par le public. En quoi notamment l'utilisation d'Internet transforme-t-elle non seulement la vitesse de circulation de l'information en temps de guerre, mais aussi le comportement des autorités politiques et militaires, voire du public lui-même et par voie de conséquence, la représentation du conflit ?

Tel est bien l'enjeu fondamental de ces nouveaux outils de communication. La diffusion en avril-mai 2004 des photos de torture à la prison d'Abou Ghraib à Bagdad en apporte la preuve puisque cet événement a complètement échappé au pouvoir américain en raison de l'existence de photos numériques et de l'utilisation du courrier électronique. L'opinion publique internationale a aussitôt été alertée sur les turpitudes commises par l'armée américaine et le gouvernement de Washington en a été fortement déstabilisé : preuve que les médias électroniques ont exercé en ces circonstances un réel pouvoir sur les gouvernants, contraints de réagir à chaud et de trouver dans la précipitation une parade à ces images (non démenties) prises très probablement par des soldats américains et envoyées, via des CD et des mails, à leurs familles aux États-Unis.

La révolution technologique s'insinue de plus en plus dans la vie quotidienne du personnel militaire sur le terrain. Les soldats disposent désormais d'appareils photo numériques, de lecteurs de DVD pour regarder des films, d'ordinateurs pour surfer sur le Net, pour correspondre avec les membres de leur famille ou pour leur adresser des photos. Ce sont donc des personnes privées qui ont reçu la primeur de certaines photos d'Irakiens torturés et humiliés avant que le Pentagone n'en soit lui-même informé. Ce court-circuit des autorités a bouleversé les plans de l'armée et a eu des effets dévastateurs sur son image auprès du public aux États-Unis, mais aussi et surtout dans les pays arabes. L'information, d'une certaine façon, devient pour le pouvoir incontrôlable : les barrières informationnelles s'effondrent sous les coups de boutoir des usagers ordinaires du Web. Dans le cas présent, l'existence des ces photos témoigne également du fait qu'un autre verrou a sauté : celui de l'autocensure. Les soldats n'hésitent plus à filmer ou à photographier des scènes où l'humiliation de l'adversaire le dispute à l'obscénité et à les transmettre à autrui comme un «souvenir» de guerre, démontrant par là même que la vie n'a de valeur que lorsqu'elle est reflétée. Comportement qui rappelle étrangement l'essor actuel des émissions de reality-show où l'on étale sa vie privée et scénarise à outrance ses moindres émotions.

Cet épisode est aussi révélateur de la perte de monopole de l'information que subissent les journalistes. Certes, sans CBS, le *New Yorker* ou le *Washington Post* qui ont montré ces photos, celles-ci n'auraient certainement pas provoqué le même écho, mais à partir du moment où tout un chacun peut aujourd'hui créer son propre weblog (site personnel où l'on rend publiques certaines informations, où l'on commente l'actualité), il est évident que les journalistes ne sont plus les seuls fournisseurs d'information. La photo de la petite fille apeurée sous les bombardements au Vietnam avait été prise par un journaliste professionnel, puis transmise par avion aux médias américains ; celle montrant la soldate américaine tenant en laisse dans un couloir un prisonnier irakien l'a été par un amateur. Elle a ensuite été mise en ligne et s'est répandue instantanément dans le monde entier.

Les journalistes n'ont donc plus l'exclusivité de l'information et sont concurrencés par le système du tout numérique, par le principe des weblogs qui regorgent de notations personnelles, de choses vues plus ou moins fiables. La guerre en Irak a donné ses lettres de noblesse à cette nouvelle forme de journalisme échevelé qui fissure le mur de la communication militaire, réduit à néant les tentatives du pouvoir d'imposer le silence, ébranle les frontières entre informations vérifiées par un organe de presse et informations plus ou moins authentifiées en circulation sur le Web. Elle laisse pendante une question cruciale : quel avenir pour les journalistes professionnels ?

La construction de la réalité

L'effet le plus tangible des médias en matière internationale concerne les relations qui s'instaurent dans le cadre du triangle qu'ils constituent avec l'opinion publique et avec les gouvernants. En quoi la vision d'un conflit propagée par les médias peut-elle interpeller les responsables politiques et rejaillir sur la perception, par l'opinion publique internationale, des belligérants ? Le conflit en Bosnie durant les années 1990 fournit la preuve que les médias peuvent devenir des acteurs à part entière et influer sur la construction de la réalité. On fera ici l'hypothèse que les informations diffusées par la presse, par la radio et surtout par la télévision au travers de son discours de dramatisation et d'interpellation, ont conduit les gouvernements occidentaux à déclencher une intervention humanitaire et l'opinion publique à se sentir très préoccupée par ce problème. Tant que l'on ne disposera pas, en France en particulier, d'études systématiques qui permettent d'analyser ce que les téléspectateurs voient, mémorisent et comprennent, il sera évidemment toujours difficile de juger de l'impact réel des médias sur les individus. Mais il est sûr que cet impact existe et il est possible de le saisir partiellement en s'attachant à décrypter la manière dont la télévision a mis en forme et en image les événements de Bosnie.

L'approche sémio-discursive se révèle ici d'un grand secours pour décrypter le traitement télévisuel du conflit et pour mieux connaître les stratégies de captation du téléspectateur. Elle ne s'intéresse ni à la production, ni à la réception de l'information, mais à cet entre-deux formé par le produit fini, c'est-à-dire par les discours et les images réellement diffusés. Elle ne dit *a priori* rien de la manière dont les journalistes travaillent avec leurs sources et au sein des rédactions, ni de la façon dont les téléspectateurs ressentent et interprètent les événements présentés dans les journaux télévisés, mais elle permet de mieux évaluer comment l'«énonciation médiatique» se réalise à l'aide d'une matière visuelle, verbale, sonore et comment elle produit des effets de sens.

L'étude menée à ce sujet par un groupe de chercheurs sous la houlette de Patrick Charaudeau[34] s'avère à cet égard fort instructive. S'appuyant à la fois sur une analyse quantitative de la construction thématique des journaux télévisés (TF1, Antenne 2 et France 3) sur une période de cinq ans (1990 à 1994) et sur une étude qualitative à partir d'échantillons de ce que les spécialistes appellent «la mise en scène discursive des événements» (description des acteurs, récit des faits, commentaires explicatifs, scénarisations visuelles), ce travail apporte de précieux enseignements sur la façon dont se mettent en place les mécanismes d'influence par le biais du traitement médiatique de certains faits d'actualité. Que démontre-t-il ? Que le discours de la télévision française a évolué pour devenir au cours du temps de plus en plus partisan.

Durant une première période qui correspond en gros à l'année 1991, la télévision couvre très intensément les hostilités qui se produisent depuis quelque temps aux frontières de la Slovénie : le nombre de sujets consacrés à la Yougoslavie passe (sur TF1 et Antenne 2) de 49 en 1990 à 1 300 en 1991. Les chaînes cependant éprouvent quelque difficulté à identifier les différents acteurs et se contentent de distinguer, d'un côté, l'armée fédérale yougoslave, organisée et disciplinée et, de l'autre, des milices plutôt désorganisées et instables : la première bénéficie d'un *a priori* favorable parce qu'elle se réclame d'un État de droit, tandis que les seconds sont perçus comme des indépendantistes ou des sécessionnistes. Les acteurs de la scène politique locale sont peu identifiés car peu connus des journalistes : les victimes font toutefois l'objet de nombreux reportages, mais elles restent anonymes et réduites à une froide comptabilité. Les récits des journalistes qui rapportent les faits adoptent une tonalité d'interrogation inquiète qui laisse supposer qu'une menace pèse sur le monde occidental puisque le conflit est proche de nous («à deux heures de Paris»). Ils balancent entre «angoisse naissante et interrogation à distance» pour reprendre la formule des auteurs de l'enquête [35]. Les commen-

taires sur les causes de ce conflit demeurent, quant
à eux, assez prudents et sont souvent fondés sur
des explications stéréotypées. Le téléspectateur,
durant cette première phase du conflit, est mis
dans une situation de témoin à distance.

Tout change en 1992 : depuis le début de l'année, l'Union européenne et les États-Unis ont
reconnu l'indépendance de la Slovénie, de la
Croatie et de la Bosnie-Herzégovine. Les Serbes
de Bosnie rejettent le projet de règlement de la
région proposé par les Européens et assiègent
la ville de Sarajevo qui devient le symbole d'une
ville martyre. En juin 1992, les télévisions françaises ont adopté une autre vision du conflit et
distinguent cette fois clairement parmi les belligérants les agresseurs (les Serbes) et les agressés
(les Bosniaques) en prenant nettement parti en
faveur des seconds. Les victimes ne sont plus
anonymes, mais des victimes civiles, des inno-
cents : on filme les cadavres, le sang, les hôpi-
taux et on donne la parole aux habitants qui
expriment leur douleur, leur angoisse.

Cette scénarisation du quotidien permet au
téléspectateur de voir les lieux du drame et de
prendre conscience des atrocités commises. La
guerre est décrite de telle manière qu'elle s'apparente davantage à celle du Vietnam qu'à celle du
Golfe où les images des combats étaient inexis-
tantes. Les acteurs occidentaux sont désormais
bien identifiés (ONU, Conseil de sécurité, le chef
de la diplomatie américaine, etc.). Le registre
général est donc celui de la compassion, de la
souffrance à distance, mais aussi de l'impuissance car les journalistes rendent les hommes

politiques occidentaux responsables de ce drame et les interpellent en soulignant à l'envi leur prudence et leurs atermoiements. La visée de captation (intéresser le plus grand nombre de téléspectateurs) oriente le discours vers la compassion tandis que la visée de crédibilité (faire savoir et dire la vérité) le conduit vers la dénonciation. De manière générale, la télévision est incapable de vraiment expliquer les événements qui semblent dépourvus de sens historique, mais elle prend les téléspectateurs à témoin des événements dramatiques qui se déroulent en Bosnie.

À partir d'août 1992, l'information selon laquelle existent des camps de détention de musulmans établis par les Serbes suscite à la télévision française un discours qui dénonce la barbarie et qui fait l'objet d'une mise en scène ambivalente oscillant entre prudence (souvenir du syndrome de Timisoara) et dramatisation (souvenir du syndrome d'Auschwitz). Plus que jamais les médias mettent à mal les principaux acteurs de la diplomatie internationale, à savoir l'ONU, l'OTAN les États-Unis et l'Europe, les accusant d'immobilisme. Après l'installation des Casques bleus en octobre 1993 sur l'ensemble du territoire bosniaque, le nombre de sujets consacrés au conflit décroît sensiblement afin d'éviter une saturation du téléspectateur. Mais le massacre de la population civile à la suite du bombardement du marché de Sarajevo (février 1994) crée une intense émotion dans l'opinion publique internationale et aboutit à un ultimatum adressé par l'OTAN aux forces serbes. Les journalistes évoquent désormais clairement un affrontement entre forces de l'OTAN et forces serbes, développent un discours où domine le champ sémantique du massacre et surtout distinguent et identifient de plus en plus les acteurs, en particulier les hauts responsables politiques du moment. Ce qui est raconté a trait, non pas vraiment au conflit armé, mais aux actions diplomatiques.

En poursuivant son travail de mise en accusation des organismes et des responsables internationaux et en jouant sur une charge émotionnelle forte, la télévision installe dans l'esprit des téléspectateurs l'idée qu'un châtiment est nécessaire. Bien qu'elle ne constitue pas l'unique facteur de construction de l'opinion publique, elle semble contribuer à la façonner et à la configurer et à faire naître en France, par une sorte d'effet boule de neige, des prises de position publiques d'intellectuels et de personnalités qui dénoncent les responsables, lancent des accusations d'indifférence coupable. Les médias audiovisuels se réapproprient par ailleurs l'événement en maintenant le suspense autour de l'ultimatum et de la menace d'intervention militaire. Ils braquent ainsi les projecteurs sur le persécuteur (les Serbes) et provoquent vraisemblablement une sorte de catharsis qui invite, non plus seulement à faire preuve de compassion envers les victimes, mais d'adhésion vis-à-vis du sauveur (l'ONU). Comme le font observer à juste raison les auteurs de l'étude, en cinq ans, la mise en scène du discours médiatique est passée de l'angoisse à la compassion, puis à la répulsion et enfin à la dénonciation. Les chaînes de télévision ont en tout cas pris parti en faveur des victimes et contre le persécuteur à partir de juin 1992.

Les médias, rappelle Patrick Charaudeau[36], véhiculent un imaginaire et des représentations sociales ancrés dans les mémoires, usent et abusent d'analogies. Ils ont également un besoin constant de scénariser les conflits, de personnaliser les belligérants, de jouer sur les sentiments. Dans le cas du conflit en Bosnie, ils ont adopté une stratégie discursive qui va de la dramatisation à la problématisation (c'est parce qu'il y a des victimes qu'il doit y avoir une intervention). Contrairement à la guerre du Golfe qui est apparue, aux yeux des téléspectateurs, abstraite et technique, ce conflit a davantage été l'occasion de montrer les massacres et de susciter l'émotion. Les médias français, cette fois, n'ont pas été instrumentalisés et ont su faire preuve d'autonomie par rapport au pouvoir politique et militaire international. Ils ont également servi de miroir social dans la mesure où le cadrage proposé a entraîné des effets en retour, des réactions qui ont débordé ce cadrage. Preuve de la complexité des interactions entre gouvernants, médias et opinion publique.

L'internationalisation d'un conflit régional

Les médias possèdent, semble-t-il, encore un autre pouvoir : celui de favoriser l'extension de sa perception. Le conflit du Kosovo de 1998-1999, déjà évoqué plus haut, incarne en effet ce cas de figure singulier d'internationalisation d'un conflit régional qui renforce la solidarité internationale afin de faire respecter les droits de l'homme. À la suite d'affrontements ininterrompus entre indé-pendantistes albanais et troupes yougoslaves malgré les tentatives de conciliation de l'OTAN au cours de l'année 1998 et des massacres de vil-lageois albanais perpétrés en janvier 1999, l'opi-nion publique internationale commence à être sensibilisée. Grâce à la télévision, les images de la répression pénètrent dans les foyers des télé-spectateurs occidentaux et suscitent une vague d'indignation. Après l'échec de sa gestion du conflit en Bosnie, l'Europe ne peut plus se per-mettre de ne pas réagir.

Une affaire au départ purement intérieure de la République yougoslave s'internationalise donc sous la pression médiatique : d'un côté, le régime de Belgrade contrôle l'ensemble des moyens de communication et pratique une désinformation systématique ; de l'autre, la communication insti-tutionnelle de l'OTAN, conçue comme une véri-table arme de guerre, tente de maîtriser le flux d'informations diffusées par les médias occiden-taux. Les quelques travaux disponibles sur la médiatisation de ce conflit[37] font entrevoir l'évo-lution de l'attitude des médias à l'égard des belli-gérants et leur poids véritable dans la perception des événements.

Les principaux quotidiens français et anglais de référence[38] ont, par exemple, procédé à un suivi très traditionnel et routinier de la crise durant les premiers mois de 1999 avant les pre-mières frappes de l'OTAN. La présentation des faits semble relativement neutre puisqu'on se contente de décrire la situation sans mettre en avant une demande d'intervention armée de la part des pays occidentaux. Les journalistes plaident plutôt en faveur des négociations qui sont menées à Rambouillet au début du mois de février. En d'autres termes, l'agenda des événements et de leur couverture médiatique est contrôlé, durant cette période, par les dirigeants politiques occidentaux qui, par leurs décisions et leurs déclarations, orientent les commentaires de la presse. Cette dernière se contente de suivre la chronologie des événements sans anticiper la suite. Avec l'intervention aérienne des forces de l'OTAN (24 mars-19 avril 1999), la tonalité des articles change : les quotidiens s'engagent et emboîtent allégrement le pas aux «alliés». Ils traitent le conflit en présentant l'intervention militaire comme une guerre juste et diabolisent les Serbes. La politique de communication de l'Alliance atlantique à l'aide des conférences de presse régulières à Bruxelles de son porte-parole Jamie Shea semble porter ses fruits : l'OTAN devient la première source d'informations pour les médias. Cette communication qui se veut transparente sert évidemment à légitimer les frappes aériennes.

Les aspects militaires du conflit sont dès lors abondamment traités par les quotidiens alors que la question de la légalité ou de l'illégalité de cette intervention, du devoir d'ingérence (que de nombreux observateurs soulèveront après la fin des hostilités[39]) est quasiment reléguée aux oubliettes. Les images de réfugiés[40] s'enfuyant sur les routes sont sur le devant de la scène médiatique alors que les exactions de l'UCK ou les victimes serbes des bombardements sont ignorées ou peu traitées. On s'apercevra d'ailleurs après coup que de nombreux chiffres circulant sur leur nombre et sur celui des victimes étaient erronés et exagérés. La majorité des quotidiens de référence français et anglais soutiennent dans un premier temps l'idée d'une intervention terrestre à l'exception du *Monde* qui plaide en faveur de l'action diplomatique. Bien que l'on ne puisse pas parler d'une instrumentalisation des médias comme lors de la guerre du Golfe, il apparaît cependant que la presse écrite nationale en France et en Grande-Bretagne est alors sur la même longueur d'onde que celle des autorités politiques et militaires de l'Alliance.

La tension médiatique retombe quelque peu durant la phase suivante (fin avril-mi-juin) qui correspond au relatif enlisement du conflit : le nombre d'articles consacrés au conflit diminue dans les quotidiens de référence. Les journaux multiplient cependant les reproches sans remettre en cause la légitimité de l'intervention : les bavures de l'OTAN sont en effet longuement commentées et donnent lieu à de nombreuses critiques de la part de journalistes. Le gouvernement britannique n'hésitera d'ailleurs pas à se plaindre de certains médias et de la couverture pro-serbe de la BBC : accusation que la presse anglaise, en particulier *The Guardian*, récusera. Il est évident que la présence de journalistes indépendants à Belgrade modifie quelque peu la perception des événements et permet d'obtenir des informations plus précises. À partir de juin 1999, la fin du conflit se profile : les quotidiens britanniques insistent principalement sur la victoire de l'OTAN, les quotidiens français sur l'instauration de la paix.

Cette étude, certes ponctuelle puisqu'elle ne porte que sur quelques journaux nationaux, n'en est pas moins riche d'enseignement. Elle permet de rappeler que le dispositif de communication de guerre est passé d'un modèle hiérarchique à un modèle polycentrique, pour reprendre la formule de Jean-François Bureau[41] : la parole publique est portée par de multiples émetteurs et non plus uniquement par les plus hautes autorités. On est passé d'une politique de réponse à la demande à une politique d'offre plus systématique avec les effets pervers (illusion de transparence) qu'elle peut entraîner pour les médias. Elle démontre par ailleurs que le comportement des médias fluctue au gré des circonstances : d'abord de la neutralité à l'engagement partisan, puis de la relative bienveillance à la critique. La maîtrise de l'agenda par les militaires a été effective pendant un bon moment (de janvier à avril environ), mais le cadrage des événements s'est par la suite modifié sous l'effet de bombardements par erreur de civils et de la présence de certains journalistes indépendants en Serbie.

Certaines leçons ont en outre été tirées des expériences antérieures, en particulier à la télévision. La guerre demeure sur certains points lointaine et abstraite ; elle doit rester pour les forces de l'Alliance invisible. On ne voit pas le front, ni le corps de l'ennemi. Les images sont prises en hauteur par des satellites, sélectionnées par les responsables de l'OTAN et plus ou moins reprises

dans les journaux télévisés. En même temps les
chaînes françaises continuent, comme lors du
conflit bosniaque, à diffuser des reportages qui
font la part belle aux récits des réfugiés, à leurs
témoignages et donc à l'émotion qu'ils suscitent
(on est loin, sur ce plan, des drames désincarnés
de la guerre du Golfe).

Jacques-Marie Bourget, grand reporter à *Paris-
Match*, confirme ce constat en évoquant à la fois
la presse et la télévision : «Pour le Kosovo, la
demande de ces journaux-clients était ciblée,
exclusive. Dans l'esprit [des] acheteurs, l'histoire
se répète si précisément qu'ils utilisent un
"calque", un logiciel pour traiter tous les événements d'un même type : "nous voulons des images
d'Albanais massacrés par des Serbes, des photos
identiques à celles de Bosnie". Pour l'actualité filmée ou photographiée en Serbie, il s'agissait de
refuser des images capables de donner mauvaise
conscience aux peuples de l'OTAN : elles démontrent que la chirurgie des frappes tue des épi-
ciers, des ouvriers, des femmes, des vieux, des
enfants. Des gens ordinaires[42].» Cette logique
sélective de la compassion qui a prévalu durant le
conflit du Kosovo relève d'une justification affective et d'un souci exclusif du présent : il convient
prioritairement de soulager un peuple de ses
souffrances. Les médias ont volontiers adhéré à
cette logique en choisissant de couvrir abondamment les arrivées de réfugiés aux frontières au
détriment des questions, souvent complexes, touchant aux négociations diplomatiques. Ils ont
ainsi répondu au désir de l'opinion, trop longtemps refréné pendant le conflit en Bosnie,

d'agir afin d'effacer un certain sentiment de culpabilité.

En ce sens, les médias façonnent notre imaginaire, nous relient, délimitent nos appartenances identitaires. Le sentiment nous donne bonne conscience, mais ne nous permet pas de comprendre tous ces malheurs qui défilent sur nos écrans. Le témoignage implique que l'on juge autrui à l'aune de sa sincérité : ceux qui parlent à l'image sont d'autant plus crédibles qu'ils souffrent dans leur chair. C'est la vérité de l'apparence qui nous émeut, mais elle risque de nous éloigner d'un jugement rationnel. On remarquera [43] par ailleurs que cette idéologie journalistique du direct et du témoignage qui conduit à une forme d'information-spectacle est finalement très proche de l'obsession occidentale du présent que nos sociétés ne cessent de valoriser. Ce n'est donc pas un hasard si le parallélisme entre culte de l'immédiateté et déploiement d'un mouvement de solidarité compassionnelle est si fort [44] : il correspond à un certain esprit du temps.

Les chaînes de télévision font également toujours appel aux experts, mais plus de la même manière et selon le même registre. L'expertise est restée marginale dans la représentation du conflit et les militaires ont quasiment disparu des écrans au profit de chercheurs et d'universitaires qui ont surtout été sollicités au début de la guerre. Les séquences en plateau ne forment plus l'élément essentiel de la mise en scène télévisuelle : on préfère désormais les interviews filmées à l'avance. Ces précautions n'ont empêché ni les erreurs de jugement ou de prévision de certains intervenants, ni les propos où la logique partisane l'emporte sur la logique analytique puisque, selon Béatrice Fleury-Vilatte[45] qui a décrypté leurs interventions, ils ont été au service de la guerre et n'ont pas vraiment remis en cause les frappes de l'OTAN.

DU MÉDIATERRORISME
AU « MÉDIAMORPHISME »

Impossible, lorsqu'on tente de saisir le poids des médias dans les relations internationales en période de crise ou de conflit, de faire l'impasse sur le séisme engendré par l'attentat du 11 septembre 2001 à New York qui demeure dans toutes les mémoires[46]. Les images qui ont surgi sur les écrans d'une façon totalement imprévisible, de deux avions s'encastrant dans les tours du World Trade Center, puis celles de leur effondrement, ont créé un choc proche de la sidération qui fige les regards médusés, suspend le temps en faisant vaciller les anciennes certitudes. Par rapport à d'autres attentats, la force symbolique de ces images a été considérable parce qu'elles ont été diffusées en quasi-direct et mondialisées dans l'instant : en s'affranchissant ainsi du temps et de l'espace, elles signifient l'écroulement d'un monde. Par leur capture et leur répétition en boucle, elles sont également porteuses d'une volonté d'inscription dans les consciences : elles témoignent d'une expérience

collective particulière, d'une forme de commu-
nion des téléspectateurs avec les victimes et
leurs familles. Cette vision hallucinante, par sa
mise en scène et par sa violence, signa, selon
Monique Sicard, «le retour frontal et rude de
l'actuel dans un monde devenu abstrait, riche
d'images matérielles, mais pauvre en images
psychiques. Rien ne fut dit, ou si peu. La mutité
fut une composante importante de l'Événement[47]». La représentation qui est par conséquent la nôtre aujourd'hui de la réalité de ce
jour-là repose en grande partie sur les médias.
Elle est le produit d'un événement existentiel et
d'une expérience médiatique étroitement imbriqués qui prennent peu à peu sens dans le travail
de remémoration.

C'est pourquoi la dramaturgie inédite de ces
images, leur puissance visuelle incroyable sont
au fondement de ce qu'Alain Flageul[48] dénomme
un «médiamorphisme», c'est-à-dire un principe
consistant à mettre en œuvre des actes à des fins
médiatiques. Les attentats ont bel et bien été
conçus de telle sorte qu'ils ne prennent sens que
par le truchement de la télévision et de la diffusion mondiale des images auxquelles ils ont
donné lieu. La stratégie soigneusement planifiée
de sidération a été pensée et réalisée pour tou-
cher les consciences et les affects de tous les
témoins rassemblés de par le monde devant leur
petit écran; les victimes de l'attentat n'étant à la
limite que les marionnettes de cette vaste mise
en scène. Sans la télévision et sans le médiamorphisme qu'il implique, cet attentat serait resté
un crime odieux et tragique: il aurait sans nul

doute provoqué de très vives réactions indignées, mais il n'aurait certainement pas imprégné à ce point les consciences. Ce n'est certes pas la première fois que des terroristes utilisent les médias pour faire pression sur un gouvernement ou un pays[49], mais c'est la première fois qu'un tel acte a été pensé planétairement. Il s'appuie sur la force audiovisuelle de l'adversaire pour la détourner à son profit, saper sa confiance en lui-même et tenter d'abattre la démocratie. La composante médiatique de cet événement dramatique tend à devenir première : c'est en ce sens que la crise ouverte par les attentats du 11 septembre est d'un genre nouveau.

Les États-nations en sortent déstabilisés par une organisation terroriste internationale restée relativement silencieuse et qui nous contraint à interpréter l'événement par nous-mêmes au moyen des multiples récits que nous en faisons. Preuve, rappelle Daniel Dayan, qu'avoir des images, ce n'est pas avoir des informations[50] puisque ces images restent des actes de regard dont la signification s'élabore peu à peu par des actes de parole et ne se révèle qu'*a posteriori*. Le téléspectateur fait preuve de compassion devant des souffrances vis-à-vis desquelles il se sent totalement impuissant : il ressent le besoin de comprendre et d'en parler avec autrui. Or, toute image possède un pouvoir d'évocation variable qui dépend de celui qui la reçoit et des conditions dans lesquelles il la reçoit. Elle n'a donc pas de signification univoque : ici se mêlent impressions de déjà-vu (scénarios de certains films-catastrophe et scénarios de reportages) et impressions d'inédit (la fiction devient réalité). Par leur logique sensationnaliste, les médias ont, dans le cas présent, contribué à construire l'opinion publique, mais celle-ci demeure diffuse et fragmentée, tributaire d'un enchevêtrement complexe d'images, de souvenirs, d'émotions, de conversations.

L'analyse du courrier des lecteurs dans les journaux de programmes de télévision livre un début d'éclairage sur l'impact réel de ces images[51]. On s'aperçoit que la vision des attentats du 11 septembre a en fait suscité trois types de publics. D'abord un «public relayé» qui est à l'unisson de ces événements tragiques, qui exprime son horreur et plaide en faveur de valeurs humanistes, pacifistes ou religieuses. Appels à la compassion, au dialogue, à la tolérance, les lettres témoignent d'une mobilisation pacifiste : la télévision apparaît de manière paradoxale comme une ressource pour retrouver le goût de vivre. Les journaux se contentent par conséquent de relayer l'émotion et de jouer le rôle de plate-forme offrant l'occasion de retisser du lien à la suite de ce choc intense.

Deuxième type de réaction, celle manifestée par le «public encadré» par les magazines qui s'efforcent en quelque sorte de canaliser les émotions et opinions en deux catégories (pour ou contre). De nombreux téléspectateurs critiquent en effet sévèrement l'indécence de la couverture médiatique, le voyeurisme et le sensationnalisme qu'elle engendre et remettent en cause la durée des émissions et des reportages consacrés aux événements. D'autres, au contraire, remercient les chaînes pour la qualité du travail accompli qui leur a permis de mieux comprendre les enjeux géopolitiques et internationaux liés à ces attentats.

Enfin, troisième forme de réaction plus subtile, celle du «public conflictualisé» (non pas seulement conflictuel, mais aussi produit par un conflit) qui se focalise cette fois sur la ligne politique à adopter. S'opposent ainsi, d'une part les lecteurs-téléspectateurs qui se rangent du côté des États-Unis et de la démocratie contre le terrorisme et d'autre part ceux qui, soucieux d'éviter tout alignement idéologique, insistent aussi sur la responsabilité des Américains et des grandes puissances occidentales. Cette critique générale s'accompagne d'ailleurs d'une critique des médias et des magazines de programmes eux-mêmes et donc d'un clivage supplémentaire : on reproche à certains journaux soit d'être trop anti-américains, soit d'oublier d'autre drames tels que celui de la Tchétchénie, de l'Algérie, etc.

Le public des téléspectateurs qui exprime par écrit ses sentiments et opinions, au regard de l'analyse du courrier des lecteurs (qui est, faut-il le souligner, partiellement représentatif du public en général), adopte, on le constate, des attitudes multiples : il peut être unanimiste, légitimiste, réfractaire, anti-américain ou anti-pensée unique. «On voit donc, écrit Guillaume Soulez, que les publics [ne] sont pas de simples *récepteurs*, mais qu'ils sont eux-mêmes produits par l'événement en tant qu'il est le lieu de cristallisation de liens multiples, idéologiques et instrumentaux avec la télévision et les journaux de programme[52].»

Preuve que l'idée d'un téléspectateur isolé est une pure illusion et que le pouvoir des images télévisuelles dépend en vérité de différents paramètres tels que leur contenu intrinsèque, la relation entretenue avec elles en fonction de notre expérience propre, le contexte culturel et social dans lequel nous vivons. Images matérielles et images intérieures entrent ainsi en résonance avec notre milieu de vie ; elles engagent des formes de participation et de liens très variées, à l'origine d'interprétations multiples.

Ajoutons, pour finir, que les prises d'otages de journalistes en Irak contribuent encore davantage à asseoir le poids des médias dans nos sociétés modernes. Les stratégies de revendication et les ultimatums des ravisseurs sont de plus en plus pensées en fonction de leur résonance médiatique sur l'opinion internationale. De même, les moments de libération des otages sont amplement relayés par les télévisions du monde entier. Médiamorphisme et médiaterrorisme sont dorénavant étroitement liés. Changent-ils dès lors nos perceptions du monde ? Créent-ils de nouvelles fractures culturelles ?

Roger Silverstone, spécialiste reconnu de l'étude des médias en Grande-Bretagne, a montré l'importance cruciale que revêtent aujourd'hui pour nous la continuité des médias et la permanence des programmes dans notre vie quotidienne[53]. La présence constante des images, la diffusion illimitée de sons constituent une espèce de bain médiatique dans lequel nous évoluons et qui, d'une certaine manière, nous rassure et nous sécurise. Elles créent des habitudes de vie

profondément ancrées dans la routine de nos
comportements, dans l'ordinaire de notre temps
et de notre espace. Dans la trame du quotidien,
notre expérience du monde est influencée à des
degrés divers par les médias électroniques qui
nous aident à le rendre compréhensible. Or la
retransmission télévisuelle des conflits et surtout
des attentats provoque une interruption brutale
de ce flux dans notre rythme de vie et nous inter-
pelle. Il n'est pas sûr toutefois qu'elle nous aide
toujours à mieux comprendre l'autre et à reconnaître les différences.

Les informations diffusées par les chaînes de
télévision occidentales à travers le monde se
heurtent en effet à la question des différences
culturelles. Déjà, lors de la guerre du Golfe au
début des années 1990, on avait pu s'apercevoir
que l'information produite pas les reporters occidentaux qui se voulait universelle, avait en réalité été perçue par les habitants des pays arabes
comme une forme de domination et d'arrogance
insupportable et donc assimilée à l'impérialisme
politique et technologique des pays de la coalition. Ce qui pour les uns est de l'information
apparaît aux autres comme de la propagande.
Les filtres qui nous servent à construire une certaine appréhension de la guerre ne sont pas les
mêmes à Bagdad et à Washington, à Belgrade et
à Paris : l'information n'a pas la même valeur
selon les cultures et ne prend sens qu'à l'intérieur d'une communauté nationale[54].

On s'est par exemple aperçu qu'à l'intérieur
même du continent européen, les différences
d'interprétation du conflit étaient notables parce

que le contenu de l'information était étroitement relié au contexte politique national (soutien massif ou plus partiel à l'engagement militaire) et à l'inconscient collectif de chaque nation (l'identité nationale propre). Les journaux proposés par Sky News (Grande-Bretagne), RTL+ (Allemagne), RAI Uno (Italie) et TVE (Espagne) ont globalement proposé des informations assez similaires, mais les formes de dramatisation, les critères de légitimation, les thématiques choisies ont différé d'un pays à l'autre. Ainsi, là où les Britanniques anticipaient déjà sur la victoire, les Espagnols évoquaient les drames et les aspects négatifs de la guerre (morts de civils, censure, etc.), tandis que les Italiens pratiquaient un traitement de l'information à mi-chemin entre indépendance et conformisme[55].

En d'autres termes, les conditions techniques de production de l'information qui ont connu des progrès considérables depuis quelques années ne doivent pas occulter les conditions réelles de sa réception. Il n'y a pas à proprement parler d'information mondiale, ni *a fortiori* de citoyen universel : tous les événements sont décryptés en fonction d'un certain point de vue, lui-même dépendant des conditions culturelles de décodage. Les distances géographiques ont certes été vaincues, mais non la barrière des langues et des cultures. C'est la raison pour laquelle il est si malaisé de saisir la véritable influence des médias sur les individus. La mise en scène des discours et des images prend des sens divers selon les groupes qui l'interprètent, possède un pouvoir d'évocation différent selon les valeurs et les croyances de chaque pays. Il n'existe pas de vérité en soi d'un événement : celle-ci s'appuie sur des systèmes de croyance souvent antagonistes. Les effets de vérité d'un écrit ou d'une image ne sont pas les mêmes selon qu'on est proche des victimes, ami et allié des Américains, réticent à leur égard ou en harmonie avec les points de vue défendus par les pays arabes. Il convient donc d'être conscient de la richesse de l'éventail des imaginaires sociaux avant de se livrer à une appréciation du pouvoir des médias en temps de guerre.

CHAPITRE 4

LA POLITIQUE
SOUS L'EMPRISE DES MÉDIAS?

L'évidence paraît aller de soi : les médias sont censés être au cœur de la démocratie et assurer l'articulation entre le pouvoir et les citoyens, favorisant ainsi le bon fonctionnement du débat public. Cette vision idéalisée et idyllique de la réalité de la communication entre les gouvernants et les gouvernés est depuis longtemps battue en brèche par de nombreux analystes qui se penchent sur l'évolution du débat public dans nos sociétés, voire par les acteurs eux-mêmes de la vie politique. Ainsi Michel Rocard, pourfendeur avisé du système médiatique, n'hésite-t-il pas à dire son étonnement « de voir les politiques se sentir obligés de simplifier et de caricaturer à outrance leur pensée ou leur analyse de la complexité d'un sujet, pour satisfaire aux exigences des médias. Le temps de la décision et de ses effets n'est pas en phase avec le mode de fonctionnement des médias qui privilégie l'émotion et la simplification au nom de la recherche d'audience et d'une vision, contestable, des attentes du public[1] ». Ces propos sous forme de constat pour le moins accablant des effets pervers de la médiatisation méritent d'être confrontés aux résultats des recherches dans ce domaine afin d'en mesurer la validité et la pertinence.

Car, s'il ne fait guère de doute que les conditions de travail des hommes politiques et les formes du débat politique ont été transformées par l'omniprésence des médias et notamment de la télévision dans le paysage politique contemporain, il n'est pas sûr en revanche que ces derniers aient à ce point creusé le fossé qui sépare aujourd'hui le monde politique et les citoyens. La question de l'influence des médias sur la démocratie et plus précisément sur la vie politique donne en tout cas lieu, en France comme ailleurs, à une abondante littérature où se mêlent récits et témoignages d'élus venus de tous horizons, analyses d'experts en communication et de journalistes politiques, discours de sens commun, qui ont pour caractéristique principale de souvent surestimer le poids des médias sur les résultats des élections. Le discours ambiant tend en effet à diffuser une représentation du pouvoir des médias qui l'assimile à une puissance dangereuse ou du moins impérieuse influant fortement sur les pratiques de participation politique. La persistance de cette image est telle qu'aucune étude empirique n'est jusqu'à présent parvenue à véritablement l'ébranler. Elle continue donc à perdurer dans la plupart des discours et des perceptions de nos concitoyens.

Le succès de cette représentation des médias comme instance déterminante de la vie politique tient à plusieurs raisons. Il répond d'abord aux intérêts de certains hommes politiques eux-mêmes qui imputent souvent certains de leurs échecs à l'influence néfaste de la télévision, aux analyses jugées trop critiques des journalistes ou encore à leurs commentaires incessants des sondages. Ce qui leur permet, en certaines circonstances, d'accuser telle ou telle chaîne de télévision d'avoir implicitement soutenu un candidat lors d'une élection présidentielle (comme par exemple TF1 soupçonnée d'avoir privilégié Édouard Balladur en 1995) ou de rendre certaines images des journaux télévisés responsables de la montée en puissance d'un thème de campagne (par exemple celui de l'insécurité) et de favoriser le vote en faveur d'un candidat à l'élection présidentielle (Jean-Marie Le Pen en 2002) en se dédouanant à bon compte de leurs propres erreurs.

La représentation d'un pouvoir fort des médias est également partagée par certains conseillers d'hommes politiques qui ont tout intérêt à forger et répandre cette croyance pour se rendre indispensables auprès de leur employeur, et plus précisément par tous les professionnels de la communication (experts en images, publicitaires, stratèges en marketing politique, etc.) qui participent à cette conception du métier qui veut que la politique se décline aujourd'hui de plus en plus sur le mode communicationnel. Elle est aussi en phase, depuis longtemps, avec l'opinion commune qui soupçonne régulièrement les médias, et donc les journalistes, de ne pas dire la vérité, de manquer d'objectivité, de monter en épingle certains événements, bref de désinformer le public et par conséquent de détenir un véritable pouvoir de déformation de la réalité.

Le procès qui est ainsi instruit fait un peu trop facilement des journalistes des boucs émissaires et des médias un «quatrième pouvoir»: il repose sur une vision inexacte et sommaire de la véritable teneur de leur influence. Il n'en demeure pas moins que la croyance en la toute-puissance politique des médias produit très certainement des effets bien réels comme on le verra à propos du comportement des hommes politiques. Car, comme le constate avec raison Francis Balle, le mystère ou l'ironie du pouvoir des médias réside dans ce paradoxe: «il est d'autant plus grand qu'on le croit faible, d'autant plus restreint qu'on le croit illimité[2]».

Le décalage entre les représentations en vigueur et le poids réel des médias invite à dissiper certaines idées reçues et à esquisser quelques pistes de réflexion autour du rapport complexe entre médias et démocratie. Essayons par conséquent d'évaluer le poids des médias sur *la* politique comprise comme un ensemble de pratiques qui relèvent du court terme et qui s'inscrivent sur une scène sur laquelle s'affrontent les acteurs de la vie politique. Chemin faisant, on sera parfois conduit à évoquer leur incidence sur *le* politique qui renvoie davantage à un mode d'exercice du pouvoir et au moyen d'assurer un ordre social sur le long terme[3].

UNE NOUVELLE CONFIGURATION
POLITIQUE

Évaluer l'influence des médias en matière politique suppose que l'on resitue leur montée en puissance dans l'ensemble des changements politiques qui ont affecté la France depuis quelques décennies et que l'on se souvienne que nous sommes progressivement passés d'une configuration ancienne (celle où la politique s'exerçait principalement sur les estrades des meetings ou des préaux d'école et dans l'enceinte de l'Assemblée) à une nouvelle configuration (celle qui s'accomplit prioritairement dans les studios de radio et sur les plateaux de télévision). Une telle perspective nécessite également de ne pas réduire les médias à de simples technologies de communication capables à elles seules d'affecter le fonctionnement de nos démocraties et de transformer les modalités d'expression du débat public. Le médium, faut-il le rappeler, s'inscrit toujours dans un tissu de médiations sociales particulières et dans le terreau de relations humaines qui obligent d'abord à penser la médiatisation de la vie politique en termes d'interdépendance entre de multiples facteurs d'ordre politique et économique et, ensuite, à analyser la concurrence entre les différents supports, la diversité des mises en forme des messages ainsi que les interactions complexes entre les acteurs concernés.

Bornons-nous, en guise de préambule, à souligner en quelques mots les principales mutations

de la vie politique française (vues uniquement
— précisons-le — à travers le prisme des modes
de communication entre gouvernants et gouvernés) qui ont eu une incidence sur le rôle des
médias dans nos démocraties.

On relèvera d'abord que, depuis le début des
années 1980, le contrôle gouvernemental sur les
journalistes s'est distendu. En vérité, le cordon
ombilical qui reliait le pouvoir en place à certains médias a été définitivement coupé avec la
loi du 29 juillet 1982 mettant fin au monopole
public de la radio-télévision en France. Point
de départ de l'essor des privatisations, cette loi a
conduit les journalistes à prendre de plus en plus
leurs distances avec les gouvernants, à devenir
des interlocuteurs à part entière des hommes
politiques et non plus de simples faire-valoir[4].
Ce processus d'autonomisation des médias audiovisuels vis-à-vis des professionnels de la politique
s'est parallèlement accompagné d'une forte dépolitisation de la presse écrite, autrefois engagée et
partisane, aujourd'hui nettement moins marquée,
même si des clivages idéologiques demeurent. Le
nombre de journaux d'opinion s'est réduit comme
une peau de chagrin (subsistent à l'heure actuelle
L'Humanité et *La Croix* pour la presse quotidienne, *Marianne* pour la presse hebdomadaire)
sous l'effet conjugué de la logique de marché
(qui incite à jouer la carte du plus grand déno-
minateur commun) et du nouveau rapport des
Français à l'égard de l'engagement partisan
(caractérisé par une baisse très nette de l'affiliation à des partis politiques, à des syndicats ou
à tout appareil idéologique). Ces changements

dans les relations entre les médias et la classe politique n'ont évidemment pas fait disparaître certaines formes de complicité et de pression[5], mais ont malgré tout conduit les médias à offrir au public une information plus indépendante à l'égard des gouvernants.

Parmi les transformations aisément repérables, on peut aussi brièvement mentionner — tant le phénomène a été commenté — la nouvelle dimension stratégique du discours politique attestée par l'intrusion de plus en plus sensible de professionnels de la communication dans les campagnes électorales. Le déclin relatif de l'affiche, la perte d'influence des campagnes officielles à la radio et à la télévision, l'émergence de stratégies très élaborées de communication (à côté de la permanence du contact direct) sont en effet les changements les plus visibles en France en matière de campagne présidentielle depuis 1965[6]. La part d'improvisation de la parole politique s'est du coup considérablement réduite sous l'emprise du marketing politique qui vise à rationaliser au maximum les techniques de persuasion en se fondant sur des principes de séduction de l'électorat empruntés à la publicité.

C'est à partir de 1974 que les méthodes de marketing ont été véritablement appliquées en France. Elles ont conduit à mettre en œuvre les principes de segmentation du corps électoral et de calibrage des messages selon des cibles potentielles ; techniques aujourd'hui largement éprouvées. Conseillers en image, publicitaires, conseillers en communication, experts en sondage, inondent désormais les hommes politiques

de leurs conseils afin de rendre le positionnement de ces derniers plus lisible pour le public
et plus distinctif par rapport aux concurrents.
Cette professionnalisation du politique et cette
rationalisation des techniques de communication prouvent que les élus (mais aussi certains
journalistes) ont intégré dans leurs pratiques un
certain nombre d'acquis des sciences sociales,
en particulier ceux issus des sciences de la communication et des méthodes d'enquête par sondages, panels, questionnaires, ce qui n'est pas
sans incidence sur le contenu de leurs discours
politiques[7]. On ne peut donc plus réduire les
hommes politiques ou les hommes des médias à
de simples professionnels agissant en fonction de
leur intuition et de leur flair. La place accordée
de nos jours aux facteurs de communication
dans le jeu politique démontre qu'ils maîtrisent
mieux les ressources disponibles, notamment
l'environnement technologique et les outils
médiatiques mis à leur disposition.

Les institutions politiques elles-mêmes ont subi
une évolution au cours de la Ve République. Le
fait principal est probablement la relative dévaluation du Parlement comme lieu central du débat
politique au profit des plateaux de télévision. Les
grands rendez-vous électoraux tels que l'élection
présidentielle par exemple, qui sont des moments
majeurs de la vie politique d'un pays, sont désormais de plus en plus rythmés par les soirées électorales sur les différentes chaînes de télévision
(voire par les duels télévisés entre les candidats
en lice), par les informations diffusées au sujet de
la campagne électorale dans les journaux télé-

visés et par les commentaires des résultats de sondages. L'auscultation permanente de l'état de l'opinion[8] a ainsi légitimé les nouveaux acteurs que sont les politologues et les sondeurs, mais aussi d'une certaine manière les journalistes politiques et, plus récemment, les présentateurs des journaux télévisés. Les journalistes politiques ont notamment joué un rôle important en acquérant davantage de poids sur le petit écran. Ils ont ainsi institué un nouveau modèle de travail qu'on désigne généralement comme celui de l'« expertise critique », modèle fondé sur le souci de la mise en forme de l'information, sur la volonté de commenter la position respective des différents candidats en présence, sur le recours continuel aux sondages qui s'inscrit lui-même dans la logique de recherche d'audience. Ce modèle de journalisme politique, très en vogue jusque vers les années 1980, subit actuellement une crise et oblige à repenser les modalités de mise en scène de la politique à la télévision, comme on aura l'occasion de le préciser ultérieurement[9].

D'un jeu autrefois réduit à deux acteurs (les hommes politiques et les citoyens), on est donc passé à un jeu à quatre acteurs : les hommes politiques, les instituts de sondage, les journalistes et les citoyens. Le rapport de force entre ces différents protagonistes de la vie politique fluctue au gré de la conjoncture et invite chaque fois à saisir avec précision qui, des élus ou des journalistes, des hommes politiques ou des sondeurs, des représentants de la nation ou du peuple lui-même, domine le jeu[10].

Jeu qui se définit non seulement en fonction de

la lutte ou de la coopération existant entre les différents intervenants de la vie politique, mais qui s'organise aussi sur le plan symbolique, à partir des représentations en circulation sur la scène électorale. Celle-ci se présente, selon Jacques Gerstlé, comme «une séquence privilégiée de construction de la réalité politique à laquelle contribuent tous les acteurs selon leurs ressources et leurs intérêts... Les hommes politiques cherchent à imposer la domination de leur définition grâce à des symboles qui sont des mots des images, des films, des récits, des arguments, des discours, des petites phrases, des photos, des affiches, des clips, des livres, des professions de foi, des lettres, des musiques, etc.[11]». Les autres protagonistes — journalistes, sondeurs, citoyens — émettent eux aussi des jugements, proposent des images, qui sont autant de vecteurs d'interprétations différentes ou antagonistes. C'est dire l'importance de ces définitions concurrentes de la situation politique qui s'entrecroisent et qui s'opposent dans un cycle sans fin.

L'enjeu de la communication électorale se résumerait dès lors à une compétition pour contrôler ce que le public perçoit des événements et des enjeux politiques à l'aide des médias, ou, dit d'une autre manière, à un affrontement de définitions dont chacune vise à devenir dominante pour peser sur la perception de la campagne en cours. Le «conflit des interprétations» favorise par conséquent la circulation de représentations qui se cristallisent autour de l'image des candidats, de l'état des rapports de force entre les partis en présence, de l'offre de programmes :

candidats, médias, sondés coproduisent pour ainsi dire la réalité électorale du moment.

La variable médiatique n'est donc pas isolable en tant que telle. Elle n'est pensable que dans une logique relationnelle[12], et interprétable que si on l'insère dans une série de modifications plus amples que l'on peut rapidement énumérer : les relations nouées entre la classe politique, les journalistes, les sondeurs, le public ; la disparition progressive de la presse d'opinion ; l'évolution des institutions politiques ; la professionnalisation du métier d'homme politique et l'exercice de ses compétences communicationnelles ou encore le conflit existant entre des interprétations stratégiquement orientées de la situation politique. Elle devrait en outre, en bonne logique scientifique, tenir compte du renforcement de l'encadrement juridique des campagnes électorales, de l'évolution des partis et des forces politiques, des modifications de la participation électorale liées à certains changements sociologiques. Ensemble de paramètres qui ne peuvent tous être pris en compte ici sous peine de dépasser les limites de cet ouvrage.

Le problème finalement posé est donc celui du poids réel des médias dans la vie politique aujourd'hui : sont-ils devenus des instruments déterminants de la vie démocratique d'un pays ou ne constituent-ils qu'une variable secondaire, certes importante, mais non décisive, pour comprendre le fonctionnement du débat public ? En d'autres termes, la communication a-t-elle supplanté le politique ou le politique l'emporte-t-il sur la communication ? Le débat est loin d'être tranché et divise, on s'en doute, les spécialistes. Si les certitudes sont rares en ce domaine, un élément du diagnostic semble en revanche faire l'unanimité : les médias exercent une pression et une fascination telles sur les hommes au pouvoir qu'ils influent sans conteste sur leur discours et sur leurs comportements politiques.

L'INFLUENCE DES MÉDIAS
SUR LES PRATIQUES POLITIQUES

Deux déclarations récentes choisies au hasard illustrent ce constat de l'influence des médias sur les hommes politiques aujourd'hui : « La pression médiatique sur les hommes politiques est très forte » (Luc Ferry) ; « Bien gouverner, c'est à plus de 50 % bien communiquer » (François Baroin) [13]. Le poids grandissant de la télévision lors des consultations électorales (83 % des votants déclaraient, en 1995, se déterminer à partir de la télévision, contre 32 % à partir de la presse écrite ; 25 %, des discussions avec les proches ; 23 %, de la radio ; 6 %, des professions de foi ; 5 %, des sondages ; 4 %, des tracts et 1 %, des affiches — réponses multiples possibles) [14] a conduit les candidats à utiliser massivement les techniques de communication pour mieux formater leurs interventions en fonction de la logique médiatique. La professionnalisation croissante du métier d'homme politique conjuguée à l'intrusion accélérée des médias et à l'intensification de la concurrence entre les élus et les journalistes transforme les conditions de fonctionnement de la vie politique ainsi que les stratégies médiatiques mises en œuvre.

Personnalisation, dramatisation et esthétisation

Ces dernières prennent d'abord la forme d'une intense personnalisation. L'accent mis sur les caractéristiques psychologiques des candidats a déplacé les frontières entre le public et le privé, contribué à valoriser certains traits de caractère (sympathique, énergique, chaleureux, etc.) et à jouer sur l'intimité (se faire photographier ou filmer en famille avec son épouse et ses enfants). Une telle stratégie oblige les hommes politiques à se construire un personnage, légitime une grille de lecture qui les désacralise et qui, de fait, néglige les enjeux politiques puisqu'elle décontextualise les problèmes en réduisant les campagnes électorales à une lutte entre personnalités. Savoir que Laurent Fabius roule en moto et aime les carottes râpées, que Jean-Pierre Raffarin est un fan de Johnny Hallyday ou que Nicolas Sarkozy pratique intensément la course à pied et le vélo sont des informations qui n'ont en elles-mêmes aucun intérêt du point de vue de leur valeur politique, mais qui rendent les hommes politiques plus familiers du commun des mortels et qui sont censées améliorer leur image en donnant l'illusion qu'ils sont proches du peuple. Entourés de spécialistes en communication (consultants, conseillers en image, experts en communication

politique) [15] qui leur prodiguent de nombreux
conseils, leur organisent des séances de média-
training, élaborent les affiches électorales,
décryptent les enquêtes d'opinion et les sondages, les élus sont dorénavant obligés d'adopter
de nouveaux comportements politiques s'ils veulent convaincre les électeurs.

Révélatrice de cette politique-spectacle est la
transformation progressive des émissions politiques à la télévision au cours des années 1980.
Erik Neveu [16] s'est penché sur l'évolution du style
et du contenu de ces émissions et a saisi avec
précision les changements de posture qu'elle a
impliqués chez les principaux leaders politiques
français puisque le petit écran a peu à peu
conquis une place centrale dans leurs stratégies.
Au cours de la décennie 1980-1990, plusieurs
modèles d'intervention ont été successivement
proposés [17]. L'émission phare *L'Heure de vérité*
(Antenne 2) a privilégié le principe de l'interroga-
toire de l'invité par des journalistes dans un
décor qui imite l'agora et qui joue sur l'interactivité avec les téléspectateurs au moyen de sondages instantanés. *Questions à domicile* (TF1),
quant à elle, a fait pénétrer le téléspectateur dans
l'intimité des grands de ce monde, a valorisé le
personnage privé en montrant le décor de sa vie
quotidienne et ainsi contribué à la psychologisa-
tion du politique. D'une certaine manière, cette
émission a préfiguré l'entrecroisement de la
sphère publique et de la sphère privée qui caractérise aujourd'hui pour partie la communication
politique. L'émission 7/7 (TF1), pour sa part, a
favorisé la dilution du politique dans la mesure

où les images de l'actualité de la semaine incitaient les invités à se conduire comme des généralistes capables de parler de tous les sujets avec émotion à défaut d'en toujours maîtriser tous les aspects. Enfin *Les absents ont toujours tort* (La Cinq) a porté à son comble le principe de la théâtralisation au moyen d'un décor qui reproduisait la Chambre des communes britannique. Elle a tablé sur la provocation et sur la logique du spectacle en faisant primer l'expression des affects (colère, pleurs) à propos de débats de société.

La surenchère des mises en scène qui caractérise cette période d'intense médiatisation des hommes politiques a abouti à un relatif échec : les scores d'audience, à quelques exceptions près, se sont progressivement effrités. Les émissions politiques à la télévision vont donc petit à petit être reléguées en deuxième partie de soirée ou carrément supprimées durant la décennie suivante. On peut dès lors se demander en quoi ces émissions souvent fondées sur l'émotion, sur le dévoilement du caractère des hommes politiques, ont offert au citoyen des clés de compréhension des véritables enjeux politiques et lui ont permis d'éclairer ses choix. La valorisation de la bonne volonté des hommes politiques, l'insistance sur leur proximité avec Monsieur ou Madame Tout-le-Monde n'ont, semble-t-il, pas suffi à donner un surcroît d'intelligibilité aux problèmes politiques du moment. La télévision a, en tout cas, contraint les hommes politiques à s'adapter continûment au moule médiatique : c'est en ce sens qu'elle exerce une réelle contrainte sur leurs pratiques de communication. En forçant quelque peu le trait, on pourrait en conclure que les médias n'ont peut-être guère de pouvoir sur les téléspectateurs, mais en ont sans aucun doute sur les hommes politiques. Apportons-en d'autres confirmations.

La dramatisation et la théâtralisation de la vie politique sont une autre méthode qui a fait ses preuves depuis quelque temps. Elles consistent à assimiler la politique à un spectacle, à jouer constamment sur les affects aux dépens des programmes, des propositions et des idéologies. La «loi du tapage médiatique» autrefois énoncée avec quelque audace par Bernard Kouchner a pour objectif d'attirer à tout prix l'attention des caméras de télévision de manière spectaculaire ou humoristique en privilégiant une action à haute teneur visuelle (inaugurer un édifice prestigieux tel que le viaduc de Millau, célébrer le mariage de deux homosexuels, participer à une émission de variétés à la télévision, etc.), au risque d'occulter la gestion de problèmes chroniques (le chômage, la pauvreté) qui se prêtent peu à une forte médiatisation et à des images chocs. Il s'agit à chaque fois de privilégier les effets d'annonce (faire savoir et faire croire qu'on agit) et les effets d'emballage (habiller les mesures prises pour leur donner davantage de visibilité) : annoncer à grand renfort de publicité la création d'un ministère de la Ville ou le déblocage de crédits en faveur des personnes âgées. L'ampleur de la politique-spectacle est telle aujourd'hui qu'elle brouille les perceptions des véritables enjeux chez les citoyens, de plus en plus réduits à appréhender les compétences des candidats en fonction de leur télégénie.

La fragmentation des messages politiques en découle tout naturellement. Elle réside dans la présentation des faits et des enjeux sous forme d'«information-capsule[18]», dans la capacité de morceler les problèmes en adoptant un effet clip qui consiste à réagir dans l'instantanéité à certaines questions des journalistes, à accepter de réduire son temps de parole à quelques formules ou à quelques petites phrases (la fameuse formule : «Vous n'avez pas le monopole du cœur» de Valéry Giscard d'Estaing en 1974) et à être capable de produire des discours qui résument sa pensée en trente secondes ou en deux minutes selon le format exigé par le médium. La rhétorique politique est ainsi devenue l'art de la petite phrase, de la captation et de la séduction du téléspectateur au moyen d'un raisonnement, non pas hypothético-déductif, mais associatif. Elle encourage un discours attrape-tout qui, s'adressant à tout le monde en même temps, ne doit indisposer personne. On peut donc avancer, à titre d'hypothèse, comme le fait Christian Le Bart[19], que les médias audiovisuels ont accéléré l'homogénéisation des discours politiques.

Toujours est-il que la parole politique revêt aujourd'hui de plus en plus une dimension dramaturgique puisque l'acteur social qu'est l'homme politique se doit de construire une image de soi, une «façade» pour reprendre l'expression d'Erving Goffman[20], le plus souvent conforme aux attentes de son public. On aurait tort, pourtant, de croire en la complète nouveauté de cette communication politique et en la parfaite singularité des techniques de séduction et de persuasion utilisées par les responsables politiques contemporains sous l'effet de la médiatisation. Il s'agit moins d'une question d'originalité que d'intensité, moins d'un problème de nature que de degré. Un certain nombre de pratiques évoquées — on pense en particulier à la personnalisation et à la théâtralisation — ont toujours existé.

Les historiens[21] sont là pour nous rappeler que, contrairement à ce que certains avancent, la télévision n'a par exemple pas totalement tué l'éloquence. Si les figures d'Aristide Briand, de Jean Jaurès et d'Édouard Herriot hantent toujours les mémoires, celles de François Mitterrand, de Philippe Séguin, de Dominique de Villepin prouvent que le discours télévisuel n'a pas mis fin aux envolées lyriques et aux argumentations complexes. Le principe de petites phrases abondamment employé de nos jours est, quant à lui, aussi vieux que le monde. Le fameux *Veni, vidi, vici* de Jules César ou la célèbre formule de Bonaparte « Soldats, songez que du haut de ces pyramides, quarante siècles vous contemplent ! » étaient déjà avant la lettre de la communication politique de haut vol. On se méfiera donc des analyses en termes de dégénérescence du discours politique qui serait provoquée par la surexposition des hommes politiques aux médias. Discours qui va souvent de pair d'ailleurs avec le mythe d'un âge d'or où la politique aurait été fondée sur le débat d'idées, sur le talent oratoire et non pas, comme à présent, sur le règne des images, des phrases courtes et calculées. Le spectacle a toujours été consubstantiel à la politique et le registre des sentiments, de l'émotion, un procédé rhétorique qu'Aristote avait déjà en son temps relevé.

Marlène Coulomb-Gully[22] s'est précisément penchée sur l'examen de la rhétorique télévisuelle utilisée au cours de la campagne présidentielle de 1995 en partant d'un corpus de séquences politiques de tous les journaux télévisés de 20 heures (diffusés sur TF1 entre janvier et mai 1995). Elle n'éprouve guère de peine à montrer que le formatage de la politique à la télévision repose sur le primat de l'esthétique, autrement dit du sensible et non pas de la raison. Toute campagne électorale s'apparente à un récit et un feuilleton dont le schéma organisationnel rappelle celui du conte. On part d'un manque (le désir d'accéder au pouvoir), on subit une série d'épreuves (meetings, débat du deuxième tour) pour aboutir au dénouement (la victoire ou l'échec). Chaque candidat incarne un rôle type (par exemple, Jacques Chirac le gaullisme populaire et social en rupture par rapport aux prises de position d'Édouard Balladur) et s'inscrit dans un rituel télévisé (déclaration de candidature pour Jacques Chirac au moyen d'un entretien accordé à un journaliste de *La Voix du Nord*; enregistrée depuis le bureau du Premier ministre à Matignon pour Édouard Balladur; en direct dans le cadre de l'émission 7/7 d'Anne Sinclair pour la non-candidature de Jacques Delors, etc.).

Le dispositif est de bout en bout médiatique. Les hommes politiques adoptent une scénographie faite de meetings construits en fonction du journal de 20 heures, de déambulations urbaines soigneusement programmées (cortège, visite d'une ville, contacts éventuels avec la foule), ils s'appuient sur une rhétorique télévisuelle qui use de symboles visuels (drapeaux, sigles, jeu sur les couleurs) et sonores (musiques d'ambiance, slogans), font référence à des héros fondateurs (Jeanne d'Arc, de Gaulle, Jaurès). Le symbole de la pomme promu par *Les Guignols de l'info* et repris par tous les médias est emblématique de la stratégie de Jacques Chirac qui joue sur un imaginaire occidental particulièrement riche et évocateur. Chaque candidat s'incarne enfin dans un corps et utilise une gestuelle particulière (la proximité pour Jacques Chirac, le corps à distance pour Édouard Balladur, l'élision du corps pour Lionel Jospin). Les émissions de satire politique du type *Le Bébête Show* et *Les Guignols de l'info*[23] qui mettent l'accent, par le biais des marionnettes, sur les individus, sur certains traits de leur caractère et qui négligent volontairement les programmes politiques des candidats, renforcent par leur dimension parodique et ludique cette culture du sentiment qui semble être le propre de la rhétorique télévisuelle actuelle.

La communication politique est à l'heure actuelle indicielle avant d'être symbolique[24] : elle repose sur le contact, sur la relation, bien plus que sur la représentation ou que sur le discours et son contenu. Elle s'inscrit également dans une gestuelle qui n'a pas manqué d'être étudiée[25]. Le visuel parle en effet toutes les langues, sa compréhension est quasi immédiate. C'est pourquoi, dans les interventions des hommes politiques à la télévision, l'énonciation compte davantage que l'énoncé. On peut d'ailleurs étendre ce constat à l'État lui-même qui est devenu un État indiciel puisqu'une bonne part du travail gouvernemental consiste à produire des images et des sons qui nourrissent la machinerie médiatique dont le rôle est en principe de sélectionner selon ses propres critères cette masse d'informations qui lui est prioritairement destinée.

On va donc scénariser le plus efficacement possible certains moments majeurs de la vie politique du pays : la cérémonie de l'investiture de François Mitterrand au Panthéon en 1981, la célébration du bicentenaire de la Révolution française en 1989, la commémoration des soixante ans du débarquement allié en Normandie en 2004 ont en commun d'avoir été pensées avec des spécialistes du cinéma ou de la télévision et en fonction de leur retransmission en direct sur le petit écran. La «marketisation de la République» vilipendée par Régis Debray dans son livre sur *L'État séducteur* invite à distinguer les «produits» vendables sur le marché médiatique (les investitures, les inaugurations officielles, les réunions de chefs d'État, etc.) des «produits» non vendables (les aides au développement, la politique industrielle, la francophonie), si bien que les échecs politiques sont de plus en plus imputés à une erreur de communication.

Vers l'hybridation des genres : la politique-divertissement ?

Veut-on d'autres preuves de la percée de l'esthétisation ? Le succès récent des émissions dites d'*infotainment* (contraction, rappelons-le, d'*information* et d'*entertainment*) à la télévision en apporte la confirmation. La «tyrannie de l'intimité» acquiert dorénavant une dimension nouvelle avec la part prise par les émissions de talk-show dirigées par des professionnels qui ne sont pas des journalistes, mais des animateurs. L'observation de la transformation des émissions politiques à la télévision française durant la dernière décennie permet de saisir l'ampleur du phénomène[26]. Cette période se caractérise par une grande instabilité des programmes politiques sur les chaînes françaises, par une forte rotation des journalistes et des animateurs qui en assurent la présentation et par une érosion sensible du genre politique à la fin de la décennie 1990. On constate par exemple qu'à partir de 1993, le genre «divertissement» commence à progresser alors que le genre «politique» demeure stable et que l'année 2000 constitue le moment de basculement et d'inversion des cadres de la représentation de la politique à la télévision.

À l'aube du nouveau millénaire en effet, le genre «divertissement» l'emporte: les élus se rendent de plus en plus fréquemment sur les plateaux d'émissions à forte composante récréative. Ces interventions hors cadre traditionnel se font dans des émissions du type *On ne peut pas plaire à tout le monde* (Marc-Olivier Fogiel), *Tout le monde en parle* (Thierry Ardisson) ou *Vivement dimanche* (Michel Drucker). Elles s'accompagnent d'une quasi-disparition des grands rendez-vous politiques réguliers et du développement de formules exceptionnelles, ainsi que de l'inclusion d'interviews d'hommes politiques dans les journaux télévisés. Faire de la politique sans le dire est devenu le meilleur moyen de ne pas faire fuir le téléspectateur.

On sait depuis longtemps que les scores d'écoute des émissions politiques se sont amenuisés, que leur public est tendanciellement plutôt âgé alors que les talk-shows, même les moins suivis, obtiennent des audiences largement supérieures à n'importe quelle émission politique et que le public y est beaucoup plus jeune[27]. Mais si la recherche de l'audience est l'une des raisons de l'évolution des régimes de débat à la télévision, elle n'en est évidemment pas la seule. L'apparition et le développement de ces émissions tiennent également à la dynamique sociale et au contexte politique particuliers des années 1990 en France. Les «affaires» qui ont défrayé la chronique et la persistance d'une certaine méfiance à l'égard de la classe politique, la réduction de l'éventail de propositions alternatives, la perte d'influence des acteurs politiques par rapport aux acteurs économiques, la montée des classes moyennes sont autant de facteurs qui peuvent expliquer les changements du rapport des Français à la politique. La télévision n'est ici qu'un symptôme, sans doute le plus spectaculaire, de toute une série de transformations qui ont affecté la configuration politique de la dernière décennie.

Les responsables des chaînes jouent en tout cas la carte du show-business, du spectacle susceptible de fédérer les téléspectateurs autour d'invités de tous statuts et de toutes conditions. L'homme politique, qui n'est plus qu'une personnalité parmi d'autres, y côtoie désormais un champion sportif, une chanteuse, un comédien ou un cinéaste. La politique distrayante nécessite alors de faire preuve de décontraction vestimentaire, d'une expression plus relâchée que d'habitude, d'éviter les explications politiciennes ou partisanes afin de privilégier le discours autobiographique faisant appel à l'expérience et à l'émotion. On y discute des goûts et des passions de chacun en favorisant, dans certaines émissions, l'autodérision ou les incursions vers le sulfureux et vers le polémique. L'absence de solennité, le nivellement des hommes politiques au même rang que les autres invités, le registre du témoignage contribuent ainsi à la désacralisation de la politique[28] et à l'hybridation des genres. L'élu, sur la suggestion de ses conseillers en communication, surjoue en quelque sorte le registre de l'authenticité et du «parler vrai».

Peut-on évaluer l'influence de cette politique divertissante sur le téléspectateur-citoyen ? L'extrême rareté des enquêtes sur le mode de réception de ces émissions empêche de tirer des conclusions précises. Les avis divergent à ce sujet et la discussion reste ouverte. La forme médiatique devient, aux yeux de certains[29], garante du fond civique et encourage une dépolitisation du public puisqu'elle tend à banaliser à l'excès le travail politique. Le téléspectateur est en vérité invité à porter sur la vie politique un regard de moins en moins politique. D'autres, plus optimistes, plaident en faveur de l'hypothèse d'un enrichissement de la compétence politique des citoyens. Telle est la thèse défendue par Kees

Brants qui a le mérite de s'appuyer sur une tentative d'étude comparative européenne et de ne pas se cantonner à une vision strictement nationale du phénomène. Contrairement à certains de ses collègues comme Jay G. Blumler[30] qui diagnostiquent une crise de la communication citoyenne sous l'emprise de la télévision commerciale mélangeant information et loisirs, il relativise la percée de l'*infotainment* beaucoup plus ambiguë, selon lui, qu'on ne pourrait le croire.

Dans la plupart des pays européens (Allemagne, Danemark, Suède Pays-Bas, etc.), la télévision commerciale n'a pas marginalisé l'information politique. « Il y a peu d'arguments, écrit-il, pour établir que la politique ou les élus seraient spectaculairement plus personnalisés ou traités de façon sensationnaliste qu'auparavant[31]. » Il existe en fait une sorte de continuum sur une échelle information-distraction avec une grande variété de sous-genres qui prouve que la « pureté » informationnelle de certaines émissions politiques est un mythe. En outre, certains programmes de divertissement peuvent parfois être très informatifs et inversement des genres traditionnellement informatifs, introduire une forme de distraction et manquer singulièrement de fond. On ne dispose pas non plus de preuves d'un lien causal entre la manière négative ou cynique dont la politique serait abordée à la télévision et les jugements critiques ou cyniques dont ferait preuve le public en la matière. Pourquoi ne pas imaginer, suggère Kees Brants, que le mélange de détente et de discussion sérieuse que l'on trouve

dans les talk-shows réconcilie le populaire et le
politique ?

La transformation des modalités de travail
des hommes politiques

L'impact de la pression médiatique et en particulier de la télévision ne se résume pas, on s'en
doute, à des modifications du contenu des messages politiques ou des formes de présentation de
soi. Il touche également aux modalités concrètes
de travail des hommes politiques. La gestion du
temps, par exemple, a subi, elle aussi, de profonds bouleversements. On a déjà eu l'occasion
de le noter, le temps médiatique est celui de l'immédiateté et de l'urgence. Il oblige les élus à
répondre à chaud aux sollicitations des journalistes, à rechercher constamment l'effet d'annonce
alors que le temps politique est, par essence,
celui de la durée. Il nécessite analyse et délibération, génère ce que les politistes appellent des
«actes politiques lourds» s'inscrivant dans le
long terme. Le télescopage entre deux impératifs
contradictoires conduit les hommes politiques à
être confrontés à une sorte de double contrainte
(*double bind*), une tension permanente entre
deux manières d'agir, particulièrement délicate à
gérer. Pris au piège entre d'un côté, la logique
«monstrative[32]» (fondée sur le réflexe et sur l'instant) et de l'autre, la logique «démonstrative»
(s'appuyant sur l'argumentation et sur l'explication), ils ont naturellement tendance à agir sous
le feu des médias au risque de ne plus avoir le
temps nécessaire à la réflexion distanciée.

Plus fondamentalement, la médiatisation est devenue l'un des vecteurs de la professionnalisation de la politique qui allonge les chaînes de médiations entre représentants du peuple et profanes. Comme le fait observer Erik Neveu[33], les grands leaders politiques, un ministre, un chef de parti, perçoivent à l'heure actuelle le corps social à travers un ensemble de filtres, c'est-à-dire d'écrans et de dispositifs de médiatisation, et sont de moins en moins au contact des gens. Si l'on excepte les périodes d'intenses campagnes électorales, qui peuvent donner lieu à de rapides échanges lors d'un meeting ou sur un marché, les principaux responsables politiques n'ont que peu d'occasions de dialoguer en face à face avec leurs concitoyens. Ils passent par le truchement des analyses de leurs conseillers en communication, des chiffres d'enquêtes d'opinion, d'abstractions statistiques (indice de confiance, baromètre mensuel, tableau de bord) ou de notions stéréotypées (du genre «les CSP +», «la ménagère de moins de 50 ans»), de revues de presse régulières et se rendent le plus souvent possible sur les plateaux de télévision ou dans les studios de radio. Ils regardent comme nous tous les informations à la télévision, de préférence les chaînes d'information en continu car ils ne sont plus comme autrefois systématiquement les premiers informés. S'instaure ainsi une distance par rapport au monde social qui risque de provoquer, chez certains, un effet déréalisant.

Les médias audiovisuels ont ainsi, plaidé Erik Neveu, encouragé la dimension rationnelle de la compétence politique qui est de plus en plus fonction d'une bonne connaissance des dossiers plutôt que d'une identification à des forces sociales. La politique est alors pensée comme une forme d'expertise technique à même d'identifier de manière méthodique et rationnelle les bonnes décisions à prendre. Le débat politique serait ainsi très souvent ramené à une confrontation entre deux formes de savoir-faire technique plutôt qu'à des projets de société ambitieux et originaux[34]. La technicisation du politique (qui tient aussi au mode de formation des dirigeants dans des filières du type IEP ou ENA), consolidée par l'évolution récente des protocoles d'organisation du débat politique dans les médias, favorise dès lors la disqualification des discours radicaux et extrémistes. Durant les années 1960 et une partie des années 1970, les oppositions entre les hommes politiques reposaient sur des clivages sociaux nets, sur des conceptions dissemblables du bien commun. Puis, à partir de la présidence giscardienne, les désaccords entre eux apparaissent davantage comme l'expression de disparités dans la connaissance des dossiers et de divergences d'ordre technique[35]. Si l'on ajoute à cette dynamique interne l'altération des identités partisanes, la perte de crédibilité de la classe politique, on s'aperçoit que tout concourt au renforcement de la volatilité de l'électorat et au déclin des oppositions tranchées. Les hommes politiques sont en fait enclins à rechercher le consensus en se positionnant par rapport à l'électeur moyen et à l'opinion majoritaire en gommant les aspérités trop voyantes et en pratiquant une forme de suivisme démocratique que le média télévisuel, par essence généraliste et transversal, renforce.

Reste enfin à savoir quel est l'impact des médias écrits et surtout audiovisuels sur les formes de recrutement du personnel politique lui-même. Jouent-ils un rôle de filtre dans la sélection des candidats aux postes de responsabilité ? Les exemples abondent de personnalités investies par les militants en raison notamment de leur aura médiatique et de leur télégénie. La galerie des portraits pourrait être longue : de Bernard Tapie à Bernard Kouchner, de Daniel Cohn-Bendit à Nicolas Sarkozy, de Ségolène Royal à Dominique Voynet, on ne compte plus les hommes (et un peu les femmes) politiques jouant de leur aisance à affronter micros et caméras pour obtenir ou pour accroître leur légitimité auprès des sympathisants et de l'opinion. Et ce, au détriment des députés de base, relégués dans l'anonymat en raison, entre autres, de leur moindre talent de communicateurs. Des études menées lors des élections européennes de 1994 et de 1999 font apparaître que la discrimination médiatique entre les hommes politiques se réalise essentiellement en fonction de la notoriété de ces derniers dans l'opinion publique, qui ne recouvre que partiellement la représentativité parlementaire[36]. Il ne fait guère de doute que très souvent, comme l'énonce joliment Régis Debray, « aux yeux de l'État médiatisé, la réussite médiatique vaut pour certificat d'aptitude professionnelle[37] ». Elle n'explique certainement pas tout (on peut supposer que la compétence des candidats est un autre facteur décisif), mais elle est sans conteste devenue un critère important.

De ce fait, l'hypothèse d'une forme de représentativité à deux vitesses, l'une élective, l'autre cathodique, autrefois dénoncée par Jean-Marie Cotteret[38], paraît assurément séduisante et non dénuée de fondement. La télévision a sans conteste créé une réelle inégalité de traitement entre ceux qui maîtrisent parfaitement le média télévisuel et ceux qui y sont moins à l'aise. Mais l'idée selon laquelle les médias contribuent à faire sélectionner et élire les «figures médiatiques» divise les chercheurs en sciences politiques dont certains soulignent que le personnel politique le plus visible correspond en fait à la structure du pouvoir institutionnel et partisan. La télévision contribue alors au maintien de la légitimité et à la gestion du capital accumulé préalablement.

De là à affirmer que le seul étalon de la légitimité politique est aujourd'hui celui de la performance médiatique, il y a un pas qu'on se gardera de franchir trop allègrement. Plusieurs indices montrent qu'il convient de rester prudent. Pour ne prendre qu'un exemple, François Mitterrand, longtemps maladroit et crispé à la télévision, est peu à peu devenu un redoutable débatteur devant les caméras, preuve que l'apprivoisement de la télévision est possible. En outre, dans bien des cas, les considérations politiques conservent un poids déterminant dans la désignation des candidats en raison des soutiens locaux et des rivalités internes au sein des partis. Enfin la politique peut l'emporter sur la communication parce que les face-à-face entre hommes politiques deviennent de plus en plus rares à la télévision :

les risques de rupture d'image (c'est-à-dire le changement brutal de positionnement et de présentation de soi) sont donc peu élevés. Le fameux débat entre Laurent Fabius et Jacques Chirac en 1985 au cours duquel le jeune Premier ministre de l'époque fit preuve d'arrogance et d'agressivité[39], constitue à ce titre l'exception qui confirme la règle. De surcroît, les interviews des hommes politiques par les journalistes, aujourd'hui véritable figure imposée, s'insèrent de plus en plus dans un protocole ritualisé et fortement codifié qui déstabilise rarement l'invité. Il n'en demeure pas moins que la professionnalisation et l'hypermédiatisation de la vie politique ont changé le métier d'homme politique.

L'INFLUENCE DES MÉDIAS SUR LES ÉLECTIONS ET SUR LES PERCEPTIONS

L'influence sur les choix électoraux

Les médias ont condamné les hommes politiques, c'est une certitude, à s'adapter au moule médiatique et plus particulièrement télévisuel. Les effets de la médiatisation sur les citoyens-électeurs sont en revanche beaucoup plus difficiles à mesurer. Les rend-elle passifs et conformistes? Ou, au contraire, accroît-elle leur perspicacité et leur vigilance? Les médias sont-ils des instruments de dépolitisation ou, à l'inverse, de meilleure intelligibilité des enjeux politiques? Leur évaluation a donné lieu, depuis une cinquantaine d'années, à une énorme littérature et, on s'en doute, à de très nombreuses enquêtes dont le moins que l'on puisse dire est qu'elles sont assez contradictoires. Le sujet est délicat et complexe. Tantôt perçues comme directes et puissantes, durables et décisives, tantôt considérées comme indirectes et limitées, ponctuelles et relatives, les répercussions des médias sur les campagnes électorales et sur les résultats du vote ont longtemps été appréhendées selon une logique binaire : effets forts contre effets faibles. Les uns considéraient que les médias donnent aux individus la possibilité de se forger une opinion personnelle et que l'électeur reste maître de ses décisions ; d'autres, qu'ils modifient les critères d'appréciation d'une élection en détournant les électeurs des programmes vers la personnalité des candidats ; d'autres enfin, que les médias influent, par la dramatisation et l'orientation des débats, sur les choix de vote.

Balançant entre constat de manipulation et constat de détachement, ce schéma de pensée a dominé les recherches américaines et européennes jusque vers le début des années 1980, date à partir de laquelle on a commencé à raisonner différemment en contextualisant davantage les études et en s'interrogeant simultanément sur la conjoncture politique du moment, sur la mise en forme des messages, sur le niveau d'exposition de l'auditoire, sur ses caractéristiques sosioculturelles. Une fois de plus, on s'est aperçu que la compréhension du pouvoir des médias était justiciable d'une analyse transversale (le cheminement de la communication prenant en compte l'émetteur, le message, le récepteur), transactionnelle (de l'amont vers l'aval et réciproquement) et globalisante (la communication dans son environnement technologique, politique, économique, social, etc.). Le pouvoir des médias, s'il existe, n'est pas une substance, mais une relation, un système d'interdépendances qu'il convient de mettre au jour. On ne fera pas ici le pari, impossible à tenir, d'une analyse exhaustive du problème. On se bornera, plus modestement, à repérer l'apport des principales recherches récentes en la matière. On rappellera avant toute chose que l'influence des médias en politique a donné lieu à un certain nombre de résultats engrangés par l'École de Columbia (représentée par Paul Lazarsfeld et ses collaborateurs durant les années 1940 et 1950) qui ont fait date, même s'il est aujourd'hui nécessaire de les approfondir et de les rectifier sur certains points.

Quels sont précisément ces résultats ? Il n'est peut-être pas inutile de les mentionner tant ils ont marqué la recherche en ce domaine et tant ils semblent ignorés par certains accusateurs ne jurant que par l'influence pernicieuse des médias sur la démocratie. L'équipe de l'université de Columbia, qui a étudié l'impact électoral de ce qu'on appelait à l'époque les médias de masse, découvre d'abord que les électeurs votent majoritairement en conformité avec la norme de leurs groupes d'appartenance et que le vote est fondamentalement une expérience de groupe. Elle se rend également compte que le vote dépend d'un certain nombre de facteurs, notamment du statut socio-économique des individus, de leur lieu de résidence et de leur religion. En fait, les électeurs qui sont le plus susceptibles de changer d'avis parce qu'ils n'ont pas de prédisposition politique forte sont ceux qui écoutent le moins la radio et qui lisent le moins les journaux. La campagne électorale en tant que telle a, tout compte fait, un effet marginal sur le vote et plutôt tendance à renforcer les opinions préalables.

Les médias, dans ce contexte, exercent une influence limitée : les électeurs pratiquent une exposition et une mémorisation sélectives de sorte que les conversions d'intention de vote apparaissent peu nombreuses. Les médias cristallisent probablement les opinions, mais celles-ci dépendent fondamentalement des liens que nous tissons avec notre entourage, notre famille, nos amis, nos collègues de travail et plus particulièrement avec des leaders d'opinion (davantage exposés aux médias et mieux informés que nous) qui servent de relais entre les médias et nous-mêmes. L'influence est par conséquent médiate et non pas immédiate : d'où le célèbre schéma de la communication en deux temps ou à deux paliers (*two-step flow of communication*) de l'émetteur (l'homme politique qui intervient dans les médias) vers le leader d'opinion ; puis du leader d'opinion vers le public[40].

Les principales leçons des travaux américains de l'époque se résument finalement à quatre constats : le degré d'exposition des individus aux messages médiatiques dépend fortement de leur modalité d'insertion dans certains groupes sociaux ; cette exposition est sélective et va dans

le sens de nos prédispositions politiques existantes; les groupes exercent généralement une
pression à la conformité et enfin, l'influence de
ces messages est indirecte et limitée.

Ces explications proposées par Paul Lazarfeld
dans les années d'après-guerre ont ensuite été
approfondies et affinées par d'autres recherches.
Celle connue sous le nom de modèle de Michi-
gan met, par exemple, l'accent sur le poids des
attitudes proprement politiques dans le comportement électoral des individus: les attitudes
liées à l'identification partisane sont en fait ici
conçues comme déterminantes dans la décision
de vote. Celle proposée par John Zaller dans les
années 1990 va encore plus loin et invite à s'interroger sur les phénomènes de persuasion en
les mettant davantage en relation avec les phénomènes d'opinion qui sont conçus comme une
combinaison d'informations et de prédispositions.
Il a ainsi montré qu'une bonne information ou
connaissance préalable d'un enjeu favorise la
compréhension de cet enjeu ou encore que les
médias, dans le cadre d'un environnement d'information homogène, provoquent un effet d'uniformisation des opinions alors que dans le cas
contraire (un environnement hétérogène), ils
engendrent plutôt un renforcement des oppositions, appelé aussi «polarisation». Il serait trop
long de détailler ici l'ensemble des études qui se
sont développées sur le sujet depuis une trentaine d'années: elles ont en tout cas profondément renouvelé la compréhension de l'influence
des médias sur les choix électoraux[41].

On sait aujourd'hui que, dans certaines circonstances, les médias peuvent contribuer à la formation des préférences, notamment lorsqu'il s'agit de candidats politiquement peu différenciés (ce fut, semble-t-il, le cas en 1974 à propos de Jacques Chaban-Delmas et de Valéry Giscard d'Estaing) ou avoir un effet non négligeable sur le vote. Ainsi, lorsque le résultat d'une élection risque d'être très serré et que l'écart entre les deux candidats restant en lice est faible, une bonne prestation médiatique peut faire basculer le résultat du vote et convaincre les indécis de voter en faveur de tel candidat plutôt que tel autre. Ces indécis, si l'on en croit Roland Cayrol[42], sont plutôt des femmes, les électeurs soit très jeunes (moins de 30 ans), soit plutôt âgés (plus de 65 ans), appartenant aux classes moyennes salariées (employés et cadres moyens), au milieu paysan et des électeurs n'éprouvant pas de grand intérêt pour la politique. Or, en raison de la volatilité de plus en plus forte de l'électorat ces dernières années en France, le poids des variables classiques (caractéristiques sociodémographiques de l'électeur, affiliations partisanes, croyances religieuses, etc.) est désormais limité par les variables de communication (perception des enjeux du scrutin, de la personnalité des candidats, de l'image des partis, etc.). La télévision ne fait donc pas l'élection, mais elle peut parfois y contribuer lorsqu'une minorité d'hésitants est susceptible de faire la différence. Les études semblent converger sur ce point : la corrélation entre consommation d'informations (dans les médias) et orientation du vote est la plus forte chez les électeurs instables et chez ceux qui se décident au dernier moment[43].

L'action des médias en matière politique n'est toutefois jamais complètement prévisible parce qu'elle dépend non seulement de ce que les gens en font, mais aussi de ce qu'ils en attendent ou en espèrent, du milieu social dans lequel ils évoluent et du rapport à la politique qui est le leur. Autant de paramètres qui relativisent les interprétations en termes de quatrième pouvoir ou de manipulation des citoyens par les médias et qu'il convient de garder à l'esprit, tout en sachant que douter de la forte influence prêtée aux médias sur les choix électoraux ne signifie nullement méconnaître leur importance dans la formation des représentations du politique et dans l'entretien des opinions politiques. Car les controverses entretenues au sujet du pouvoir des médias en matière politique proviennent souvent de cet amalgame qui consiste à confondre un peu hâtivement le choix électoral (le vote en tant que tel), avec la formation et la diffusion des représentations et des perceptions politiques (en un mot la «culture politique» des individus). Dans le premier cas, les médias jouent un rôle plus ou moins important par rapport aux influences interpersonnelles ; dans le second cas, ils peuvent avoir un poids décisif aux côtés des autres instances de socialisation à la politique que sont la famille, l'école, etc. On étudie donc aujourd'hui beaucoup plus les effets persuasifs de l'information que les simples effets des médias sur les élections.

L'influence sur les perceptions
et sur les représentations

L'idée est aujourd'hui de plus en plus répandue chez les chercheurs : ce qui est rendu accessible à l'électeur par les médias oriente en fin de compte son attention, contribue à configurer sa perception de la situation politique et induit parfois de sa part des imputations particulières. Les effets des médias ne sont pas uniquement cognitifs, mais aussi persuasifs : ils ne modifient pas seulement le stock de connaissances, mais également les cadres de préférences et les perceptions publiques. La télévision en particulier rend disponibles beaucoup plus vite qu'auparavant certains éléments d'information et ce travail de «mise en accessibilité» et de persuasion peut provoquer chez le téléspectateur des modifications plus ou moins sensibles de ses préférences politiques. Trois phénomènes retiennent en particulier l'attention : la mise sur agenda des événements, les effets de cadrage et les effets d'amorçage [44].

Depuis une étude fondatrice menée sur l'élection présidentielle américaine de 1968 par Maxwell McCombs et Donald Shaw [45] et publiée au début des années 1970, les médias sont réputés exercer une influence sur la focalisation de l'attention publique. La fonction d'agenda (*agenda setting*) — premier phénomène sur lequel il faut insister — illustre ce phénomène et consiste en une sorte de mise en visibilité de faits ou d'événements : les médias peuvent définir le calendrier des événements dont on parle (l'ordre du jour), dire ce à quoi il convient de penser. En d'autres termes, à partir du moment où ils traitent certains problèmes de façon prioritaire, ces problèmes deviennent souvent prioritaires aux yeux de l'opinion publique. Leur rôle apparaît pour cette raison essentiel puisqu'ils sont capables, non seulement de concentrer l'attention collective sur certains thèmes, individus ou objets, mais aussi de transférer la hiérarchisation de certains problèmes en direction du public en les rendant davantage saillants. Ils parviendraient par conséquent à peser à la fois sur l'attention publique et sur les priorités publiques.

On l'a vu, les médias peuvent ainsi contrôler la visibilité des candidats, la publicité donnée à leurs actions, par un accès différentiel aux studios de radio et aux plateaux de télévision, légitimant ainsi certaines figures plutôt que d'autres. L'étude de la couverture télévisée de la campagne présidentielle de 1988 et de 1995[46] en France confirme que les «grands candidats» (Jacques Chirac, François Mitterrand, Raymond Barre en 1988; Jacques Chirac, Lionel Jospin, Édouard Balladur en 1995) ont bénéficié d'un traitement de faveur de la part des rédactions des principales chaînes et que les candidats de second rang (Jean-Marie Le Pen, Robert Hue, Philippe de Villiers, etc.) ont été moins souvent invités que les premiers. Ce déséquilibre qui favorise certains formations et certains hommes politiques est dû aussi bien aux pratiques propres aux médias qu'aux règles du jeu politique. L'élection présidentielle de 2002 a confirmé cette ten-

dance puisque ceux qui étaient alors implicitement désignés comme les deux principaux candidats en lice au premier tour, à savoir Jacques
Chirac et Lionel Jospin, ont disposé d'un temps
d'antenne nettement supérieur à celui des
autres candidats (respectivement 828 minutes et
856 minutes contre, par exemple, 266 minutes
pour Jean-Pierre Chevènement ou 44 minutes
pour Daniel Gluckstein). Le traitement inégali-
taire des candidats risque alors de fonctionner
comme un véritable « cens médiatique[47] » puisque
les formations politiques nouvelles ou non présentes au Parlement sont sous-représentées dans
l'audiovisuel français.

L'existence simultanée de plusieurs agendas
(politique, médiatique, public) qui ne coïncident
pas toujours prouve que les situations sont en
vérité plus complexes qu'on ne le croit. L'information disponible au sujet d'une situation politique
donnée est en fait la résultante d'une interdépendance entre ces trois agendas : celle-ci n'est donc
pas exclusivement définie par les médias, mais
par l'interaction entre acteurs politiques, journalistes et public. Les configurations varient d'une
élection à une autre : tantôt c'est l'agenda politique qui l'emporte, tantôt c'est l'agenda médiatique ou public. Les travaux empiriques sur le
sujet sont assez contradictoires. Quelques études
américaines penchent en faveur d'un effet important de l'agenda médiatique sur les élections
alors que des enquêtes britanniques sur des élections récentes laissent plutôt entendre que les
médias n'ont pas joué de rôle majeur sur l'agenda
public (en 1997 par exemple, l'ensemble de la

presse anglaise a insisté sur l'importance de l'enjeu européen sur le scrutin alors que ce thème est resté marginal dans les déclarations de motivations de vote).

Les quelques travaux existant sur le sujet en France aboutissent à des résultats nuancés. Une étude réalisée en 1986, lors des élections législatives, montre que les priorités de l'opinion sont restées stables et qu'il n'y a pas eu coïncidence entre l'agenda politique et l'agenda médiatique. En effet, alors que l'opinion publique (mesurée ici par des sondages) s'intéresse avant tout à l'emploi, à la crise économique, à la protection sociale, la presse écrite et la télévision traitent surtout de la cohabitation, de la communication et de la place de la France dans le monde. Le décalage entre les préoccupations de l'opinion et celle des médias est ici patent. Le thème de la cohabitation qui a structuré le débat politique est en fait celui qui a le moins mobilisé l'opinion[48]. Une autre étude portant sur la manière dont les responsables des émissions politiques sélectionnent et invitent les hommes politiques et certains représentants de la société civile sur les plateaux des émissions de télévision[49] démontre pour sa part que ceux-ci ne consacrent en réalité que des personnages jouissant déjà d'une forte notoriété préalable. Phénomène qui tendrait à prouver que la sphère politique continue à dominer le jeu et à contrôler l'agenda : les gouvernants définissent le calendrier, le contenu du Conseil des ministres, des débats parlementaires ou des grands rassemblements de leur parti respectif. Les journalistes se contentent, le plus souvent, de suivre cet agenda élaboré par les hommes politiques.

La focalisation de l'attention publique revêt par ailleurs d'autres formes. Les mécanismes persuasifs de l'information peuvent ainsi aller jusqu'à transformer la perception d'un fait ou d'un événement. On sait, par exemple — deuxième phénomène qu'il convient de mentionner —, que les médias sont susceptibles d'agir sur les perceptions et sur les évaluations qui sont les nôtres au sujet des hommes politiques et donc de modifier en partie notre rapport à la politique. Shanto Iyengar[50] a ainsi montré que le *cadrage* (ou *framing*), autrement dit l'angle sous lequel on traite une question, suscite des interprétations différentes de la part du récepteur. Le mode de présentation d'un sujet (son importance, sa place, son angle) influe sur l'opinion qu'on se fait de ce sujet, active des considérations déjà présentes chez l'électeur et en modifie le poids. Présenter par exemple la pauvreté à la télévision à l'aide de reportages qui mettent l'accent sur des portraits de chômeurs (cadrage épisodique) ne provoquera pas le même type de réaction que si on cherche à contextualiser le reportage par des statistiques, des considérations économiques (cadrage thématique). Dans le premier cas, l'imputation sera individuelle (s'il est pauvre, c'est de sa faute); dans le second cas, l'imputation sera collective (s'il est pauvre, c'est la faute du gouvernement). Si les médias ne relient pas les faits à un environnement global, le téléspectateur aura tendance, semble-t-il, à moins associer certains problèmes à la sphère politique. La télévision, mais aussi dans une moindre mesure, la radio et la presse écrite, influent donc sur notre engagement civique.

Les médias réussissent ainsi à maîtriser, selon les cas, l'image des candidats au moyen d'un cadrage discriminant en accentuant certains traits ou certains thèmes de la campagne électorale. Ce travers provoque des différences de perception des candidats chez le public. L'exemple souvent cité[51] est celui de Raymond Barre au moment de l'élection présidentielle de 1988 dont la candidature suscite constamment la même question chez les journalistes : « Qui soutient Raymond Barre ? » À la différence de ses concurrents dont les programmes, les soutiens politiques, les actions de campagne sont examinés à la loupe par les médias, le positionnement de ce dernier est souvent réduit à un rôle secondaire en raison des doutes qui surgissent sur l'étendue de son réseau politique. Par le simple fait d'adopter un tel cadrage (le jeu politicien) et sans que ce choix préjuge en rien d'un quelconque jugement de valeur, les médias opèrent un travail de marginalisation de l'ancien Premier ministre. François Mitterrand, en revanche, qui joue sur son image de président davantage que sur celle de candidat, bénéficie d'un véritable relais de sa stratégie dans les médias qui le montrent souvent sous cet angle, lui donnant une visibilité supplémentaire et accroissant ainsi sa légitimité présidentielle. Le cadrage discrimine donc les candidats à trois niveaux : la viabilité politique, la présidentialité et la crédibilité[52]. Nul doute dès lors que les médias, en certaines circonstances et sous certaines conditions, réussissent à forger notre vision de la réalité politique du moment.

Les médias contrôlent enfin — troisième phénomène qui mérite d'être signalé — l'attention du public et ses critères d'évaluation par *l'effet d'amorçage* (ou *priming*). Celui-ci désigne l'influence des médias sur le choix des critères retenus pour évaluer les hommes et les situations, la possibilité d'activer des considérations particulières pour fonder un jugement. Lorsqu'il s'agit, par exemple, d'évaluer le bilan de l'action d'un homme politique, l'électeur ne prend pas en compte tout ce qu'il sait, mais uniquement les fragments d'information politique qui lui sont les plus accessibles. Or, les journaux télévisés jouent souvent ce rôle de mise à disposition de l'information pertinente pour se forger une opinion précise.

Autrement dit, une large couverture médiatique accroît la probabilité que les opinions qu'elle éveille en nous servent de critères de jugement électoral : les médias « amorcent » nos jugements. La visibilité de Jean-Marie Le Pen s'est par exemple fortement accrue en 1988 et ce, pour de multiples raisons. L'actualité est alors dominée par des sujets à caractère sécuritaire et en résonance avec la thématique du discours du Front national : otages français au Liban, événements en Nouvelle-Calédonie, vote des immigrés. L'information valide le discours du candidat d'extrême droite, mobilise l'attention sur des thèmes qui deviennent saillants et qui peuvent servir de critères d'évaluation des candidats. Le phénomène se renouvelle au moment de la campagne

de 1995 avec Édouard Balladur dont le gouvernement doit gérer des dossiers délicats (affaire
Schuller-Maréchal[53], écoutes téléphoniques, etc.)
qui ternissent l'image du Premier ministre et affaiblissent sa candidature à l'élection présidentielle.
Le transfert d'attention médiatique vers une actualité non électorale engendre un changement des
modes d'évaluation du candidat dont la cote de
popularité s'effondre brutalement.

Mais les effets d'amorçage peuvent parfois être
contre-productifs : tel fut le cas lors des élections
régionales de 1998 à Tours. Les deux principaux
candidats en présence sont alors le représentant
de la gauche plurielle, Jean Germain (maire socialiste de Tours), et la tête de liste RPR-UDF, le
député Renaud Donnedieu de Vabres. Un article
du *Figaro* publié fin févier et intitulé « Tours, la
ville dont le maire est invisible » va provoquer un
effet inattendu. Il traite de la gestion municipale
du maire, présente ce dernier en insistant sur les
conditions fortuites de son élection et sur son
inexistence en tant que premier magistrat de la
ville. Les critères de jugement proposés au lecteur (effet d'amorçage) sont clairs : d'un côté,
l'illégitimité et l'invisibilité du maire socialiste ;
de l'autre, la compétence et le caractère promet-
teur du challenger. Le quotidien national remet
en cause la crédibilité du leader de la liste de la
gauche plurielle et soutient ostensiblement le candidat de la droite. Or, une enquête de terrain
auprès d'un échantillon de la population[54] fait
apparaître que le *priming* se heurte à une sorte
de filtre, celui du contexte local, qui produit des
conséquences inverses de celles qui ont été

escomptées par *Le Figaro*. En effet, les Touran-
geaux réagissent assez mal à cet article, considèrent dans leur grande majorité que le quotidien
parisien est incompétent pour analyser la vie
politique tourangelle et qu'il attaque injustement
le maire Jean Germain. Leurs jugements ne sont
pas orientés par la logique fondée sur les critères
de l'illégitimité/invisibilité, mais sur l'opposition
entre Paris et la province que l'article du *Figaro*
semble avoir involontairement réactivée. L'élection consacrera finalement le surcroît de légitimité de Jean Germain et la victoire de la liste
conduite par le maire de Tours. L'appartenance
locale semble l'avoir emporté sur l'appartenance
politique.

En dépit de cet exemple aux effets inattendus,
la marginalisation de Raymond Barre, la consolidation de la candidature de François Mitterrand, l'actualisation de celle de Jean-Marie Le
Pen, la désintégration d'Édouard Balladur sont
autant de phénomènes qui attestent du poids de
l'information durant une campagne électorale et
de la pression qu'elle peut exercer sur les récepteurs. Or, comme depuis quelque temps, les électeurs se décident de plus en plus tardivement
et souvent sur le court terme, les médias ont de
plus en plus tendance à accomplir un travail
persuasif qui agit en amont sur les perceptions
pour éventuellement orienter en aval les choix
électoraux.

L'influence des informations transmises par
les médias se résume donc à une triple dimension : favoriser l'agenda de nos priorités (fonction
d'agenda), orienter certaines de nos perceptions

(effet de cadrage) et enfin changer nos préférences politiques (effet d'amorçage). Les médias sont donc « en mesure d'affecter profondément, écrit Jacques Gerstlé, les dimensions cognitives de l'activité politique. De façon conjoncturelle, ils peuvent rendre saillants certains problèmes en les visibilisant spectaculairement et ainsi capter l'attention du public et des décideurs. De même, ils peuvent contribuer à l'attribution de responsabilité et à la stigmatisation. De façon structurelle, ils peuvent reproduire ou altérer les cadres d'interprétation des situations politiques et sont en mesure de consolider ou de fragiliser les légitimités, les crédibilités établies [55] ».

Il convient toutefois de rester prudent : si toutes ces études convergent plus ou moins vers l'idée selon laquelle le pouvoir des médias en matière d'effets persuasifs est indéniable, elles interdisent en revanche l'élaboration d'un modèle interprétatif général et systématique qui ferait fi de la pluralité des facteurs explicatifs et de la diversité des cas de figure possibles [56]. L'information diffusée par la presse écrite et audiovisuelle embraie en effet sur des connaissances, sur des compétences et sur des représentations préexistantes avec lesquelles elle entre en synergie. Cette interaction continuelle entre différents éléments participe à la construction des opinions politiques des individus. Ce sont les expériences personnelles, les solidarités ressenties dans la vie quotidienne, le flux d'informations contradictoires qui sont à la source des identités politiques. La combinaison des influences médiatiques et des influences interpersonnelles, l'entrecroisement des réactions émotionnelles, des variables cognitives et des formes d'implication politique[57], le poids des dispositions et des positions de chacun, la conjoncture politique conduisent à penser l'étude de l'impact des médias et du processus de circulation de l'information comme un éloge de la complexité. Les téléspectateurs sont probablement dans une relative dépendance vis-à-vis de la télévision, mais l'intensité de cette dépendance varie en fonction de l'organisation et des caractéristiques des messages (leur contenu), des propriétés sociales des individus (leurs dispositions), des modalités concrètes de réception (la situation). Essayons de comprendre la logique de cette triple détermination.

LE COMPORTEMENT DE L'ÉLECTEUR
FACE AUX MÉDIAS

On peut d'abord s'étonner de la relative rareté en France des études empiriques sur le comportement du public à l'égard des informations d'ordre politique transmises par les médias et plus particulièrement à l'égard des émissions de télévision (journaux télévisés, débats politiques, etc.). Sans doute la difficulté de la tâche (réaliser des observations participantes sur la durée, mener des entretiens qualitatifs très pointus) et la complexité des facteurs entrant en jeu découragent-elles les chercheurs de procéder à ces enquêtes minutieuses pourtant indispensables pour éviter d'entretenir les mythes et les clichés véhiculés par le sens commun à ce sujet. Il serait en effet judicieux de se colleter avec la réalité du terrain, d'observer le comportement du téléspectateur-citoyen dans sa vie quotidienne pour en dégager quelques résultats probants. Les études de la réception de la politique télévisée, essentiellement d'origine anglo-saxonne, aboutissent à ce sujet à des conclusions contrastées, mais s'accordent néanmoins sur le fait que les relations liant les téléspectateurs à la télévision sont loin d'être univoques et que ces derniers ne constituent pas, contrairement à ce qu'on entend souvent dire, un public socialement et politiquement indifférencié.

On vient de voir, au travers des phénomènes d'agenda, de cadrage et d'amorçage, comment ces mécanismes persuasifs induisent des biais dans l'accessibilité à l'information politique et donc dans la réception des messages politiques. Il nous faut toutefois affiner davantage l'analyse et prendre en compte les déterminants sociaux qui pèsent sur le comportement des téléspectateurs, insister sur la logique sociale qui préside aux différentes modalités d'exposition aux informations politiques. Conjuguer, en quelque sorte, analyse interne (le message) et analyse externe (les propriétés sociales des électeurs et les conditions concrètes de réception) afin de saisir toute la subtilité des processus de décryptage à l'œuvre. Les facteurs psychologiques et cognitifs qui entrent en jeu dans la compréhension des messages télévisés ne doivent en effet pas faire oublier les inégalités d'intérêt et de compétence politiques des individus.

Une exposition inégale à la politique télévisée

Il est aujourd'hui admis que l'exposition des électeurs aux messages politiques est socialement distribuée de manière inégale. Le travail pionnier de Daniel Gaxie sur le «cens caché[58]» exprime de façon saisissante l'existence d'une forte proportion d'individus ne participant pas ou participant de manière très épisodique à la politique. Cette non-participation touche principalement les moins fortunés, les moins diplômés, les plus dépourvus de ressources culturelles et sociales. Celle-ci se double par ailleurs d'un fort sentiment d'incompétence pour reconnaître les différences entre les prises de position des candidats, entre les programmes des partis ou tout simplement les enjeux véritables du débat politique. Une telle attitude ne signifie pas que ces individus n'ont pas d'opinion sur la politique, mais que celle-ci ne peut s'exprimer que de manière indirecte dans le cadre de catégories non politiques, c'est-à-dire de conversations qui portent sur des thèmes qui ne sont pas identifiés comme tels. Ainsi que le rappelle Jacques Lagroye, «le langage politique, les aptitudes requises pour participer (et d'abord bien comprendre ce qui se passe), les mythes et les croyances, les valeurs invoquées, restreignent le nombre de participants et limitent les possibilités d'accès aux débats politiques[59]». Ces inégalités de politisation ont sans aucun doute des répercussions sur la manière dont les citoyens s'informent par le biais des médias.

De manière générale, l'intensité de l'exposition à l'information politique proposée par les médias (quel que soit le support) varie fortement selon le niveau d'instruction, la profession, voire le sexe des individus[60]. La politique en tant que genre d'information possède une dimension spécialisée : s'y intéresser suppose intérêt, compétence et connaissances préalables. En ce qui concerne plus particulièrement la presse écrite, la lecture des quotidiens nationaux apparaît en France comme une pratique réservée à un public relativement restreint, une élite constituée d'individus diplômés, plutôt urbains et de sexe masculin alors que celle des quotidiens régionaux est une pratique socialement plus répandue. Il existe ainsi, d'une part, un rapport légitime à une presse où s'expriment des opinions politiques, où interviennent experts et éditorialistes et, d'autre part, un rapport plus populaire à une presse constituée de davantage de faits divers, d'informations de proximité où la politique est souvent réduite à la portion congrue.

Le croisement des données statistiques disponibles sur les pratiques de lecture avec la question de l'intérêt pour la politique[61] permet de constater que les individus les plus politisés se tournent prioritairement vers la presse nationale alors que les individus les moins compétents politiquement se dirigent plus volontiers vers l'écoute de la télévision. De fait, ceux qui déclarent ne pas s'intéresser à la politique disent préférer la télévision ou la radio pour s'informer en matière politique. Probablement pratiquent-ils aussi une lecture des programmes d'information fondée sur une attention à éclipses et leurs connaissances demeurent-elles assez floues en ce domaine[62]. En outre, les électeurs qui semblent les plus sensibles à la télévision sont les moins disposés à participer activement à la vie politique : femmes aux foyer, inactifs, individus défavorisés.

Par ailleurs, l'attention portée aux messages politiques est tout aussi sélective et dépend, là encore, du degré de politisation préalable, du niveau de diplôme et du statut professionnel. Plus un individu s'intéresse à la politique, plus il est attentif aux informations déconnectées de son environnement immédiat. Il sera donc particulièrement sensible à l'aspect national et international de l'actualité du moment, aux enjeux globaux de la vie politique française ou étrangère. Inversement, plus un individu se sent démuni en ressources interprétatives face au discours politique médiatisé, plus le monde des informations télévisées lui paraîtra étranger à ses préoccupations quotidiennes. Il recherchera avant toutes choses l'information locale et de proximité. La mémorisation partielle et la compréhension superficielle des informations politiques sont liées, pour nombre de personnes interrogées dans le cadre de diverses enquêtes menées notamment en Grande-Bretagne, au caractère lointain de l'univers politique qui leur apparaît situé sur «une autre planète». La gamme des attitudes possibles prouve qu'il n'y a pas une manière de regarder la politique télévisée, mais des manières, multiples et différenciées, de s'y intéresser.

Les diagnostics actuels sur les formes d'expositions politiques aux médias donnent en fait lieu à des interprétations quelque peu divergentes. Certaines enquêtes disponibles sur le sujet semblent bien confirmer que la télévision, en matière politique, informe ceux qui sont déjà les mieux informés et creuse ainsi le fossé (*knowledge gap*) entre ceux qui au départ sont les mieux dotés en connaissances et ceux qui disposent de peu d'éléments de compréhension des enjeux politiques. D'autres études font cependant penser que les cibles *a priori* les plus sensibles aux mécanismes de persuasion médiatique ne sont pas nécessairement celles qui sont les plus fragiles intellectuellement et les plus démunies socialement : les catégories intermédiaires de la population peuvent également être les plus touchées parce qu'elles n'ont, par exemple, pas de prédispositions politiques fortes. Certains chercheurs, enfin, estiment que les grands consommateurs d'information sont en réalité les plus influencés parce que leur vigilance à l'égard des médias est moindre. Il est donc difficile de trancher en la matière.

Les pratiques de détournement des messages politiques

On peut toutefois émettre l'hypothèse, à l'instar de Brigitte Le Grignou[63], que ces considérations n'épuisent pas le sujet et que de nombreux téléspectateurs mettent probablement en œuvre des pratiques de détournement et de braconnage afin de s'approprier de manière non conventionnelle et distanciée certains éléments des mes-

sages politiques diffusés par la télévision. On a
ainsi pu montrer que l'émission *Questions à
domicile* diffusée dans les années 1980 par TF1
n'était pas prioritairement regardée par le public
(globalement plutôt âgé et peu diplômé) pour le
contenu des interventions des hommes politiques, pour leurs analyses personnelles de la
conjoncture française, mais par simple curiosité
pour le portrait psychologique de l'invité et la
découverte de son univers domestique. La fascination pour le dévoilement de l'intimité du
domicile de l'homme politique constituait une
motivation forte pour regarder l'émission d'autant que son écoute ne nécessitait pas un fort
capital scolaire et culturel[64]. Ce mode d'emploi
assez décalé de l'émission par rapport à l'usage
habituel et légitime des programmes politiques
met au jour le paradoxe de la lecture braconnière
d'une émission pensée, soulignent les auteurs de
l'étude sur le sujet, par ses concepteurs comme
une version audiovisuelle du portrait chinois et
interprétée par nombre de téléspectateurs sur
le modèle de *Point de vue/Images du monde*. Le
public n'est donc pas systématiquement captif
du mode de cadrage qui lui est offert par les
journalistes et est capable de retraduire dans son
propre langage ce qu'il voit sur le petit écran.

Il est en fait souvent en mesure de décrypter les
messages de manière imprévisible tout simplement parce qu'il s'appuie sur d'autres sources
que les médias pour construire son jugement. Les
électeurs, bien qu'indifférents ou relativement
incompétents, ne sont en effet pas réductibles à
leur rôle de téléspectateurs et trouvent souvent

des ressources de compréhension en dehors des médias pour se forger une opinion à l'égard des informations et des cadres d'analyse mis en circulation par la presse écrite et audiovisuelle. D'un côté, leur propre expérience, celle des proches ou des collègues ; de l'autre, la sagesse populaire, faite de sens commun et de sens pratique, toutes deux activées dans les conversations quotidiennes, favorisent ce que William Gamson appelle des cadres de construction partagée (*construction-shared frames*)[65]. En fonction de la nature du thème abordé, les électeurs modulent leurs propos qui peuvent mêler anecdotes sur la personnalité, références personnelles, proverbes et dictons, etc. Dans ce cas, l'expérience personnelle de chacun peut s'inscrire en faux contre l'expérience cadrée offerte par les médias. Il y a loin du « voir » au « croire » puisque, note Brigitte Le Grignou, entre ces deux attitudes, « il y a cet espace dans lequel le téléspectateur cesse de l'être pour devenir […] un acteur social, membre de plusieurs univers (professionnel, familial, associatif, amical, sportif, etc.)[66] ». Ce qui est vu est finalement réinterprété en fonction des croyances et des valeurs de chacun ainsi que de l'entourage qui est le sien. Les citoyens « ordinaires » ne sont pas aussi incompétents qu'on le dit et l'usage profane de la politique peut se révéler plus complexe qu'on ne le pense.

C'est en réalité le degré de proximité ou d'éloignement du sujet traité avec l'univers quotidien et familier des individus qui favorise l'engagement ou non dans la conversation. Si le téléspectateur peut immédiatement relier un sujet

évoqué par l'homme politique à sa vie personnelle, il se détachera assez facilement du discours médiatique. Si, en revanche, il ne peut
guère le rattacher à ce qu'il expérimente chaque
jour, le discours médiatique risque d'être prédominant. En outre, le filtre idéologique interfère
dans l'appropriation par les électeurs des discours des hommes politiques à la télévision. Un
téléspectateur sympathisant de droite écoutera
avec davantage de bienveillance une intervention de Jacques Chirac même si la prestation de
ce dernier n'a pas été parfaite ou, en tout cas, ses
convictions le protégeront contre toute appréciation négative à l'encontre du chef de l'État.
L'attachement partisan, l'implication politique
et le niveau d'éducation permettent finalement
de résister aux hiérarchies construites par les
médias.

Une gamme d'attitudes possibles

La question du degré de dépendance ou d'autonomie du public à l'égard des messages politiques
transmis par les médias et plus particulièrement
par la télévision prête donc à discussion. Le poids
des déterminismes économiques et sociaux est-
il tel que le public subit une influence forte des
médias et qu'il intègre sans résistance les messages dans les termes souhaités par l'homme
politique? Ou bien le téléspectateur-citoyen dis-
pose-t-il de ressources propres qui le conduisent
à sortir des sentiers battus, à résister aux discours
dominants?

La réception des messages politiques par le

biais de la presse, de la radio ou de la télévision, on aura l'occasion d'y revenir à propos d'autres sujets, est un processus subtil, à la fois individuel et collectif, dispositionnel et situationnel, qui ne coïncide pas avec le seul moment de la «consommation» immédiate des messages. La pluralité des modes d'appropriation de l'offre politique incite à la prudence quant aux conclusions qu'il convient de tirer au sujet du pouvoir des médias dans le domaine des informations politiques. Il faut se garder tout aussi bien d'une vision enchantée (le téléspectateur-citoyen est autonome et inventif) que d'une vision sombre (le téléspectateur-citoyen est sous la domination des médias) de la réalité. Cette dernière est plus probablement située à mi-chemin entre ces deux perspectives. Il faut imaginer une espèce de continuum allant, chez les électeurs, d'une grande mise à distance à l'égard des médias à une grande dépendance. L'éventail des attitudes possibles s'avère très large : on y rencontre aussi bien l'attention soutenue et critique (propre aux catégories les plus intéressées par les affaires publiques) que le regard nonchalant ou que l'implication faible, voire quasi nulle (caractéristique des individus *a priori* les moins compétents). Tous les niveaux sur l'échelle d'intensité de la participation sont donc envisageables.

Cherchant à saisir pourquoi autant de Français ont à l'heure actuelle une perception négative de la politique, Daniel Gaxie en apporte confirmation dans une étude récente[67]. On peut en effet supposer que les médias (par des effets de cadrage de certains reportages, par le discours satirique véhiculé par *Les Guignols de l'info*, etc.) renforcent cette conviction fort répandue aujourd'hui que les hommes politiques sont principalement motivés par leur carrière personnelle et par la recherche du pouvoir. Une enquête qualitative menée auprès d'un échantillon de 149 personnes de la région parisienne révèle que ces appréciations négatives sont en fait essentiellement suscitées par la politique elle-même et que le poids des médias sur ces perceptions demeure en fin de compte assez restreint. Les messages n'affectent les individus que dans la limite de leurs prédispositions préalables puisqu'une large proportion du public interrogé apparaît relativement immunisé contre une éventuelle emprise des médias. Les jugements que portent les personnes interrogées sur les hommes politiques nationaux sont certes formulés à travers ce qu'ils lisent et entendent dans les médias (surtout à la télévision), mais ils tiennent aussi et surtout aux propriétés structurelles traditionnelles de l'activité politique (elles citent notamment le jeu entre la majorité et l'opposition, le déroulement des campagnes électorales, l'importance des sondages et des conseillers en communication) ou aux péripéties de l'actualité (les «affaires» en cours). Les effets du système et des pratiques politiques habituelles s'avèrent dès lors décisifs dans les jugements avancés par les personnes interrogées. Les effets propres des médias semblent quant à eux secondaires.

De surcroît, l'influence des médias interfère avec l'itinéraire personnel et les caractéristiques sociales des individus. Ainsi, telle habitante de Neuilly se déclare inquiète devant la montée de l'insécurité et des agressions, s'offusque des scandales d'argent. L'importance qu'elle accorde à ces questions n'est évidemment pas indépendante de ce qu'elle a vu à la télévision (effet de cadrage et d'amorçage possible), mais son jugement est pour une bonne part le résultat de son âge (73 ans), des gens qu'elle fréquente (de la même génération), de son orientation idéologique (elle vote à droite, admire le général de Gaulle et lit *Le Figaro*). Les effets de cadrage des médias et de hiérarchisation de l'actualité ne sont pas autonomes, mais conditionnels : ils dépendent de la sensibilité des individus aux thèmes abordés et donc de leurs dispositions. Dans certains cas, ils sont amplifiés ; dans d'autres cas, ils sont purement et simplement annulés. « Ce ne sont pas les comptes rendus des médias qui contribuent à entretenir certaines perceptions négatives d'une partie du public, estime Daniel Gaxie, mais plutôt les comptes rendus tels qu'ils sont sélectionnés, interprétés, et parfois déformés ou réinterprétés par le public ainsi touché (dans un contexte donné). Les récepteurs sont les coproducteurs de leurs perceptions[68]. »

Ce n'est pas seulement le message en lui-même qui est doté d'une certaine force, mais le message tel qu'il est réapproprié dans un contexte particulier. Ainsi, un même fait rapporté par les médias se prête-t-il fréquemment à des interprétations différentes, voire opposées. Un reportage télévisé à propos d'un vol commis à Nice sur des personnes dans une voiture à l'arrêt suscite par exemple des réactions antagonistes. L'épouse d'un pharmacien retraité dénonce le laxisme du gouvernement et des magistrats, réclame une politique plus répressive alors qu'une ancienne cambiste au chômage, votant à gauche ou à l'extrême gauche, invoque les conditions de vie déplorables des immigrés et le problème des banlieues qui incitent, selon elle, certains individus à commettre ces agressions. C'est la raison pour laquelle l'efficacité des messages médiatiques dépend bien des conditions de leur réception : celle-ci est socialement et culturellement située et inscrite dans de multiples cadres de relations qu'il convient à chaque fois de mettre au jour.

MÉDIAS ET DÉMOCRATIE REPRÉSENTATIVE

Les médias et la « démocratie du public »

Les transformations récentes de la configuration politique sous l'effet de l'expansion des médias conduisent finalement à reposer d'une nouvelle manière la question des fondements de la démocratie représentative. En quoi les moyens de communication modernes participent-ils aux métamorphoses de son fonctionnement ? Exercent-ils une influence décisive ou non sur les relations traditionnelles entre représentants et représentés ? Les réflexions de Bernard Manin[69], comparant les trois manifestations successives du gouvernement représentatif (le parlementarisme, la démocratie de partis et la démocratie du public), sont ici particulièrement utiles pour replacer ces questions dans le cadre plus large d'une interrogation sur les liens entre démocratie et médias. Cette «démocratie du public» qui est, selon lui, la nôtre aujourd'hui, présente un certain nombre de caractéristiques particulières que l'on peut définir à grands traits en les rapportant à quatre niveaux d'analyse.

Le premier, celui de l'élection des gouvernants, montre que les résultats du vote sont susceptibles de varier significativement d'une élection à l'autre alors que les caractères sociaux, économiques et culturels des électeurs demeurent globalement identiques. L'une des explications de ce phénomène réside dans la forte personnalisation des candidats : les électeurs choisissent, non plus seulement un parti ou un programme, mais une personne. Cette personnalisation résulte, on l'a vu, de l'essor des médias audiovisuels qui contribuent à sélectionner des figures médiatiques. Une nouvelle élite prend donc la place de la précédente, celle des experts en communication. Les hommes politiques s'engagent de moins en moins sur un programme détaillé et sur des promesses trop précises afin de mieux faire face à l'imprévisible. Par ailleurs, les électeurs semblent, selon Bernard Manin, répondre davantage aux termes du choix offert par les hommes politiques qu'exprimer leur propre identité sociale ou culturelle. L'électorat apparaît avant tout comme un public qui se contente de réagir à l'offre qui lui est proposée sur la scène publique.

Le deuxième niveau, celui de la marge d'indépendance des gouvernants, laisse entrevoir le poids important des images personnelles des candidats sur l'élection. Les électeurs sont confrontés à une pluralité d'images en concurrence et n'ont pas une culture ou le temps suffisants pour rechercher de l'information supplémentaire sur les enjeux du scrutin. Ces images constituent des représentations politiques schématiques et simplifiées qui offrent alors un raccourci dans la quête forcément coûteuse de l'information.

Le troisième niveau, celui de la liberté de l'opinion publique, prouve que les canaux par lesquels l'opinion publique politique se forme aujourd'hui, c'est-à-dire les médias, sont relativement neutres par rapport aux clivages politiques en vigueur. Contrairement aux périodes précédentes, les médias ne sont plus (sauf exception) assimilables à une presse partisane ou d'opinion et ne sont plus structurellement liés aux organisations politiques. Les électeurs reçoivent donc en gros la même information sur un objet donné : la perception de ces objets publics devient dès lors plus homogène et plus indépendante des préférences partisanes. Les clivages de l'opinion ne coïncident plus nécessairement avec la ligne de partage qui existe au moment du vote. Il en résulte un découplage entre le vote et l'opinion publique sur les différents problèmes du moment. Les sondages, neutres eux aussi (au sens où ils sont réalisés par des organismes indépendants des partis politiques), renforcent ce découplage.

Le quatrième et dernier niveau, celui de l'épreuve de la discussion, fait apparaître l'extrême volatilité de l'électorat. Mais ces électeurs flottants sont à l'heure actuelle informés et instruits. Ce qui contraint les hommes politiques à présenter leurs arguments aux électeurs directement et non plus seulement au Parlement ou dans les partis et dans les groupes d'intérêts. La discussion des problèmes est portée devant le public, dans le cadre d'un nouveau forum : celui des médias.

Selon Bernard Manin, les élites politico-médiatiques ne sont pas, contrairement à ce qu'on croit, plus proches des électeurs qu'auparavant et c'est ce maintien d'un écart entre les gouvernants et les gouvernés qui donne le sentiment d'assister à une crise de la représentation politique. En outre, comme les candidats se font élire sur la base de leur image personnelle, les électeurs ne peuvent trop se prononcer sur les décisions à venir puisque les propos des hommes politiques à ce sujet demeurent volontairement flous. En fin de compte, le gouvernement représentatif ne progresse pas dans le sens d'un gouvernement du peuple par lui-même : « La démocratie s'est assurément étendue, mais il est au mieux incertain qu'elle se soit approfondie[70] », en conclut-il.

Les médias ont, on en conviendra, contribué à l'instauration de cette « démocratie du public » fondée sur le poids de l'expertise en communication, de l'image et des sondages, sur la relative « neutralisation » des médias et sur le déploiement de la discussion publique à la télévision. Ne néglige-t-on pas cependant, en adoptant le point de vue du philosophe et politiste français, quelques leçons tirées des enquêtes empiriques ? Celles-ci relativisent notamment l'autonomie dont ferait preuve l'opinion publique et les capacités d'analyse supposées des électeurs face à l'offre politique. Elles établissent par ailleurs, comme on a essayé de le montrer, l'impact des effets persuasifs de l'information[71]. Elles invitent en outre à une prise en compte d'autres facteurs, politiques ou sociaux, comme par exemple l'étude du rôle des mobilisations collectives qui influent également sur l'évolution de la situation politique.

Le débat autour du rapport entre médias et démocratie ne se limite évidemment pas à la constitution d'une «démocratie du public». Il a tendance, depuis quelque temps, à se prolonger bien au-delà puisque certains n'hésitent plus à évoquer l'existence d'une «démocratie d'opinion» qui ferait la part belle aux sondages comme porte-parole de l'opinion publique et aux médias comme seuls instruments de délibération. Ce modèle, qui établit un lien un peu hâtif entre information et opinion[72], laisse croire qu'on résout les problèmes en donnant aux citoyens tous les moyens d'information par le biais des sondages et des médias. C'est oublier que l'information ne peut être un substitut aux structures sociales existantes ou aux visions du monde préalables et omettre le poids des mouvements sociaux dans la construction d'une société. C'est tomber dans l'illusion de la transparence.

Vers une «démocratie électronique» ?

Une autre manière d'envisager les relations entre médias et démocratie représentative consiste à s'intéresser aux effets des technologies de l'information et de la communication (TIC) et plus particulièrement à ceux d'Internet sur la participation des citoyens à la vie politique nationale ou locale. La plupart des discours sur les vertus de la démocratie électronique vantent aujourd'hui les mérites de cet outil technologique censé favoriser la prise de parole, rapprocher les élus et les citoyens, et revigorer la participation politique. Ils reprennent les propos optimistes tenus il y a un certain nombre d'années au moment des débuts de l'ordinateur, de la télévision, du câble ou de la télématique et s'inscrivent dans un mouvement d'engouement technologique qui semble mettre la communication au centre du processus démocratique. L'innovation technique est perçue comme un moyen de donner corps à un élargissement des procédures de discussion par le biais de l'égalité, de la réciprocité et de l'échange généralisé.

Après une première période marquée, au sortir de la Seconde Guerre mondiale, par l'idée du pilotage rationnel des sociétés au moyen de l'informatique, on s'est mis à rêver, durant les années 1970-1980, à la réalisation d'une «télédémocratie», autrement dit aux effets politiques bénéfiques du développement du câble, des satellites et des ordinateurs en vue d'améliorer la participation des citoyens et de créer une véritable démocratie directe[73]. Les évaluations auxquelles il a été procédé à ce sujet ont généralement conduit à des appréciations mitigées qui relativisaient fortement les discours des expert et des élus[74]. Depuis le début des années 1990, se multiplient en outre les utopies technologiques autour de la métaphore de l'agora électronique; se

répandent les slogans autour de la «cyberdémo-
cratie», de la «démocratie électronique» ou de
la «république électronique». Ces images contribuent à la diffusion d'une idéologie de la communication dont le moins que l'on puisse dire est
qu'elle souvent fallacieuse. L'écart est grand
entre les promesses d'un futur paré de toutes les
vertus et les pesanteurs de la réalité présente.

Un panorama des applications citoyennes
d'Internet laisse en effet apparaître un décalage
important entre les discours et les pratiques
effectives des élus et des utilisateurs. Trois
modèles président à l'heure actuelle à la mise en
place d'Internet dans les villes, si l'on en croit
Thierry Vedel[75]. Le premier, dit de «la ville de
verre», met l'accent sur l'information des habitants. Les sites Web proposent avant tout des
renseignements pratiques davantage que des
données politiques permettant d'évaluer l'action
des élus : c'est le cas à Hérouville ou, de manière
plus approfondie, à Milan et à Santa Monica. Le
deuxième, dit de la «place publique», s'efforce
d'encourager la discussion et le débat ouvert.
Ainsi Amsterdam a conçu un projet de «la ville
digitale» où chaque habitant peut créer sa page
personnelle dans la rubrique de son choix et Par-
thenay a mis en valeur l'expression de la société
civile locale, la municipalité se contentant d'être
le catalyseur de cette citoyenneté qui se veut
active. Le troisième modèle, dit de la «consultation» vise à associer les habitants au processus
de décision par le biais du courrier électronique,
des forums de discussion thématiques, des questionnaires en ligne, etc. La ville de Lewisham

(dans la banlieue de Londres) et celle de Bologne affichent ainsi l'ambition de fabriquer une nouvelle forme de démocratie participative qui a donné des résultats inégaux (plutôt encourageants à Lewisham, plutôt décevants à Bologne). Ces projets se heurtent en réalité à de nombreux obstacles comme les inégalités sociales et culturelles d'accès à Internet ou à des difficultés d'insertion sociale (les projets sont pensés en termes d'offre et non pas sous l'angle des usages) et génèrent des résistances individuelles, des blocages institutionnels qui prouvent que l'appropriation sociale d'une technique n'est jamais prévisible et facile.

Les expériences de démocratie locale menées en France depuis quelques années aboutissent elles aussi à des résultats contrastés, voire peu convaincants. L'Internet citoyen demeure, à quelques exceptions près, un mythe et ne revivifie guère pour l'instant le tissu démocratique de nos sociétés. Il se limite très souvent à la diffusion de l'information, à la consultation et au mieux à la concertation et est très rarement propice à la participation des citoyens à la décision.

L'analyse des initiatives prises par les élus dans différentes villes de France montre en effet que, premier type d'expérience, les sites Internet municipaux (SIM) ont pour fonction principale de communiquer l'information aux électeurs-citoyens et que les stratégies mises en œuvre sont prioritairement des stratégies communicationnelles plutôt que citoyennes. Le bilan des opérations autour du label «Villes Internet» est par exemple assez mitigé[76] et révèle la forte dimension gestionnaire (davantage que politique) de l'utilisation d'Internet par les municipalités. La plupart des sites municipaux qui veulent redonner du sens à la participation locale se réduisent à une politique d'affichage : sur les 317 sites des 438 villes françaises de plus de 20 000 habitants étudiés en 2002 par Gérard Loiseau [77], 24 % seulement utilisaient Internet à des fins de participation politique. Les 36 grandes villes de plus de 100 000 habitants étaient en revanche nettement plus actives dans l'exploitation du réseau Internet que les communes de taille réduite, en raison notamment des ressources humaines plus importantes et des moyens financiers et techniques plus conséquents dont elles disposent. Elles n'étaient pas non plus très dynamiques en matière de dialogue élus-citoyens. Le bilan demeure donc en deçà de certaines espérances et l'interaction gouvernants-gouvernés n'est visiblement pas la priorité de la majorité des hommes politiques qui s'en servent souvent comme de «prothèses médiatiques [78]».

À côté des sites Internet municipaux (SIM), les forums électroniques, deuxième type d'expérience, sont quant à eux, plus ou moins délaissés par les internautes qui manifestent globalement peu d'entrain à l'égard de cette application. Après une phase d'enthousiasme devant la nouveauté, les Français ne s'investissent plus qu'occasionnellement dans le dialogue avec les élus. On a ainsi pu parler de «surdité des élus [79]» dans la mesure où les forums de discussion municipaux n'ont quasiment aucun impact sur la décision politique.

Il faut toutefois faire un sort particulier à l'expérience très médiatisée réalisée à Issy-les-Moulineaux depuis plusieurs années qui sort des sentiers battus de la communication traditionnelle. Celle-ci se prête néanmoins à un bilan en demi-teinte. Si la retransmission en direct du conseil municipal interactif a indéniablement permis d'améliorer la participation des habitants à la vie politique locale, cette dernière n'en demeure pas moins restreinte à l'information et à la consultation. L'expérience sert de vitrine à la ville, mais elle ne permet pas de développer intensément la concertation-décision : c'est pourquoi la vie locale n'en a pas été profondément bouleversée[80]. Mais l'extension du haut débit, l'enrichissement récent du site par des procédures de consultation en ligne ont amélioré le système et approfondi les liens entre citoyens, élus et techniciens-ingénieurs sans remettre en cause les principes de la démocratie représentative.

Les essais de vote électronique constituent une troisième sorte d'expérience. Le *e-voting* qui a suscité beaucoup d'espoirs n'a en fait entraîné pour le moment qu'une augmentation marginale de la participation (autour de 5 %). Les motivations qui président à l'abstention sont visiblement irréductibles à un simple problème de technologie et de support électronique. Un état des lieux récent[81] des méthodes de vote en Europe incite à la prudence quant aux conclusions qu'il convient de tirer à propos de l'ampleur de l'impact de ces techniques sur l'évolution des rapports entre les représentants et les citoyens. La réussite des expériences de démocratie électronique dépend, selon Laurence Monnoyer-Smith, de la «perception que les citoyens-usagers des TIC ont de leur propre rôle en tant que citoyens : si les outils ne correspondent que faiblement à cette perception, ils ne feront pas l'objet d'un processus d'appropriation[82]». En d'autres termes, si la démocratie électronique semble pour le moment encore introuvable, Internet n'en recèle pas moins des potentialités réformatrices incontestables.

CHAPITRE 5

LES MÉDIAS, SUPPORTS DE LA PAROLE PUBLIQUE?

S'il est une question qui préoccupe aujourd'hui bon nombre d'observateurs, c'est bien celle du rôle des médias dans la formation et l'expression des opinions ainsi que dans l'instauration du débat public au sein de nos sociétés contemporaines. Les discours sur le déclin de la participation citoyenne, sur l'apathie du public (censé être rivé devant son petit écran), sur la dégénérescence ou sur la dénaturation de l'espace public sous l'emprise croissante des médias, font désormais partie de la vulgate ambiante et rencontrent un large écho auprès d'un public dit éclairé. Ces diagnostics alarmistes dénoncent quasi systématiquement les effets pervers engendrés par les moyens de communication modernes, accusés à bon compte d'encourager la défaite de la pensée et la superficialité des échanges intellectuels.

Servant de boucs émissaires un peu faciles, les médias sont ainsi appréhendés selon, d'un côté, un raisonnement substantialiste qui ignore, comme l'a maintes fois souligné Norbert Elias à propos de nombreuses configurations sociales[1], la pensée «relationnelle», les interdépendances entre de multiples facteurs et, de l'autre côté, selon une optique qui surestime trop souvent leur impact réel sur les groupes et les individus. Il n'est certes pas question ici de nier l'influence des médias, et notamment de la télévision, dans l'élaboration des opinions et dans les modalités de déploiement du débat public, mais plutôt de montrer, une fois encore, que cette influence s'inscrit dans la complexité des dispositifs de la parole publique (dont les médias ne sont qu'un élément parmi d'autres puisque la famille, l'école, les associations, etc., peuvent être des vecteurs de socialisation à la citoyenneté) et qu'elle ne saurait se réduire à une application mécanique d'une théorie des effets puissants des médias (principe d'une causalité purement linéaire).

Un petit détour historique s'impose pour comprendre les enjeux actuels liés à l'omniprésence des médias dans l'espace public. Originellement, espace public et opinion publique sont liés : la vigueur du premier dépend de l'existence de la seconde. Roger Chartier[2] rappelle que le terme d'opinion publique émerge au cours du XVIIIᵉ siècle et qu'il désigne, sous la plume de Malesherbes et de Condorcet, une nouvelle culture politique qui transfère le siège de l'autorité du seul vouloir du roi à une autre entité qui ne s'incarne plus dans une institution, ni dans un lieu précis, mais qui débat publiquement et souverainement. Elle est stable et fondée en raison et en ce sens s'oppose à l'opinion populaire hétérogène et versatile. Elle s'incarne dans un espace autonome et ouvert, qu'on appellera ultérieurement espace public.

Dans un texte resté célèbre, *Qu'est-ce que les*

Lumières? (1784), Emmanuel Kant a posé en quelque sorte les fondements de cet espace public. L'avènement des Lumières nécessite, selon le philosophe, que les individus pensent par eux-mêmes et en rupture avec les pensées héritées ou obligées. L'usage public de l'entendement (qui appartient à la sphère de l'universel) s'oppose à son usage privé (qui est du domaine des intérêts particuliers) dans la mesure où il est mis en œuvre par des individus ayant les mêmes droits, parlant en leur nom propre et échangeant avec autrui par le biais des correspondances et des imprimés. C'est la circulation de l'écrit (dans les salons, les clubs, les cafés, etc.) qui autorise la discussion et l'échange, qui crée un espace libre et indépendant, propice au débat d'idées. Cette autonomie ainsi conquise rend possible la cons-titution d'un nouveau «public», libéré des obli-gations dues au Souverain. Elle postule une égalité de nature entre les individus, l'exercice de l'esprit critique et la cohérence des arguments avancés.

La fin de l'Ancien Régime et les changements politiques occasionnés par la Révolution fran-çaise favorisent le processus d'émancipation de la tutelle de l'État, la constitution d'un espace public qui selon Jürgen Habermas, dans son fameux livre *L'espace public* (1962), est une «sphère publique bourgeoise». Celle-ci se définit politiquement comme un espace de discussion soustrait à l'em-prise de l'État, critique à son égard et sociolo-giquement, comme différent de la cour et du peuple. Ce sont en réalité des individus éclairés, une élite intellectuelle capable d'argumenter, qui en composent le public principal puisque le peuple en est *de facto* exclu (il ne dispose pas de la compétence nécessaire pour débattre des problèmes littéraires, artistiques, politiques ou autres).

Habermas a, faut-il le rappeler, proposé dans son ouvrage une analyse très sévère de l'évolution ultérieure de cet espace public dans les sociétés occidentales et insisté sur sa lente transformation « d'un public discutant de la culture en un public qui la consomme[3] », sur le développement du mercantilisme, sur l'emprise de plus en plus marquée des techniques de marketing et sur la crise de l'idéal bourgeois de la Publicité (au sens de publier, de rendre public) ravalé au rang de la publicité médiatique (au sens de la réclame). On sait, notamment depuis les travaux d'historiens (ceux de Robert Darnton, Roger Chartier, Mona Ozouf, Arlette Farge et de quelques autres), que l'interprétation de Habermas doit être sérieusement nuancée parce qu'elle idéalise un âge d'or de l'espace public, sous-estime le rôle du peuple et de la culture populaire, surévalue le déclin de la lecture. Toujours est-il que son approche critique est sans aucun doute à l'origine des multiples constats de la dégénérescence de l'espace public contemporain ainsi que des travaux qui dénoncent l'influence néfaste des médias ou des techniques de communication sur l'expression des opinions et sur la qualité du débat public[4].

L'espace public peut donc être caractérisé en quelques mots comme un espace à la fois matériel (il est constitué de scènes et d'arènes très diverses) et surtout symbolique (il relie entre eux des individus très différents), résultat d'un vaste mouvement d'émancipation valorisant la liberté individuelle, accessible en principe à tous les citoyens pour formuler une opinion publique, qui requiert un vocabulaire et des valeurs communs[5] afin que des acteurs politiques, économiques, sociaux, religieux, culturels puissent discuter, s'opposer et se répondre. Il suppose, pour que des arguments rationnels soient échangés, non seulement l'existence d'une éthique de la discussion (au sens de Habermas[6]), mais aussi d'une réelle force de conviction.

Cet espace qui est au fondement de la démocratie ne se réduit pas à une réalité conceptuelle : il est un champ de luttes symboliques où s'affrontent les points de vue des différents acteurs sociaux. Le débat public est rendu possible par un ensemble de médiations que sont les débats parlementaires, les partis politiques, les associations de la société civile et les médias. Il s'incarne donc dans des réalités empiriques très diverses (la rue, les marchés, les mobilisations collectives de toutes sortes — pétitions, manifestations, meetings —, les médias, etc.), est ouvert et en constante évolution. Dans ce processus de construction du débat public, les médias semblent aujourd'hui jouer un rôle majeur : la presse, la radio, la télévision, mais aussi de plus en plus Internet sont devenus des outils de médiation grâce auxquels les citoyens peuvent, en principe, délibérer publiquement des questions relevant de la collectivité, c'est-à-dire de l'intérêt général.

Se trouve donc posé le problème du pouvoir des médias dans l'espace public et, plus largement, celui des procédures par lesquelles se structurent à l'heure actuelle les discussions sur les enjeux collectifs de la cité. Il s'agit par conséquent de savoir si les médias favorisent l'émergence d'événements et de problèmes publics, s'ils encouragent ou non de nouvelles dispositions citoyennes et de nouvelles formes d'intervention qui permettraient aux différents membres d'une société de mieux se faire entendre. Au travers de l'étude de la formation des opinions, de celle des identités collectives et du poids des médias dans ce processus, c'est la question du rapport au politique qui est ici réinvestie sous l'angle, d'une part, des modalités de construction des problèmes publics et, d'autre part, des formes d'expression de la parole publique.

LE POIDS DES MÉDIAS DANS LA CONSTRUCTION DES PROBLÈMES PUBLICS

Un problème public, explique Joseph Gusfield, est «un processus au travers duquel un état de fait devient un enjeu de réflexion et de protestation publiques et une ressource et une cible pour l'action publique[7]». Les problèmes publics (que l'on peut également désigner comme des problèmes sociaux) n'émergent pas par hasard et ne sont pas portés par un public constitué d'avance : ils apparaissent lorsqu'un certain nombre de personnes se trouvent confrontées à une situation problématique, en éprouvent un véritable trouble, se mobilisent peu à peu pour l'ériger en problème d'intérêt général afin d'interpeller les pouvoirs publics en vue de le résoudre.

On cherchera donc à attirer l'attention sur des arènes publiques, lieux de témoignages, de polémiques, de délibération, en mettant en scène, c'est-à-dire en récits et en arguments, les problèmes dont on souhaite parler à des auditoires plus ou moins vastes. Les questions de l'alcoolisme, de la pédophilie, du tabagisme, par exemple, qui pendant longtemps n'ont guère provoqué de réactions, accèdent aujourd'hui brusquement à l'espace public sous forme de scandales, de dénonciations ou de controverses parce que la conjoncture est devenue favorable et qu'un certain nombre de paramètres (qu'il convient précisément de repérer) sont réunis pour leur déploiement. Il en est de même pour les questions portant sur le sida, la laïcité ou l'insécurité : la sensibilité au problème est, à un moment donné, exacerbée parce que certaines situations sont désormais perçues comme insupportables, injustes ou carrément pathologiques (donc contraires à l'intérêt public). Les actions de mobilisation que ces questions entraînent engagent non seulement l'État et les citoyens en général, mais plus concrètement les élus, les experts, les représentants d'institutions administratives, les associations civiques, les entreprises, les simples citoyens dans un ensemble d'interactions complexes.

Le processus de définition des problèmes, de fixation des enjeux est évidemment le plus difficile à saisir parce qu'il met en jeu de nombreux acteurs et qu'il ne se réduit pas à des échanges communicationnels. Daniel Cefaï et Dominique Pasquier relèvent que l'approche habermassienne de recherche de l'entente dialogique, du consensus rationnel est d'une certaine manière un leurre parce qu'elle sous-estime «la dimension pluraliste et agonistique de la vie publique[8]». La constitution des problèmes publics passe en réalité par toute une panoplie d'objets et de règles, de dispositifs de vigilance et d'alerte, de procédures d'expertise juridique ou administrative, de calculs statistiques et de démonstrations scientifiques, de témoignages et d'expériences, au sein de laquelle les médias sont un vecteur parmi d'autres. On n'aura donc pas la prétention de réduire la construction des problèmes publics à une simple «affaire médiatique», mais plus modestement le souci d'examiner ce problème sous un angle particulier, celui de l'influence des médias dans la définition et dans le formatage de ces problèmes. Qu'est-ce qui fait que, à un moment précis, parmi la variété des situations possibles de conflits, de problèmes, de demandes d'intervention, certaines réussissent à devenir visibles alors que d'autres restent définitivement dans l'ombre? L'hypothèse émise ici est que les médias ont acquis, depuis quelque temps, un poids important dans cette configuration des problèmes ou dans la sensibilisation du public à l'égard de certaines questions sociales et qu'à ce titre, l'étude des formes de l'expérience publique s'impose.

Les différents protagonistes

L'étude de la construction des problèmes publics doit au départ beaucoup aux réflexions et aux recherches menées sur la construction des événements par les médias. Elle a été initiée en France par Eliseo Veron qui, analysant l'accident de la centrale nucléaire de Three Miles Island dans les années 1970[9], a montré comment les médias l'ont en quelque sorte modelé en le faisant advenir sur la scène publique. Grâce au travail de retraitement des dépêches d'agences de presse, ceux-ci ont procédé à une mise en récit et à un formatage qui ont exercé une indéniable influence sur sa représentation et lui ont donné un large écho. La constitution de ce qu'on désigne sous le terme de *newsworthiness* (valeur d'information)[10] va par la suite favoriser un ensemble de recherches qui portent sur l'usage stratégique des événements. On s'est en effet vite aperçu qu'un problème (*issue*) surgissait lorsque des explications divergentes au sujet d'un même thème existaient et qu'une lutte interprétative autour de lui se mettait en place.

Ce problème devient alors un événement public qui fait intervenir trois types d'acteurs. D'abord, ceux que Harvey Molotch et Marilyn Lester, dans une étude qui a fait date[11], appellent les « promoteurs d'événements » — c'est-à-dire ceux qui font connaître les faits et tentent d'alerter l'opinion et les médias au moyen de conférences de presse, de manifestations de protestation et de la diffusion de communiqués. Ensuite, les « assembleurs d'informations », en l'occurrence les journalistes, qui subissent des pressions de la part des promoteurs et qui, dans le cadre des routines professionnelles, transforment le matériau disponible. Enfin, les « consommateurs d'informations », autrement dit les lecteurs, auditeurs et téléspectateurs qui peuvent éventuellement prêter attention aux messages portés à leur connaissance par les médias. Expression d'un malaise, travail de configuration et activité de réception sont les trois phases de la construction de certains événements publics qui s'apparentent souvent à des problèmes sociaux[12] et qui mettent aux prises dans un système de logiques croisées les trois catégories d'intervenants.

La dramatique contamination des hémophiles par le virus du sida, à l'origine du « scandale du sang contaminé » durant les années 1980, représente un cas de figure exemplaire des rapports de force qui s'instaurent entre les différents protagonistes en présence et du poids grandissant de certains médias dans la diffusion de ce problème de santé publique. La forte médiatisation de cette maladie, notent Patrick Champagne et Dominique Marchetti[13], s'opère à partir de 1989 à la suite d'une première phase (1982-1985) de traitement de l'information relativement « ordinaire » (les journaux évoquent les peurs de la contamination, les homosexuels et les drogués) et d'une deuxième phase (1985-1988) au cours de laquelle la maladie devient l'affaire de spécialistes (la presse de grande information fait preuve d'une relative retenue et lutte contre toute tentative de stigmatisation de tel ou tel type de groupe ou d'individu). Le basculement se produit en 1989, notamment en raison des luttes internes qui traversent alors la communauté scientifique (contestation de certains mandarins, médiatisation mal perçue de certains médecins non spécialistes) et de la recherche systématique d'informations sensationnelles de la part de certains journalistes n'ayant souvent aucune compétence médicale ou scientifique.

Le scandale n'éclate véritablement pour le grand public qu'en 1991 et met en cause des chercheurs, des médecins, des hommes politiques, voire des journalistes. Le poids de la presse est, selon les deux auteurs de l'étude, fondamental dans la constitution de ce sandale, fruit d'une lutte qui a opposé de nombreux promoteurs d'informations (certaines victimes de la contamination face à l'État, à la justice, aux journalistes) ou même assembleurs d'informations (les journalistes face aux milieux médicaux et politiques et les journalistes entre eux). On s'aperçoit, en analysant attentivement les articles des journaux ainsi que certaines émissions de radio et de télévision, que l'erreur collective concernant la contamination des hémophiles a été en réalité bien moindre dans ses conséquences que celle concernant la contamination d'autres malades à la suite de transfusions de sang (en raison de la non-sélection des donneurs avant la mise au point de tests de dépistage). Mais ce deuxième aspect dramatique de l'affaire ne donna pas lieu à un scandale parce que les journalistes, en particulier ceux de la télévision, furent avant tout préoccupés par le drame des hémophiles contaminés. Patrick Champagne et Dominique Marchetti expliquent ce phénomène par le fait que les hémophiles formaient un groupe de pression beaucoup plus efficace auprès des médias de grande diffusion et parce que les coupables (quelques médecins et le directeur du CNTS) semblaient plus aisément identifiables.

De manière plus globale, la visibilité donnée à ce sandale résulte pour beaucoup des fuites ou des pressions en direction des médias émanant de divers milieux concernés et destinées à imposer une certaine représentation de l'affaire. Elle tient aussi à la concurrence féroce à laquelle se sont livrés les médias eux-mêmes. Sans entrer dans le détail des transformations subies à cette époque par la sphère médiatique, on peut, en quelques mots, souligner que les luttes internes entre journalistes médicaux, d'une part, et le poids grandissant de la télévision face aux quotidiens (en particulier du *Monde* dont la position dominante est contestée), d'autre part, ont encouragé le développement d'un journalisme grand public en quête d'audience et de révélations. L'influence des journalistes de l'audiovisuel a été prépondérante dans la manière dont les médias ont traité du problème du sang contaminé. Les auteurs ajoutent que ce drame est devenu un scandale à partir du moment où certains thèmes déjà présents dans l'opinion ont été relayés par les médias (la médecine et l'argent, les arrangements entre amis, les politiques fuyant leurs responsabilités, etc.). Ce qui tendrait à prouver que les journalistes ont construit l'opinion sur cette affaire et qu'ils y sont parvenus d'autant plus facilement qu'ils répondaient aux attentes de leur public respectif.

Cet exemple de construction d'un problème public fait prendre conscience de la lente structuration d'un «réseau opérationnel[14]» formé par des associations de malades, des journalistes spécialisés, des experts scientifiques et médicaux, des hauts fonctionnaires qui, à un moment donné, entrent en relation c'est-à-dire en coopération et en conflit. L'intrication de ces réseaux d'acteurs *a priori* hétérogènes (témoins, victimes et spécialistes, etc.) venant d'espaces sociaux différenciés (associations, presse, professions médicales, administration) donne naissance à une communauté d'opérateurs dont l'activité s'oriente vers un même type de problème. Leur interdépendance explique la mise en visibilité d'un malaise social et sa montée en puissance éventuelle en tant qu'«affaire» ou «scandale».

C'est parce que les multiples arènes institutionnelles ou associatives sont interconnectées qu'elles jouent chacune, à leur niveau, un rôle dans le traitement (politique, judiciaire, administratif, médiatique) du problème auquel l'opinion sera sensibilisée. La «conductivité sociale[15]», la capacité de transport des problèmes entre les diverses arènes en sont du coup améliorées, facilitant ainsi la prise en charge de ces derniers sous la forme de politiques publiques. Dans ce contexte, la médiatisation (presse, radio, télévision) des problèmes publics semble devenir de plus en plus déterminante pour alerter les citoyens et pour essayer de les résoudre. Faire passer dans l'agenda médiatique des demandes de solution ou de réformes constitue dorénavant un véritable impératif pour nombre de promoteurs d'événements ou d'entrepreneurs de causes.

Bien que légèrement décalé par rapport aux considérations précédentes, le cas du Téléthon atteste de cette nouvelle forme de captation de l'attention publique par les médias. Organisée depuis 1987 par une association de malades, l'Association française de lutte contre les myopathies (AFM), cette émission diffusée par France 2 réunit chaque année pendant plus de 24 heures des malades, des chercheurs, des vedettes de la chanson, du cinéma et le public dans un grand mouvement de solidarité collective. La scénographie télévisuelle qui tente de guider et de coordonner le comportement des téléspectateurs-donateurs témoigne de l'influence prise par le petit écran, non seulement dans la sensibilisation, mais aussi dans la mobilisation des récepteurs. Elle peut être interprétée comme un moyen de construire un événement médiatique (les chiffres d'audience le prouvent), d'ériger le combat contre cette maladie comme une cause d'intérêt national et de trouver des remèdes pour alléger la souffrance des malades (en obtenant par les dons des téléspectateurs les ressources financières nécessaires pour favoriser la recherche).

En ce sens, elle participe du mouvement de médiatisation intense de certaines causes humanitaires qui diffère sans nul doute du répertoire habituel de mobilisation collective (mouvements politiques et syndicaux), mais qui s'inscrit parfaitement dans le processus de construction d'un problème public explicitement adossé au média télévisuel. Le média n'est plus, dans ce cas de figure, un simple outil parmi d'autres de l'action publique, mais l'instrument central de son déploiement dans l'espace public.

L'enquête réalisée sur le Téléthon par un groupe de chercheurs[16] fait apparaître, à l'aide notamment d'une analyse du trafic téléphonique en liaison avec les scores d'audience de l'émission, la force des dispositifs d'interpellation du téléspectateur. La pression exercée par la sollicitation télévisuelle suscite un impact immédiat sur le nombre d'appels reçus alors que les donateurs refusent par ailleurs de reconnaître, lorsqu'on les interroge, l'influence de l'émission sur leur attitude de générosité. À la fois associés et distanciés, les téléspectateurs mettent en œuvre, au cours du suivi de l'émission, différentes formes de conversation (engagée, pragmatique, critique ou ironique). La plasticité des comportements d'écoute et des commentaires suscités par les images illustre le caractère indécidable de la réception télévisuelle par rapport à ce dispositif de sollicitation humanitaire.

Ce type d'émission permet également de tirer une autre leçon qui concerne cette fois la logique du don. L'éthique du don est d'habitude une forme de repli sur le monde des relations privées par opposition au monde du calcul et du profit. Or, le Téléthon replace ces gestes de générosité dans l'espace public : le geste de donner se révèle démonstratif, collectif et programmé en raison de sa médiatisation alors qu'il est d'ordinaire discret, individuel et spontané. «Aussi les engagements dans le Téléthon ne s'articulent-ils pas à l'espace de discussion publique, mais sont guidés vers des dispositifs qui créent, propagent et multiplient, par des actions communes et synchrones, les attaches entre les personnes[17] », concluent les auteurs de l'étude.

Les politiques de la souffrance à distance sont aujourd'hui insérées dans des mises en scène télévisuelles qui sont autant d'arènes publiques capables de rassembler et de mobiliser des publics variés autour d'une même cause[18]. Ceux-ci sortent plus ou moins ébranlés par la succession d'images qui apportent des preuves objectives de la maladie ou de l'injustice et réagissent sous l'effet d'une espèce de contagion des sentiments qui les conduit à s'apitoyer sur les victimes et à compatir avec les malades (la solidarité mondiale déclenchée par la catastrophe due au tsunami en Asie du Sud-Est en décembre 2004 en est une vivante illustration). La télévision impose dès lors les « formats de la générosité », les modalités de la solidarité collective et exerce sur ce point une influence souvent décisive, au risque de faire oublier que les problèmes proviennent fréquemment des carences des pouvoirs publics et que les réponses ne dépendent pas uniquement de l'engagement des seuls individus.

La panoplie des cadres interprétatifs

Transformer le malaise vécu en scandale ou en injustice, le « faire monter en généralité » comme disent les spécialistes, suppose qu'on soit capable d'argumenter dans le registre de la conviction, de

désigner des responsables, de formuler des revendications en vue d'aboutir à la résolution du problème. En d'autres termes, cette activité requiert
une fois encore de pouvoir bâtir des schémas
de perception du monde social, des «cadres de
l'expérience» selon l'expression d'Erving Goffman[19]. Elle implique en effet que les acteurs
sociaux soient à même d'identifier et de classer
les phénomènes, de se repérer dans la jungle des
événements qui les entourent et de traduire leurs
aspirations sous forme d'un discours approprié.
Les médias offrent dans ce domaine des ressources
interprétatives importantes.

Dans une étude publiée en 1989, André Modi-
gliani et William Gamson se sont penchés sur la
question de l'énergie nucléaire telle qu'elle a été
traitée par les médias nord-américains entre
1945 et les années 1980[20]. Ils repèrent l'existence
d'une panoplie (*package*) de cadres interprétatifs
qui se composent d'images, de symboles, de slogans, de descriptions en tout genre, destinés à
donner du sens aux événements. Ces modes de
cadrage de la réalité sont tributaires des discours
politiques, scientifiques et citoyens disponibles
sur le sujet ainsi que des différents discours
médiatiques produits par le travail des journalistes à la suite d'un ensemble de routines professionnelles fondées sur la sélection des sources, la
réécriture des dépêches, la mise en forme des
articles, etc. Ils démontrent ainsi que, durant
les années 1960, le cadrage dominant dans les
médias emprunte fortement au registre du «progrès» puisque l'énergie nucléaire y est présentée
comme symbole de développement économique,

de maîtrise de la nature et synonyme de moder-
nité. Les incidents qui se produisent dans les
centrales nucléaires sont systématiquement
minimisés parce qu'ils contredisent ce modèle
dominant. À partir des années 1970, de nouvelles
panoplies circulent sur le marché de l'information qui font suite aux mobilisations anti-
nucléaires et à l'accident de la centrale de Three
Miles Island. On insiste alors sur l'existence de
solutions douces ou de rechange et sur d'autres
ressources d'énergie moins dangereuses. Enfin
les années 1980 verront émerger des interprétations autour des scénarios-catastrophes et des
risques occasionnés par la fuite en avant.

Les médias détiennent donc indéniablement,
par le biais des panoplies de cadres et des
schèmes d'interprétation qu'ils véhiculent (aux
côtés d'autres instances ou groupes de pression),
un pouvoir de définition de la réalité qui évolue
dans le temps en fonction notamment des capacités de mobilisation du public. Les initiateurs
de mouvements de mobilisation collective ont
alors tout intérêt — on y reviendra — à élargir
les cadres d'interprétation des journalistes, à
promouvoir des initiatives spectaculaires pour
accaparer leur attention. Le poids de ces cadres
dans la rhétorique journalistique, dans les
comptes rendus et dans les commentaires per-
met-il d'affirmer, comme le soutiennent certains
observateurs, que les médias restreignent l'horizon du pensable ? Que la diffusion de panoplies
interprétatives (forcément limitées), de grilles pré-
construites de perception des faits et des événements exerce une forte contrainte sur notre

appréciation de la réalité sociale ? Nous avons déjà rencontré ce problème à propos de l'influence des médias en matière de perception de la vie politique. Essayons d'y répondre dans le cas présent. Cette réponse est fonction de la capacité des acteurs sociaux à se mobiliser pour introduire de nouveaux cadres interprétatifs dans le travail journalistique et de l'autonomie de négociation dont disposent les récepteurs face au discours médiatique.

Les recherches sur la question du cadrage des problèmes publics sont pour l'instant peu nombreuses en France. L'une d'entre elles, portant sur la mise en scène des banlieues à la télévision entre 1950-1994, apporte un éclairage précieux et offre un complément d'intelligibilité à ce sujet. Comment la télévision française a-t-elle configuré le problème des banlieues et, par voie de conséquence (car ces thèmes sont liés), la représentation de l'immigré, la question du voile islamique ? Voire, plus récemment encore, celle de la laïcité ? Quelle image de la figure collective du « beur » a-t-elle diffusée dans l'imaginaire public ? En quoi la télévision participe-t-elle à la construction de cadres interprétatifs qui sont souvent des stéréotypes sociaux ? Telles sont quelques-unes des interrogations soulevées par cette étude réalisée par Henri Boyer et Guy Lochard[21]. Ceux-ci considèrent que la consécration de cette thématique dans l'espace public résulte d'un double processus : d'une part celui d'« intermédiation » (les voix représentatives qui attirent l'attention sur le sort de certaines populations comme les philanthropes du XIXe siècle,

les militants de diverses obédiences politiques
ou les porte-parole d'associations au xxᵉ siècle);
d'autre part celui de «médiatisation» (variable
selon les supports, en sachant que la télévision a
contribué à faire des banlieues un condensé de
la «question sociale» en France).

Liée à la constitution de l'espace urbain et de la
marginalité sociale tout au long des deux siècles
précédents, la représentation des banlieues est
aujourd'hui réappropriée par le discours télévisuel qui la réactualise au regard de ses propres
logiques de fonctionnement, de ses dispositifs
d'énonciation et de mise en scène. Les émissions
de télévision (de plateaux ou de reportages sur le
terrain) s'apparentent ainsi à des instruments de
fabrication d'une réalité imaginaire sans cesse
en évolution. C'est ainsi que la banlieue, au début
de la télévision, n'est pas vraiment identifiée en
tant que telle, mais intégrée à un univers urbain
indifférencié. Elle n'accède à une petite visibilité
médiatique qu'à travers la question du logement
et des prises de position de l'abbé Pierre (le mouvement Emmaüs) dans les années 1950. À partir
des années 1960, c'est la question des «grands
ensembles» qui retient l'attention des journalistes qui commencent à se préoccuper progressivement de la délinquance des jeunes, source de
tension entre générations. Les sujets ayant pour
cadre l'univers banlieusard prennent, durant la
décennie suivante (les années 1970), une place
grandissante dans les programmes de télévision:
dérives de l'urbanisme destructeur de l'environnement, émergence de phénomènes de violence
en milieu scolaire, effets psychologiques d'un

habitat peu propice au lien social constituent des thèmes récurrents dans les débats et les reportages.

La cristallisation sur le phénomène des banlieues s'opère véritablement à l'orée des années 1980 qui marque l'entrée dans la logique du spectaculaire et de la dramatisation. Les images de rodéos de voitures dans plusieurs cités de Lyon (1981) réactivent la question de la place des immigrés dans la société française : celle-ci est alors identifiée dans les représentations médiatiques comme relevant d'une inscription dans un territoire spécifique corrélée à la délinquance juvénile. D'un côté s'impose le personnage du «beur» (la «Marche pour la paix» en 1983[22] en est une forme de légitimation) ; de l'autre, les images d'actes de violence (on filme des scènes à forte charge émotionnelle, par exemple des visages dans des attitudes de défi et de provocation) engendrent un effet d'étiquetage (les jeunes immigrés sont des loubards basanés en révolte). L'opposition entre les «intégrés» et les «exclus» devient une thématique prédominante. Les relations entre pouvoirs publics, acteurs sociaux des banlieues et journalistes s'inscrivent dans une configuration complexe faite de rapports de force et de tentatives de séduction qu'il serait trop long d'expliciter ici.

On retiendra simplement que la question des banlieues se taille une part croissante dans l'agenda télévisuel, que s'y superposent progressivement celle de l'immigration[23], puis de l'intégrisme musulman dont les banlieues sont désignées comme le principal foyer de propagation. L'affaire du «foulard islamique», amplement médiatisée (fin 1989), accroît l'intensité du discours alarmiste. «Tout concourt donc, selon les auteurs de l'enquête, à un processus d'association-assimilation entre des phénomènes très différents dans leurs fondements, mais qui sont artificiellement liés[24].» La télévision éprouve des difficultés à adopter un discours qui puisse rendre compte de la complexité du réel, elle y échoue bien souvent parce que, selon la terminologie des sémiologues, les logiques de construction discursive génèrent des perceptions stéréotypées de la réalité. Si la banlieue correspond effectivement à un condensé de phénomènes sociaux hétérogènes (l'immigration, la marginalisation sociale, l'urbanisation échevelée, etc.), elle ne se réduit pas à ce discours simplificateur construit sur des amalgames hâtifs (entre l'immigration, la jeunesse, la violence) qui la chargent de tous les maux. Les chaînes de télévision sont dès lors accusées de stigmatiser à outrance les ressortissants de certains quartiers difficiles, entraînant chez les journalistes une prise de conscience qui les conduira à vouloir se racheter, à réparer ou corriger («repositiver», disent Henri Boyer et Guy Lochard) les images pénalisantes au cours de la décennie 1990.

Malgré cet effort louable, les cadres d'interprétation proposés juxtaposent des visions du monde antagonistes sans réussir à adopter, non pas un angle, mais une véritable perspective d'analyse. Le spectacle télévisuel, qu'on le veuille ou non, use et abuse de stéréotypes consensuels qui servent de grille de lecture des faits. Il fige la réalité sociale, soit en caricaturant, en la diabolisant ou en la stigmatisant, soit en tentant une autocritique expiatoire qui n'annule pas les errements antérieurs. Écartelés entre la visée de captation, la recherche du spectaculaire et de l'émotion d'une part et la visée de crédibilité, la quête de preuves et de témoignages d'autre part, les journalistes de télévision éprouvent bien de la peine à concilier « monstration » et démonstration. Ils semblent partiellement ligotés par une interprétation préétablie et réductrice. Les ressources interprétatives proposées par le petit écran s'apparentent donc à des grilles pré-construites dont le téléspectateur aura du mal à se détacher puisque sa perception du problème risque de manquer d'épaisseur historique et d'explications détaillées sur les multiples causes de la situation[25]. En ce sens, les médias exercent bien une influence : ils simplifient à l'extrême la réalité sociale.

Les logiques d'interaction

La médiatisation des problèmes publics invite à comprendre non seulement l'évolution des cadres interprétatifs et des discours médiatiques, mais également les conditions concrètes de leur élaboration, la réalité des pratiques professionnelles qu'elle suscite, c'est-à-dire le mode de fonctionnement des médias en tant que structure rédactionnelle et le système de relations entre les sources, les journalistes et le public. Le discursif et le sociologique sont, par définition, ici étroitement mêlés[26]. Elle conduit en outre à s'interroger sur les ressources inégales dont disposent les sources, les promoteurs d'événements, pour convaincre les journalistes de leur accorder de l'attention et donc pour se faire entendre du public. La compréhension des mécanismes qui font émerger ou refouler un problème passe dès lors par l'analyse des interdépendances entre trois types d'acteurs : les sources d'information, les promoteurs d'événements (ou entrepreneurs de causes) et les journalistes. Cette approche permet de sortir du «médiacentrisme[27]» et de replacer le poids des médias dans une logique de réseaux d'acteurs et d'interactions.

On a déjà évoqué précédemment les communautés d'acteurs et d'institutions (les réseaux d'opérateurs) dont l'imbrication contribue à définir et à faire advenir les problèmes sociaux ainsi que certaines des stratégies utilisées pour rendre ces derniers médiatisables. On voudrait ici revenir sur cette question afin de mieux saisir l'enchevêtrement des différents comportements en privilégiant, non pas le travail journalistique en tant qu'activité isolable, mais les relations qui s'instaurent entre les sources d'information et les médias, sachant que les sources sont «des éléments occupant des domaines où s'exerce une compétition pour l'accès aux médias, mais dans lesquels les avantages matériels et symboliques sont inégalement distribués[28]». La professionnalisation des sources (émergence de porte-parole, spécialistes en relations-presse et en communication, etc.), d'un côté, les transformations de la sphère journalistique (précarisation du métier, accroissement de la concurrence et de la rentabi-

lité, valorisation du scoop, etc.), de l'autre, affectent les rapports de coopération et de conflit
entre les deux types de protagonistes et obligent
à repenser la question du pouvoir des médias à
nouveaux frais.

Plusieurs types d'analyses ont été proposés
par les spécialistes qui étudient les interdépendances entre sources et médias et qui se livrent à
des enquêtes fouillées sur ce sujet. Bien qu'elles
fassent preuve d'un certain éclectisme théorique, elles apportent néanmoins, chacune à leur
manière, un éclairage fort précieux. On s'attardera ici sur le cas des violences urbaines.

Partant du principe que les différents acteurs
sociaux tentent d'agir dans la société et d'accéder
à l'espace public afin d'acquérir de la visibilité
et de l'influence, on peut, comme l'ont fait Éric
Macé et Angelina Peralva[29], essayer de mieux
comprendre la manière dont les médias traitent
depuis environ deux décennies, dans notre pays,
un problème aussi délicat que celui des violences
urbaines. L'objectif est de saisir comment s'est
construit un imaginaire médiatique national
autour de ce problème récurrent et donc comment se configure la «réalité» des violences
urbaines à travers l'analyse des modes de production de ses représentations sociales, politiques
et journalistiques. Dans cette optique, l'espace
public est conçu comme un espace expressif,
informatif, délibératif, traversé à la fois par des
rapports de pouvoir, par des stratégies de communication et par des conflits de définition (au
sujet de problèmes qu'il convient de prendre
en compte et sur lesquels il faut intervenir). Les

journalistes représentent des acteurs décisifs de cet espace public dans la mesure où ils en détiennent, pour une bonne part, l'accès (puisqu'ils traduisent les événements en information).

Centrée sur l'étude de la presse écrite nationale et régionale ainsi que celle de la télévision (TF1 et France 2), cette recherche met au jour l'étroite interdépendance entre le traitement journalistique des violences urbaines et les variations du débat politique et public à leur sujet. Les auteurs démontrent que l'agenda médiatique du traitement de ces violences dépend de la capacité de mobilisation et des formes d'action des différents acteurs concernés. L'intensité de cette mobilisation influe fortement sur les cadres interprétatifs auxquels les journalistes ont recours pour décrire et expliquer ces phénomènes.

Il suffit de rappeler que l'augmentation apparente des conduites de rupture (voitures incendiées à Strasbourg, tensions dans les quartiers sensibles, émeutes à Vaulx-en-Velin, etc.) a conduit certains responsables politiques, face à ce qu'on a interprété comme une menace pour la société française, à prôner un retour à l'ordre républicain, pour prendre conscience de l'enjeu du problème qui touche aussi à l'insécurité et à l'immigration. Les journalistes, dans cette affaire, ont été en proie au doute permanent, à une sorte de crise des cadres interprétatifs et se sont partagés entre les «réalistes» (convaincus de la nécessité d'une réponse policière forte à l'égard de ce qui relève, selon eux, de la délinquance) et les «angéliques» (persuadés de la complexité du phénomène), ou plus exactement, ont constamment oscillé entre ces deux pôles en adoptant une attitude à géométrie variable selon les événements et selon la conjoncture politique et sociale. Leurs analyses des violences urbaines se sont appuyées sur trois logiques interprétatives : la première se fonde sur une opposition ordre/désordre ; la deuxième distingue ceux qui jouent le jeu de l'intégration et ceux qui développent des logiques identitaires et mafieuses ; la troisième, plus positive, met l'accent sur les nouveaux conflits et les nouveaux acteurs que fait émerger la scène urbaine contemporaine.

Bien évidemment ces interprétations varient selon la nature du support et selon son positionnement à l'égard du public visé. Les prises de position de la grande presse nationale (*Le Monde*, *Le Figaro*, *Libération*), de la presse populaire de proximité (*Le Parisien*, rédaction nationale et régionale), de la presse quotidienne régionale (*La Dépêche du Midi*), de la télévision nationale (TF1 et France 2) ou régionale (France 3 Île-de-France), de l'AFP, qui ont fait l'objet de l'enquête, diffèrent aussi en fonction des «cadres situationnels» qui régissent le traitement journalistique des violences urbaines.

Dans le régime dit de routine, les stratégies de communication des sources et les contraintes de format exercent une influence déterminante. C'est ainsi que, dans le cadre d'une certaine répétitivité d'événements de faible intensité (vandalisme, petite délinquance, etc.), les journalistes se bornent à les évoquer en adoptant le point de vue de leurs informateurs principaux, c'est-à-dire la police et le ministère de l'Intérieur. Ou alors, certains acteurs, soucieux d'obtenir une plus grande visibilité, vont tenter de créer l'événement, d'instrumentaliser les journalistes pour qu'ils parlent davantage d'eux (associations d'habitants faisant valoir l'insécurité dramatique dans laquelle ils vivent ; jeunes des quartiers se faisant de la publicité en multipliant les conduites de dégradation).

Dans le régime dit d'exception (émeutes à la suite, très souvent, d'une bavure policière), la dimension imprévue de l'événement désorganise la routine et confronte les journalistes à de sérieux problèmes d'interprétation. Les rédactions sont partagées entre un traitement des émeutes en termes de délinquance ou en termes de révolte. Alors que la rhétorique politique et policière réduit souvent cette violence à des comportements mafieux, les journalistes qui couvrent ces événements font une place aux acteurs violents, leur donnent la parole aux côtés des autres acteurs généralement sollicités. C'est particulièrement vrai de la presse quotidienne régionale qui tente de garder une certaine neutralité, de trouver un équilibre entre les discours analysant les émeutes dans l'optique de la délinquance et ceux qui les interprètent en termes de protestation. Le clivage avec la presse nationale est sur ce point révélateur : celle-ci a tendance à donner une vision beaucoup plus politique des violences urbaines et des questions qui touchent à l'insécurité.

Enfin, en régime dit d'amplification, l'initiative journalistique participe directement à la production des événements dont elle rend compte. En effet, afin d'éviter d'être prisonniers de la logique

de l'urgence ou de l'occultation, certaines rédactions peuvent décider, de leur propre chef, de
prendre l'initiative de réaliser un reportage afin
de devenir en quelque sorte leur propre source
d'information. S'agissant de la télévision, l'intention des responsables n'est pas toujours de faire
davantage d'audience, mais aussi de mieux comprendre la réalité du phénomène sur le terrain.
La présence des caméras dans ce cas de figure
agit comme un révélateur et un amplificateur :
elle exacerbe souvent les tensions et conduit les
acteurs sociaux concernés à faire de la surenchère, à redoubler d'agressivité et de violence.
La relation asymétrique, expliquent Éric Macé
et Angelina Peralva, entre ceux qui montrent et
ceux qui sont montrés produit des effets pervers,
comme par exemple le reportage «Adolescents et
hors la loi» diffusé dans le cadre de l'émission»
Zone interdite sur M6 (février 1998) où la mise
en images de l'intervention policière suscite en
réponse la réalité des voitures brûlées. La seule
présence des journalistes contribue à produire de
la violence spectaculaire qui légitime, en retour,
leur enquête sur la réalité des violence urbaines.

La construction du récit médiatique obéit donc
à des logiques situationnelles multiples et à des
configurations d'interdépendance entre les différents acteurs extrêmement labiles. Les médias
n'ont pas de pouvoir à eux seuls : ils s'insèrent
dans une configuration plus large où se nouent
des rapports de force variables entre les protagonistes impliqués dans la montée en généralité
de certains problèmes publics. L'émergence et
la visibilité de ces problèmes dépendent de plu-

sieurs facteurs sociologiques. En premier lieu, des ressources propres des «promoteurs», des stratégies qu'ils réussissent ou non à mettre en œuvre (création d'événements, manifestations, violences, «fuites» organisées, etc.) et dont on a vu qu'elles conditionnent pour beaucoup le traitement journalistique. En deuxième lieu, des contraintes de format et de support, des effets de commande, qui enjoignent aux journalistes de traiter les sujets en fonction de certains schèmes d'écriture préétablis. La logique d'entreprise de chaque média, ses impératifs de vente ou d'audience, sa conception de l'information définissent en effet une logique commerciale et éditoriale qui impose aux journalistes, outre le respect d'un certain nombre de normes professionnelles dans la collecte des informations (rapport aux sources, durée des reportages), celui d'un certain type d'écriture (rubricage particulier, mise en page ou mise en scène, patrons narratifs)[30]. En troisième lieu, des dynamiques internes à la profession journalistique elle-même, autrement dit, les liens de complicité ou de connivence des journalistes avec certains informateurs, leur trajectoire personnelle, leur statut au sein de leur rédaction, leur compétence et spécialisation éventuelle, etc.

L'ensemble de ces éléments interagit dans la construction des problèmes publics. Nul doute toutefois que certains acteurs sociaux sont plus influents que d'autres, sont capables de mieux faire passer auprès des médias leur vision du problème, comme par exemple les représentants institutionnels de l'autorité (les hommes politiques, les policiers, les magistrats) ou les experts (administratifs ou scientifiques), par opposition à des membres d'associations, de certains collectifs ou tout simplement à des acteurs isolés. On le verra un peu plus loin, les médias ont fragilisé l'influence de certains intervenants dans l'espace public et au contraire renforcé le poids d'autres acteurs jusque-là en retrait. Mais ces inégalités de ressources entre les différents protagonistes ne doivent pas faire oublier que l'issue de cette lutte d'influence est toujours imprévisible, qu'il n'existe pas de lien systématique entre l'importance «objective» d'un fait social, sa percée en tant que problème public et sa médiatisation.

Dans le droit-fil de ces considérations sur les violences urbaines, on ne peut pas ne pas évoquer, en passant, le problème de l'insécurité et la manière dont celle-ci a donné lieu à un emballement médiatique lors de la campagne présidentielle de 2002. Épisode qui a fait couler beaucoup d'encre et qui s'inscrit parfaitement dans la catégorie du régime d'amplification dont il vient d'être question. Épisode qui par ailleurs soulève à nouveau l'interrogation autour du pouvoir des médias, de leur capacité à orienter le résultat d'une élection.

On se bornera à quelques remarques rapides sur ce thème qui prolongent les analyses précédentes. Selon un relevé exhaustif des sujets «faits divers/police/justice» effectué entre le 1er janvier et le 5 mai 2002 sur 65 médias (23 télévisions nationales hertziennes du câble et du satellite, 18 chaînes régionales et 24 stations de radio) par le pôle information de Taylor Nelson Sofrès[31], l'accroissement du nombre de séquences traitant de ce qu'on peut appeler l'insécurité a été considérable. En effet, entre le 7 janvier et le second tour de l'élection présidentielle, très exactement 18 766 sujets ont été consacrés aux crimes, jets de pierres, vols de routine, braquages, instructions judiciaires, interventions de police, etc., c'est-à-dire 987 sujets par semaine en moyenne. Ces données témoignent d'abord d'une augmentation de 126 % du nombre de sujets (entre février et mars 2002) et ensuite du fait que l'insécurité a été deux fois plus médiatisée que les problèmes d'emploi, huit fois plus que ceux du chômage (entre le 1er janvier et le 5 mai 2002). La télévision semble avoir accaparé près de 60 % de la présence médiatique de l'insécurité durant cette période ; la presse, près de 25 % et la radio, près de 12 %. Enfin, dernier constat, non seulement la visibilité des sujets liés aux crimes et à la délinquance dans les journaux télévisés de 20 heures a été deux fois plus importante sur TF1 que sur France 2 (le rapport étant de un à quatre pour le JT de 13 heures de France 2 et celui de TF1), mais en outre, après le premier tour, on a assisté à une chute spectaculaire d'environ 67 % des sujets touchant à l'insécurité sur le petit écran et d'environ 50 % pour l'ensemble des médias.

Les raisons d'un tel emballement médiatique tiennent probablement aux conditions de travail particulières des journalistes de télévision qui œuvrent, encore davantage en période de campagne électorale, dans une logique de mimétisme et de surenchère induite par les lois du marché. Laquelle s'explique par la recherche du scoop, par une volonté de dramatisation, par l'emprise de l'Audimat, phénomènes maintes fois décrits. La télévision a indéniablement encouragé, dans ce contexte, une représentation outrancière du danger, joué le rôle de chambre d'échos et de caisse de résonance en amplifiant à l'excès les cadrages interprétatifs sur les menaces censées peser sur la société française. Daniel Schneidermann n'éprouve par exemple aucun mal à montrer que cette perception remonte aux déclarations du président de la République Jacques Chirac, le 14 juillet 2001, qui fait du thème de l'insécurité l'un des principaux sujets de son intervention; que les événements du 11 septembre aux États-Unis ont intensifié l'inquiétude; que les statistiques concernant la hausse de la délinquance en 2000 et 2001 auraient nécessité une lecture plus fine et que l'agression d'un septuagénaire à Orléans (le 18 avril 2002) constitue le point d'orgue de cet emballement médiatique[32].

Une étude plus approfondie du mode de traitement télévisuel de l'insécurité par les deux principales chaînes de télévision (TF1 et France 2) au cours des premiers mois de 2002[33] démontre que celles-ci ont surtout focalisé l'attention, soit sur les victimes et sur leurs proches, soit sur les policiers et sur les syndicalistes. Elles n'ont en revanche guère mis en perspective le problème (par exemple sous l'angle des causes de la violence urbaine) et ont plutôt eu tendance à présenter les différents protagonistes de ces faits divers sous une forme quelque peu stéréotypée : les victimes sont innocentes, les agresseurs sont déshumanisés et les policiers y apparaissent comme

impuissants. Les reportages diffusés ont de surcroît été scénarisés sur le mode dramaturgique :
la vision de l'insécurité offerte par les informations télévisées est en effet axée sur la spectacula-
risation de la violence et sur la stigmatisation des
jeunes de banlieue.

S'il ne fait guère de doute que la compétition
entre les chaînes et la marchandisation accrue
de l'information ont été propices à l'utilisation
de ce registre d'amplification et à la surévaluation de la situation réelle, il est en revanche plus
malaisé d'en déduire, comme on l'a fait un peu
hâtivement, que les médias ont, dans ces circonstances, fait l'élection, c'est-à-dire permis à
Jean-Marie Le Pen d'être présent au second
tour. Le lien de causalité est indécidable et indé-
montrable tout simplement parce que l'impact
du média télévision n'est pas isolable d'autres
facteurs politiques, économiques et sociaux qui
ont pu avoir une incidence sur le résultat électoral. Les médias ne sont pas les seuls responsables même s'ils ont ostensiblement mis en
scène le thème de l'insécurité tout au long de la
campagne électorale. Les enseignements tirés
des études récentes sur la réception (dont on
reparlera) doivent en outre inciter à la prudence
même s'il n'est pas déraisonnable de penser que,
lors de cette élection, la télévision a pu, par
ses modes de cadrage du problème, réellement
influer sur l'imaginaire collectif et sur certains
comportements de vote.

Les différents travaux sur la construction des
problèmes publics que l'on vient de mentionner
confirment qu'il n'y a pas de relations causales

entre l'agenda des sources ou des entrepreneurs de causes et l'agenda des médias, mais plutôt un jeu complexe de stratégies et de tactiques, de rapports de force inégaux, qui entrent en inter-action pour définir les priorités «publiques» du moment. On est donc conduit, ainsi que le pro-pose Jean Charron[34] qui a notamment étudié les relations entre les élus du Parlement québé-cois et les journalistes politiques, à envisager les limites du modèle de l'*agenda-setting*. Modèle qui, rappelons-le, établit une relation causale entre l'importance que les médias accordent à certains sujets et la perception qu'ont les citoyens de l'importance de ces sujets.

Pour savoir en fin de compte qui, des sources ou des journalistes, détermine l'agenda des médias et pour vérifier si les médias sont un simple relais ou un véritable filtre des événements, il faut envisager l'information diffusée comme l'œuvre conjointe des multiples acteurs sociaux qui inter-viennent dans le débat public. C'est la raison pour laquelle de plus en plus de chercheurs s'ac-cordent pour dire qu'il est dorénavant nécessaire de raisonner en termes d'*agenda-building*, conçu comme un «processus collectif d'élaboration d'un agenda impliquant une certaine réciprocité entre les médias, les décideurs et le public[35]». L'infor-mation n'est pas seulement le produit de deux logiques qui s'opposent. Chaque partie intègre en fait, dans une certaine mesure à sa propre logique, celle de l'autre et essaie d'anticiper les attentes de l'autre. Ainsi que le note Jean Char-ron, l'influence la plus déterminante ne consiste pas finalement dans l'imposition de sujets ou de

problèmes, mais «dans la définition des paramètres à l'intérieur desquels sont choisis les
thèmes qui peuvent être débattus». La lutte pour
l'imposition d'une définition de la réalité à propos d'un sujet ou d'un problème donné souligne
le caractère complexe et toujours contingent des
phénomènes médiatiques. Elle suggère que l'information ne reflète pas la réalité des faits, mais
la capacité qu'ont les acteurs sociaux en constante interaction à constituer des faits en événements.

LE POIDS DES MÉDIAS
DANS LES MODALITÉS D'EXPRESSION
DE LA PAROLE PUBLIQUE

Étroitement liée à la construction des problèmes publics, la question du poids des médias
sur les modalités de la discussion dans l'espace
public prolonge la réflexion précédente en s'intéressant cette fois, non plus à l'interdépendance
entre les réseaux d'opérateurs ou aux panoplies
de cadres interprétatifs, mais aux différentes ressources mobilisées par les acteurs en présence
pour accéder aux médias et surtout aux écarts
existant, sur l'échelle d'influence, entre ces multiples protagonistes. Parce que les médias sont
probablement devenus de nos jours le principal
forum de débat public et que, par ailleurs, il
semble de plus en plus difficile de se faire
entendre sans passer sous les fourches caudines

de la médiatisation, certains acteurs sociaux ont, semble-t-il, gagné en visibilité et en notoriété au détriment des hérauts traditionnels de la diffusion de la parole publique. De surcroît, cette question des formes d'expression dans l'espace public rencontre aujourd'hui un nouvel écho en raison des possibilités inédites de communication offertes par l'essor d'Internet : la parole des acteurs traditionnels paraît dorénavant concurrencée, sur certains points, par celle des profanes.

Reste à mesurer les dimensions exactes de cet élargissement apparent de la parole publique grâce aux médias (quels en sont les principaux acteurs ? De quelles ressources disposent-ils ? Sur quels registres interviennent-ils ?) et à évaluer les répercussions éventuelles de ces nouvelles conditions de production et d'expression du débat sur les enjeux collectifs (quelle est leur efficacité ?). On procédera donc ici moins à une cartographie des sites médiatiques les plus représentatifs (presse spécialisée ou alternative, émissions dites d'interactivité à la radio, programmes de débats à la télévision, forums de discussion sur Internet, etc.) qu'à un examen des procédures d'accès à l'espace médiatique ainsi qu'à une étude du processus de dévaluation ou de réévaluation de l'influence de certains acteurs.

L'idée que l'on voudrait défendre est la suivante : les médias sont certes des instruments de démocratisation du débat public, ils encouragent sans nul doute, par la multiplication des canaux d'intervention, la participation grandissante du public profane, mais — revers de la médaille —

ils ne font disparaître ni l'asymétrie inhérente aux différentes prises de position, ni le poids prépondérant de certains intervenants mieux dotés en capacités d'influence. Plus fondamentalement, l'angle d'approche ainsi privilégié invite à se demander si le décloisonnement de la prise de parole qui conduit à rechercher la transparence à tout prix (on parle de tout sur la place publique, aussi bien de la vie publique que de la vie privée) ne recèle pas par ailleurs des effets pervers. Celui, par exemple, d'oublier l'importance de la préservation des distances, de négliger l'apport d'autres idées ou d'autres valeurs au risque, paradoxalement, d'un appauvrissement du débat en raison de la réduction du nombre de points de vue en discussion.

Les intervenants autorisés de l'espace public

Sans viser à l'exhaustivité, on peut aisément repérer les acteurs habituels de la parole autorisée au sein de l'espace public en France au cours de ces dernières décennies. Les professionnels de la politique, les intellectuels et, parfois, les experts et les savants ont longtemps représenté les catégories d'acteurs les plus influents dans le débat public aux côtés bien évidemment des anonymes, des citoyens, qui, pour être entendus, n'ont pas manqué de s'exprimer de diverses manières (élections, défilés et manifestations, etc.). Le combat en faveur de la liberté d'expression et de l'égalité des individus qui a caractérisé depuis des lustres le fonctionnement de l'espace public n'a certes pas disparu, mais il recouvre aujourd'hui d'autres

formes et d'autres modalités à cause de l'extension considérable des moyens de communication
modernes. De nouveaux acteurs ont ainsi acquis
de l'influence (les journalistes, les animateurs de
télévision, les artistes, les sportifs...); d'anciens
acteurs ont perdu de leur superbe (les hommes
politiques, les intellectuels); d'autres enfin ont
gagné en autorité (les experts) ou trouvé davantage d'écho (les profanes).

À défaut de pouvoir rendre compte dans le
détail de toutes les modifications qu'a subies
cette configuration sociale composée des différents acteurs sociaux appelés à se faire entendre,
on a pris le parti de ne retenir que quelques
exemples qui se veulent représentatifs des changements dus à l'impact de la médiatisation. Les
intervenants qui ont l'habitude de s'exprimer
dans l'espace public sont généralement légitimés
à le faire en fonction de leur représentativité
et/ou de leur notoriété et/ou de leur compétence.
Les responsables élus ou désignés correspondent
grosso modo au premier cas de figure; les intellectuels, au deuxième[36]; les experts et les savants
au troisième. La nouveauté réside dans le fait
que, dans chacune de ces sphères de la parole
publique, les journalistes sont devenus, soit des
interlocuteurs de premier plan, soit des concurrents directs.

On ne s'attardera pas sur la situation des professionnels de la politique dont on a vu, au chapitre précédent, combien les médias ont modifié
leurs modes de présentation de soi et leur logique
d'action. Le discrédit de la classe politique auquel
on assiste depuis quelque temps en France (crise

de confiance régulièrement attestée par les sondages d'opinion) et le brouillage des clivages idéologiques (l'antagonisme droite/gauche est moins aisément perceptible sur certains thèmes) ne favorisent pas la réception de leurs discours qui restent, pour beaucoup de nos concitoyens, décalés par rapport à leurs préoccupations immédiates ou quasiment inaudibles. Les stratégies de communication qui ont envahi le champ politique, le culte de la transparence qui anime nombre d'élus, la pression de l'immédiateté à laquelle ils sont soumis témoignent pour partie de l'incertitude de leur statut, de l'affaiblissement de la spécificité de la parole politique et donc de l'écho aléatoire de leurs prises de position.

Ces conduites à forte orientation médiatique désacralisent leur fonction (ils doivent constamment jouer de la proximité avec les «gens») et banalisent leur discours (ils sont dorénavant concurrencés par les nouveaux acteurs de la parole légitime que sont les journalistes, les experts, les juges, etc.). Si l'on y ajoute l'implication de quelques-uns d'entre eux dans des affaires de corruption, on aura vite saisi la dévaluation symbolique dont ils sont l'objet. Le discours politique n'en est pas pour autant impuissant : il est tout bonnement relativisé à l'aune de la résonance médiatique. Seules quelques fortes personnalités particulièrement expertes et habiles réussissent à tirer leur épingle du jeu, à retenir l'attention des journalistes et de l'opinion et à peser sur le débat public.

Au sein du triangle formé par les hommes politiques, les journalistes et l'opinion, les hommes politiques ne sont plus systématiquement en position de force. Les journalistes politiques ont ainsi acquis de l'autorité au cours des années 1980 et 1990 et ne peuvent plus être réduits à de simples relais ou courroies de transmission du discours politique. Ils sont des associés-rivaux qui ont gagné en autonomie par rapport au pouvoir politique et qui s'abritent de plus en plus derrière les résultats des sondages pour interpeller les hommes politiques. Mais ces journalistes sont eux-mêmes dorénavant concurrencés, on l'a vu, par la prise en charge croissante des débats dits de société dans des émissions de talk-shows et par la montée en puissance des animateurs de télévision. Les experts en sondages, les politologues qui mesurent l'état de l'opinion constituent, aux côtés des journalistes, une deuxième catégorie de concurrents. Par leurs commentaires et leurs analyses qui se réduisent souvent à ce que les Américains appellent *horse-race politics* (la compétition en termes de « course de chevaux » entre les candidats aux élections), ils exercent une influence sur le comportement des élus et peut-être aussi sur les électeurs. Dans la lutte d'influence qui oppose hommes politiques, journalistes et sondeurs, l'issue est par conséquent incertaine et les hommes politiques ne sont pas assurés d'avoir toujours le dernier mot[37].

Deuxième catégorie d'acteurs : les intellectuels. Leur statut dans l'espace public semble encore plus précaire que celui des hommes politiques. Longtemps perçu comme une sorte de prophète et de guide spirituel, comme un représentant de l'Universel s'érigeant en juge de la société, l'intellectuel français (pour aller vite, l'homme du culturel qui devient l'homme du politique et qui s'autorise de sa compétence et de sa notoriété pour s'investir dans le débat public) a indéniablement perdu de sa superbe. Le «pouvoir spirituel laïque» dont parlait Paul Bénichou[38] s'est effondré ou, à tout le moins, a été sérieusement mis à mal depuis quelques décennies. Jouant le rôle d'Antigone, de nombreux directeurs de conscience dont Jean-Paul Sartre a incarné la figure éponyme, se sont parfois fourvoyés dans la défense de causes indéfendables ou convertis au pragmatisme, en dignes émules de Créon. On ne reviendra pas ici sur les multiples raisons qui expliquent, non pas le déclin définitif, mais le relatif épuisement de cette figure traditionnelle du clerc. Elles ont été longuement analysées[39]. On voudrait plutôt s'interroger sur le poids de la médiatisation dans les transformations des modes d'intervention de ce dernier dans le débat public.

Régis Debray avait été l'un des premiers, il y a plus de vingt-cinq ans[40], à attirer l'attention sur l'influence, à ses yeux néfaste, des médias audiovisuels sur la qualité des arguments échangés sur les plateaux de télévision et sur la superficialité de la pensée engendrée par la logique du spectacle et de l'audience. La recomposition de la configuration intellectuelle se produit effectivement au tournant des années 1970-1980 et illustre la transformation du rapport des intellectuels au politique et à l'idéologique sous l'emprise, entre autres, de la logique du spectaculaire. Les preuves s'amoncellent, durant cette période, de la consolidation de l'influence des médias sur leur activité : mise en scène des débats et des controverses selon le modèle télévisuel ; médiatisation de l'action collective avec la connexion entre porte-parole des pétitionnaires et monde des médias ; investissement du champ politique par des vedettes du cinéma ou de la chanson dont certaines, jouant les maîtres à penser, se substituent provisoirement aux intellectuels d'autrefois ; lancement de mouvements d'idées selon les techniques éprouvées du marketing ; élaboration de palmarès d'intellectuels par les journalistes, etc. [41]. La liste est longue de cette démultiplication des marchés de la reconnaissance sur lesquels les médias opèrent un travail de labellisation : ils accolent telle image à tel type de personnalité, désignent les représentants autorisés, déterminent qui est intellectuel et qui ne l'est pas. La jeune génération des clercs issus de Mai 68 va par ailleurs donner un coup de pouce supplémentaire à cette tendance en investissant en nombre la presse (les journaux et les magazines surtout) ainsi que les professions de la communication pour en prendre très rapidement les commandes. Le milieu subit donc une crise d'identité et se trouve dorénavant partagé entre plusieurs modèles du clerc : celui de l'intellectuel traditionnel qui est de plus en plus enclin à se retrancher dans sa tour d'ivoire ; celui de l'intellectuel médiatique (Luc Ferry, André Comte-Sponville, Alain Finkielkraut, Alain Minc, etc.) qui ne vit plus que sous les feux de la rampe et celui de l'intellectuel équidistant qui est prêt à intervenir sur des problèmes de sa compétence, mais qui refuse de prendre position sur des sujets qu'il ne maîtrise guère [42].

Cette recomposition progressive des modes d'intervention des clercs modernes dans l'espace public favorise les zones de contact entre «professionnels de l'intelligence» et professionnels des médias et crée une sociabilité éclatée où le sens du placement et la capacité à cumuler des positions variées dans les deux sphères deviennent des atouts majeurs pour obtenir de l'écho. Certains diffuseurs d'idées (les journalistes) font alors parfois office de producteurs d'idées : ce que Michel Foucault appelait les «effets de savoir» sont dès lors remplacés par des «effets d'opinion». Pour nombre d'observateurs, les journalistes sont ainsi devenus les équivalents fonctionnels des intellectuels.

D'où les dérives de ce système qui encourage la percée de l'intellectuel médiatique et de l'essayisme hâtif dans la production éditoriale (le *fast-thinking* selon Pierre Bourdieu[43]). Exerçant une réelle fonction de juridiction sur le monde intellectuel, les journalistes ont de la sorte acquis du pouvoir en matière de détermination de la légitimité intellectuelle et exercent souvent un réel magistère dans ce domaine. Le mouvement social de décembre 1985 au cours duquel de nombreux intellectuels sont redescendus dans l'arène du débat public a illustré, à sa manière, le poids des journalistes dans la sélection et dans la perception des pétitionnaires[44]. La perte d'autonomie et la crise d'identité du milieu intellectuel ont ouvert la voie à ce mode de communication médiatique qui s'est accompagné, d'une part, d'une érosion incontestable du poids des intellectuels dans l'espace public et, d'autre part, d'une dévalorisation des espaces publics restreints (qui ont leurs propres normes d'évaluation comme le monde académique, religieux, scientifique, etc.).

Car les experts (le monde technocratique) et les savants (le monde scientifique), troisième catégorie d'acteurs, ne sont pas non plus à l'abri du vent de modernisation qui souffle sur le monde des idées et des débats. La forte valorisation des experts, dont la légitimité repose sur le savoir et sur la compétence, est en effet l'un des phénomènes les plus spectaculaires de ces dernières années en France comme dans d'autres pays européens. Elle s'explique notamment par le fait que, dans une société où toutes les opinions s'expriment librement, on ressent la nécessité de les hiérarchiser. «L'essor de la fonction d'expert est une des réponses à la question suivante: à qui donner la parole puisque les paroles sont toutes égales?» soutient Dominique Wolton qui voit dans cette montée en puissance le signe que, au fur et à mesure que le nombre de ceux qui s'expriment augmente, le besoin d'une parole compétente et autorisée s'accroît[45]. Le recours à l'expert apparaît comme le moyen de résoudre la question des relations entre la compétence et le pouvoir dans la mesure où, en principe, ce dernier n'est pas un décideur, mais un simple spécialiste dont on recueille l'avis autorisé.

Son influence peut également s'analyser sous un autre angle: comme le symptôme de la crise qui touche le monde politique et des incertitudes qui l'assaillent. Le poids grandissant des hauts fonctionnaires, des spécialistes médicaux, sociaux ou de santé publique dans des instances institutionnelles manifeste le souci des gouvernants de s'abriter de plus en plus derrière l'avis des spécialistes lors d'arbitrages difficiles. Faut-il interdire les OGM ? Peut-on autoriser les techniques de clonage thérapeutique ou reproductif ? Quelles mesures convient-il de prendre pour réduire la violence dans les établissements scolaires ? Autant de questions pour lesquelles on sollicite l'opinion des experts et des savants, on crée des commissions et des comités de « sages », on procède à des auditions et à des enquêtes publiques. Le recours à l'expertise technique et scientifique se conjugue ainsi à l'idéal de démocratie participative et se conçoit comme un outil d'aide à la décision politique.

La méthode délibérative préconisée et la publicité qui lui est éventuellement donnée dans les médias sont censées participer à la construction d'un espace public renouvelé[46]. D'un côté, les procédures consultatives fondées sur l'échange et sur l'éthique de la discussion entre personnalités indépendantes, de l'autre côté, la mise en scène de leur installation officielle (avec le président de la République) provoquent un effet d'annonce auprès de l'opinion. S'opposant à la politique politicienne et s'appuyant sur la science, sur la raison et sur la hauteur de vue, les « sages » sont les nouveaux médiateurs entre les élus et les citoyens, chargés de surmonter les clivages idéologiques existants, de reformuler les problèmes et de préconiser des solutions, au risque toutefois d'exclure les simples citoyens du processus d'élaboration des propositions et des recommandations[47].

Les comités du type Comité consultatif national d'éthique, Commission de la nationalité, Haut Conseil à l'intégration, Commission de réflexion sur la drogue et la toxicomanie, «Commission Stasi» sur le problème de la laïcité et bien d'autres encore sont l'illustration de l'influence croissante de ces groupes de travail et de réflexion qui associent en général des scientifiques, des médecins, des universitaires, des intellectuels, des représentants de l'État, des élus et qui sont invités à formuler des recommandations aux pouvoirs publics. Les médias reprennent volontiers les avis de ces experts et savants, sollicitent les personnalités les plus à l'aise devant les micros et les caméras (Jean-Paul Fitoussi, Edgar Morin, Axel Kahn, Jacques Testard, Hubert Reeves, Albert Jacquard, etc.) en apportant de la sorte un surcroît de légitimité à leurs propos. Les avis de l'expert valent caution morale et scientifique et constituent l'un des registres montants de la parole publique dans l'espace public contemporain. C'est ainsi que les débats consacrés depuis quelque temps aux biotechnologies ainsi que les réflexions qui entourent les recherches sur la transgénèse, sur la connaissance du génome humain sont de plus en plus problématisés dans une espèce d'interaction constante entre logique délibérative en petit comité d'experts et logique médiatique.

Une étude en cours[48] sur les liens qui s'instaurent entre le Comité consultatif national d'éthique (CCNE) et les journalistes de différents médias écrits et audiovisuels laisse entrevoir, chez beaucoup de membres du Comité, leur extrême atten-

tion à la maîtrise de la communication des « avis »
qui sont rendus, leur souci de préparer au mieux
la vulgarisation de leurs travaux en rédigeant des
communiqués de presse dont les mots sont soigneusement pesés et en organisant des conférences de presse minutieusement préparées afin
d'éviter les déformations ou les amplifications
inconsidérées des médias. Elle montre également
que les compétences des journalistes spécialisés
en médecine et en santé sont extrêmement hétérogènes, que la recherche du scoop est souvent
effrénée pour les sujets les plus porteurs (l'eutha-
nasie, le clonage humain, les « bébés-médica-
ments », les greffes partielles ou totales du visage,
etc.) et que les simplifications ou les approximations dans les médias sont monnaie courante.

Les médias favorisent la nouveauté érigée en
valeur suprême, juxtaposent des états fragmen-
taires de points de vue (en isolant un élément de
la démonstration et en l'hypertrophiant) et transmettent moins des savoirs que des événements[49].
On rejoint en ce sens le constat établi par Suzanne
de Cheveigné pour qui « les questions publiques
sont élaborées par les acteurs (dont les médias)
par un travail de problématisation collective de
la situation dont une grande part se déroule sur
la scène médiatique[50] ». Sur cette scène, les journalistes, les experts et les savants se partagent la
distribution des rôles, des arguments et des commentaires.

Au final, il semble bien que, si l'on excepte les
experts et les savants, les représentants traditionnels de la parole autorisée (les hommes politiques et les intellectuels) aient été déstabilisés

par l'essor des médias et que de nouveaux acteurs (les journalistes notamment) aient surgi dans l'espace public contemporain. Ces derniers disposent d'un pouvoir de sélection et de résonance qui doit être, à présent, mis en relation avec les changements de registre d'intervention des simples citoyens.

La parole des profanes :
le témoignage individuel

Qu'en est-il alors de la parole ordinaire ? Est-elle davantage présente et audible ou demeure-t-elle confinée dans quelques lieux bien circonscrits ? L'écho rencontré auprès des médias par certaines prises de position publiques d'individus anonymes s'est-il accru ? La presse, la radio, la télévision et Internet élargissent-ils le débat en favorisant le pluralisme des opinions ou, au contraire, contribuent-ils au rétrécissement et à la fermeture de l'espace public ? Gabriel Tarde avait, en son temps[51], apporté un début de réponse à la question du rôle des journaux dans le débat public. Il estimait que l'expansion des journaux au cours du XIXe siècle avait accéléré la diffusion des opinions et accompli un travail de fusion des opinions personnelles, locales, en une opinion collective et nationale. La presse, expliquait-il, joue le rôle de « ciment social » et parvient à réunir des populations auparavant dispersées, morcelées, en un public conscient de sa force et de son identité. Elle sert de lien entre membres d'une même communauté ou société et encourage ainsi la circulation des idées sur un même territoire. On peut légitimement se demander si, avec l'essor des moyens de communication modernes, cette analyse garde aujourd'hui toute sa pertinence ou si elle mérite d'être affinée et amendée. Le seul moyen d'en avoir le cœur net est — encore et toujours — de partir de constats empiriques, seuls susceptibles de valider ou d'infirmer cette hypothèse d'une amélioration de la qualité du débat public sous l'effet des médias.

Les citoyens ordinaires interviennent soit à titre personnel, soit à titre collectif dans l'espace public. Il semble bien que les médias, principalement audiovisuels, aient quelque peu infléchi les modes de prise de parole individuelle en facilitant l'expansion du registre du témoignage ou de l'expérience personnelle et qu'ils aient sérieusement modifié les formes de l'action collective dorénavant pensées à l'aune de leur médiatisation. Penchons-nous d'abord sur le registre de l'expression individuelle.

La multiplication des formes de paroles publiques et publicisées qui font appel à l'expression d'opinions et de jugements personnels, à la volonté de partager des expériences vécues pour en porter témoignage aux yeux du plus grand nombre est indéniablement un phénomène qui doit beaucoup au développement de la radio et de la télévision, bien qu'il ne faille pas ignorer l'extension des pages «Débats» et «Opinions» dans les quotidiens et dans les magazines depuis quelques années en France (sur le modèle de la presse étrangère, notamment anglaise et allemande, qui avait pris quelques longueurs d'avance à ce sujet). La capacité à faire parler «vrai» est devenue un argument de taille dans l'élaboration de la grille des programmes de télévision qui ont vu les émissions de reality-show et de talk-show connaître un succès foudroyant depuis un certain nombre d'années.

Ainsi que le souligne Dominique Mehl dans ses travaux sur la «télévision de l'intimité[52]», le petit écran est devenu un vaste confessionnal (où l'on parle de sa détresse psychique, de ses crises conjugales, de secrets d'alcôve, etc.) qui reflète l'évolution des relations entre vie privée et vie publique dans nos sociétés. La publicisation de la vie privée, la pratique de la confession catho- dique, la mise en scène de son intimité per- sonnelle oscillent entre exhibitionnisme et voyeurisme, entre vices médiatiques et vertus thérapeutiques. Elles n'ont pas seulement pour fonction de dévoiler ce qui jusqu'alors demeurait caché (sa double vie, son homosexualité, ses deuils, son alcoolisme, ses handicaps, etc.), mais aussi de transmettre éventuellement un message collectif (énoncer des conseils, suggérer des leçons pour tous). L'audience d'émissions telles que *L'Amour en danger*, *Bas les masques*, *Ça se discute*, *C'est mon choix*, *Vie privée, vie publique* témoignent du succès de cette télévision dite compassionnelle qui valorise l'expression des pro- fanes à travers celle des émotions et des senti- ments. Le récit de vie télévisuel devient à lui seul un témoignage qui fonctionne comme argument («c'est vrai parce que je l'ai vécu»). La santé, le corps, la parentalité, la famille sont l'objet de débats publics au cours desquels sont convoqués quelques experts (souvent des psychologues, des psychanalystes ou des psychiatres) et surtout des citoyens ordinaires sous l'œil des téléspectateurs avides de révélations.

Un pas supplémentaire dans la tyrannie de l'intimité a été franchi avec l'émission *Loft Story* qu'on a déjà eu l'occasion de mentionner et qui a déchaîné à ses débuts les passions, passions vite retombées depuis. Il ne s'agit plus, avec ce type de programme à dimension ludique et vécu en direct par les téléspectateurs, de témoigner d'une expérience particulière, mais de faire participer des anonymes[53] à une expérience collective, celle de la banalité de la vie quotidienne. L'échange émotif occupe alors tout l'espace, le culte de l'authenticité et de la transparence fait office d'argument de sorte que la vie relationnelle constitue la trame principale de cette émission[54]. Symbole d'une télévision non plus compassionnelle mais relationnelle, *Loft Story* incarne à merveille la néo-télévision qui parle de moins en moins du monde extérieur et de plus en plus d'elle-même. Celle qui marginalise l'argumentation au profit de la recherche du contact ; celle où le public n'est plus un figurant ou un spectateur, mais l'acteur principal de son propre spectacle.

À l'opposé de la parole de l'expert qui est froide et lointaine, la parole ordinaire est chaude et proche, immédiatement accessible. Contrairement à la parole publique qui se donne à entendre sur la scène sociale, celle qui se déploie sur les ondes et sur le petit écran livre le plus souvent des propos subjectifs et suggestifs. Elle modifie donc les modalités de l'expression dans l'espace public en promouvant un discours profane, s'appuyant moins sur les savoirs et les arguments que sur la singularité et le narcissisme. Sa percée au cours de ces deux dernières décennies épouse les transformations politiques et sociales de la France de la fin du xxe siècle. Elle s'explique en partie par la montée en puissance de l'individualisme et de l'hédonisme, de la «culture psychologique», d'un modèle de société où toutes les revendications des particularités sont permises et où le droit à la différence est clairement proclamé. La subjectivité est affichée comme gage de vérité et les règles ou normes publiques sont privatisées, reformulées dans le cadre de la vie personnelle de chacun. «L'individu incertain», pour reprendre le titre du livre d'Alain Ehrenberg[55], est devenu le parangon de la figure de l'homme moderne. Chacun éprouve la validité de ses croyances et de ses valeurs au moyen de sa propre expérience et non plus en fonction d'un cadre préétabli puisque prévaut désormais le relativisme des valeurs.

Dans un registre différent, la télévision promeut également une forme de parole publique davantage centrée sur l'expression de convictions citoyennes. Certaines personnes sont probablement en quête d'un surcroît de reconnaissance ou d'identité, mais d'autres sont en quête de réponses à des problèmes que la société ne sait pas résoudre ou, du moins, traiter efficacement. Les carences des pouvoirs publics en certains domaines (la santé, le chômage, le logement social, etc.) sont alors mises à nu par une parole qui trouve à se faire entendre sur certains plateaux de débats de société (*La Marche du siècle*, *Santé à la une*, etc.). La télévision peut, dans ce cas, devenir le vecteur d'une parole plus critique, voire militante. Mais ce discours, ne nous y trompons pas, n'est énonçable que parce qu'il est formulé à la première personne.

Dominique Mehl fait remarquer qu'en période de crise du lien social, la télévision se fait ainsi l'interprète de messages collectifs liés à la quotidienneté ou le relais d'associations ou d'institutions sociales. La programmation de telles émissions, plus ou moins fréquente, s'explique cette fois par la perte de vitalité des institutions qui édictent la loi et les normes, par le désenchantement éprouvé à l'égard des instances de représentation politique (partis) et institutionnelle (syndicats, Églises, etc.) et par une certaine impuissance des pouvoirs publics en matière économique et sociale. Les difficultés d'insertion sociale, la recherche d'un logement ou d'un travail, l'absence d'infrastructures sportives ou culturelles sont réinterprétées en termes de manques individuels. Le danger d'une telle posture est évidemment qu'elle occulte les causes véritables du malaise social qui se prête de plus en plus à une lecture individualisante des problèmes sociaux et qui se définit comme un symptôme relationnel qu'il convient de «soigner» au cas par cas. La télévision est alors perçue comme une télévision réparatrice du lien social.

Mais cette prise de parole, est, on le sait, inégalement distribuée : seuls ceux qui savent tenir un discours clair et synthétique peuvent véritablement intervenir au détriment de ceux qui, moins dotés socialement et peu habitués à s'exprimer en public, tiennent des propos hésitants ou confus (que les journalistes et les animateurs interrompent alors rapidement). Les exemples de cette sélection socialement construite et de ces pratiques télévisuelles discriminantes abondent, notamment dans le cadre de magazines politiques ou de société. L'étude attentive des modalités de l'échange sur une sélection d'émissions représentatives des années 1990 (*Les absents ont toujours tort*, *La Marche du siècle*, *Le Rendez-vous de l'Europe*) réalisée par Jean Mouchon[56] prouve que les propos des hommes politiques, des experts et des représentants connus de la société civile s'appuient sur la mise en avant d'un savoir spécialisé et de la célébrité alors que les membres du public incarnant la parole ordinaire sont relégués au rang d'acteurs secondaires ou doivent être familiers du «savoir paraître». Les modes d'attribution de la parole, du temps de parole et du droit de suite convergent vers cette inégalité de traitement et illustrent les disparités d'accès à l'espace public télévisuel. L'exigence démocratique parfaitement louable des producteurs de ces émissions se trouve en réalité bridée par les effets de la stratification sociale[57].

On peut également noter que le succès croissant, depuis quelque temps, des émissions interactives à la radio (*Les auditeurs ont la parole*, *Le téléphone sonne*, etc.) où les auditeurs peuvent commenter l'actualité du jour, exprimer leur avis sur un sujet précis, dialoguer avec l'animateur, sont le symptôme d'une réorientation des programmes placée sous le signe de la recherche

de proximité avec la «France d'en bas» et d'une
volonté affichée de donner davantage la parole à
ceux qui, généralement, ne l'ont pas. Mais, dans
ce cas aussi, le filtrage des intervenants à l'antenne qui est opéré en amont par le personnel
des standards téléphoniques des différentes stations relativise le slogan du droit à la parole pour
tous.

Un beau contre-exemple à cette vision de la
valorisation des émotions et des affects dans
l'espace public nous est cependant fourni par
une étude de la prise de parole des auditeurs
de radio au cours des années 1970. Analysant
ce qu'il dénomme «les grammaires de l'expérience», Dominique Cardon, grâce au dépouille-
ment du courrier des auditeurs de l'émission de
confession à distance animée par Ménie Grégoire sur RTL entre 1967 et 1981[58], montre
que l'expression à l'antenne de souffrances psychologiques, morales ou sexuelles ne provoque
pas nécessairement l'apathie et le désinvestis-
sement social de l'auditeur. Il distingue en vérité
trois modalités de comportement des récepteurs.
La première, l'«attendrissement», est synonyme
d'attitude bienveillante des auditeurs qui ne pratiquent aucun retour réflexif sur ce qu'ils entendent à la radio. Ils s'attendrissent sur le sort de
l'appelant, compatissent à ses malheurs et entretiennent une relation affective avec l'animatrice. La deuxième, l'«appropriation», suggère
que les propos tenus à l'antenne résonnent en
quelque sorte avec l'expérience personnelle de
l'auditeur. Celui-ci s'approprie les récits entendus sur les ondes, s'identifie avec la personne

qui témoigne et se livre à l'introspection. Les exemples cités à l'antenne sont vécus sur le mode de la réminiscence et l'animatrice joue simultanément le rôle d'une conseillère, d'une thérapeute et d'une analyste. La troisième, l'«indignation», est une attitude qui déplace les problèmes et les souffrances évoqués vers le monde du droit et de la justice. L'émission sert dans ce cas de tribunal et de vecteur d'une prise de conscience des injustices qui touchent en particulier les femmes en matière de travail féminin, de droit à la contraception, de réforme parentale, etc. L'animatrice devient ici le porte-parole et l'avocate des auditeurs.

La surprise de cette enquête ne provient pas du fait que les trois attitudes soient socialement distribuées (les mères au foyer, les personnes plutôt assez âgées, d'origine populaire ou rurale, sont par exemple nettement plus nombreuses dans la première catégorie de comportements que dans la troisième), mais que ce type d'émission réussit sur la durée à faire évoluer l'attitude des auditeurs. La familiarisation progressive avec la confession radiophonique entraîne un déplacement des formes d'investissement, c'est-à-dire un passage, pour certains auditeurs, de la grammaire de l'attendrissement à celle de l'appropriation et pour d'autres, de celle de l'appropriation à celle de l'indignation. Elle modifie donc les formes d'engagement du public dans l'espace privé et dans l'espace public. N'en serait-il pas de même pour certaines émissions de télévision aujourd'hui?

L'expansion des émissions compassionnelles, relationnelles ou davantage citoyennes sur le petit écran dépend en tout état de cause des transformations globales qui affectent la société depuis une vingtaine d'années. Elle peut également trouver une partie de sa raison d'être dans les modifications internes à la télévision elle-même. Les rapports de force entre journalistes et animateurs ont en effet été bouleversés au cours de ces dix ou vingt dernières années au profit des seconds. Les animateurs qui prennent en charge les émissions de talk-show et de débats dépendent des unités «divertissement» et rarement «informations» des différentes chaînes. Leurs exigences professionnelles, moins strictes, permettent peut-être à un plus grand nombre d'anonymes de se produire sous les sun-lights.

Certains observateurs redoutent que la prépondérance de l'expérience au sein de l'espace public, la publicisation de l'espace privé, l'abolition des frontières entre privé et public ne conduisent à une dilution de l'expression politique au sens noble du terme. L'entremêlement du privatif et du général, l'interdépendance entre le dedans et le dehors créeraient des fluctuations dans la définition de la norme sociale, entraîneraient l'affaiblissement des corps intermédiaires et de ce que Dominique Wolton appelle les communautés partielles. Dans la mesure où il n'y plus de balise ni de repère, mais seulement une juxtaposition d'exemples et de témoignages, la société de la médiatisation (le direct, l'authenticité, la transparence) aurait dès lors tendance à devenir une société sans médiation. Le débat, sur ce point, reste ouvert.

La parole des profanes : la revendication et la protestation

Au-delà du témoignage individuel, la parole des profanes s'incarne également dans des stratégies collectives, souvent revendicatives. Le comportement protestataire est, dit-on souvent, une forme d'idiosyncrasie du citoyen français. La vie de notre pays est riche de ces mouvements collectifs (manifestations, soulèvements, insurrections) qui ont exprimé les revendications du peuple face au pouvoir en place et qui ont parfois bouleversé le cours de l'histoire. On sait, depuis les travaux de Patrick Champagne sur le sujet, que les mobilisations collectives passent désormais de plus en plus par leur mise en scène sur le nouveau forum que représentent les médias et notamment la télévision. On connaît un peu moins, même si on le soupçonne, le rôle d'Internet aujourd'hui dans les transformations des pratiques militantes et dans les mouvements sociaux nationaux et internationaux. On ignore, le plus souvent, que la radio peut également servir de tremplin au registre de la protestation.

Tel fut par exemple le cas des auditeurs de *France Inter* en février 1994 pour commémorer le quarantième anniversaire de l'appel de l'abbé Pierre. À l'initiative de deux journalistes de la station, il a été proposé aux auditeurs de laisser sur un répondeur téléphonique un message d'indignation. L'objectif était de faire remonter de la base les mouvements d'humeur et de colère des Français, de sélectionner certains d'entre eux et de les diffuser à l'antenne : près de 4 000 messages ont été ainsi recueillis et 25 seulement retenus. Le décodage et l'interprétation des messages, auxquels ont procédé deux chercheurs[59], confirment d'abord la distribution sociale des opinions puisque les thèmes d'indignation sont fonction de l'appartenance sociale (les classes populaires parlent ainsi surtout des médias, des problèmes sociaux et politiques ; les chômeurs évoquent le plus souvent leur situation de victime et s'en offusquent) et leur registre sexué (les hommes traitent davantage de la politique et les femmes, davantage des mœurs, des valeurs et de la morale publique ou de thèmes comme la solidarité et la générosité). Dans les propos tenus, les marques émotionnelles sont en outre nombreuses : les intervenants sont fortement impliqués dans leur discours et incriminent, le plus souvent, l'impuissance des gouvernements, les insuffisances du personnel politique, la distance existant entre les représentants et les représentés ou encore la faillite des porte-parole autorisés.

La posture la plus fréquemment adoptée par les auditeurs est celle de simple témoin devant le spectacle des souffrances du monde. Elle atteste, selon les auteurs de l'étude, d'une crise de la critique publique. La tonalité dominante est en effet celle d'un constat d'impuissance. L'élargissement du recrutement des auditeurs défait, expliquent-ils, les prises de parole passées à l'antenne de leurs attaches militantes traditionnelles et favorise l'expression d'un sentiment de honte face à l'injustice qui les entoure. Le monde n'apparaît plus comme un monde à transformer, mais comme une réalité déjà donnée face à laquelle l'auditeur exprime son état psychologique. On peut donc en conclure que ce genre d'émission, plutôt que d'encourager l'action collective, favorise l'action de proximité, l'investissement dans les associations humanitaires. «L'arène des actions possibles, constatent-ils, n'est plus tellement l'espace public, mais l'horizon quotidien du locuteur[60].» Le désarroi l'emporte sur la détermination, la réparation directe et immédiate sur la mobilisation publique. Le système médiatique tendrait par conséquent à thématiser l'impuissance en offrant une succession de plaintes et non pas un discours d'affirmation volontaire. Les médias seraient ainsi le reflet de l'effondrement de la croyance en une force possible de la parole publique.

Ce diagnostic rejoint, à sa manière, celui de Marcel Gauchet qui dénonce le lien entre le succès actuel de l'idéologie des droits de l'homme et le poids pris par les médias. La rencontre entre cette idéologie et les médias dévalorise, selon lui, l'exercice de la démocratie parce qu'elle installe de fait un sentiment d'impuissance et qu'elle se contente d'encourager une mobilisation émotive forte qui se double d'une mobilisation civique faible, éphémère et sans la moindre projection vers le futur[61].

On ne peut guère, face à ce constat de faiblesse des médias dans la sphère publique contemporaine, qu'opposer une série d'analyses et d'observations qui envisagent d'une manière différente le poids des médias dans le débat public, sans pour autant, d'ailleurs, remettre totalement en cause l'interprétation précédente. L'étude des mobilisations collectives, sous le prisme de leur médiatisation, apporte en effet un correctif à cette évaluation et permet de repérer d'autres modalités d'influence des médias sur l'expression de la parole profane dans l'espace public. On ne reviendra pas ici, tant le phénomène est désormais connu, sur la manière dont les manifestants cherchent à faire pression sur les journalistes par le biais de techniques de communication éprouvées, de mises en scène élaborées, susceptibles de «faire de l'image» au journal de 20 heures, ni sur la façon dont les journaux du lendemain se font l'écho de ces actions spectaculaires, créant ainsi des «manifestations de papier[62]». Le fait est dorénavant avéré : les médias peuvent jouer, dans certains cas, le rôle de véritables acteurs des mouvements sociaux[63].

On voudrait plutôt souligner que tous les mouvements sociaux ne sont pas engagés dans une espèce de quête compulsive de la «reprise télévisuelle» et ne recherchent pas exclusivement un écho médiatique. En outre, toutes les manifestations sont loin de bénéficier, faut-il le rappeler, d'une réelle médiatisation. La presse ne fait état, semble-t-il, que de moins de 5 % des manifestations et, si l'on en croit Pierre Favre[64], le rapport des manifestations aux médias n'est décisif que dans des cas limités et souvent non représentatifs. La plupart des mobilisations s'inscrivent dans un cadre local et régional[65] alors que celles qui participent d'une mobilisation nationale sont

davantage médiacentrées. La couverture de la
presse est la plupart du temps erratique et aléatoire : elle a en tout cas tendance à ne rendre
compte que des mobilisations de grande ampleur
ou propices à créer l'événement. On ajoutera
qu'il est particulièrement difficile de mesurer
l'impact exact de cette médiatisation. On peut
simplement noter que celle-ci engendre chez les
manifestants la croyance en son efficacité : ce
point est à lui seul la preuve que la médiatisation
des actions collectives n'est pas sans effet sur les
acteurs qui se mobilisent. On signalera enfin que
certains responsables politiques et institutionnels ne sont évidemment pas insensibles à la
force de cette montée en généralité puisqu'ils
infléchissent souvent leur attitude en fonction
des commentaires et des images diffusés dans la
presse écrite et audiovisuelle à leur propos.

La question du rapport entre médias et mouvements sociaux ou organisations militantes a,
quoi qu'il en soit, fortement inspiré les chercheurs : la littérature sur le sujet est particulièrement riche. Elle offre un large éventail d'études
de cas qui permet de saisir l'influence des médias
sur les formes de revendications collectives. Elle
conduit à penser que ce qui se joue entre acteurs
sociaux et médias n'est jamais figé une fois pour
toutes et dépend d'une dynamique d'interactions
et d'ajustements extrêmement variables. Les
exemples de ces différentes formes de protestation sont légion et ont été minutieusement analysés : citons notamment la logique médiatique
adoptée par le mouvement Greenpeace, les
formes de médiatisation de SOS-Racisme, l'en-

gagement médiatique des associations de lutte contre le sida, la mobilisation médiatique d'Act-Up, le mouvement social de décembre 1995 ou celui des chômeurs durant l'hiver 1997-1998 face aux médias, etc.[66]

On ne saurait, en quelques mots, résumer les grandes leçons de ces multiples travaux qui illustrent à leur manière le constat selon lequel il n'y a pas de loi générale et univoque des rapports entre médias et revendications ou protestations collectives. Tout au plus est-il possible de noter que les mouvements sociaux peuvent déstabiliser les routines journalistiques, brouiller l'interprétation des événements, conduire chez les journalistes à des anticipations et à des compréhensions différentielles d'un même événement (ce fut le cas entre des journalistes de *Libération* et du *Parisien* en décembre 1995). Ces enquêtes confirment par ailleurs que les médias représentent une ressource précieuse pour les associations et les mouvements sociaux et que le cadrage dont ces derniers font l'objet n'est pas systématiquement négatif. En effet, plus ces associations sont solidement organisées, plus elles ont de chances de peser sur les cadrages des médias et d'obtenir une couverture favorable ; moins elles sont vigoureuses et cohérentes, plus elles risquent d'être affectées par la couverture médiatique dans leur organisation interne, leurs actions, voire leur existence.

Les stratégies d'influence sont de surcroît très diversifiées. Les associations de lutte contre le sida ont par exemple opté pour des manières concurrentielles de définir les enjeux de la lutte et ont eu recours à des formes d'intervention médiatique différentes (tenter de pallier les dérapages de la presse grand public à l'instar du mouvement Aides ou instrumentaliser les médias par des mises en scène de débordements comme Act-Up). Bref, il y a mille et une manières pour les profanes d'intervenir dans l'espace public par le truchement de mobilisations collectives et de peser sur la perception de ces dernières par le biais de leur médiatisation. Ajoutons qu'à côté de ces mouvements de protestation se font également entendre d'autres groupes marginalisés ou minoritaires qui développent des contre-discours au sein de l'espace public et qui font un travail de redéfinition de leur identité comme le mouvement homosexuel (gay ou queer) ou celui des droits civiques noirs américains[67].

L'exemple de la mobilisation contre la fermeture de l'usine Renault de Vilvorde en 1997[68] suffira à nous convaincre du caractère évolutif de la mise sur agenda médiatique et des pratiques d'ajustements réciproques entre manifestants et journalistes. L'annonce, le 27 février 1997, de la fermeture de l'usine belge de Vilvorde à partir du 31 juillet suivant provoque immédiatement une grève du personnel de l'usine qui durera sept semaines. Cette mobilisation va peu à peu entraîner dans son sillage de multiples acteurs (les syndicats, les hommes politiques belges, français et européens ainsi que les médias) et fera d'un problème industriel local un enjeu politique européen. Comment expliquer qu'un tel conflit sorte de la routine journalistique et accapare à ce point l'attention de l'opinion de plusieurs pays? Par des considérations d'ordre conjoncturel (l'annonce d'un plan social prévoyant 3 000 suppressions d'emplois en France renforce la mobilisation commune) et par des raisons de cadrage particulier du conflit (l'Europe sociale en question). Chez les syndicats, le registre de la solidarité internationale a en effet été très rapidement revendiqué avec comme mot d'ordre le « maintien de l'emploi » à travers une stratégie de forte médiatisation de la revendication. Face à la volonté de la direction de l'usine de ne pas entamer de négociations avec les salariés, ceux-ci se sont alors tournés vers les médias pour obtenir la couverture la plus large et la plus favorable possible. Le cadrage du conflit en tant que problème européen par les journalistes s'est avéré décisif. Chez les hommes politiques, l'attention à cet événement a, pour ces mêmes raisons, été très soutenue, au point que le roi des Belges ait dit regretter la décision et qu'en France le président de la République se soit déclaré « choqué par la méthode ». Les journalistes ont été eux aussi très sensibles au caractère politique du dossier et à son volet européen : les attentes relatives au thème de l'Europe sociale sont, chez eux, très fortes.

Les interactions entre les différents acteurs ont donc convergé vers une mise en agenda et un cadrage médiatique inhabituels pour ce genre de mouvement social, ce dont témoigne par exemple l'importance de la couverture du conflit par l'AFP (17 dépêches en moyenne par jour). Le déclic semble se produire le jour où une journaliste du service social de l'AFP commence à parler d'« eurogrève ». Les syndicats, qui au départ n'y avaient pas songé, ont peu à peu repris cette expression comme slogan : la spirale était ainsi enclenchée et a abouti à l'organisation d'une « euromanif » en mars à Bruxelles. Cet exemple de mouvement revendicatif est la preuve que les acteurs sociaux ont modifié leur action en fonction du traitement médiatique de l'affaire et que, par ailleurs, ils ont pu peser sur ce traitement. La multidimensionnalité de la dynamique protestataire est ici confirmée.

Ce cas de figure d'un mouvement social dépassant les frontières d'un seul pays conduit tout naturellement à envisager la transnationalisation de la contestation, confortée depuis quelque temps par la diffusion d'Internet à travers le monde. Tout un chacun a été témoin des pratiques de mobilisation de certaines organisations non gouvernementales qui visent à élargir l'espace de leur intervention au niveau international. Les écologistes anglo-américains ont été parmi les premiers, dans les années 1960, à promouvoir leurs revendications de cette manière à l'aide des médias et ont redoublé d'efforts en ce sens depuis les années 1980 grâce à un intense activisme sur le Net. Le répertoire médiatique ainsi promu n'induit pas véritablement une révolution des pratiques de mobilisation des écologistes, mais s'inscrit comme une étape supplémentaire dans la dynamique de transnationalisation de leur stratégie[69]. Les nouvelles techniques de communication introduisent de la rapidité et de la fluidité pour alerter l'opinion et pour activer les réactions. Ce type de militantisme requiert d'ailleurs des aptitudes particulières et a eu tendance à favoriser, chez les écologistes, la professionnalisation du militantisme en faisant émerger un personnel qualifié, celui des experts des organisations militantes, de plus en plus éloignés des sympathisants ou des militants isolés.

L'idée d'une citoyenneté planétaire[70] grâce aux nouvelles pratiques de communication en réseaux fait donc lentement son chemin, bien que l'objectif soit encore loin d'être atteint et qu'il ressemble davantage, pour l'instant, à une utopie techniciste qu'à une réalité effective. Il n'en demeure pas moins que, depuis notamment la contestation médiatisée de la conférence de l'Organisation mondiale du commerce (OMC) à Seattle en novembre 1999, émerge peu à peu une nouvelle conscience sociale critique à l'échelle planétaire. Des mouvements alternatifs disparates et altermondialistes qui veulent barrer la route à la déréglementation sauvage, à la spéculation financière internationale, aux atteintes à l'environnement s'approprient les technologies de l'information et de la communication pour mobiliser plus efficacement et plus rapidement leurs troupes, pour faire circuler des informations à large échelle et ainsi mieux coordonner leurs interventions dans l'espace public international. Le premier Forum social mondial qui s'est tenu à Porto Alegre en 2001 a donné le signal de ce mouvement organisé de résistance en réponse à la mondialisation libérale. Face aux États et aux entreprises privées, un nouvel acteur social, porte-parole de la base, cherche à s'affirmer et à inventer des formes inédites de solidarité citoyenne tout en donnant le maximum de publicité à ses actions. Usage de la raison, accessibilité immédiate et transparence dans le cadre des échanges sur Internet semblent apporter une concrétisation au modèle de la démocratie délibérative cher à Habermas. La réalité, on s'en doute, est quelque peu différente.

Cet «Internet militant» est utilisé par de nombreuses associations en France dont le mouvement Attac, récemment étudié sous cet angle[71], constitue un bon exemple parmi d'autres. En fait, les militants associatifs français, comme l'a montré Fabien Granjon[72], inscrivent cette pratique dans une forme d'engagement fondée sur la critique sociale par projets. Internet est alors le support d'une espèce de néo-militantisme qui va à l'encontre de l'engagement selon le modèle d'une organisation hiérarchisée, planifiée et pyramidale. Il se développe, au contraire, dans des structures de taille modeste, organisées en réseaux avec des revendications limitées.

Les pratiques digitales de communication se présentent donc comme la traduction technologique d'un type particulier d'engagement militant. Internet actualise en quelque sorte certaines méthodes antérieures en leur servant d'appui logistique, autorise des plates-formes d'échange et répond aux exigences d'une coordination plus flexible. Il favorise la prise de parole individuelle et, par sa souplesse, augmente les capacités de fonctionnement de l'organisation, renforce les contacts entre militants. Disponibilité, rapidité, réactivité, meilleure information : tels sont les principaux profits que les militants en retirent. Cette mobilisation en réseaux tisse également une réelle solidarité technique et encourage l'arrivée sur le devant de la scène de nouvelles catégories de militants spécialisés dans les opérations de « courtage en information » (ceux-ci peuvent être des passeurs, des filtreurs et des interprètes). On ne saurait toutefois en conclure que cette nouvelle forme de militantisme relègue les formes traditionnelles d'engagement aux oubliettes parce que les anciens types d'engagement et de mobilisation n'ont pas disparu pour autant.

MÉDIAS, ESPACE PUBLIC ET CITOYENNETÉ

Peter Dahlgren, l'un des chercheurs qui ont le plus étudié (aussi bien d'un point de vue théorique qu'empirique) les liens entre médias et espace public[73], estime qu'il est impossible aujourd'hui d'aboutir à une évaluation simple et unifiée du poids des médias et des technologies de l'information et de la communication (TIC) dans la sphère publique. En raison de l'essor de ces nouvelles technologies, nous vivons une période de transition et nous manquons du recul nécessaire pour en tirer une conclusion tranchée. Il n'en demeure pas moins que les médias obligent à requestionner le processus de discussion au sein des sociétés contemporaines et donc le fonctionnement de la démocratie délibérative. Les médias accélèrent-ils, à côté d'autres facteurs, le déclin des formes d'engagement poli-

tique et civique, l'amenuisement du souci de bien
public ou renforcent-ils au contraire la participation citoyenne en enrichissant ainsi les échanges
au sein de l'espace public ?

Une démocratie digne de ce nom est en principe une démocratie qui favorise la réflexion
citoyenne des individus, le libre déploiement
d'échanges intersubjectifs et l'épanouissement
des discussions politiques. La citoyenneté qu'il
convient aujourd'hui de défendre renvoie, selon
Peter Dahlgren, notamment à la construction de
l'identité des individus qui se perçoivent comme
appartenant à des collectifs sociaux. Elle est par
ailleurs fortement rattachée à l'idée d'État-nation
et s'apparente à un processus de création de soi
par des médiations communicationnelles puisque
la politique se construit à l'aide de paroles et de
faits[74]. Bien qu'il y ait débat au sujet du poids
de la conversation ordinaire dans la construction d'une démocratie délibérative, on considère
généralement que les répertoires des rôles des
citoyens peuvent émerger de multiples façons à
partir des conversations informelles et que les
médias exercent une influence plus ou moins
importante à ce sujet[75]. Deux études empiriques
récentes réalisées aux États-Unis sur ce qu'on
pourrait appeler la démocratie délibérative au
concret, à savoir sur le contenu des débats entre
citoyens analysés à l'aune des médias, aboutissent
cependant à des résultats quelque peu divergents.

L'une, menée dans le sillage des travaux antérieurs d'Elihu Katz[76] sur le rôle des conversations
autrefois repéré par Gabriel Tarde et portant sur
un échantillon de plus de mille personnes, met en

évidence l'impact positif des médias qui semblent jouer le rôle de véritable catalyseur. Elle confirme l'existence d'un processus qui se déroule en quatre phases : l'exposition aux médias, la discussion autour des messages reçus, la formation des opinions en public et la participation à la délibération politique. Elle montre que la volonté de débattre est influencée par les perceptions de la majorité, par l'usage des médias d'information et par la pratique de conversations politiques qui encouragent en fin de compte l'échange d'arguments. Le domicile personnel constitue à cet égard l'endroit privilégié pour les conversations politiques (avant le lieu de travail), de sorte que la sphère publique apparaît fortement ancrée dans l'espace domestique.

L'autre, effectuée par Nina Eliasoph[77] sur trois types de collectifs (des groupes de loisirs organisés autour d'un club de danse et d'une association fraternelle ; des groupes de bénévoles luttant contre la drogue ou de parents d'élèves ; des groupes de militants contre les déchets toxiques ou en faveur du désarmement), manifeste les réticences des individus à parler politique en public. Ceux-ci préfèrent éviter les désagréments de l'expression publique de désaccords politiques parce qu'ils recèlent trop de tensions dans les relations avec autrui. Ils refoulent donc les considérations touchant à l'engagement politique hors du circuit des discours publics et préfèrent en discuter en coulisses parce que le relâchement y est possible et qu'on ne prête plus alors attention à la gestion des apparences. Ils concentrent d'ailleurs leurs propos sur les problèmes locaux, ceux qui touchent avant tout à leurs intérêts personnels. Les médias, dans cette étude, contribuent à maintenir un climat dans lequel l'engagement public n'est guère valorisé. Ce sont en fait les cadres socioculturels existants qui inhibent la discussion civique.

Grâce aux nouveaux médias interactifs que sont le téléphone mobile et Internet, on pourrait alors penser que la communication démocratique se trouve aujourd'hui potentiellement réactivée et améliorée. Selon les pays (car les différences sont considérables d'un pays à l'autre), une part de la discussion civique a en effet lieu sur le Net. Mais Internet s'oriente de plus en plus, du point de vue de son économie politique, vers le développement de la commercialisation et, du point de vue de ses usages, vers le consumérisme. Malgré cette inclination caractéristique de ces dernières années et le fait que seule une minorité de la population soit politiquement engagée sur la Toile, on observe néanmoins des utilisations variées qui commencent peu à peu à transformer l'activisme et l'engagement des citoyens. Il semble bien qu'Internet contribue à reconfigurer lentement la culture civique. Il faut bien entendu demeurer très prudent : « En marge du système, peut-être quelque chose de profond est-il en train de naître concernant la manière dont la démocratie se forge », avance avec précaution Peter Dahlgren[78]. La plupart des analyses tendent à montrer qu'Internet ne contribue pas, pour l'instant, massivement à l'émergence d'une démocratie plus forte. Les médias traditionnels et les TIC diffusent certes des informations, proposent des forums de discussion, alimentent éventuellement la culture civique, mais ils le font de manière très éloignée de l'idéal d'universalisme qui préside aux analyses d'Habermas sur l'espace public. Il nous faut donc revenir, pour finir, sur cette notion d'espace public qui conditionne les rapports entre la citoyenneté et les médias.

L'espace public comporte, selon le chercheur suédois, trois dimensions : les structures, l'espace et la communication. La dimension structurelle est celle des institutions qui portent cet espace public (les dispositifs réglementaires, l'économie du secteur, les hiérarchies sociales, etc.). Parmi ces dernières, se trouvent les médias qui devraient favoriser les principes d'universalité et l'égal accès de tous à l'information et à l'expression des opinions. Or, en raison de l'exclusion d'une bonne partie de la population en matière d'usage des technologies de l'information et de la communication, cet idéal d'universalisme est sérieusement mis à mal. De surcroît — inutile de s'y appesantir —, comme les forces du marché sont aujourd'hui prépondérantes et que les médias subissent la domination de puissants groupes de communication dont les impératifs sont ceux de la rentabilité et du profit, la citoyenneté perd du terrain face à la montée en puissance de la marchandisation.

L'examen des dimensions spatiales conduit pour sa part à se demander si, *via* ces technologies (TIC), les individus s'affranchissent des frontières et s'ils sont en mesure de construire un espace public transnational et « déterritorialisé ». Internet ouvre évidemment de nouveaux horizons dans ce domaine et supprime *a priori* toute barrière géographique. Mais aucun espace public actuel ne recoupe par exemple les frontières politiques de l'Union européenne, les citoyens passant toujours par des espaces publics nationaux. Les diagnostics sont à cet égard convergents : les efforts réalisés ces derniers temps pour produire un espace médiatique européen n'ont guère été couronnés de succès et l'idéologie technique qui prévaut souvent chez bon nombre de hauts fonctionnaires de Bruxelles (l'eurocratie) entrave, plutôt qu'elle n'encourage, la construction d'une citoyenneté européenne, fondée sur une identité et sur des valeurs communes. Il n'existe pour le moment que des fragments d'un espace public européen délibératif qui ne concerne que très peu d'acteurs[79].

En revanche, on observe de plus en plus l'existence d'une tension entre un modèle unitaire (agora électronique, forum télévisuel) et un modèle pluriel de l'espace public. Nous sommes probablement aujourd'hui en présence de multiples espaces publics mosaïques et fragmentés. Plusieurs arguments plaident en ce sens. Il convient d'abord de rappeler que les clivages sociaux confortent les formes de sociabilité étanches les unes aux autres et que le cloisonnement entre groupes sociaux reste fort même au sein du monde du travail. Il faut ensuite souligner que l'espace public n'est guère unifié en dehors des périodes exceptionnelles (élections nationales, crise politique, etc.) et que se créent sans cesse des espaces sectoriels (avec beaucoup de micro-mobilisations et des contre-publics subalternes composés de nouveaux acteurs sociaux et d'associations en tout genre)[80]. On peut enfin relever que le Net favorise lui aussi la création de mini-espaces spécialisés ou d'espaces publics alternatifs, autrement dit le regroupement d'individus qui soutiennent des idées semblables et qui communiquent entre eux, souvent à l'abri d'autres communautés de passionnés. Les médias et les TIC peuvent rassembler (ne serait-ce que lors du rituel du journal de 20 heures à la télévision), créer du lien social et favoriser la constitution d'espaces de socialisation et de débats, mais ils peuvent aussi distendre ce lien et encourager la formation de communautés partielles, d'isolats plus ou moins éphémères (comme par exemple les *newsgroups* sur Internet).

La dimension communicationnelle, quant à elle, prend en compte le rôle des médias et des TIC dans la construction des représentations et des identités, la manière dont ils favorisent la compréhension entre les citoyens par le biais des pratiques discursives. Internet apparaît dans ce cas de figure comme un «média multimodal[81]» ayant une triple caractéristique: il est d'abord une simple extension des médias traditionnels (par les versions en ligne des journaux par exemple); il offre aussi la possibilité pour un seul individu de s'adresser à beaucoup d'autres (principe du *one to many*) et enfin à une pluralité d'individus de s'adresser à une autre pluralité d'individus (principe du *many to many*). Il donne donc l'impression de pouvoir revitaliser la démocratie et la participation citoyenne. En réalité, de nombreuses enquêtes le prouvent, seule une minorité de citoyens reçoit davantage d'informations et la nature de cette participation n'est en fait guère modifiée. La politique n'est pas le centre de préoccupation majeur des utilisateurs d'Internet : celui-ci ne transforme donc pas fondamentalement les modèles généraux de l'engagement politique et citoyen.

Faut-il en conclure que l'espace public contemporain est nécessairement médiatique puisqu'il est le vecteur des conflits de définition des problèmes publics et le support de nombreuses formes d'expression (associations militantes, mouvements protestataires, groupes virtuels sur le Net, etc.) ? Que le débat public au sein de nos sociétés ne peut exister qu'à travers la médiation des outils de communication modernes ?

TROISIÈME PARTIE

LE CULTUREL

CHAPITRE 6

LES MÉDIAS, VECTEURS
D'UNE CULTURE DE MASSE ?

Le monde des idées et le monde artistique sont aujourd'hui deux secteurs particulièrement sensibles au tourbillon médiatique qui les emporte ou du moins qui les déstabilise depuis quelque temps. Du côté des savants et des chercheurs, la circulation des idées en France a pendant très longtemps emprunté les canaux traditionnels de la diffusion des savoirs et des connaissances, c'est-à-dire les discussions entre spécialistes, la reconnaissance par les pairs, les publications savantes et éventuellement, dans un second temps, la vulgarisation à destination du public par le biais d'ouvrages accessibles au plus grand nombre et d'entretiens accordés à la presse ou à la télévision. Le premier marché, celui des spécialistes, s'adressait au deuxième marché, celui du public, grâce aux journalistes qui se contentaient d'exercer leur métier de médiateur dans le respect des principes d'autorité en vigueur. Dit d'une autre manière, le champ universitaire disposait d'une autonomie forte à l'égard du champ journalistique qui jouait les seconds rôles[1]. Un savant tel que Jacques Monod, un historien tel que Fernand Braudel jouissaient d'une forte légitimité dans leur domaine respectif parce qu'ils avaient derrière eux une œuvre dont la reconnaissance passait par les publications scientifiques et par les grandes maisons d'édition. Ce temps est aujourd'hui bien révolu.

Depuis la médiatisation de certains spécialistes et de nombreux auteurs (que l'on peut grossièrement dater de 1975, début de l'émission de télévision *Apostrophes*), les circuits de la reconnaissance intellectuelle ont été bouleversés et totalement réagencés. L'alliance des doctes et des lettrés a insensiblement cédé la place à un nouveau rapport de force entre universitaires et journalistes, ces derniers étant devenus des acteurs à part entière dans l'attribution de la reconnaissance et de la notoriété. La capacité de résonance de leurs propos et de leurs jugements est en tout cas aujourd'hui sans commune mesure avec ce qu'elle était auparavant. Certains chercheurs et universitaires n'hésitent donc plus guère à court-circuiter les filières habituelles de la reconnaissance par les pairs pour s'adresser directement au public sur le troisième marché, celui des médias. La logique du spectaculaire et de la médiatisation est désormais le plus souvent la règle.

Sur le front des arts, de la littérature, de la musique, du cinéma, du théâtre, etc., les preuves s'amoncellent également de l'emprise des médias sur la culture. Le marché culturel est en effet en proie à de profondes transformations qui tiennent à de multiples raisons. D'abord à l'extension considérable de l'offre en matière de loisirs qui sont dorénavant appréhendés comme des activités culturelles parmi d'autres (le sport, le tourisme, etc.). Ensuite à l'essor des industries culturelles qui contribue à l'accroissement de la production et de la diffusion en série de nouveaux biens culturels (disques, DVD, livres…). Enfin à la percée éclatante des stratégies de marketing et de communication qui conditionnent pour partie le succès ou l'échec des artistes.

La sphère artistique, tout comme la sphère des idées, a donc elle aussi progressivement perdu son autonomie et son homogénéité. Procédant, à la fin des années 1990, à une évaluation de son fonctionnement[2], Olivier Donnat expliquait qu'elle était autrefois fondée sur une distinction claire entre les principes esthétiques et les principes économiques, entre la création et le marché[3], alors qu'elle est aujourd'hui organisée autour d'une double opposition : un axe esthétique/économique d'une part ; un axe éducatif/ludique d'autre part. Il constatait que les orientations esthétiques et éducatives des biens culturels ont été peu à peu battues en brèche par la recherche de la rentabilité et par le culte du divertissement. La tension qui naît de cet antagonisme fait désormais pencher la balance du côté de l'axe représenté par le rapprochement entre l'économique et le ludique au détriment de l'axe incarné par le couple esthétique/éducatif.

Il faut se rendre à l'évidence : dans ce contexte de forte industrialisation culturelle, les médias exercent une influence centrale sur la légitimité et sur la visibilité des savants, des lettrés, des artistes, sur celles de leurs travaux ou de leurs œuvres. Ils ont en tout cas modifié aussi bien les formes traditionnelles de la légitimation (les mécanismes de la concurrence pour la reconnaissance, les filières par lesquelles on acquiert du crédit et les instruments dont on se sert pour gérer son image publique) que celles de la consécration (la légitimité élargie par rapport à la légitimité restreinte). Leur pouvoir en la matière est en tout cas régulièrement dénoncé par certains chercheurs ou artistes (notamment des chanteurs) qui se plaignent d'avoir de plus en plus difficilement accès au grand public s'ils refusent de se plier aux impératifs de la logique commerciale et aux règles du spectacle à la télévision. Le cœur du débat est donc de savoir si les journalistes en général et les animateurs de télévision en particulier détiennent les rênes de la consécration, délimitent par leurs verdicts le champ du « pensable » et de l'artistiquement acceptable ; s'ils produisent à eux seuls les réputations, façonnent les succès au risque d'encourager une certaine uniformisation de la production culturelle (entendue ici au sens de production intellectuelle et artistique).

Il ne suffit pas, on s'en doute, d'incriminer le pouvoir des médias dans le processus de consécration culturelle pour avoir saisi tous les enjeux du débat. Beaucoup de ceux qui s'insurgent contre l'influence néfaste de la presse, de la radio et surtout de la télévision oublient le plus souvent de regarder dans le détail le comportement effectif des « consommateurs » de culture. La méconnaissance de la spécificité des relations qui se nouent entre les industries de la culture, les médias et le public conduit en effet à des diagnostics la plupart du temps erronés. En scrutant attentivement les pratiques culturelles des Français, on s'apercevrait en effet que derrière les constats d'uniformisation et d'homogénéisation de la culture se cachent une réelle instabilité des pratiques, une hybridation des genres de consommation qui relativisent les jugements sans appel ou les verdicts définitifs sur la culture dite médiatique.

UNE NOUVELLE CONFIGURATION CULTURELLE

L'«*économie médiatico-publicitaire*»

Partons d'un constat simple et peu contestable : c'est au cours des années 1980 que l'ancien système qui en France reliait les artistes, les critiques et les institutions culturelles entre eux a volé en éclats. Les fondations sur lesquelles il reposait se sont effondrées sous les coups de boutoir de la logique commerciale, de la publicité et des médias. Procédant, en 1994, à une nouvelle estimation des changements intervenus en l'espace de quelques années, Olivier Donnat décelait la montée en puissance de ce qu'il nomme l'«économie médiatico-publicitaire» et mettait en évidence le renouvellement des voies de la consécration[4].

Le monde de l'art et de la culture, traditionnellement construit autour du triptyque artistes, médiateurs culturels (producteurs, éditeurs, critiques...) et institutions culturelles (pouvoirs publics en charge de ce secteur, école...), obéissait jusqu'alors à un circuit de reconnaissance clairement établi : les artistes étaient d'abord reconnus par leurs pairs, par les spécialistes et par les critiques, puis par les institutions et enfin par le système scolaire. Au fur et à mesure que le créateur obtenait une légitimité auprès du grand public et parvenait à en retirer des bénéfices économiques substantiels, il perdait le plus souvent sa légitimité auprès de ses pairs. Cette loi d'airain de la reconnaissance qui veut que les profits monétaires entraînent une dévaluation sur le plan symbolique, que l'attraction vers le pôle commercial de la culture se paie d'un certain discrédit au sein du pôle proprement artistique[5] a été ébranlée par l'extension de ce qu'on a appelé la culture de masse et par les mutations technologiques récentes[6]. La concentration des grandes entreprises industrielles de la culture, la poussée des logiques financières et commerciales, l'instauration de nouvelles méthodes de diffusion des produits culturels et l'éclosion de nouvelles formes de spectacles (rock, rap, etc.) ont radicalement modifié les rapports entre l'art, la technique et la culture. Les frontières entre les deux sphères se sont brouillées en raison d'une synergie de plus en plus marquée entre les industries de la culture, le secteur de la publicité et le monde des médias.

La conjonction de ces trois sphères est à l'origine de cette «économie médiatico-publicitaire» qui a englouti l'ancien système fondé sur les distinctions traditionnelles entre l'artiste, le médiateur et les institutions, dans un vaste mouvement de restructuration et de réaménagement. Le phénomène, qui n'est pas totalement nouveau en lui-même (l'alliance des industries culturelles, de la publicité et des moyens de communication de masse avait été dénoncée dès 1947 par Theodor Adorno et Max Horkheimer dans *La dialectique de la raison*), surprend toutefois par son ampleur et sa vigueur depuis une vingtaine d'années. Les valeurs prônées par ce système (rentabilité, audience maximale, production en série, rotation rapide des stocks…) entrent non seulement en contradiction avec celles du monde de l'art, mais ont tendance à déteindre sur la création elle-même : films lancés sur le marché à grand renfort d'études marketing, livres rédigés en fonction de leur médiatisation éventuelle, chansons créées en vue de passages répétés à la télévision sont dorénavant monnaie courante. Le petit écran est en effet l'un des moteurs de cette accélération du processus : «La télévision n'est pas une simple machine à conquérir de nouveaux publics, à accroître la notoriété ou à démultiplier les profits monétaires ; elle fonctionne aussi comme une véritable instance de reconnaissance et de légitimation pour tous ceux qui ne font pas partie des milieux cultivés et ne bénéficient pas des réseaux d'information courts et spécialisés», concluait Olivier Donnat[7].

La véritable nouveauté réside dans le fait que la reconnaissance médiatique ne se paie plus nécessairement par un déclassement ou par une décrédibilisation auprès du public spécialisé. Nombre de créateurs lorgnent aujourd'hui avec envie sur le succès de leurs confrères et ont compris qu'il est devenu très risqué de s'affranchir totalement de cette logique promotionnelle sous peine de souffrir d'un fort ostracisme. Il n'y a plus d'un côté les «purs», ceux qui vivent dans leur tour d'ivoire et qui campent sur l'Olympe des idées, et de l'autre les «impurs», ceux qui participent à la foire d'empoigne médiatique et qui vont à Canossa, mais une gradation dans l'échelle des comportements possibles, une grande variété de conduites envisageables ; l'idéal étant d'accumuler le maximum de capital médiatique sans perdre la considération de son milieu d'origine, d'obtenir simultanément une ample visibilité et une forte légitimité. Plus aucun domaine n'échappe à ce phénomène : écrivains, musiciens, cinéastes, peintres, universitaires, chercheurs sont dorénavant confrontés au même dilemme : jusqu'où aller dans la médiatisation sans perdre son âme ? La graduation qui conduisait du distingué au vulgaire, de l'art pour l'art à l'art marchand est aujourd'hui en partie inopérante pour comprendre la complexité des mécanismes qui président au fonctionnement de la configuration culturelle contemporaine. Celle-ci a subi un travail de réagencement qui ne s'est pas effectué par discontinuités et ruptures radicales, mais par le biais d'une recomposition progressive au cours du dernier quart du xxᵉ siècle et qui a conduit à l'émergence de nouveaux modes de reconnaissance.

Afin de saisir le phénomène dans toute son ampleur, on s'arrêtera sur un cas particulier, celui des relations entre les médias et les livres qui nous servira ici de fil d'Ariane. Le monde de l'édition a en effet été particulièrement sensible à ce bouleversement des hiérarchies et à l'emprise de la logique économique, médiatique et publicitaire. Logique économique d'abord au sens où la concentration du secteur progresse à grands pas. La profession est dorénavant dominée par deux grands groupes, Hachette Livre et Éditis. Le premier, Hachette Livre, qui recouvre l'édition scolaire (Hatier-Hachette), la littérature générale (Fayard, Grasset, Stock, Calmann-Lévy, J.-C. Lattès...), le Livre de Poche, Armand Colin, Larousse, etc., représentait en 2003 un chiffre d'affaires de 1,3 milliard d'euros. Le deuxième, Éditis, issu de l'ancien Vivendi Universal Publishing et aujourd'hui filiale du groupe Wendel Investissement, regroupe lui aussi l'édition scolaire (Bordas, Nathan, Retz), la littérature générale (Robert Laffont, Julliard, Plon-Perrin, La Découverte, Solar, Belfond...), les poches tels que Pocket, 10/18, etc., et réalisait un chiffre d'affaires de 562 millions d'euros. Loin derrière ces géants de l'édition, se placent des maisons indépendantes (dont l'actionnariat familial tend d'ailleurs à disparaître) comme La Martinière-Le Seuil (280 millions), Gallimard (264 millions), Flammarion (racheté en 2000 par Rizzoli, 226 millions) et Albin Michel (210 millions environ)[8]. À cette mainmise des deux principaux groupes éditoriaux en France sur la production éditoriale s'ajoute par ailleurs leur domination du marché de la distribution à travers Hachette pour l'un, Interforum pour l'autre.

Les conséquences de cette situation sont aisément prévisibles. Elle entraîne une homogénéisation des méthodes de production avec l'impérieuse nécessité d'un retour sur investissement plus immédiat, la commercialisation des livres sur un temps très court et le triomphe de l'essayisme qui se calque sur la logique managériale : gagner en extension aux dépens de l'approfondissement[9]. Elle provoque également, à l'autre bout de la chaîne, une transformation des modes d'accès au livre puisque les librairies se trouvent aujourd'hui sérieusement concurrencées par les grandes surfaces et par les hypermarchés. C'est ainsi qu'en 2002, 22,5 % des livres avaient été achetés par correspondance ou en clubs ; 20,3 % dans les grandes surfaces spécialisées ; 19,3 % en librairie ; 18,9 % dans les super et les hypermarchés à égalité ; 8,9 % dans les maisons de la presse[10].

Logique médiatique et publicitaire ensuite puisque de nombreux ouvrages, appartenant au champ de la grande production, sont lancés selon des stratégies marketing très élaborées en vue d'attirer l'attention des médias et de provoquer une polémique ou un scandale. La diffusion est devenue une question de moyens publicitaires, d'écho rédactionnel et surtout de résonance télévisuelle. S'il n'existe pas de recette gagnante, force est de constater cependant que les éditeurs cherchent à déclencher des effets en chaîne, sachant que l'influence exercée autrefois par une émission telle qu'*Apostrophes* est aujourd'hui devenue inconcevable. Il faut donc, autant que faire se peut, obtenir un compte rendu dans un grand quotidien national ou un newsmagazine, une reprise dans la presse régionale, plusieurs participations à des émissions de radio et de télévision, celles-ci n'étant pas toujours exclusivement consacrées aux livres. Le poids de la prescription médiatique, difficile à mesurer et peu prévisible, se double donc d'un matraquage publicitaire pour certains livres grand public. Pour n'en donner qu'un exemple, les investissements publicitaires ont ainsi crû de 14 % entre 2000 et 2002 dans le domaine. La compréhension de l'ensemble de ces mutations nécessite donc d'évaluer d'abord la situation présente de la sphère intellectuelle, puis celle de la sphère littéraire.

La sphère intellectuelle, celle des ouvrages de recherche et des essais, subit depuis de nombreuses années de profonds bouleversements. Dans ce secteur, la presse, notamment hebdomadaire, s'aligne de plus en plus sur la dimension la plus commerciale du capitalisme éditorial. À l'inverse de ce que l'on pouvait observer dans les années 1960-1970 où les newsmagazines, à l'instar du *Nouvel Observateur*, faisaient leur «une» autour d'un débat d'idées ou d'un auteur de premier plan, participant à la découverte par le grand public de la «Nouvelle Histoire», du structuralisme et d'intellectuels de renom (Emmanuel Le Roy Ladurie, Georges Duby, Michel Foucault, Jacques Lacan, Jean-François Lyotard, etc.), la presse magazine aujourd'hui ne consacre plus beaucoup de place aux mouvements d'idées, a renoncé à conduire des enquêtes fouillées sur des querelles savantes et se contente le plus souvent d'évoquer des auteurs qui ont déjà acquis une certaine notoriété dans l'audiovisuel.

Elle n'exerce plus guère ce rôle de défricheur qui était auparavant le sien et adopte, en règle générale, une posture empreinte de frilosité, fondée soit sur le suivisme, soit sur le spectaculaire. Cette propension au conformisme est le fruit d'une gestion des titres qui s'appuie sur une culture marketing (optimisation des ventes, séduction des annonceurs et quête du marché publicitaire) conduisant à multiplier les suppléments « Télévision » et à titrer sur « Le salaire des cadres », « Les prix de l'immobilier » ou « La santé des Français ». Elle s'explique également par une certaine atonie de la vie intellectuelle hexagonale, une absence de grandes figures telles que Jean-Paul Sartre, Michel Foucault ou Pierre Bourdieu susceptibles de représenter, aux yeux de l'opinion, les « maîtres à penser » ainsi que par un essoufflement des revues qui ne jouent plus qu'à la marge leur rôle de laboratoires d'idées.

Le triangle de médiation constitué par les éditeurs, les revues et la presse a disparu. Le public lui-même a changé et les étudiants, auparavant grands acheteurs de livres, se contentent désormais le plus souvent de se procurer des manuels utiles pour leurs examens et des ouvrages cursifs en 120 pages. Les mutations économiques du monde de l'édition et de celui des médias, les transformations structurelles de la société française (montée des classes moyennes, élargissement de l'offre de loisirs, transformation des pratiques de lecture et des modes de vie, concurrence du multimédia) ont eu raison de la splendeur de la vie intellectuelle d'autrefois. Les ventes des ouvrages de recherche en sciences humaines et sociales s'en ressentent fortement puisqu'elles ont nettement baissé (2 200 exemplaires en moyenne en 1980 pour environ 600 aujourd'hui[11]), alors que les essais continuent à attirer une partie du public. Les deux continents, sciences humaines et essayisme, se sont visiblement dissociés[12]. Les auteurs qui obtiennent le plus de succès sont ceux, on a déjà eu l'occasion de le mentionner, qui bénéficient d'une reconnaissance médiatique continue : les philosophes (Bernard-Henry Lévy, Alain Finkielkraut, Luc Ferry, Régis Debray...) semblent, sur ce plan, les plus en vue.

Le statut d'essayiste médiatique est aujourd'hui devenu un gage de reconnaissance et de succès. Il favorise l'hybridation des positions et des hiérarchies et donc l'éclosion de cette figure intermédiaire, à cheval entre monde universitaire et monde médiatique qu'incarnent aujourd'hui des intellectuels-journalistes ou des journalistes-intellectuels[13]. Les zones de contact entre les «professionnels de l'intelligence» et les professionnels des médias se sont multipliées de sorte que règne à l'heure actuelle en maître une consécration par contagion puisque les repères traditionnels ont été brouillés. La perte d'autonomie de la sphère intellectuelle par rapport au monde des médias concourt à instituer certains diffuseurs d'idées (les journalistes-médiateurs) en véritables producteurs d'idées.

Le rôle de la critique est ici sur la sellette : on ne parle pas d'un livre uniquement pour son intérêt intrinsèque, pour ses qualités propres, mais pour le «bruit» qu'il peut engendrer, la résonance médiatique qu'il peut provoquer. Certains

journalistes, par la capacité qui est la leur de
sélectionner les livres dont on doit parler, par la
position qui est la leur dans tel ou tel support à
forte audience ou à forte notoriété, par l'écho que
leurs jugements suscitent auprès de l'opinion,
peuvent désormais jouer le rôle d'arbitre en
matière d'excellence intellectuelle. On n'ira pas
jusqu'à dire, comme le soutient Régis Debray [14],
que les professionnels des médias incarnent de
nos jours à eux seuls le nouveau clergé et qu'ils
détiennent le pouvoir spirituel laïque, mais on ne
peut nier qu'ils exercent dorénavant une influence
beaucoup plus forte qu'autrefois sur le débat
d'idées et sur la circulation des connaissances au
sein de nos sociétés. Il est incontestable que les
médiateurs et les marchands (les journalistes et
les financiers) ont à l'heure actuelle davantage de
poids sur la vie culturelle que les mandarins
(les savants, les écrivains et les artistes) et que la
balance entre ces deux mondes semble pour le
moins inégale.

Au total, la perte d'influence de certaines instances de légitimation habituelles (les revues en
particulier), le discrédit des «grands récits», le
recul des sciences humaines et sociales lié à
l'évolution de l'université (qu'il serait trop long
d'aborder ici), le surgissement d'intellectuels
médiatiques, la prédominance de la logique commerciale et publicitaire sont autant de facteurs
qui ont encouragé la recomposition du milieu qui
a peu à peu basculé vers la médiatisation.

La sphère littéraire a, elle aussi, été fortement
touchée par l'irruption du modèle médiatico-
publicitaire. Révélateur de ce phénomène est par

exemple l'essor du palmarès et des listes de best-
sellers comme principe de reconnaissance. *L'Express*, pour ne citer que cet exemple, publie chaque
année en collaboration avec RTL la liste de ses
lauréats en matière de fiction d'un côté et d'essais et documents de l'autre. En 2003, dans la
liste des fictions figurait en tête Marc Lévy pour
Sept jours pour une éternité... (Robert Laffont),
suivi de *L'Empire des loups* de Jean-Christophe
Grangé (Albin Michel) et d'*Oscar et la dame rose*
d'Éric-Emmanuel Schmitt (Albin Michel). Dans
la seconde liste, le vainqueur était David Servan-
Schreiber avec *Guérir le stress* (Robert Laffont) ;
le deuxième, Philippe de Gaulle pour *De Gaulle,
mon père* (Plon) et les troisièmes, Pierre Péan et
Philippe Cohen pour *La face cachée du «Monde»*
(Mille et Une Nuits). Un rapide décompte montre
que sur les 25 premiers titres de fiction, les éditeurs les plus médiatiques se taillent la part du
lion (Albin Michel est cité 8 fois ; XO, 3 fois ;
Robert Laffont, 2 fois ; soit à eux seuls près des
deux tiers des ouvrages qui ont connu les ventes
les plus élevées) [15]. Le classement des meilleures
ventes de romans en 2004 confirme la tendance :
c'est Albin Michel qui a réussi à placer cinq de ses
romanciers dans ce palmarès (Bernard Werber,
Amélie Nothomb, Éric-Emmanuel Schmitt, Jean-
Christophe Grangé, Christian Signol) et qui a
fait partie des quatre plus grands annonceurs
publicitaires aux côtés de Robert Laffont, XO et
Hachette Livre [16]. La logique économique et commerciale fonde de plus en plus les verdicts et se
substitue aux autres critères comme indicateur
de la valeur d'un livre.

Un autre phénomène tout aussi instructif est celui de l'essor des prix littéraires créés par les médias eux-mêmes. À côté de l'effervescence médiatique suscitée par les prix d'automne (Goncourt, Renaudot, Médicis, etc.), dont on sait combien ils donnent lieu à dénonciation régulière de la collusion entre les jurés et certaines maisons d'édition, des stations de radio et des magazines ont institué leurs propres prix en souhaitant donner le dernier mot aux auditeurs ou aux lecteurs pour désigner les meilleurs auteurs et les meilleurs romans de l'année. C'est ainsi que le magazine *Elle* a lancé en 1970 le «Grand Prix des lectrices de *Elle*», suivi un peu plus tard par France Inter avec le «Prix du Livre Inter» et par RTL avec le prix «RTL-*Lire*». Les jurys populaires sont censés représenter la parole profane, par définition étrangère aux combines et aux pressions du milieu éditorial et libre de toutes attaches partisanes. Entrant ainsi en concurrence avec les jurys traditionnels, ces prix décernés à l'aide du public permettent aux journalistes d'apparaître comme des arbitres impartiaux et aux médias comme de nouvelles instances de consécration des talents littéraires.

Ainsi que le démontre l'étude réalisée par Sylvie Ducas-Spaës[17], la réalité ne correspond pas vraiment à cette vision idéalisée du système. La sélection des ouvrages n'est pas totalement transparente et est en fait décidée en amont par les instances organisatrices du prix qui font appel à des professionnels pour définir préalablement la liste des livres aptes à concourir : celle-ci reflète donc les goûts des critiques et de certains membres des rédactions. En outre, même si l'on constate, dans la répartition des lauriers, une ouverture indéniable vers les petits éditeurs, les maisons d'édition les plus primées demeurent en chiffres globaux le trio Gallimard, Grasset et Le Seuil. Moins d'un tiers des gagnants du «Prix du Livre Inter» sont des auteurs très peu connus contre un peu plus de 45 % pour les prix des lectrices de *Elle* dont les choix semblent plus éclectiques. Ces prix laissent indéniablement une certaine place à la découverte de nouveaux talents ou à des auteurs au succès jusque-là confidentiel (Daniel Pennac, Martin Winckler, Daniel Picouly), leur permettant d'accroître leurs ventes et de mieux s'insérer dans le milieu littéraire. Ils participent toutefois de la logique marchande en imposant «une mentalité Audimat[18]» qui réduit les enjeux de la littérature au seul succès commercial. On y célèbre le sacre du public, le lecteur anonyme comme producteur du goût, mais aussi l'adhésion aux mises en scène médiatiques comme instrument privilégié de distinction. On cherche, par la même occasion, à promouvoir la station de radio ou le magazine en fidélisant l'auteur ou le lecteur et à en tirer un bénéfice publicitaire puisque ces médias réussissent à s'imposer comme nouveaux vecteurs de légitimité culturelle.

Le système des prix créé par les médias se révèle donc ambigu : d'un côté, il élargit quelque peu la palette des auteurs récompensés et œuvre à une certaine démocratisation dans la sélection des livres ; d'un autre côté, il atteste de la suprématie des médias en matière de légitimation des auteurs et de consommation de livres puisqu'ils sont en mesure de façonner les succès, de produire les réputations, voire de les amplifier. On aura l'occasion d'y revenir.

La complexité des rapports entre les médias et les livres ne se limite pas à ces constats sur le relatif conformisme de la presse magazine et sur la création de prix littéraires par certains supports de presse et de radio. Elle se dévoile aussi lorsqu'on se penche sur le cas de la télévision. Les faits sont connus : depuis la disparition d'*Apostrophes*, la part du livre sur le petit écran a diminué et les émissions qui lui sont éventuellement consacrées n'ont plus ni la même audience, ni le même impact sur les téléspectateurs. Les émissions vouées au livre sont désormais programmées en deuxième partie de soirée (*Vol de nuit* sur TF1, *Campus* sur France 2, *Culture et dépendances* sur France 3), à des heures très tardives (*Des mots de minuit* sur France 2) ou en matinée le dimanche (*Le Bateau Livre* sur France 5), ou encore transférées sur des chaînes thématiques (*Rive droite/Rive gauche* sur Paris Première, aujourd'hui disparue) ou réduites à des formats très courts (*Un livre, un jour* sur France 3). Leur audience se situe entre 0,5 et 2 % ; leur part de marché oscille entre 5 et 15 % environ.

L'objectif, sauf exception (du type *Le Bateau Livre* ou *Des mots de minuit*), est de faire entrer le téléspectateur en contact, non pas tant avec une œuvre, avec l'expression d'une pensée ou avec celle d'une expérience littéraire, qu'avec un auteur, de mettre en valeur sa personne bien plus que ses écrits[19]. Il s'agit le plus souvent de rendre compte de l'actualité culturelle et d'engager à partir d'un livre une réflexion rapide qui tente d'éclairer les grands thèmes censés préoccuper les gens aujourd'hui (la violence, le sexe, l'islam...). La littérature et le livre ne sont pas les acteurs principaux de l'émission parce que le texte est devenu un prétexte pour lancer une discussion susceptible de capter le téléspectateur. La télévision, ne l'oublions pas, est un média de divertissement avant d'être un média de culture : il convient de rendre accessible avant de transmettre.

Dans certaines émissions, on privilégiera en outre le coup médiatique et on tentera de créer éventuellement une polémique. Ce sont donc les émissions de talk-show de Thierry Ardisson (*Tout le monde en parle*) et de Marc-Olivier Fogiel (*On ne peut pas plaire à tout le monde*) qui attirent aujourd'hui les éditeurs qui veulent séduire le maximum de lecteurs. L'auteur n'est pas seulement un écrivain ou un expert, mais aussi une vedette du cinéma, un chanteur, un mannequin, un sportif, un anonyme victime d'un malheur ou d'une injustice, voire — comme on a déjà eu l'occasion de le montrer — un homme politique. La médiation entre le texte et le public se fait dès lors par le biais du spectacle. Il faut savoir transformer le livre en émotion, faire en sorte que l'auteur soit capable d'une performance au sens théâtral du terme, c'est-à-dire devienne un acteur en représentation à même de captiver le téléspectateur par son talent de conteur et que l'animateur, jouant les Monsieur Loyal, sache relancer le débat et mettre en scène la parole. Pour bien faire passer un livre à la télévision, il ne faut pas nécessairement l'avoir lu, il suffit de savoir en parler parce qu'il devient souvent simple contenant d'une prestation orale : au texte s'est ainsi substitué le commentaire sur le texte. C'est la capacité de l'auteur à se faire remarquer qui va rendre le livre remarquable. Jean d'Ormesson, orfèvre en matière de médiatisation, résume très lucidement le problème : « Hier on écrivait un livre pour connaître le succès et devenir célèbre, aujourd'hui une des conditions pour obtenir un succès dit littéraire est d'abord d'être célèbre[20]. »

Cette gloire médiatique (plus ou moins éphémère) est évidemment à double tranchant. Elle produit du renom, favorise le désir d'être visible et d'être vu, engendre des gains financiers mais peut aussi, comme l'a montré Nathalie Heinich à propos des prix littéraires[21], créer chez les écrivains des souffrances personnelles, des problèmes de cohérence identitaire, des écarts de grandeur entre soi et les autres. Elle inverse en tout cas l'ordre habituel des grandeurs puisque le plan de la vie publique est ici privilégié au détriment de la vie littéraire et de la création proprement dite. Les médias attirent en effet l'attention non sur des œuvres, mais sur des ouvrages ponctuels, restreints dans leur diffusion à la temporalité de l'activité éditoriale immédiate. Ils modifient donc l'échelle traditionnelle des grandeurs puisque, pour reprendre la terminologie de Luc Boltanski et Laurent Thévenot[22], la valeur marchande et la valeur de renom l'emportent sur la valeur de création. Ils participent donc bien au « monde de l'opinion » où connaître équivaut à « entendre parler de » et où la grandeur repose sur la notoriété. Monde qui est en totale opposition avec le «monde de l'inspiration» qui s'accomplit dans l'originalité et la singularité.

Un pouvoir de consécration

À partir du moment où les hiérarchies et les classements habituels sont déstabilisés et où la notoriété paraît devenir un substitut à la valeur, il faut réinterroger le rapport entre les médias et la culture à l'aune des interactions qui se produisent entre ceux qui émettent des jugements et ceux qui sont jugés. Les travaux en économie de la culture permettent d'en savoir davantage sur ce point parce qu'ils ont notamment essayé de comprendre comment les consommateurs recherchent de l'information capable de réduire l'incertitude sur la valeur des produits culturels[23].

La valeur d'une œuvre s'appuie généralement sur sa rareté et sa singularité. C'est le cas par exemple du marché de la peinture au sein duquel les médiateurs que sont les responsables de galeries, les conservateurs et les critiques jouent un rôle clé dans la cote d'un tableau. Quand les biens culturels sont produits industriellement, il en va autrement. L'offre s'organise alors de telle sorte qu'il faut soit multiplier les nouveautés (les tubes, les scoops), soit mettre l'accent sur la personnalité unique de l'artiste et sur sa notoriété. Quel que soit le domaine, tous les producteurs ont pour objectif d'accroître la réputation des artistes qui passe par une plus grande visibilité.

L'interprétation de la qualité d'une œuvre peut, quant à elle, reposer sur l'expérience directe et sur le bouche à oreille, sur la confiance accordée à certains guides d'opinion (experts et spécialistes, critiques, etc.) qui servent de prescripteurs, mais aussi sur l'attribution d'un prix ou sur l'inscription de l'œuvre sur une liste de succès, notamment lorsqu'il s'agit de produits industriels tels que le livre, le disque ou le film. La valeur d'une œuvre est donc le résultat d'une opération complexe qui fait appel, simultanément ou séparément, à ces multiples critères qui se combinent dans des proportions variables selon le domaine.

Chaque fois, il s'agit de réduire l'incertitude radicale sur la valeur et donc sur la qualité des biens culturels. Le consommateur a besoin d'avoir confiance et, dans ce but, se réfère très souvent aux avis d'experts et aux résultats de palmarès. Avec la montée en puissance de la logique commerciale et l'utilisation intensive de l'outil marketing, les classements (liste de best-sellers, Top 50), les appellations (label, certification) et les guides acquièrent une importance grandissante[24]. Ces dispositifs servent à établir les vedettes reconnues et à intensifier leur succès. Les médias, dans ce contexte, court-circuitent souvent les prescripteurs habituels, relaient ces classements, en amplifient l'écho, voire les produisent quelquefois eux-mêmes. La légitimité d'une œuvre ou d'un artiste passe de plus en plus par le marché et, à ce titre, la presse aussi bien que l'audiovisuel jouent un rôle déterminant.

Les jurys qui décernent des labels de qualité et qui établissent des palmarès contribuent donc à ce que Robert Merton qualifiait d'«effet Matthieu de la science», c'est-à-dire consolident, par leurs verdicts, la position du gagnant : parce qu'il est apparemment le meilleur, celui-ci sera d'autant plus reconnu par la suite et recevra encore davantage. Les médias participent à cet autorenforcement puisqu'ils constituent le principal vecteur du renom en matière de films, de livres, de musique. Comme le note Françoise Benhamou, «le rythme de passage dans les médias est un instrument de mesure de la gloire. Le monde des célébrités s'exprime par les moyens de communication de masse, meilleurs véhicules de la fabrication des stars et de l'entretien de la renommée... En offrant des jugements certifiés, ces médias construisent les réputations ; leurs sélections s'autorenforcent[25]».

L'évolution de la manière dont les journaux et les magazines rendent compte du spectacle vivant est à cet égard éclairante. Si l'on observe en effet, comme nous l'avons fait avec Marie-Françoise Lafosse[26], la place et le traitement du spectacle vivant (le théâtre, la danse, le théâtre lyrique, la musique) dans la presse française à dix ans d'intervalle (1986 et 1996), on s'aperçoit du changement intervenu dans le travail des journalistes spécialisés dans le domaine de la culture. Une étude précise de l'espace dédié à ces spectacles permet d'abord de constater une diminution, pour la moitié des titres étudiés, des surfaces rédactionnelles qui leur sont consacrées. Les évolutions sont contrastées : certains supports comme *Le Figaro*, *Le Monde*, *L'Express* et dans une moindre mesure *Le Monde* et *Libération*,

Ouest-France, *Le Point*, ont nettement augmenté la pagination en faveur des spectacles alors que d'autres tels que *L'Humanité*, *Le Figaro Magazine* et de manière moins affirmée *La Croix* ou *France Soir* ont restreint la place qui leur était accordée. Le théâtre et la musique lyrique ont gagné en importance. En revanche, la musique classique et la danse sont moins bien loties en 1996 qu'en 1986. La musique dite actuelle (variété, jazz, rock et world music) est, quant à elle, mieux traitée qu'auparavant.

La forme et l'intitulé des ensembles rubricaux dans lesquels s'insère le spectacle vivant sont révélateurs des choix éditoriaux et des transformations du rapport à la culture qui sont dorénavant de plus en plus fondés sur des palmarès. La formule «guide» avec une mise en page spécifique et avec des articles plus courts (notules) dans des espaces pré-calibrés (du type *Le Figaroscope*, *Aden*, etc.) s'est généralisée, permettant de multiplier les signalements (coups de cœur, étoiles, points, etc.) au détriment des articles de fond. Les rubriques elles-mêmes s'intitulent souvent «Sortie», «On sort», «Loisirs/Services», si bien que les domaines du spectacle, de culture et des loisirs cohabitent désormais au sein des mêmes rubriques. On assiste donc à une extension progressive du contenu de la rubrique «Culture» qui témoigne d'une modification de la perception du phénomène.

Les modes d'écriture journalistique ont eux aussi changé. La frontière entre critique et avant-papier devient confuse et les articles mêlent de plus en plus reportage, éléments critiques, récits, interviews ou portraits. De façon générale, l'importance des papiers promotionnels ou traités sur le mode « people » a augmenté. Cette écriture sous contrainte conduit parfois à une forme de mimétisme de l'écriture télévisuelle de la part de certains journaux qui jouent sur l'émotion et sur la personnalisation à outrance des spectacles : seules de grandes vedettes telles que Gérard Depardieu, Isabelle Adjani et quelques autres retiennent l'attention des journalistes, laissant souvent dans l'ombre des acteurs et des artistes moins célèbres.

Les journalistes interrogés dans le cadre de l'enquête conçoivent leur métier de critique comme celui d'un guide, d'un défricheur et d'un prescripteur, mais se plaignent très souvent des pressions exercées par les attaché(e)s de presse, du poids excessif des stratégies marketing et de la publicité pour faire parler d'un spectacle. En fait, le choix des spectacles dont il est rendu compte dépend certes de la ligne rédactionnelle du journal et de la subjectivité du journaliste, mais aussi de plus en plus de la réputation des artistes, de la notoriété des endroits où ils se produisent et des procédures de communication employées en amont par les sources. La critique traditionnelle autrefois incarnée par un Bertrand Poirot-Delpech au *Monde* ou un Jean-Jacques Gautier au *Figaro* a perdu de sa vigueur. La formule « guide » de plus en plus utilisée promeut une forme de journalisme de service au diapason des attentes de promoteurs de spectacles et probablement aussi des lecteurs. La principale accusée, dans les propos des journalistes, est la pression exercée par les tenants du show-business qui pratiquent la promotion de leurs artistes à l'aide de techniques de persuasion éprouvées. Pour qu'un concert ou une représentation théâtrale attire le public, il faut non seulement disposer d'artistes et d'œuvres de qualité, mais également créer des coups médiatiques, séduire les journalistes. Les services de communication, les spécialistes en relations-presse mettent au point des brochures promotionnelles qui prémâchent en quelque sorte leur travail.

Ce que les Anglo-Saxons appellent le «journalisme de marché[27]», tributaire des intérêts stratégiques des gestionnaires, semble peu à peu s'imposer ou du moins devenir influent. Cette forme de journalisme ne prétend pas s'engager et produire sa propre interprétation des spectacles, mais se mettre à l'écoute et au niveau du public, perdant ainsi en partie son magistère traditionnel. Ce que relève avec amertume un critique interviewé : «C'est un combat qu'on est en train de perdre, c'est-à-dire que dans peu de temps, il n'y aura plus de critique. Parce qu'on vit une époque de consensus, parce qu'on emmerde tout le monde, qu'on est des empêcheurs de tourner en rond. On va vers le promotionnel, la publicité[28].» Bien que cet avis ne soit pas partagé par l'ensemble des journalistes et qu'on ne puisse pas en conclure à la disparition de toute critique[29], il constitue néanmoins un bon révélateur de l'état d'esprit qui anime nombre de professionnels de l'information écrite dans le secteur culturel.

Il semble bien que la confusion entre promotion et critique gagne du terrain et que la légitimité se confonde de plus en plus avec la visibilité. Les palmarès et les guides en tout genre qui fleurissent dans les colonnes des journaux s'apparentent en tout cas à de nouveaux instruments de légitimation et de consécration des artistes et des spectacles.

Cette pratique des classements a été portée à son comble dans l'industrie du cinéma et dans celle du disque. Dans ces secteurs, plus que dans d'autres encore, la logique médiatique a une double incidence : d'une part, elle fonctionne comme un accélérateur de notoriété puisqu'un artiste (acteur, chanteur) peut être lancé sur le marché en l'espace de quelques mois (et non plus en quelques années) grâce à une intense activité promotionnelle ; d'autre part, elle déplace l'attention de l'œuvre vers la personne en valorisant à l'extrême l'image et la personnalité de l'artiste (ou la signature lorsqu'il s'agit de littérature). L'ensemble de la chaîne de production, de diffusion et de distribution est ainsi mise à contribution pour accroître la notoriété de l'artiste et donc augmenter les bénéfices.

Cet «effet hit-parade» est aujourd'hui devenu prédominant dans certains secteurs, en particulier celui de la chanson qui profite d'une intense synergie entre maisons de production de disques, stations de radio musicales et émissions de télévision. Les liens souvent étroits entre distributeurs et prescripteurs, entre maisons de disques et médias soulèvent la question de l'indépendance de certaines stations de radio musicales ou de certaines chaînes de télévision.

Le marché mondial du disque est, on le sait, aujourd'hui dominé par les quatre grands majors que sont Universal, Sony-BMG, EMI, Warner qui représentent à eux seuls 75 % du marché : à leurs côtés les maisons indépendantes font pâle figure. Comme, en outre, plus de la moitié des disques se vend aujourd'hui en France dans les grandes surfaces alimentaires (en 2004, 55,7 % des ventes de CD ont été réalisées en hyper-marchés et supermarchés ; 35,1 % en grandes surfaces spécialisées et 9,2 % chez d'autres spé-cialistes tels que les disquaires, les petites librai-ries ou en e-commerce[30]), les producteurs ont tout intérêt à jouer la carte de la promotion médiatique à outrance pour capter le public le plus large possible, public particulièrement sen-sible aux campagnes de publicité et aux émis-sions de radio et de télévision.

L'offre de disques se réduit donc de plus en plus aujourd'hui à la valorisation des «singles», des nouveautés des stars déjà confirmées et aux compilations, faisant du disque un produit com-mercial comme les autres. La concentration de l'industrie du disque combinée au marketing de masse et à une hyperdistribution qui propose un nombre réduit de références en accélérant la rotation des titres a dès lors multiplié la puis-sance de feu des titres (*blockbusters*) destinés à s'imposer le plus rapidement possible sur le mar-ché. Les médias sont des acteurs de premier plan de cette mutation en cours : à la radio, en raison de ces stratégies industrielles implacables, l'offre musicale semble se réduire depuis quelques années tandis qu'à la télévision, l'omniprésence des émissions de télé-réalité modifie le processus de fabrication de jeunes chanteurs.

La programmation musicale à la radio donne lieu à un débat très vif parce que, selon certains observateurs, la diversité musicale serait menacée. Si l'on en croit une étude publiée en 2002 par le Syndicat interprofessionnel des radios et télévisions indépendantes (Sirti) et réalisée par Yacast[31], des radios telles que NRJ, Fun Radio, Skyrock, Europe 2 diffusaient seulement entre 165 à 237 titres différents par semaine, émanant à 90 % des cinq plus grands majors de l'époque. La playlist (les 40 tubes du moment les plus joués) occupait au moins 60 % de leurs antennes et certains titres étaient diffusés jusqu'à 80 fois par semaine. Le marketing effréné qui s'appuie sur des recherches analysant les tendances d'écoute du public, sur des observations précises de l'évolution de ses goûts, semble ne guère laisser de place à l'improvisation ou à la diversité. D'autres enquêtes ultérieures vont confirmer la domination de la logique du palmarès, à savoir celle du Top 40 et le poids du matraquage radiophonique : un même titre peut par exemple passer jusqu'à 120 fois par semaine, soit 17 fois par jour sur *Vibration*[32]. En 2004, les 1 666 morceaux les plus diffusés en France (sur plus de 60 000) représentaient à eux seuls près de 76 % de toutes les diffusions[33].

Ces études — dans les limites qui sont les leurs — attestent de la mainmise de la logique industrielle à laquelle participent nombre de radios commerciales. Certains artistes, fortement médiatisés, tels que Jean-Jacques Goldman (le plus diffusé en 2002), Pascal Obispo ou Natasha St Pier tirent évidemment leur épingle du jeu et profitent de cette manne promotionnelle. Les pratiques douteuses de collusion entre certaines maisons de disques et certaines stations de radio (royalties sur les ventes de disques en échange d'espaces publicitaires) semblent en outre ne pas avoir complètement disparu.

Les partenariats développés récemment à la télévision entre producteurs (Endemol et Expand), chaînes de télévision (TF1 et M6), maisons de disques (Universal) et journaux (*Télé Loisirs*) confortent le système et exacerbent le principe du palmarès. Le succès rencontré par l'émission *Star Academy* sur TF1 et *Popstars* sur M6 manifeste avec éclat la victoire du star-system et de la consécration médiatique. Véritables émissions de promotion, elles attirent les annonceurs soucieux de diffuser des publicités au moment des plus forts taux d'écoute et servent de support à la vente particulièrement lucrative de produits dérivés. Elles illustrent aussi le cumul des fonctions de producteur et de diffuseur puisque les chaînes de télévision ont créé leurs propres filiales discographiques. Elles témoignent du fait qu'on peut propulser sur le marché de jeunes artistes plus ou moins doués et totalement inconnus selon la logique du vedettariat médiatique qui les hisse en quelques semaines au sommet de la notoriété (ce que certains dénomment le principe des «stars Kleenex»). Le succès est au rendez-vous : TF1 a ainsi engrangé plus de 120 millions d'euros de recettes publicitaires avec *Star Academy 2* et attiré 11,5 millions de téléspectateurs lors de la finale (au cours de la saison 2004, l'émission a attiré en moyenne 6 millions 855 000 téléspectateurs). Les ventes de disques ont explosé : 1,65 million d'albums de *Star Academy 1* ont par exemple été achetés, encourageant de la sorte la création d'un vaste fan-club et l'expansion des cultes médiatiques[34]. Ces émissions de divertissement fédèrent en outre devant le petit écran plusieurs générations de téléspectateurs en faisant chanter des chansons d'hier par des artistes d'aujourd'hui.

Ainsi que le fait remarquer Philippe Le Guern[35], ce principe de valorisation des plus médiatiques repose sur une sélection cooptative (si un chanteur de la notoriété de Johnny Hallyday ou de Phil Collins accepte de chanter avec les débutants de *Star Academy*, cela prouve aux yeux du public qu'ils ont du talent). Dès lors, la télévision agit bien comme un accélérateur et un amplificateur de notoriété pour certains chanteurs (elle impose de nouvelles personnalités) et conforte le succès de ceux qui sont déjà plus célèbres (elle les rend encore plus sympathiques). Des études réalisées aux États-Unis sur les hit-parades musicaux prouvent que ce sont les albums de disques signés par les plus gros labels qui bénéficient le plus de ces techniques de promotion. Le chanteur qui réalise un nombre élevé de ventes entre dans le hit-parade et est, par une espèce d'effet mécanique et cumulatif d'autorenforcement, conduit à en vendre encore davantage. Les artistes appartenant à des maisons indépendantes en subissent évidemment les conséquences et éprouvent d'énormes difficultés à être diffusés sur les radios commerciales qui dominent le marché. Ce système de filtrage est d'autant plus subtil que le

pouvoir de consécration est en apparence confié
au public. On fait appel aux téléspectateurs eux-
mêmes pour désigner le vainqueur : près de
3 millions d'entre eux ont ainsi appelé pour élire
Nolwenn lors de la finale de *Star Academy 2*. Le
principe du vote en direct revient à conférer une
légitimité démocratique à une logique commerciale particulièrement efficace. L'économie du
star-system, en sollicitant l'avis du public, se
prémunit de toute accusation de pur mercantilisme.

L'essor des nouvelles technologies et la vogue
d'Internet ont facilité, on s'en doute, la réussite
du système. Par l'accès qu'elles offrent à des
informations inédites sur les vedettes (qui disposent de leur propre site et qui surfent sur la
vague de la culture juvénile), par l'interactivité
qu'elles déclenchent entre diffuseurs et consommateurs de disques, elles contribuent indéniablement à ouvrir la voie à cette démultiplication
de la notoriété. Ce succès pose, on le sait,
d'autres problèmes comme celui du téléchargement de la musique en ligne et celui de l'accroissement vertigineux, chez les internautes,
des conduites de piratage, provoquant une chute
du chiffre d'affaires de l'industrie du disque.
Industrie du disque qui n'est qu'un exemple,
parmi d'autres, de ce pouvoir de consécration
détenu par les médias.

La même analyse pourrait en effet être menée
pour le cinéma de plus en plus soumis, lui aussi,
aux stratégies d'affichage médiatique des palmarès et d'anticipation des succès au moyen d'une
exploitation systématique de la notoriété des

acteurs et des réalisateurs. Les géants mondiaux que sont Time Warner (avec Warner Bros), Walt Disney, Viacom (avec Paramount Pictures), News Corporation (avec 20th Century Fox) et NBC Universal (avec Universal Pictures) et qui possèdent des catalogues de films impressionnants, ont depuis longtemps compris que la notoriété de certaines stars était susceptible d'attirer les financements, de provoquer l'intérêt des médias et de séduire le public. La politique de surexposition de quelques vedettes et de surmédiatisation de certains films avant leur sortie sur les écrans réduit la durée d'exploitation de ces films à quelques semaines et contraint à les faire figurer sur la liste du box-office dès les premiers jours. On saisit dès lors l'importance des cérémonies de remise de prix telles que celles des Oscars aux États-Unis ou des Césars en France, amplement relayées par les principaux médias écrits et audiovisuels. Les enjeux commerciaux sont décisifs : les prix permettent d'obtenir de la publicité gratuite dans les journaux grâce aux articles favorables qu'ils suscitent généralement.

Car la critique cinématographique, à l'image de celle du spectacle vivant, subit elle aussi de fortes pressions, notamment de la part des grands producteurs et distributeurs. Si la presse écrite offre encore des espaces de liberté en matière de jugement critique, la télévision, en revanche, donne l'impression d'uniformité. Coproductrices de nombreux films et principaux bailleurs de fonds du cinéma en France, les chaînes de télévision ne font aujourd'hui quasiment plus aucune place à la critique de cinéma. Elles se contentent de dif-

fuser les bandes-annonces des films, d'inviter sur
les plateaux les réalisateurs et les acteurs venus
faire la promotion de leur dernière œuvre ou de
leur dernier rôle dans le cadre d'un plan marketing soigneusement programmé. Ainsi que l'avait
remarqué Catherine Clément dans son rapport
sur la culture à la télévision, non seulement celle-
ci diffuse les émissions culturelles la nuit et l'été,
mais est incapable, en matière de cinéma (pourtant largement privilégié sur le petit écran), de
sortir du «cirque promotionnel[36]».

Si nombre d'éditeurs, de producteurs de spectacles, de disques ou de cinéma sont de moins en
moins insensibles aux sirènes des médias, c'est
parce que la loi du marché, la production industrielle mondialisée et les stratégies de communication sont devenues de plus en plus déterminantes
dans le processus de reconnaissance des biens
culturels. Le pouvoir de consécration dont disposent les médias dans ce domaine s'est très certainement renforcé ces derniers temps. Il ne saurait
toutefois être assimilé à un pouvoir uniformément contraignant : des môles de résistance subsistent, en particulier à la radio (surtout de service
public) et dans certains journaux. Mais le mouvement qui consiste à confondre reconnaissance
artistique et reconnaissance médiatique paraît
pour le moins bien enclenché. Les médias et les
mécanismes de médiatisation sont en tout cas à
l'origine d'une nouvelle configuration culturelle
au sein de laquelle les livres, les films, les chansons et d'autres biens culturels ne sont, très souvent, que des marchandises, des produits comme

les autres, jetés sitôt consommés et non plus des
œuvres respectées et éventuellement préservées.

Les médias mettent-ils cependant à ce point la
culture en péril qu'il faille ériger des barrières de
protection, allumer des contre-feux sous peine
de voir disparaître l'héritage culturel transmis
depuis des générations ? La vie des idées et des
œuvres suppose en tout cas que l'on trouve un
juste équilibre (qui semble, à l'heure actuelle,
perdu) entre la fulgurance et la transcendance
de la création (que Walter Benjamin appelait
l'« aura ») et les besoins du marché de la production ou de la diffusion industrielles. Elle ne peut
s'épanouir que dans un système reposant sur
trois logiques en concurrence incarnées respectivement par les créateurs, par les commerçants et
par les journalistes ou, pour reprendre la terminologie de Francis Balle, par les mandarins,
par les marchands et par les médiateurs[37]. Elle
convie à lutter contre la mainmise ou la domination exclusive d'un seul des trois acteurs.

L'IMPORTANCE DES MÉDIAS
AU SEIN DES PRATIQUES CULTURELLES

S'en tenir à une étude de la production et de la
diffusion de la culture sous l'angle de la médiatisation sans analyser les pratiques effectives de
consommation (principalement fondées sur des
données statistiques), c'est faire l'impasse sur un
point essentiel à la compréhension du pouvoir

des médias, celui des usages véritables des produits culturels et donc être conduit à formuler des diagnostics d'une grande généralité sans aucune validation empirique. Se restreindre à l'examen de l'économie médiatico-publicitaire et à celui des modes de consécration renouvelés qu'elle engendre sans se pencher par ailleurs sur les pratiques de réception de la culture, c'est rester aveugle à la diversité éventuelle de l'activité interprétative, à la créativité et à la résistance possible du récepteur. Bien trop souvent les discours tenus à propos de la pauvreté de la « culture médiatique » ou de l'abrutissement des masses par la télévision ignorent en effet superbement les modes de consommation et surtout de réception des produits culturels. Ils oublient, ce faisant, que les acteurs sociaux sont capables de mobiliser des compétences complexes et savent mettre des nuances dans l'exécution d'un rôle. Il faut donc plonger dans les chiffres de la consommation culturelle.

La consommation culturelle

Tentons, pour l'instant, d'établir un rapide bilan de l'évolution des modes de consommation, c'est-à-dire des pratiques culturelles des Français avant de repérer, si possible, le poids des pratiques médiatiques au sein de cet ensemble. Les observations réalisées depuis de nombreuses années, grâce à une série d'enquêtes menées en 1973, 1981, 1989 et 1997 sous l'égide du ministère de la Culture sur le comportement des Français en matière culturelle, laissent entrevoir les principales mutations dans ce domaine. D'un côté, elles confirment la permanence de fortes inégalités sociales dans l'accès à l'art et à la culture, l'existence d'une importante stratification sociale ; de l'autre, elles révèlent une hybridation des pratiques qui remet partiellement en cause les analyses classiques en termes de légitimité culturelle.

Les pratiques de consommation culturelle sont, dans notre société, étroitement liées à la position et à la trajectoire sociales des individus. Elles sont globalement «minoritaires, élitaires et cumulatives» selon le constat d'Olivier Donnat[38]. Les professions intellectuelles supérieures arrivent systématiquement en tête devant les professions intermédiaires en matière de lecture de livres, d'usages culturels des médias, de fréquentation d'équipements culturels, alors qu'à l'autre extrême de l'échiquier social, on trouve les ouvriers et les agriculteurs, très éloignés de ce type de pratiques. La participation régulière et diversifiée à la vie culturelle, on le sait, nécessite le cumul de plusieurs atouts : un niveau de diplôme et de revenu élevé, une proximité de l'offre culturelle, un mode de loisirs tourné vers l'extérieur. Si la tendance générale, entre 1973 et 1997, est à la hausse de la consommation culturelle dans la plupart des catégories sociales, les disparités entre milieux sociaux n'ont en revanche guère été réduites.

L'intensification de certaines pratiques (les musées, la musique, par exemple) concernent prioritairement les cadres, les professions intermédiaires et les étudiants et n'affectent (sauf exception) que marginalement les autres catégories. La loi du cumul fonctionne à plein : ce sont les habitués des théâtres, des musées, des expositions qui achètent le plus de livres, de CD-Rom et qui regardent le plus les émissions culturelles à la télévision. La variable du niveau de diplôme est indéniablement la plus discriminante en la matière avant les différences d'origine sociale, de lieu d'habitat, d'âge ou de revenu. À l'intérieur d'un même groupe socioprofessionnel, ces variables conduisent également à des différenciations dans les pratiques : ainsi, pour ne prendre qu'un seul exemple, les professeurs et les professions scientifiques ont une fréquentation des équipements culturels deux fois supérieure à celle des ingénieurs et des cadres d'entreprises. Les faits sont suffisamment connus pour qu'il soit inutile de s'y appesantir longuement.

Ces quelques données confirment la pertinence des travaux de sociologie de la culture menés depuis les années 1960 par Pierre Bourdieu sur les phénomènes de reproduction et de distinction sociales et valident le constat maintes fois énoncé selon lequel, malgré les progrès technologiques, malgré les efforts réalisés dans le domaine de la politique culturelle, malgré l'élévation du niveau scolaire, il n'y a guère eu de démocratisation de la culture. Le raisonnement en termes de légitimité culturelle (il existe une correspondance statistique très forte entre la hiérarchie des arts et des genres et la hiérarchie sociale des consommateurs qui fonde un système d'opposition entre culture légitime/culture illégitime) garde donc une certaine pertinence : le désir de culture demeure indéniablement corrélé au capital culturel. Il apparaît toutefois insuffisant pour rendre compte d'un certain nombre de modifications des comportements des Français observables depuis quelque temps.

La montée irrésistible de l'audiovisuel et l'essor des équipements électroniques ont en effet induit un changement majeur : ils ont transporté les arts et la culture à domicile dans les foyers, ouvert de nouvelles voies d'accès au savoir et provoqué, notamment chez les jeunes, une diversification des rapports aux œuvres et à la culture. On ne peut plus comprendre la complexité de la consommation culturelle aujourd'hui en se fondant uniquement sur le principe d'une homologie entre catégories socioprofessionnelles et pratiques culturelles[39]. La ligne de partage entre culture et divertissement est devenue beaucoup plus fragile comme on l'a vu, de sorte que culture de l'écrit et culture de l'écran s'interpénètrent aujourd'hui toujours davantage. Les sons, les textes et les images donnent lieu à de nouvelles formes d'appropriation et d'usages qu'il est plus malaisé de décrypter parce que la diversité des cas de figure est dorénavant plus grande.

Le phénomène nouveau réside en effet dans le renouvellement de la vie culturelle à l'intérieur de tous les groupes sociaux. Si, comme le souligne Jean-Claude Passeron[40], l'ossature sociologique des inégalités reste globalement de même proportion entre les groupes sociaux depuis un demi-siècle, la silhouette psychologique des usagers n'est, quant à elle, plus guère reconnaissable. Les études les plus récentes relèvent à cet égard une hybridation croissante des pratiques

culturelles accompagnée d'un effacement pro-
gressif de la distinction entre arts majeurs et arts
mineurs, entre culture légitime et culture illégitime. En musique par exemple, il est de plus en
plus fréquent d'associer dans ses goûts des genres
et des musiciens issus de traditions fort différentes comme le rock, le jazz, la musique classique, voire le rap. Cet éclectisme qui définit de
plus en plus la posture cultivée aujourd'hui détruit
en partie l'alternative entre musique savante et
musique populaire qui était en vigueur antérieu-
rement. Les frontières entre les domaines ne
sont plus étanches, les genres culturels se décloisonnent, le métissage culturel auquel on assiste
invalide partiellement l'échelle de légitimité traditionnelle.

L'extension et la diversification de l'offre culturelle, la massification scolaire, le déclin des huma-
nités classiques et surtout l'essor des médias et
des technologies nouvelles (TIC) ont modifié la
donne, si bien que les adolescents du XXIe siècle
entrent de plus en plus souvent en contact direct
avec les œuvres sans passer par la médiation
des prescripteurs habituels qu'étaient les ensei-
gnants[41]. Ainsi que le montrent les nombreux
exemples de conduites culturelles répertoriés par
Bernard Lahire dans *La culture des individus*[42], à
l'échelle individuelle, les profils dissonants (qui
associent des contraires, c'est-à-dire des goûts et
des pratiques légitimes avec des goûts et des pratiques peu légitimes) sont souvent majoritaires
dans tous les groupes sociaux, à tous les niveaux
de diplôme et dans toutes les classes d'âge. Le
tableau complexe et nuancé qu'il brosse des

comportements culturels montre qu'il convient désormais de raisonner en termes de pluralité des compétences culturelles et de diversité des contextes pour saisir l'étendue de la palette des pratiques culturelles. On peut ainsi, à l'instar de cet ouvrier issu des classes populaires, tout à la fois aimer jouer aux boules, apprécier la musique celtique et le théâtre de boulevard, fréquenter les concerts de jazz, visiter les musées et avoir un faible pour la peinture de Bruegel, lire Guy des Cars et Alexandre Soljenitsyne, adorer *Les visiteurs* et *Les oiseaux*[43]. Les profils de dissonance culturelle n'effacent pas bien entendu les formes de domination sociale existantes (les comportements dissonants dans les classes populaires relèvent ainsi davantage d'incursions ponctuelles ou de centres d'intérêt circonscrits que de l'oscillation entre les deux pôles de la culture légitime et de la culture peu légitime), mais les relativisent quelque peu en évitant de tomber dans des simplifications excessives du monde social. Les individus ne restent pas cantonnés dans le seul registre d'une forme de comportement culturel.

La diversification des moyens d'accès à la culture et l'hybridation des pratiques de consommation doivent être replacées dans le contexte économique, technologique et culturel de ces vingt-cinq dernières années. S'il fallait résumer d'une formule le changement majeur intervenu durant ce quart de siècle, on pourrait dire que le centre de gravité des pratiques culturelles s'est déplacé vers le pôle audiovisuel[44]. Les pratiques médiatiques cristallisent en quelque sorte les mutations auxquelles on a assisté. L'émergence

d'une nouvelle offre de programmes au moyen de
la télévision par câble et par satellite, la généralisation du magnétoscope et de la télécommande,
l'utilisation croissante de l'ordinateur et, depuis
peu, d'Internet, l'augmentation de l'écoute fréquente de musique, les transformations du rapport au livre et à la lecture : tous ces phénomènes
convergent vers le constat d'une forte progression des pratiques audiovisuelles domestiques
qui ont conquis une place croissante dans la vie
des gens. C'est le fait majeur de ces dernières
décennies : les consommateurs se sont approprié les instruments de communication et le
monde des médias est devenu un monde familier à la plupart des Français, en particulier des
jeunes.

Le poids des pratiques médiatiques

Bien qu'il soit quelque peu artificiel d'isoler
les pratiques médiatiques au sein des pratiques
culturelles, il n'est toutefois pas sans intérêt d'essayer de saisir la part respective de la lecture des
journaux, de l'écoute de la radio et de la télévision dans les comportements culturels des Français à l'heure actuelle.

Les enquêtes régulières menées sur le lectorat
de la presse écrite prouvent que, depuis une
trentaine d'années environ, les rythmes et les
modes de consultation des journaux ont changé.
La lecture est devenue plus occasionnelle, plus
épisodique et est davantage restreinte à quelques
centres d'intérêt. La presse quotidienne a perdu
nombre de ses lecteurs réguliers alors que la

presse magazine se déploie, au contraire, dans un contexte nettement plus favorable. C'est ainsi qu'en 1973, 55 % des Français (de 15 ans et plus) lisaient un quotidien tous les jours ou presque; en 1989, ils n'étaient plus que 43 % et en 1997, 36 %: un tiers des Français seulement sont donc des lecteurs réguliers des quotidiens[45]. L'érosion du lectorat concerne d'abord la presse quotidienne nationale, sévèrement affectée, et un peu moins la presse régionale. La part de la population française de 15 ans et plus lisant un quotidien est ainsi passée de 19,7 % en 1994 à 17,7 % en 2004[46]. Rappelons que la France se situe au 28e rang mondial en termes de taux de pénétration des journaux, loin derrière les pays nordiques, le Japon, le Royaume-Uni, l'Allemagne ou les États-Unis. Le succès récent des journaux gratuits qui touchent surtout un public n'ayant pas l'habitude de lire un quotidien modifiera peut-être la donne dans les années à venir.

La lecture régulière des magazines se maintient, en revanche, à un niveau fort élevé: 86 % des Français en 1989, 84 % d'entre eux en 1997 déclaraient se livrer à ce type d'activité. Nous sommes aujourd'hui les plus gros consommateurs de presse magazine au monde: en 2004, près de 60 % des Français lisaient chaque jour au moins un magazine, essentiellement à domicile[47]. On sait par ailleurs que le lectorat de la presse écrite est socialement assez discriminé. Par exemple, le profil des lecteurs des quotidiens nationaux est plutôt celui d'un lectorat jeune, majoritairement masculin, vivant en zone urbaine, se situant dans les classes aisées avec un niveau d'études supérieures plus élevé que la moyenne nationale. Au sein du lectorat de la presse quotidienne régionale, la répartition hommes/femmes y est plus équilibrée tout comme celle entre zones urbaines et zones rurales; mais, de manière générale, il est beaucoup plus âgé que celui de la presse quotidienne nationale.

L'écoute de la radio, pour sa part, n'a pas vraiment diminué et aurait même tendance à augmenter malgré la concurrence de la télévision. Média d'écoute individuelle à l'inverse du petit écran, il apparaît complémentaire et non pas antagoniste de ce dernier. Les personnes qui écoutent beaucoup la radio sont en effet le plus souvent des téléspectateurs assidus tandis que les faibles téléspectateurs sont souvent de faibles auditeurs. En 1997, près de 70 % des Français écoutaient la radio tous les jours tandis que 12 % seulement ne l'écoutaient jamais. Selon des sources plus récentes, près de 81 % des Français de 15 ans et plus écoutent aujourd'hui la radio chaque jour environ trois heures par jour[48]. C'est dire son succès auprès de toutes les catégories de la population et en particulier auprès des jeunes qui sont branchés sur les radios musicales et qui en font un usage intensif. La radio est, d'une certaine manière, le média des actifs et des jeunes de 15 à 24 ans. La plupart du temps, son écoute se superpose d'ailleurs à une autre activité (travail professionnel, activité ménagère, repas, toilette, en voiture…) étroitement liée à la vie quotidienne[49].

Mais c'est évidemment le poids de la télévision dans les loisirs qui est allé en s'accroissant ces dernières années et c'est donc sur ce phénomène qu'il convient de s'attarder afin d'appréhender l'ampleur du changement et ses conséquences sur l'influence des médias en matière culturelle. La «loi» qui régit les comportements culturels s'énonce, selon Olivier Donnat, dès lors ainsi : «Un faible degré d'investissement dans un domaine de la vie culturelle [sorties, visites, expositions...] est en général associé à un faible niveau de participation dans les deux autres [musique et lecture] et à un usage intensif de la télévision, alors qu'un fort investissement s'accompagne (peut-être encore plus nettement) d'une participation au moins moyenne dans les deux autres et d'un usage modéré ou faible de la télévision[50].» Cette «loi», même si elle souffre d'un certain nombre d'exceptions, rend bien compte des inégalités sociales qui président aux rapports des Français à la culture aujourd'hui et concerne au premier chef deux profils extrêmes : d'une part, ceux qui ont des pratiques culturelles très denses et régulières et, d'autre part, ceux qui en sont assez éloignés ou quasiment exclus. Au sein de la partie médiane de la population, les pratiques sont en revanche plus intriquées et plus complexes.

La «télémorphose du temps de loisir», pour reprendre l'expression de Philippe Coulangeon[51], se traduit d'abord par l'augmentation du temps consacré à la télévision. Le temps télévisuel est, selon les enquêtes de l'INSEE, aujourd'hui le temps qui occupe la plus grande part du budget-temps des loisirs des Français. En douze ans, entre 1986 et 1998, il est passé de 1 h 44 mn à

2 h 07 mn par jour. Et encore ces chiffres ne concernent-ils que les moments de la journée où le fait de regarder la télévision constitue l'activité principale. Si l'on tient compte de l'écoute de la télévision comme activité secondaire (la regarder en travaillant, en effectuant une tâche ménagère, en mangeant, etc.), on passe de 2 h 23 mn à 2 h 56 mn sur cette même période (notons qu'en 2004, il se situe à 3 h 24 mn pour les 4 ans et plus, selon Médiamétrie). Il y a, comme le soulignait Michel Souchon voici déjà une bonne dizaine d'années[52], deux publics différents du point de vue de la consommation télévisuelle : d'un côté, ceux qui regardent beaucoup le petit écran et, de l'autre, ceux qui le regardent peu. Un tiers des Français assure à lui seul les deux tiers du volume d'écoute alors que le tiers composé de petits utilisateurs ne représente que 10 %. La télévision envahit par conséquent le temps disponible de certains et non pas de tous.

Cette télémorphose se manifeste ensuite par une diversification des pratiques liées au petit écran, mais cette diversification n'affecte pas indistinctement l'ensemble de la population. Le temps moyen d'écoute de la télévision est en effet corrélé à un certain nombre de paramètres. Premièrement au capital culturel : les plus diplômés s'y consacrent beaucoup moins que les non-diplômés. Alors que la consommation de la culture consacrée (livre, théâtre, opéra…) reste l'apanage des individus les plus dotés en titres scolaires, une relation inverse caractérise les pratiques audiovisuelles : les gros consommateurs se recrutent majoritairement parmi les individus peu diplômés. Il est deuxièmement corrélé à l'âge et au retrait de la vie active : plus on avance en âge et plus on entre dans une phase qui suit la retraite professionnelle, plus on a tendance à regarder la télévision. Tendance qui aboutit à une véritable surconsommation du petit écran au-dessus de 60 ans[53]. Il est troisièmement corrélé au genre : les femmes passent davantage de temps que leurs homologues masculins devant le petit écran. Mais on sait par ailleurs que l'espace domestique est plutôt un espace de loisir pour l'homme et un espace de travail pour la femme, si bien que la consommation masculine de la télévision s'apparente davantage à une détente chez l'homme et provoque un certain sentiment de culpabilité chez la femme[54].

La télémorphose modifie enfin la structure du temps de loisir quotidien dans la mesure où les autres activités (lecture, semi-loisirs tels que le jardinage et le bricolage) voient leur durée moyenne stagner ou diminuer. Ce renforcement de la part de la télévision dans les loisirs affecte prioritairement les classes populaires salariées (ouvriers et employés), les agriculteurs, les artisans, les commerçants, les chefs d'entreprise, les femmes au foyer et les chômeurs. En revanche, les cadres demeurent à l'écart de cette tendance et accordent une place importante à la lecture. Le comportement des lycéens et des étudiants se situe, quant à lui, à mi-chemin de celui des deux précédents (classes populaires et cadres).

En d'autres termes, la culture savante résiste beaucoup mieux que la culture populaire à l'emprise de la télévision : la progression du temps d'écoute de la télévision concerne principalement, on vient de le dire, les ouvriers et les employés et n'engendre donc pas d'homogénéisation des modes de loisirs puisque l'impact en termes de consommation paraît fort sur les classes populaires et plutôt limité sur les classes supérieures. Mais cette hégémonie de la télévision sur les plus démunis culturellement ne doit pas être nécessairement interprétée comme une influence négative ou comme une forme d'aliénation culturelle : elle peut aussi ouvrir sur de nouveaux horizons et se prêter, comme on le verra, à de multiples usages.

« Le monde de l'audiovisuel, estimait Olivier Donnat en 1997, est d'ores et déjà entré dans une nouvelle ère, celle de la segmentation de la culture de masse et d'une individualisation des usages[55]. » On s'aperçoit ainsi que la mutation des temps et des rôles sociaux au sein des familles est à l'origine d'une utilisation de plus en plus différenciée du petit écran. Si l'écoute de la télévision demeure majoritairement une pratique familiale (contrairement à l'écoute de la radio ou de la lecture), elle conduit cependant à une individualisation plus marquée de son usage, en particulier chez les jeunes générations. Cette tendance s'explique à la fois par la recherche d'une autonomie individuelle (s'affranchir des contraintes et du devoir de négocier constamment l'écoute avec autrui) et par la désynchronisation des horaires (la plus grande flexibilité des horaires de travail fait que l'on regarde pendant que l'autre est absent)[56].

Est-ce à dire que l'expansion des pratiques

médiatiques a eu une incidence sur les pratiques culturelles traditionnelles ? Oui, très probablement : on ne regarde pas un film de la même manière sur un écran de cinéma et sur le petit écran ; on ne lit pas un journal de la même façon sur papier ou en ligne ; on n'écoute pas la musique avec la même attention au concert, à la radio, avec un baladeur ou sur Internet. Sur ce plan au moins, les médias ont donné accès à des œuvres qui étaient auparavant exclues de la hiérarchie traditionnelle des valeurs. Faut-il en conclure que la consommation culturelle est dorénavant complètement dépendante des médias et des instruments de communication modernes (TIC)[57] ? Assurément non puisque les itinéraires sociaux sont moins rectilignes que par le passé et que chaque individu peut désormais (dans une certaine limite) construire son propre rapport à la culture par le biais de formes de sociabilité particulières[58] et de relations avec des groupes d'identification.

Si l'on dresse, par exemple, la cartographie des réseaux relationnels de jeunes âgés entre 19 et 24 ans, au travers de leurs activités culturelles et de loisirs, on s'aperçoit que leurs contacts s'organisent autour de figures très différentes[59]. Elles peuvent prendre la forme d'une dynamique de « spécialisation » qui les conduit à sélectionner et à séparer nettement leurs multiples cercles de relations comme par exemple les amis musiciens d'un côté, les internautes fans de mangas ou de jeux vidéo, de l'autre. Dans ce cas, certaines pratiques distinctives masquent leur participation à la culture dite de masse. Elles peuvent aussi s'organiser autour d'une dynamique de «distribution» qui consiste à partager une même activité culturelle avec plusieurs cercles de relations, comme par exemple le goût pour les sorties, les fêtes et la télévision avec tous ses amis. Dans ce cas, la consommation culturelle standard apparaît dominante. Elle peut enfin s'inscrire dans une dynamique de «polarisation» qui se focalise sur un seul cercle de relations (souvent constitué sous forme de bande ou de clan) qui partage un ensemble de pratiques culturelles distinctes (musique, jeux vidéo, télévision, concerts, etc.). Dans ce cas, les activités culturelles se concentrent principalement sur l'extérieur.

Les réseaux de sociabilité offrent donc de multiples combinaisons possibles : soit demeurer strictement cloisonnés, soit s'imbriquer fortement, soit offrir simplement quelques passerelles. Chaque fois ou presque, les écrans et les interfaces technologiques jouent un rôle important (lecteurs de DVD, lecteur MP3, dispositifs télématiques offrant l'opportunité d'interagir par e-mail, par le «chat», etc.), mais s'insèrent dans des pratiques de liens relativement denses et malléables avec autrui. À la multiplication des dispositifs de communication et de connexion répond donc une constellation de liens sociaux qui rappellent qu'une forte proportion d'individus vit dans la mixité culturelle et que l'analyse du système de relations interpersonnelles est fondamentale pour comprendre la réception des médias.

Culture de masse et/ou culture mosaïque?

L'émergence d'une nouvelle configuration culturelle et de nouvelles formes de reconnaissance, la montée en puissance des pratiques médiatiques au sein des pratiques culturelles relancent évidemment le débat autour des effets pervers des médias sur la culture. On n'entonnera pas ici le péan en l'honneur de la « culture supérieure » (Marcuse) ou de la « culture cultivée » (Edgar Morin) par opposition à la « culture de masse » ; ni le refrain sur la décadence ou sur le déclin de la culture, son engloutissement dans le « tout-culturel » (Alain Finkielkraut) ou son assimilation à une forme de barbarie (Michel Henry) tant le thème est rebattu.

Tout au plus rappellera-t-on que cette vision dépréciative des médias associe société de masse et culture de masse dans une même réprobation et qu'elle se réfère, avec nostalgie, à un passé supposé glorieux où la culture était construite autour d'œuvres reconnues par la tradition humaniste et par le système scolaire, transmise de génération en génération selon des modalités solidement établies. Ce patrimoine culturel, fruit de l'héritage prestigieux des œuvres dites classiques, n'a certes pas disparu, mais il est sérieusement ébranlé par l'intrusion des médias dans le champ de la culture et par les nouveaux modes de vie. Hannah Arendt traduisait parfaitement le sentiment général de désarroi et d'inquiétude dans son ouvrage sur *La crise de la culture* lorsqu'elle écrivait que « la société de masse ne veut pas la culture, mais les loisirs (*entertainment*) et les articles offerts par l'industrie des loisirs sont bel et bien consommés par la société comme tous les autres objets de consommation», ajoutant quelques lignes plus loin : «cela ne veut pas dire que la culture se répande dans les masses, mais que la culture se trouve réduite pour engendrer le loisir[60]». L'idée communément admise selon laquelle on assisterait à une espèce de décadence culturelle en raison de l'influence grandissante des médias et du développement d'une culture de masse est beaucoup trop lourde de parti pris et grevée de trop de jugements de valeur pour être utile à la compréhension de la réalité observable. Elle est en outre de peu d'intérêt si l'on considère cette culture de masse comme une expression ayant une signification autonome et si on l'abstrait des conditions réelles d'existence des individus eux-mêmes[61].

La thématique privilégiée, celle d'une dénaturation de la culture, repose en fait toujours sur le même syllogisme : la société actuelle est une société de production industrielle et de consommation de masse ; les médias constituent une forme d'industrie culturelle ; donc la culture diffusée par les médias est une culture industrielle de masse, par essence indifférenciée et de médiocre qualité. On oublie le plus souvent de déterminer ce que recouvre cette notion de culture de masse qui est, comme l'avaient autrefois établi Pierre Bourdieu et Jean-Claude Passeron[62], une expression souvent imprécise, qui tend à confondre l'ampleur de la diffusion (à partir de quel seuil, de quel nombre d'individus, est-on dans une culture de masse?) et la qualité du contenu (à partir de quel critère peut-on dire que tel produit culturel appartient ou non à la culture de masse?). De ce fait, tout individu qui est intégré dans cette société dite de masse est censé en acquérir immédiatement toutes les caractéristiques puisque, pour paraphraser les deux sociologues, toute chose qui participe d'un genre paraît devoir posséder toutes les propriétés du genre. La culture de masse semble produire un «homme sans qualités», un être anonyme et désincarné: on sait aujourd'hui que cette vision des choses demande à être révisée.

Alors que, comme on vient de le souligner, la profusion des supports d'accès à la culture et la démultiplication des pratiques médiatiques ont fait émerger un nouveau rapport à la culture, est-il en effet possible de redéfinir ce que recouvre la notion de culture de masse véhiculée par les différents supports de communication et de vérifier si elle garde encore une certaine pertinence pour comprendre la réalité contemporaine? Edgar Morin est l'un de ceux qui s'étaient attelés à la tâche, au tournant des années 1960. Il avait alors diagnostiqué dans *L'esprit du temps*[63] l'émergence, au sens anthropologique du terme, d'une culture de masse produite par les industries culturelles qui avait, selon lui, la particularité de diffuser une certaine représentation du monde, un imaginaire social commun engendrés par ce mode spécifique de production. Née de la rencontre des techniques modernes de communication et de l'essor de la société de consommation, cette culture de masse induisait un rapport esthétique au monde fondé sur une interaction entre le réel et l'imaginaire, et apparaissait comme fondamentalement ambivalente.

Contrairement aux chercheurs de l'École de Francfort (Adorno, Horkheimer, Marcuse) qui n'y décelaient que matraquage et conformisme abrutissant, le sociologue français mettait l'accent sur ce paradoxe : le «modèle bureaucratique-industriel» de la culture repose sur une tension entre, d'une part, la standardisation et la dépersonnalisation des produits et, d'autre part, la dynamique de l'invention et la confection de produits individualisés. La culture de masse est donc le résultat de cette contradiction fondamentale entre ses structures profondément bureaucratisées et une certaine originalité du produit qu'elle doit fournir. Elle charrie à la fois des stéréotypes et des nouveautés, des idées conformistes et des idées subversives. Autrement dit, il existe «une zone de création et de talent au sein du conformisme standardisé[64]». Un film produit et réalisé pour plaire au plus grand nombre, et donc selon un scénario stéréotypé et selon des recettes convenues (intrigue amoureuse, happy ends...), doit néanmoins avoir sa personnalité et son originalité pour convaincre. On peut ainsi y trouver des acteurs qui réussissent à interpréter leur rôle de manière inaccoutumée ou des cadrages qui sortent parfois de l'ordinaire. Il en va de même pour une émission de radio, pour une chanson ou pour l'information.

Sans doute cette vision des choses peut-elle apparaître pour le moins optimiste lorsqu'on examine la manière dont sont produits et diffusés aujourd'hui certains sitcoms ou soap operas à la télévision, ou, comme on vient de le voir, certains disques ou certains livres lancés sur le marché. Nul doute que le poids de la logique commerciale s'est fortement accru par rapport à l'époque à laquelle Edgar Morin procédait à cette évaluation et que les méthodes de production et de promotion des produits culturels se sont intensifiées et raffinées depuis lors. En dépit de ces changements, elle n'en conserve pas moins une part de vérité dans la mesure où la «marchandisation» tend à l'heure actuelle autant à spécialiser ses produits en fonction des marchés qu'à les stéréotyper, ainsi que le faisait observer récemment Jean-Claude Passeron[65].

Quelles que soient en effet les critiques que l'on ait pu émettre à l'égard des analyses d'Edgar Morin, force est de lui reconnaître le mérite d'avoir été l'un des premiers à insister sur l'ambivalence, sur le caractère dual de cette culture de masse et donc à indiquer combien la vision d'une uniformisation de la culture par les médias était réductrice. D'un côté, les grands groupes industriels (du cinéma, de la presse, de la télévision...) favorisent effectivement la standardisation et l'homogénéisation des produits culturels afin de limiter les risques commerciaux ; de l'autre, certains produits doivent offrir une part d'inattendu s'ils veulent séduire le public (l'interprétation d'une chanson ancienne par un candidat de *Star Academy* peut parfois se révéler de qualité). Cette culture de masse, fondamentalement ambivalente, véhicule en outre des représentations sociales particulières, des mythes (par exemple celui du bonheur individuel, de la star, etc., dans la presse magazine «people») dans lesquels les individus se projettent et avec lesquels ils s'identifient. Mythes qui ne se réduisent pas uniquement, comme le pensait Roland Barthes, à une parole dominante et dépolitisée (ce qui est parfois le cas), mais qui peuvent aussi servir de ressources symboliques et refléter une certaine réalité sociale. À la mythologie du bonheur des années 1960 ont ainsi succédé le culte de la performance et de l'authenticité dans les années 1980, puis «un imaginaire en temps de crise» durant les années 1990 (angoisses de l'échec et de l'exclusion) particulièrement sensible dans les scénarios de fictions télévisées[66].

À partir du moment où la culture de masse est appréhendée comme l'expression d'une dialectique continue entre uniformisation et invention, d'une tension permanente entre production industrielle globalisée et différenciée, la notion semble — mais uniquement à cette condition — effectivement utile et pertinente pour déchiffrer l'influence des médias sur la culture. Nous baignons sans conteste dans une culture de masse si celle-ci désigne, comme le suggère Éric Macé, «l'ensemble des objets culturels (et des pratiques qui leur sont liées) produits par les *industries culturelles* (quels que soient les médias) à destination (et ce n'est pas paradoxal) d'un *grand public hétérogène* (groupes et individus, contextes sociaux et références culturelles)[67]». Il existe bel et bien aujourd'hui des entreprises multinationales de communication dont les stratégies de concentration et de production attestent de la matérialité de la dimension industrielle et mondialisée de la culture. Il existe aussi des produits culturels qui véhiculent en leur sein des représentations plus ou moins contradictoires. (C'est le cas par exemple du cinéma hollywoodien qui cultive l'ambiguïté textuelle depuis ses origines et dont certains films se prêtent à des lectures polysémiques, à l'instar de *Taxi Driver*, *Delivrance* ou de *Robocop*[68].) Il existe enfin un public sans cesse croissant ayant accès à ces produits par le biais des médias et des technologies de la communication (TIC) et qui développe des pratiques hybrides ou dissonantes de réception, qui procède à des usages plus ou moins éclectiques des produits culturels.

La tension entre massification et fragmentation qui est le propre de cette culture de masse aujourd'hui conduit Bernard Miège à affirmer que «la transnationalisation des industries de la culture, de l'information et de la communication, elles-mêmes de plus en plus concentrées ou du moins centralisées du point de vue financier, ne signifie pas automatiquement et nécessairement, massification, standardisation, voire homogénéisation culturelle. Plus exactement il faut s'habituer désormais à la coexistence de la massification et de la segmentation, de la standardisation et de la concurrence entre standards et systèmes, de l'homogénéité et de la diversité (du pluralisme?) culturels[69]». Ce que ce dernier dénomme «la logique de club» est aujourd'hui de plus en plus pratiquée par les responsables de programmes audiovisuels par exemple. Elle consiste en effet à chercher à atteindre des publics de plus en plus ciblés et diversifiés en fonction de hiérarchies sociales, mais aussi en leur proposant des choix précis à l'intérieur d'alternatives variées.

Conjuguant conformisme et innovation, la culture de masse donne finalement l'impression d'un patchwork, d'un assemblage d'éléments hétéroclites s'adressant au plus grand nombre et ne satisfaisant personne en particulier. Ne serait-il dès lors pas plus judicieux de considérer une fois pour toutes que les médias ont effectivement transformé la culture telle qu'elle est produite et transmise dans nos sociétés et qu'ils constituent de ce fait des outils de communication qui recomposent certains traits de la culture traditionnelle ? Ne serait-il pas préférable d'employer la notion de «culture mosaïque» pour rendre compte de cette mutation, expression qui ne préjuge en rien d'une quelconque uniformisation de la pensée ou d'une quelconque déperdition de sens et qui a l'avantage de refléter une réalité empiriquement observable ? Bref, de s'en tenir à une analyse *a priori* neutre de la question tant que n'ont pas été étudiées ses retombées concrètes auprès du public lui-même ?

L'une des analyses les plus perspicaces à ce sujet demeure probablement celle proposée par Abraham Moles qui, dans son livre *Sociodynamique de la culture* publié en 1967, prenait acte du fait que les mécanismes de création et de diffusion de la culture avaient été profondément renouvelés à l'ère des médias[70]. Constatant que nous sommes passés d'une culture cartésienne, ordonnée, humaniste, longtemps dominante, à une culture mosaïque, formée d'assemblages de fragments hétérogènes juxtaposés, il définissait cette culture comme une dynamique et comme un flux. L'homme moderne est en effet bombardé de messages venus de la presse, du cinéma, de la publicité, de la radio, de la télévision et aujour-d'hui d'Internet, qu'il recueille de manière plus ou moins aléatoire, qu'il assimile par bribes en même temps que ceux provenant de son entourage, du système scolaire ou du milieu profession-nel. Qu'on s'en réjouisse ou qu'on s'en offusque, la culture est désormais liée à des probabilités d'as-sociations de tous ordres qui existent entre les différents éléments de connaissances et qui sus-citent un travail de recomposition différent de la part de chaque individu ou, en tout cas, de chaque communauté à laquelle il appartient.

Elle n'est plus statique et figée comme dans l'ancienne conception de la culture, mais évolue au gré des changements technologiques, des modes de diffusion et des logiques sociales exis-tants. L'image d'une culture mosaïque et celle d'un marché de la culture conçu comme un cycle en continuel renouvellement (dans lequel la porosité entre culture lettrée et culture véhi-culée par les médias est de plus en plus la règle) paraissent les plus proches de la réalité actuelle : elles prennent en compte simultanément le monde des choses à travers sa diversité (livres, disques, journaux, télévision, etc.) et le monde des idées à travers sa singularité (arts, sciences, littérature, etc.). Des enquêtes récentes confir-ment ce constat en matière d'information par exemple[71]. En raison de la multiplication des sources et des supports, les Français grappillent aujourd'hui de plus en plus l'information en passant au cours de la journée d'un média à l'autre et maîtrisent tant bien que mal cette profusion de messages dont ils semblent être devenus boulimiques. La conséquence d'un tel phénomène étant que tout est dorénavant perçu sur le même plan et que la hiérarchisation des informations tend à disparaître.

Culture de masse ou culture mosaïque[72] : quel que soit le terme retenu, il faut rappeler qu'aucune des deux formes de culture n'est une entité close sur elle-même. Il n'y a, à la limite, que des produits culturels multiples, simultanément semblables et différents (probablement plus souvent semblables que différents, il est vrai), transmis sur des supports médiatiques variés, reçus selon des modalités diversifiées dans des contextes sociaux et culturels plus ou moins contraignants. Toute la question est évidemment de savoir quel est le degré de contrainte qu'exercent le système économique et les inégalités sociales sur les conditions concrètes d'appropriation de cette culture. Après avoir décrit les modes de production et de diffusion de la culture et après avoir détaillé les pratiques quotidiennes de consommation, il reste donc à saisir ce qu'on appelle la réception des médias. En d'autres termes, à identifier les modalités exactes de l'acte de lire, d'écouter et de regarder ainsi qu'à déterminer la valeur que chacun accorde à ce qu'il consomme.

CHAPITRE 7

UN PUBLIC DES MÉDIAS PASSIF ?

Passer de la consommation culturelle à la réception culturelle, c'est effectuer un saut qualitatif et se demander comment réagit concrètement le public qui est inondé de messages médiatiques, c'est chercher à savoir ce qu'il en retient, ce qu'il oublie, ce qu'il rejette ; bref, comprendre comment s'opère la construction sociale des significations des messages diffusés par les médias. Si l'on veut en effet déterminer avec précision l'influence des médias, il faut s'intéresser à ce que les spécialistes appellent les actes sémiques (sensoriels, affectifs, intellectuels) qui caractérisent l'expérience esthétique et culturelle d'un individu ainsi qu'au contexte économique et social dans lequel il évolue. Car, ne l'oublions pas, l'usage culturel d'un bien est aussi et avant tout «la réception d'une proposition de sens» comme le souligne à juste raison Jean-Claude Passeron[1].

L'approche économique et statistique de la culture tout comme les études quantitatives de l'audience montrent ici leurs limites car elles ne permettent pas d'appréhender ce qui se trame véritablement au moment de la lecture d'un journal, de l'écoute de la radio ou de la télévision. L'activité interprétative du récepteur des médias apparaît en effet comme un moment décisif d'une expérience à la fois individuelle et sociale : reste à savoir quelle est exactement sa teneur et quelle est l'autonomie dont dispose le lecteur ou le téléspectateur par rapport aux multiples contraintes qui l'enserrent. Le public des médias est-il, comme le disent certains, fondamentalement amorphe et passif? Jouit-il d'une réelle liberté dans ses choix et surtout dans sa compréhension des messages médiatiques? Telles sont quelques-unes des questions auxquelles il convient d'apporter des réponses.

Que n'a-t-on dit et écrit sur le comportement du public des médias! Entre ceux qui ne voient que manipulation et apathie du public et ceux qui ne jurent que par l'existence d'un récepteur souverain, il est souvent bien malaisé de se forger une opinion. Les approximations et les jugements réducteurs sont, en ce domaine, monnaie courante. Le sujet est éminemment conflictuel et divise d'ailleurs la communauté des chercheurs elle-même, bien que certaines analyses commencent depuis quelque temps à converger[2]. Les désaccords ne sont cependant pas près de s'estomper de sitôt et il serait ici présomptueux de vouloir, par un coup de baguette magique, les faire disparaître en offrant une vision définitive sur le sujet. On est toutefois en droit d'affirmer que le modèle d'un public passif a aujourd'hui cédé la place à un modèle plus différencié dans lequel le public, selon les circonstances et selon ses caractéristiques (âge, sexe, capital culturel, communauté d'appartenance, etc.), jouit plus ou moins d'une certaine marge de manœuvre. La réception culturelle se prête à des appropriations plurielles dans le cadre d'un environnement politique, économique et social plus ou moins contraignant.

Les études, nombreuses, qui se sont développées depuis une vingtaine d'années dans différents pays étrangers ainsi qu'en France apportent confirmation du constat suivant : il n'y a pas de réponse univoque à la question du pouvoir des médias en matière culturelle. Il faut aujourd'hui concevoir l'attitude du public des médias comme une sorte de tension entre dépendance et autonomie, raisonner en termes de liberté sous contrainte ou, mieux encore, appréhender simultanément l'étendue et les limites de sa capacité d'action. D'un côté, les discours et les images diffusés par les médias proposent des agendas aux lecteurs, auditeurs et téléspectateurs, ils peuvent exercer une activité prescriptive et définir des catégories de perception ; d'un autre côté, ces mêmes lecteurs, auditeurs, téléspectateurs mettent en œuvre des activités interprétatives de recadrage plus ou moins étendues selon le contexte et selon le milieu auquel ils appartiennent. La complexité, autrefois insoupçonnée, des pratiques de réception met à mal, une fois encore, les analyses souvent trop tranchées.

Les travaux récents sur la réception qui conduisent les chercheurs à pratiquer des enquêtes quasi ethnologiques à propos de la vie quotidienne des gens et de la manière dont ils se servent des médias, dont ils discutent entre eux des programmes, sont à cet égard particulièrement instructifs. Ils ont permis de relativiser l'opposition stérile entre deux visions antagonistes : d'un côté, les tenants d'une analyse dite critique insistant sur le poids des déterminants sociaux ; de l'autre, les partisans de la tradition dite empirique mettant l'accent sur l'intense activité du récepteur. La littérature sur ce thème étant très abondante, on ne peut qu'y renvoyer le lecteur curieux de connaître l'histoire de ces recherches et de ces théories qui, parties de l'étude des effets des médias, ont progressivement glissé vers celle de leurs usages pour finalement aboutir à celle de leur réception[3].

L'analyse du comportement du public des médias, saisi sous l'angle de la réception, s'étend à l'heure actuelle dans trois directions[4] qui se chevauchent et se complètent. La première considère que les individus utilisateurs des médias disposent, en tant que tels, d'une relative capacité d'interprétation des « textes » médiatiques (textes, sons, images) et sont investis d'une certaine compétence en matière de décodage. La deuxième met davantage l'accent sur les pratiques domestiques de lecture et d'écoute des médias en s'attachant à comprendre l'influence du contexte de la vie quotidienne et familiale dans le décryptage des messages. La troisième, plus large encore, tente de cerner les usages sociaux des médias tels qu'ils sont mis en œuvre en dehors du domicile et plus particulièrement de mettre au jour les apprentissages sociaux auxquels ils donnent lieu.

Ces trois directions constitueront le fil directeur de notre réflexion. La majorité des études réalisées à partir de ces différentes orientations porte essentiellement sur la télévision qui a accaparé, en raison de la place qu'elle a prise dans la société contemporaine, l'attention des chercheurs. Elles ont conduit à se pencher principalement sur ce qu'on appelle la fiction sérialisée, c'est-à-dire les feuilletons, séries, soap operas ou sitcoms et, plus ponctuellement, sur les informations ou les reportages. Relativement rares, en revanche, sont les travaux menés sur la presse écrite et la radio qui demeurent, pour l'instant, les parents pauvres des études sur la réception, notamment en France.

LES COMPÉTENCES INTERPRÉTATIVES DES INDIVIDUS

Nul n'en disconviendra : le récepteur des médias utilise quasi quotidiennement les outils de communication qui sont à sa disposition dans un certain contexte politique, économique, social et culturel. Il ne se comporte pas comme un individu isolé du monde qui l'entoure, abstrait du milieu dans lequel il évolue. L'attitude dont il fait preuve en ce domaine dépend fondamentalement de la situation concrète qui est la sienne et qui le fait être un lecteur, un auditeur ou un téléspectateur. Il lit le journal à domicile ou dans le train, écoute la radio chez lui, en voiture ou en se promenant, regarde la télévision seul ou en compagnie d'autrui. Il fait en outre partie d'une société et d'une culture données, en partage ou non certaines valeurs, est en contact avec de multiples types de discours provenant des conversations avec des membres de sa famille, des amis, des collègues, etc. Il peut donc paraître pour le moins artificiel de vouloir définir ses capacités d'interprétation des messages indépendamment de l'environnement global dans lequel il est intégré. Tout en ayant conscience de l'importance de ces déterminants sociaux, on mettra toutefois provisoirement entre parenthèses ces éléments contextuels, afin de comprendre au départ les ressorts de l'activité personnelle des individus dans l'appropriation des messages médiatiques.

Des satisfactions et du plaisir personnels

Les premiers travaux entrepris au début des années 1940 sur le comportement du public ont d'abord porté sur la radio et plus particulièrement sur les satisfactions engendrées chez les auditeurs par l'écoute des jeux et des feuilletons radiophoniques aux États-Unis. Ils ont souligné que l'écoute des feuilletons était une expérience personnelle et sociale forte qui permet aux auditeurs et auditrices de trouver des solutions à leurs problèmes quotidiens. Après avoir cherché, de multiples manières, à savoir « ce que les médias font aux gens », on a peu à peu essayé, pour reprendre une formule célèbre, de saisir « ce que les gens font des médias », c'est-à-dire de connaître les attentes psychologiques satisfaites lors de l'utilisation de tel ou tel support. On a donc tenté de déterminer quels sont les besoins individuels et sociaux comblés par les usages (besoins d'information, d'évasion, etc.) ainsi que les satisfactions obtenues au moyen de la consommation des messages médiatiques.

Cette démarche conduira dans les années 1970 à relever[5] quelles sont les sources de satisfaction des individus en matière de médias et à s'apercevoir que celles-ci dépendent, pour beaucoup d'entre elles, d'autres canaux que les médias eux-mêmes et en particulier des relations d'amitié, familiales ou de travail que chaque individu tisse autour de lui. Les pratiques de communication débordent en effet le seul cadre des médias eux-mêmes et s'étendent à d'autres formes d'échanges, relativisant ainsi l'influence de la presse, de la radio et de la télévision. On constatera par ailleurs que la presse écrite et le cinéma sont des médias spécialisés associés à une gamme restreinte de besoins alors que la télévision, média plus généraliste, est davantage associée à une grande variété de besoins : elle représente notamment l'une des sources principales de divertissement individuel. En rester toutefois à une analyse fondée sur les attentes et sur les motivations des récepteurs risque fort de s'apparenter à une forme de psychologisme réducteur et d'éclipser les autres facteurs qui interviennent dans le choix et dans la perception de telle ou telle émission de radio ou de télévision.

Une étude menée au début des années 1980 par Ien Ang aux Pays-Bas au sujet de la réception de la série télévisée *Dallas*[6] a permis de mieux comprendre l'attitude du public en la matière. Parce qu'elle s'intéresse avant tout à l'expérience et à l'histoire personnelles des téléspectateurs plutôt qu'au contexte de réception ou à leurs caractéristiques socioculturelles, cette enquête a le mérite d'attirer l'attention sur des éléments jusque-là peu pris en compte. S'appuyant sur l'analyse de lettres de téléspectatrices adressées à un magazine féminin, la sociologue néerlandaise note que ces dernières adoptent une attitude à la fois intéressée et critique à l'égard de cette série télévisée. D'un côté, elles sont en effet attirées par l'histoire de la famille Ewing, par ses multiples déchirements et notamment par les jalousies et les rivalités qui fondent les rapports entre les différents personnages masculins et féminins de cette fiction. Elles y retrouvent partiellement une illustration des difficultés que tout être humain peut avoir à affronter au cours de sa vie. Le récit de tensions familiales, de souffrances sentimentales rejoint leur propre expérience du monde et entre en quelque sorte en résonance avec leur propre existence. Cet aspect souvent dramatique des rapports humains provoque chez les téléspectatrices une certaine émotion et c'est en ce sens que la série télévisée peut apparaître comme une série télévisée réaliste : elle fait preuve de ce que Ien Ang appelle un « réalisme émotionnel ». D'un autre côté, ces téléspectatrices ne sont pas dupes : elles ont parfaitement conscience du caractère artificiel de la fiction sérialisée, de son dispositif plutôt conventionnel, de la stylisation des intrigues et elles adoptent à son égard une vision souvent distanciée ou ironique, n'hésitant pas à porter des jugements parfois sévères.

L'écoute télévisuelle du feuilleton obéit donc à un savant dosage d'identification et de distanciation, accompagné d'un relatif sentiment de satisfaction. Elle conduit Ien Ang à affirmer que «prendre position politiquement contre la commercialisation croissante de la production et de la diffusion télévisées ne devrait pas, comme c'est souvent le cas, exclure la connaissance, à un niveau culturel, du réel plaisir que les spectateurs tirent du matériel médiatique produit commercialement[7]». Ces femmes éprouvent donc du plaisir à regarder les différents épisodes en imaginant les personnages comme de «vraies gens» et c'est ce plaisir qui explique en partie le succès de cette série télévisée américaine dans un contexte politique et culturel particulier, celui des années 1980 (favorable à l'indignation face à l'américanisation des télévisions européennes). Le plaisir du feuilleton ne signifie pas adhésion pure et simple à son contenu, à ses personnages ou à ses valeurs, mais engendre plutôt un effet de réassurance, redonne du sens à certains moments de sa vie personnelle, ce qui apparente finalement le processus de réception à une espèce de jeu continuel avec, d'un côté, l'offre télévisuelle et, de l'autre côté, son milieu d'appartenance. Le récepteur des médias est par conséquent un individu qui dispose de certaines ressources propres pour interpréter les messages, de capacités particulières (inégalement distribuées) de se les réapproprier et qui oscille entre acceptation et résistance.

L'importance du plaisir ressenti à regarder une émission *a priori* assez convenue permet de

mieux comprendre pourquoi certains téléspectateurs peuvent consacrer autant d'heures de leurs
loisirs à suivre une fiction telle que *Les feux de
l'amour* ou *Beverly Hills*, à se plonger avec délice
dans l'écoute d'une émission de télé-réalité du
genre *Loft Story* ou *Star Academy*. Ces plages
d'écoute plus ou moins prolongées correspondent à des moments de détente, de divertissement
et d'apprentissage, qui ne sont pas assimilables
à des formes d'aliénation ou d'abrutissement
du téléspectateur comme certains voudraient le
(faire) croire.

Une étude déjà assez ancienne, réalisée il y a
près d'un demi-siècle par Richard Hoggart, avait
déjà attiré l'attention sur ce phénomène. Dans
son enquête, devenue classique, de la vie quotidienne des classes populaires en Angleterre
et intitulée *La culture du pauvre*, le sociologue
anglais avait en effet constaté que, malgré l'évolution des modes de loisirs, malgré le poids
croissant du divertissement standardisé, malgré
l'essor des moyens modernes de communication, des pans entiers de cette vie quotidienne
restaient à l'abri du changement. Les membres
des classes populaires continuaient à s'adonner
au bricolage, à élever des oiseaux ou à aller à la
pêche : nombreux étaient ceux qui menaient leur
vie personnelle sans trop se soucier de ce qui
était diffusé par les industries culturelles. Le
désir de «prendre du bon temps» l'emportait
souvent sur toute autre considération. La lecture
de la presse moderne, par exemple, dont le
contenu se limitait au surprenant, au surnaturel
ou à la sexualité, dont l'information était sché-

matisée et atomisée, n'affectait dès lors guère leur mode de vie puisqu'ils vivaient dans leur univers, dans leur logique culturelle et savaient, selon l'expression courante, «en prendre et en laisser»; ils étaient tout à fait en mesure de ne pas s'en laisser conter.

Les gens du peuple maintiennent en fait une solide séparation entre leur monde à eux et le monde extérieur, entre le «nous «et le «eux». Lire ces journaux et ces magazines est un moment d'évasion sans conséquence : «Tout en prenant plaisir à la lecture de ces publications, écrit Richard Hoggart, les gens du peuple n'y perdent ni leur identité, ni leurs habitudes; ils gardent derrière la tête l'idée que tout cela n'est pas "réel" et que la "vraie vie" se passe ailleurs[8].» Cette consommation nonchalante de la presse, cette attention oblique dont ils font preuve, ce cynisme bon enfant permettent aux lecteurs de soigneusement séparer le monde familier qui est le leur dans la vie quotidienne du monde lointain et étranger des autres : «Ils trouvent dans ces publications le divertissement qu'ils recherchent et n'y prennent que cela[9].» Sans doute ce constat mériterait-il d'être appliqué à l'étude de la lecture des magazines «people» du type *Paris-Match*, *Voici*, *Gala* et de quelques autres afin de vérifier sa pertinence aujourd'hui. L'importance du principe de plaisir qui préside souvent à l'usage des médias et l'hypothèse d'un acquiescement distancié étaient en tout cas déjà fortement affirmées dans cette étude ancienne qui a fait date et gagnerait à être reprise et actualisée.

Il ne faudrait pas toutefois en conclure que les

capacités de recul dont peut faire preuve l'utilisateur de la presse, de la radio ou de la télévision
à l'heure actuelle puissent totalement être abs-
traites des conditions sociales de vie des individus. Le récepteur est certes capable de décrypter
jusqu'à un certain point les informations diffusées, mais cette capacité est plus ou moins
variable selon les individus. Elle s'inscrit dans
un contexte politique, économique, social, qui
pèse plus ou moins lourdement sur l'autonomie
de leur conduite. Richard Hoggart prenait d'ailleurs bien soin de préciser dans son ouvrage que
globalement la culture véhiculée par les industries modernes tendait à homogénéiser les comportements et que la plupart des gens n'en
prenaient pas conscience. Cette uniformisation
tendancielle des conduites n'exclut pas l'émergence de certaines formes de résistance ; toute la
question étant de mesurer quel est le degré exact
de cette résistance.

Avant de tenter de répondre à cette interrogation, osons un petit détour et posons une question iconoclaste : certaines formes de résistance
observables chez le public ne tiennent-elles pas
tout simplement aussi au fait que les médias ne
savent pas véritablement répondre aux attentes
de ce public et qu'ils ne se posent pas suffisamment la question du sens que peuvent prendre
pour les récepteurs les informations diffusées ?
Qui dit recherche d'une forme de satisfaction ou
de plaisir personnels dans la lecture de la presse
dit en effet existence d'un intérêt du lecteur pour
certains sujets traités. Or, les messages diffusés
offrent-ils toujours une réelle pertinence pour

lui ? En d'autres termes, ce que les spécialistes nomment l'acceptabilité des informations est-il véritablement suffisant ? Cette question du destinataire des médias mérite d'autant plus d'être posée que les journalistes, s'ils veulent atteindre leur lectorat ou leur audience, ont non seulement besoin d'être intelligibles, mais aussi d'être intéressants [10] : il faut parvenir à capter l'attention du récepteur, à susciter chez lui le désir de connaître et de découvrir. Or, alors que la quantité d'informations aujourd'hui disponible augmente sans cesse, la quantité d'attention disponible, elle, ne change guère. La difficulté n'est plus seulement aujourd'hui d'écrire pour le lecteur, mais plutôt de s'adresser au non-lecteur qu'il faut réussir à convaincre d'acheter le journal.

Ce type de réflexion, encore peu développé en France, a trouvé un début d'application dans une étude du comportement de lecture vis-à-vis de la presse quotidienne régionale [11]. Portant sur l'attitude des hommes et des femmes à l'égard de *L'Est républicain*, l'enquête réalisée par Sylvie Debras apporte un éclairage inédit sur leurs attentes et leurs frustrations en ce domaine. En effet, après avoir demandé à un échantillon de lecteurs et de lectrices aussi représentatif que possible de la population régionale de lire pendant un mois le journal (en entourant les articles lus en entier, en partie, en pointillé) et après avoir procédé, après coup, à de longs entretiens compréhensifs avec eux à propos de cette expérience, l'auteur de l'étude observe des différences d'attitude et de jugement très prononcées entre les hommes et les femmes, rejoignant le constat souvent établi qu'il existe une lecture sexuée des médias.

Lire un quotidien est un acte beaucoup plus contraint pour les femmes que pour les hommes. Elles disposent en effet de moins de temps libre en raison des tâches domestiques qu'elles assument. En outre, leurs moments de lecture sont moins ritualisés que chez les hommes qui ont l'habitude de lire leur journal le matin alors que les femmes s'y consacrent davantage en fin de soirée. En outre, les femmes survolent moins le journal, lisent plus attentivement quelques articles qu'elles ont choisis : elles ne souhaitent pas uniquement se tenir au courant de l'actualité, mais affirment fortement leur désir d'apprendre et de découvrir. Tout comme les hommes cependant, elles s'intéressent aux faits divers. Mais alors que ces derniers s'attardent volontiers sur les articles traitant des incendies, des bagarres, des accidents automobiles ou des viols, les femmes font preuve de davantage de compassion et d'empathie, disent préférer les «articles positifs» et les informations heureuses.

Ce penchant des femmes à rechercher des informations du type «conte de fées» ou «bonheur à l'eau de rose» peut sans aucun doute être analysé comme une marque de conformisme, mais gagnerait peut-être aussi à être interprété comme une forme de protestation implicite, ainsi que le prouvent un certain nombre d'observations réalisées sur la lecture des romans sentimentaux. On sait en effet que les femmes qui lisent ces romans recherchent souvent d'autres valeurs que celles de compétition ou de performance et qu'elles se tournent vers ce genre de fiction pour y trouver des histoires exemplaires qui les aident à la fois à se construire un monde imaginaire et à affirmer leur propre identité féminine. En ce sens, la lecture de ce type de roman recèle, de manière sous-jacente, une forme de revendication féministe puisque les valeurs d'amour et de compréhension l'emportent toujours sur les valeurs masculines[12].

Toujours est-il que les lectrices du journal quotidien sont plutôt attirées par des thèmes tels que la santé, l'éducation, l'enseignement, les enfants alors que les lecteurs sont plutôt tournés vers le sport et la politique. Les femmes rêvent en fait d'un journal où la politique, le sport, la guerre et la macro-économie ne feraient plus la «une» et refusent le découpage médiatique de la réalité qui leur est imposé. Dans le corpus des articles majoritairement lus par les femmes, ce sont les papiers consacrés aux femmes qui arrivent en tête de leurs choix. La hiérarchie de l'information, les angles adoptés, la faible présence des femmes elles-mêmes dans les journaux expliquent probablement qu'elles opposent une sorte de résistance passive à une représentation du monde qui ne correspond guère à leurs valeurs et à leurs souhaits. Elles se déclarent souvent déçues par le contenu du journal et se tournent donc tout naturellement vers la presse magazine qui répond davantage à leurs attentes. Elles ont finalement tendance à peu lire le quotidien régional: preuve que le manque d'intérêt (et donc aussi l'absence de plaisir) ressenti à l'égard de l'offre informative de ce type de presse peut être

à l'origine d'une désaffection temporaire ou définitive.

Du décodage individuel aux communautés d'interprétation

La compréhension précise des différentes attitudes possibles du récepteur face aux médias
oblige aussi à concevoir les usages comme
l'expression d'un phénomène socialement et
culturellement motivé. Les explications d'ordre
psychologique, qui risquent d'idéaliser la figure
d'un utilisateur des médias actif et d'occulter
certaines inégalités sociales, seront ainsi peu à
peu supplantées par des études qui font appel
à un modèle interprétatif associant approche
sémiologique et approche sociologique. Cette
perspective d'analyse est aujourd'hui fortement
tributaire d'un texte théorique intitulé «Codage/
Décodage[13]» rédigé en 1974 par Stuart Hall,
l'un des représentants les plus éminents des
Cultural Studies (dite aussi École culturaliste de
Birmingham).

Stuart Hall part du principe selon lequel les
structures économiques et institutionnelles des
médias influent fortement sur la confection
des discours et des images émis par ces derniers.
L'encodage des messages (la manière de mettre
en forme les informations, d'élaborer certains
formats d'émission, de produire des talk-shows)
est largement conditionné par l'état du rapport
de force existant à l'intérieur de la configuration
médiatique. Les journaux, la radio et surtout la
télévision (qu'il avait plus particulièrement étu-

diée) proposent donc une lecture prescrite ou préférentielle (*preferred reading*) aux différents publics, orientent partiellement par leur cadrage la présentation des événements. Il existe donc un ordre culturel dominant qui pèse, à des degrés divers, sur les formes de décodage de ces messages. Ceux-ci obéissent dès lors à trois logiques possibles. La première, dite lecture de *conformité* (ou position dominante-hégémonique), consiste à accepter sans résistance le contenu des émissions ou des articles. La deuxième, dite lecture *négociée* (ou position négociée), signifie que le récepteur ne partage que partiellement les informations diffusées et en réadapte les significations en fonction de ses propres valeurs et croyances. La troisième, dite lecture *oppositionnelle*, présuppose que le récepteur pratique une lecture des messages qui entre en contradiction avec la lecture prescrite par les médias. Saisir le comportement du public des médias oblige par conséquent à ne plus se cantonner à l'étude du seul moment de la réception, mais à examiner, au moyen d'une approche sémiologique et sociologique, l'articulation entre production et réception.

L'influence exercée par les conditions de production des messages peut être saisie par l'étude des pratiques de réalisation des produits médiatiques et surtout par celle des formes de construction des discours. On a déjà eu l'occasion de le souligner[14], chaque genre de programme (série policière, reality-show, téléfilm, reportage documentaire, journal télévisé, etc.) engendre en effet une forme spécifique d'organisation discursive qui rejaillit sur les réactions du public. Les sémiologues ont attiré l'attention sur l'identité discursive de chaque média, sa personnalité symbolique, qui font qu'on ne saurait lire un article du *Figaro* ou du *Parisien* de la même manière tout simplement parce que leur tonalité, leur style d'écriture, les liens noués avec les lecteurs sont très différents. Rien de commun non plus entre *Le Vrai Journal* de Karl Zéro et le journal télévisé de 13 heures de TF1 [15]. Le premier joue sur la connivence entre l'animateur et le public présent dans la salle, sur la complicité avec son auditoire et ordonne le spectacle selon un rituel qui mêle tutoiement des invités et irrévérence. Le second se veut la «Voix des Français», privilégie le rapport direct et local avec les faits, émet un regard sur l'actualité qui se veut patrimonial et qui promeut la conservation des traditions. Les attentes du public, ses réactions et ses commentaires s'inscrivent donc dans ce discours pré-construit par les médias eux-mêmes qui détermine en partie leur mode de lecture ou d'écoute.

La variété des liens entre production et réception se manifeste également, selon Stuart Hall, à travers les discordances qui peuvent apparaître entre les messages tels qu'ils sont émis par les diffuseurs et les messages tels qu'ils sont reçus par le public, c'est-à-dire à travers l'absence de correspondance systématique entre le moment de la production et le moment de la réception. Cette non-coïncidence entre l'amont et l'aval du processus de communication s'explique par des raisons d'ordre culturel et social. Elle résulte notamment de l'asymétrie existant entre les positions de l'émetteur et celles du récepteur : l'un et l'autre ne peuvent pas mobiliser les mêmes atouts ou les mêmes ressources pour imposer leur code de lecture. Les lecteurs ou les téléspectateurs disposent en effet d'une compétence inégale pour attribuer des significations aux contenus des messages qu'ils reçoivent et jouissent en quelque sorte, on l'a vu, d'une liberté sous contrainte. La distribution différentielle des compétences entre les individus s'inscrit elle-même dans un contexte plus large : les variables telles que le sexe, l'âge, les origines sociales, mais aussi les groupes culturels d'appartenance, jouent un rôle non négligeable dans le comportement du public des médias. En d'autres termes, le décodage individuel des messages est toujours, d'une certaine façon, un décodage collectif.

L'élargissement de la perspective aux phénomènes de groupe et plus précisément à ce qu'on appelle les communautés d'interprétation laisse entrevoir l'importance des conversations, des échanges interpersonnels ainsi que du milieu culturel au sein duquel on vit. Le groupe d'appartenance (et non plus uniquement l'individu) devient ici l'unité d'analyse : celui-ci favorise en effet le partage d'un monde commun, encourage l'expression libre des réactions et des opinions face, par exemple, à une émission de télévision. À l'instar de ce qu'avait suggéré en son temps Gabriel Tarde, à savoir le rôle décisif des conversations privées dans la constitution d'un public, il apparaît aujourd'hui que les échanges entre membres d'un même milieu culturel, d'une même communauté, au moment du visionnage d'une émission de télévision instaurent une forme par-

ticulière de réception[16]. On regarde le petit écran
en discutant des programmes avec autrui et
notamment avec l'entourage le plus proche. Deux
enquêtes, l'une réalisée dans le cadre d'une comparaison internationale de différentes communautés culturelles, l'autre menée en Angleterre
et prenant davantage en compte les variables
socio-économiques et socioculturelles, permettent d'illustrer et de vérifier le bien-fondé de ce
constat.

L'enquête comparative, très souvent citée, diri-
gée par Elihu Katz et Tamar Liebes[17], a porté
(comme celle de Ien Ang déjà mentionnée) sur
l'impact de la série télévisée *Dallas*, mais a cette
fois été élargie à l'observation de différentes
communautés ethniques de par le monde. Pour
connaître très précisément la manière dont les
téléspectateurs interprètent les épisodes de la
série américaine, on a procédé à l'analyse des
discussions au sein de groupes témoins recrutés
dans différentes communautés dans deux pays :
aux États-Unis, des Américains vivant à Los
Angeles et en Israël, des Juifs marocains d'immigration ancienne, des Juifs russes d'immigration
récente, des membres d'un kibboutz et enfin des
citoyens arabes vivant en Israël. On y a ajouté
ultérieurement l'exemple des Japonais. En observant les téléspectateurs parler des divers personnages, de l'évolution de l'histoire, de l'action et
de ses rebondissements, des leçons qu'ils tiraient
du feuilleton, on s'aperçoit que *Dallas* provoque
une pluralité de lectures possibles.

Les différents groupes de téléspectateurs se
distinguent les uns des autres en mettant en

relief des aspects très divers de l'histoire présentée. Certains l'envisagent de manière «linéaire»
en suivant fidèlement les différentes séquences
de l'intrigue et s'intéressent prioritairement aux
personnages en fonction de leur rang de parenté
(en les dénommant «le frère cadet», «le père de
son mari», etc.): c'est le cas des Arabes et des
Juifs marocains. D'autres adoptent un récit dit
«segmenté», centré sur les personnages qu'ils
appellent par leur nom en référant leur comportement à des traits d'ordre psychologique: c'est
le cas des membres du kibboutz. Les Américains,
de leur côté, insistent davantage sur les noms
des acteurs qui incarnent les personnages et
expliquent les motivations de ces derniers par
des péripéties ayant trait aux négociations des
contrats entre producteurs et acteurs. Les Juifs
russes pour leur part pratiquent un récit dit
«thématique» et portent leur attention sur les
coulisses de la production, sur l'idéologie véhiculée par cette série. Ils adoptent un regard
dénonçant les intérêts financiers en jeu et évoquent la manipulation du téléspectateur à laquelle
procède implicitement ce type de série télévisée.
Les Japonais ont, quant à eux, vite délaissé *Dallas* qui s'est avéré être un échec commercial dans
leur pays. Les téléspectateurs ont donc recours à
des schèmes d'interprétation différents et à des
orientations de lectures multiples (récit linéaire,
récit segmenté, récit thématique) en fonction de
leur groupe culturel d'appartenance.

Les auteurs de l'enquête insistent sur la
manière dont les téléspectateurs négocient leur
mode de participation à l'univers de la fiction en

distinguant au final deux registres principaux de lecture. D'une part, la lecture *référentielle* qui consiste à référer le programme à la vie réelle, à mettre en relation les personnages et les intrigues avec les événements qui nous sont familiers : on considère alors le monde de la série télévisée comme un monde véritablement existant. D'autre part, la lecture *critique* qui traite au contraire le programme comme une fiction obéissant à des formules narratives, à des conventions de genre et qui apparente cette dernière à une sorte de spectacle. Ils notent une prédominance des énoncés référentiels chez les téléspectateurs dont le niveau d'instruction est plutôt faible et relèvent l'existence d'une corrélation entre le profil sociologique du récepteur et sa lecture du texte télévisuel. Ils prennent toutefois soin de préciser que le téléspectateur n'est jamais totalement naïf ou totalement critique et que les combinaisons ou le dosage entre les deux attitudes est variable. Leur enquête montre en tout cas que l'interprétation d'une fiction télévisuelle est souvent liée à la communauté d'appartenance du récepteur (qui devient une «communauté d'interprétation») et que l'homogénéité apparente des messages diffusés n'interdit pas l'hétérogénéité de la réception. C'est en ce sens que l'on peut affirmer qu'aucun programme n'impose véritablement une signification univoque à ceux qui le regardent parce qu'on ne cesse de se le réapproprier dans le cadre des conversations avec autrui.

Le deuxième exemple d'étude corroborant ce constat est l'enquête réalisée par David Morley sur le public de l'émission *Nationwide* diffusée sur la BBC dans les années 1970[18]. S'apparentant à un magazine d'actualité qui traite de questions de société de manière souvent anecdotique et spectaculaire, cette émission présente l'information sur le mode du divertissement. Le chercheur anglais a procédé à son sujet à une analyse de type sémiotique (thèmes traités, modalités de présentation, construction des débats et des interviews, registres d'adresse aux téléspectateurs, schémas interprétatifs des récepteurs, etc.) et de type sociologique (poids des déterminants socio-économiques, des cadres de perception culturels des récepteurs), tout en organisant des séquences de visionnage avec des groupes de téléspectateurs choisis en fonction de leur appartenance sociale, de leur niveau d'études, de leur statut professionnel (des étudiants, des apprentis, des syndicalistes, des cadres); séquences suivies de discussion en groupes. Il souhaitait de cette manière débusquer l'idéologie sous-jacente véhiculée par l'émission ainsi que les compétences effectives de décodage des téléspectateurs.

Ce genre de programme diffuse en effet, selon l'auteur, des contenus implicites, des valeurs sociales et offre, par ses thématiques choisies, un certain cadrage des problèmes qui sert aux gens à interpréter les autres messages d'ordre politique, culturel, publicitaire, etc., qui circulent dans la société. Nous vivons constamment dans un environnement médiatique où l'«intertextualité», comme disent les spécialistes, est forte. On ne peut pas, explique en substance David Morley, considérer la relation entre le texte et le récepteur indépendamment des autres discours.

On ne devrait pas non plus considérer que les facteurs sociologiques et démographiques affectent directement le processus de communication : «ces facteurs ne peuvent avoir de l'effet qu'au travers de l'action des discours dans lesquels ils sont exprimés[19]». Dans le cas présent, l'émission de la BBC véhicule une mythologie de la Nation qui devient peu à peu prédominante. Parti de l'hypothèse selon laquelle l'émission *Nationwide* propose aux téléspectateurs une lecture préférentielle (ou dominante) des problèmes, prescrit une interprétation précise de la réalité plutôt qu'une autre, David Morley, qui s'inscrit dans la lignée des réflexions de Stuart Hall, en arrive finalement à des conclusions beaucoup plus nuancées que prévu.

Deux résultats marquants peuvent en effet être tirés de cette enquête approfondie des relations entre ce genre d'émission et son public[20]. D'abord, la polysémie des messages médiatiques apparaît plus grande qu'on ne pouvait le croire au départ ; ensuite, les liens entre l'origine sociale des téléspectateurs et leur mode de lecture de l'émission ne sont pas aussi univoques qu'on pourrait le supposer. Les répertoires symboliques et les ressources culturelles dont disposent les récepteurs sont finalement assez étendus de sorte qu'on ne peut réduire le décodage d'une émission de télévision au seul positionnement socio-économique du téléspectateur, même si celui-ci est important. Regarder la télévision est en fait une expérience à multiples dimensions dans laquelle chacun compose son interprétation en fonction de divers paramètres qui s'entrecroisent : le mode de pré-

sentation et le format de l'émission, le statut
social des individus, leurs compétences linguistiques, leur culture quotidienne, etc. S'il est vrai,
par exemple, que chaque groupe social donné
déchiffrera l'émission selon ses propres critères,
on rencontre aussi des groupes aux profils sociaux
très différents qui partagent le même code d'interprétation ou des groupes proches socialement,
ayant des jugements opposés. L'existence de lectures alternatives face au code dominant prescrit
par les médias suggère donc la possibilité d'une
intense activité de décryptage chez certains téléspectateurs. L'observation attentive des discussions au sein des groupes permet de percevoir les
dimensions de ces pratiques diversifiées.

Les études de réception qui privilégient l'étude
des modalités d'interprétation des formes et des
contenus offerts ainsi que l'examen des procédures
de codage/décodage des messages considèrent
que l'interaction entre les contenus médiatiques
et les lectures qui en sont faites par les récepteurs
est déterminante. Elles aboutissent à un certain
nombre de conclusions que l'on peut résumer
en quelques postulats de base. Elles se fondent
d'abord sur l'idée que le public constitue son identité au moment de la rencontre avec un « texte »
médiatique et que le sens de ce texte ne fait pas
complètement partie intégrante du texte lui-
même[21]. Autrement dit, la réception n'est pas
l'absorption passive de significations pré-construites. Elles suggèrent par conséquent que le
récepteur est souvent un individu actif et socia-
lisé : il partage certaines ressources culturelles
avec les membres de sa communauté d'apparte-

nance. Ces dernières, inégalement distribuées, déterminent plus ou moins la lecture qui sera faite des messages en provenance des médias. La tension existant entre la lecture prescrite par les médias et les capacités d'adaptation ou de résistance des individus constitue dès lors l'essence même de la réception des médias. Une telle approche qui souligne avec vigueur le rôle essentiel du codage et du décodage a cependant tendance à réduire la réception au strict moment de la consommation des messages et à négliger, ce faisant, l'influence d'autres formes de contexte, en particulier celle de la sphère privée et familiale.

LE CONTEXTE DE LA VIE QUOTIDIENNE ET FAMILIALE

On s'est en effet aperçu, au fil du temps, que l'on avait tendance à sous-estimer le contexte quotidien de consommation des médias, c'est-à-dire le rôle du foyer et de la cellule familiale qui peuvent, eux également, avoir des incidences importantes sur le comportement des récepteurs. L'influence des médias s'exerce en tout état de cause aussi par le biais des relations générationnelles, du système d'autorité, des liens entre les sexes, qui se nouent et se dénouent au domicile. On sait depuis longtemps que l'introduction de la radio, puis de la télévision dans les foyers s'est souvent accompagnée de certaines perturbations de la routine familiale et que ce sont des pionniers, plus ou moins bricoleurs acharnés et passionnés, qui ont contribué à acclimater ces nouveaux outils de communication dans les familles [22]. On sait en outre que l'écoute d'émissions radiophoniques ou télévisuelles a favorisé au cours du xxᵉ siècle l'élaboration de rituels domestiques, a restructuré en partie l'organisation du temps de loisirs, a permis de tisser de nouveaux liens entre adultes et enfants, suscitant des formes de connivence supplémentaires ou, au contraire, des discussions véhémentes et même des conflits. La place centrale qu'occupe aujourd'hui le téléviseur dans l'espace domestique est la parfaite illustration de ce changement majeur dans l'organisation spatiale et temporelle des loisirs des individus.

Il n'est donc pas inutile de s'appesantir sur les rapports que nous entretenons avec les médias en tant qu'objets domestiques parce que ces rapports intériorisés par chacun d'entre nous sont en fait révélateurs d'enjeux identitaires forts. Il s'agit dès lors moins de s'intéresser à la réception du contenu proprement dit de telle ou telle émission que de saisir les styles de relations qui s'instaurent face au flux télévisuel déversé par le petit écran dans le foyer et de rendre compte des différents niveaux d'attention de chaque membre de la famille face à tel ou tel programme.

« *Culture télévisuelle* » *et formes de communication au sein des familles*

La preuve de l'importance de ces relations est attestée, dans nos pratiques habituelles des

médias, par le poids de ce que l'on peut appeler
la «culture télévisuelle», héritée de notre expérience au sein de la famille depuis le plus jeune
âge. Cette culture est fondée, selon Marie-France
Laberge et Serge Proulx[23], sur des savoirs et des
savoir-faire liés à la manipulation des équipements, à la connaissance plus ou moins approfondie des programmes par la lecture des
magazines spécialisés, à des habitudes d'usage,
à des préférences et à des opinions concernant
certains types d'émissions. Les membres d'une
cellule familiale construisent leur identité à travers une histoire particulière scandée par des
expériences et des moments forts : les nais-
sances, les mariages, les anniversaires donnent
lieu à des réunions et à des cérémonies familiales ancrées dans nos souvenirs et réactualisées
ultérieurement dans certaines conversations. Or,
cette identité familiale se construit aussi de plus
en plus aujourd'hui lors d'autres moments forts,
notamment au travers des expériences qui ont
été les nôtres, de l'écoute de la télévision.

Notre itinéraire personnel a ainsi pu être marqué, tout au long de notre existence, par une
certaine continuité des habitudes d'écoute ou,
au contraire, par des ruptures plus ou moins
durables. La manière dont nous avons autrefois
regardé la télévision avec nos parents, les choix
prioritaires d'émissions qui étaient les leurs, les
discussions que ces émissions ont engendrées
rejaillissent sur notre comportement actuel à
l'égard du petit écran. À travers ces manières de
faire s'exprimaient en effet des préférences et
des opinions personnelles au sujet de certains

genres d'émission, de certains présentateurs et s'affirmaient des croyances à propos des valeurs transmises par la télévision, créant ainsi une « ambiance familiale » propre à chacun. Nos routines et nos habitudes d'écoute aujourd'hui sont, en d'autres termes, souvent dépendantes de pratiques plus anciennes associées à l'usage du petit écran depuis l'enfance.

C'est la raison pour laquelle un certain nombre de personnes âgées, lorsqu'on les interroge sur leur perception des programmes télévisés actuels, jugent leur contenu en fonction de leur culture télévisuelle passée. Elles évoquent avec nostalgie certaines personnalités du petit écran d'autrefois (Léon Zitrone, Guy Lux, etc.) et défendent des valeurs qu'elles ont du mal à retrouver dans les émissions proposées par les différentes chaînes de télévision contemporaines. Elles considèrent par exemple que la publicité y est trop abondante, que certaines émissions sont trop racoleuses et trop artificielles, que l'on met trop l'accent sur le spectacle de la violence dans notre société. Le décalage entre, d'une part, les évolutions récentes et rapides du petit écran et, d'autre part, la stabilité des valeurs prônées par ces personnes âgées est ici patent. Certaines de ces personnes âgées ne se reconnaissent plus dans la télévision d'abondance et la regardent avec des sentiments ambivalents et, parfois, une certaine distance critique[24].

Si notre comportement est en quelque sorte conditionné par l'histoire passée de la famille et par notre rapport antérieur avec chaque type de support, il dépend également de la manière dont nous communiquons avec autrui au sein de cette cellule familiale. Les échanges entre parents et enfants sont-ils nombreux au moment de l'écoute télévisuelle? Les enfants regardent-ils plutôt la télévision entre eux ou seuls? Comment s'opère exactement l'assimilation des valeurs diffusées par le petit écran? Autant de questions qui orientent les recherches vers la compréhension de ce qui se trame véritablement au moment de l'appropriation des messages médiatiques. On s'est donc peu à peu penché sur ces différents aspects de la vie quotidienne en s'intéressant notamment aux pratiques domestiques, aux rapports d'autorité et de pouvoir qui s'instaurent à l'intérieur des familles.

L'une des études pionnières en la matière est celle qui a été menée par James Lull dans des familles américaines[25]. L'observation des rituels domestiques quotidiens autour du poste de télévision lui a permis de mettre au jour deux types d'usage principaux. D'un côté, les usages «structurels», c'est-à-dire une utilisation de la télévision comme bruit de fond des tâches domestiques ou comme instrument de régulation du rythme de déroulement de la journée (au moment des repas par exemple): dans ce cas, le niveau d'attention est très irrégulier et marqué par une forte discontinuité temporelle. De l'autre côté, les usages «relationnels», c'est-à-dire un emploi de la télévision comme moment de partage et de conversations (ou, au contraire, comme moyen d'évitement des contacts interpersonnels) et comme outil d'affirmation du pouvoir sur les autres. On peut ainsi montrer que le style de communication qui s'établit au sein des familles agit sur les manières de regarder la télévision et qu'il obéit à des contraintes et des règles variables selon les milieux familiaux.

C'est précisément ce deuxième aspect de la dimension domestique de l'utilisation de la télévision qui a été retenu dans l'enquête ethnosociologique réalisée par Marie-France Laberge et Serge Proulx dans différentes familles canadiennes (dans la région de Montréal et dans celle d'Ottawa). Cette étude montre par exemple que la dynamique des interactions est très variable d'une famille à l'autre. Tantôt la télévision rapproche les membres de la famille les uns des autres : l'écoute de certaines émissions en commun favorise alors la discussion sur divers sujets, renforce les liens entre les membres de la cellule familiale et peut contribuer à l'équilibre émotif et cognitif des enfants. Tantôt elle les éloigne les uns des autres en attisant les conflits : les parents ne réussissent plus à affirmer unilatéralement leur manière de voir parce que leur autorité est souvent contestée par leurs enfants. La cellule familiale est donc un espace dans lequel les individus deviennent des sujets actifs dans la construction de leur vie quotidienne et, au sein de cet espace, la télévision apparaît comme un élément de modification potentiel des formes traditionnelles de communication et d'autorité.

Les enquêtes les plus stimulantes à ce sujet proviennent d'Angleterre et des États-Unis. David Morley a, par exemple, affiné ses analyses antérieures et procédé à l'étude des relations de pouvoir et entre sexes au sein de la cellule familiale. Dans son ouvrage *Family Television. Cultu-*

ral Power and Domestic Leisure[26], il décrit les règles qui régissent l'usage du petit écran dans des familles d'un quartier ouvrier de la banlieue londonienne. Les horaires d'écoute, les places occupées et les choix effectués obéissent à une discipline plus ou moins affirmée selon les familles, engendrent des rapports de force et des compromis et ordonnent, d'une certaine façon, la vie quotidienne. Les hommes, ce n'est pas une vraie surprise, regardent la télévision avec le sentiment de se détendre, sont fortement accaparés par l'écoute des émissions, disent préférer les émissions d'information ou les films d'action et moquent le goût des femmes pour la fiction sentimentale. Ces dernières sont effectivement très sensibles aux séries dramatiques et aux soap operas, regardent la télévision avec un certain sentiment de culpabilité, ont une écoute plus distraite de la télévision et s'adonnent volontiers à une autre occupation (par exemple tricoter) pendant ces moments consacrés au petit écran. Il y a donc, selon la formule de Dominique Pasquier[27], des manières de télévision comme il y a des manières de table, qui démontrent combien les interactions au sein du foyer ont une influence sur la lecture des programmes qu'opèrent les téléspectateurs. Il y a aussi un ensemble de goûts et de préférences qui reposent — c'est l'un des grands apports de cette étude — sur des différences de comportement liées au sexe (*gender* en anglais).

De la réception des médias aux usages des TIC

L'analyse des rapports sociaux de genre ouvre ainsi de nouvelles perspectives[28]. La répartition des rôles à l'intérieur de la sphère domestique constitue en effet un autre élément fondamental de la culture familiale qui définit le processus de domestication des objets techniques, en particulier des outils de communication que sont la télévision ou le magnétoscope. Or, il semble bien — de nombreuses études convergent à ce sujet — que les modes d'utilisation des médias soient fonction de la division des tâches à l'intérieur de la famille et de l'intériorisation de certaines représentations préexistantes à leur sujet (elles-mêmes liées aux catégories du masculin et du féminin).

Les perceptions différenciées se traduisent par exemple par des styles distincts de relation à la télévision. L'étude canadienne déjà citée, réalisée au début des années 1990 auprès de membres de familles résidant dans la région d'Ottawa[29], le confirme : les hommes ont une écoute silencieuse et acceptent difficilement d'être dérangés ; les femmes ont une attention oblique et se laissent facilement interrompre en conversant avec les autres membres de la famille. Le pouvoir est masculin et, de ce fait, ce sont les hommes qui manipulent le plus souvent la télécommande. On ne sera donc pas surpris de constater que cette emprise masculine sur les outils de communication s'étend à l'heure actuelle également aux jeux vidéo et aux ordinateurs.

La compréhension des mécanismes qui président à la réception de la télévision débouche ainsi tout naturellement sur l'étude de l'ensemble plus vaste de ce qu'on dénomme les usages[30] des technologies de l'information et de la communication (TIC). Les pratiques de consommation des médias sont en effet aujourd'hui étroitement liées à l'utilisation du magnétoscope, de la télécommande, du téléphone mobile, de l'ordinateur, d'Internet, des réseaux multimédias et obligent à repenser les processus de domestication de ces technologies qui créent dans les foyers un autre dispositif de communication. Initiés, là encore, par des chercheurs anglo-saxons, les travaux réalisés à ce sujet prennent simultanément en considération, ainsi que l'expliquent Roger Silverstone et ses collègues, «les objets et les significations, les technologies et les médias, qui traversent la frontière diffuse et mouvante entre la sphère publique où elles sont produites et distribuées, et la sphère privée où elles sont appropriées au sein d'une économie personnelle de significations[31]». On ne se lancera pas ici dans une sociologie des usages des TIC qui constitue à elle seule un domaine pour le moins étendu et foisonnant de recherches et qui nous éloignerait quelque peu de la question du pouvoir des médias en tant que telle. On ne peut toutefois totalement passer sous silence la place prise par cet environnement technologique moderne qui nous devient de plus en plus familier et qui conditionne pour partie le comportement du public des médias aujourd'hui.

L'introduction en France au début des années

1980, dans la sphère domestique, de nouveaux outils tels que le Minitel ou le magnétoscope a en effet conduit à une appropriation progressive de ces outils à des fins d'émancipation personnelle et professionnelle. On s'est par exemple rendu compte à ce moment-là que les utilisateurs du Minitel détournaient souvent à leur profit cet objet de communication en créant des messageries, en jouant sur des identités fictives, manifestant ainsi dans les pratiques ordinaires une inventivité inattendue que Michel de Certeau avait caractérisée sous le terme d'art du «bricolage[32]». Les tactiques et les ruses déployées par les utilisateurs attestent de leurs capacités de contournement des usages prescrits, de leurs pratiques du braconnage et de l'emprunt de chemins de traverse. Les usages des TIC réarticulent dès lors les relations entre l'espace privé et l'espace public, entre les loisirs et le travail, entre la sphère domestique et la sphère professionnelle, apportant ainsi la preuve que l'appropriation personnelle des technologies nouvelles est une activité complexe qui donne lieu à des ajustements continuels entre la technique et son usage social. Cette appropriation se déroule généralement en quatre phases (adoption, découverte, apprentissage et banalisation) et ne remet pas en cause l'existence des anciens outils de communication. Bien au contraire, l'usage social des TIC se construit selon une combinatoire variable entre anciens et nouveaux médias[33].

L'arrivée dans les années 1990 de la téléphonie mobile, puis d'Internet, va évidemment accentuer le poids des TIC dans la vie quotidienne. Chaque individu fait preuve de plus ou moins d'habiletés pratiques et affirme son identité personnelle dans la manière dont il se sert de ces outils de communication. Parmi les nombreux enjeux soulevés par l'adoption de ces TIC (leur dimension subjective et cognitive, les types d'échanges qu'ils favorisent, les rôles sociaux qu'ils recomposent), on retiendra, pour notre propos, leur influence dans la sphère domestique. Leur utilisation souvent intensive provoque elle aussi un réaménagement des relations internes à la famille et une renégociation des rapports entre les parents et les enfants. L'usage collectif de la télévision se heurte ainsi à l'usage individualisé du téléphone et de l'ordinateur : cette opposition apparente oblige alors à redéfinir les règles de vie antérieures.

Dans le droit-fil des considérations précédentes liées aux rapports sociaux de genre, on peut noter que les recherches les plus récentes confirment les différences d'appropriation des nouveaux outils de communication entre les hommes et les femmes. Le téléphone est un objet fortement investi par les femmes qui sont davantage sensibles à un modèle de communication plus relationnel, plus participatif, orienté vers le ressentir et le partage. Elles s'approprient les autres technologies (jeux vidéo, ordinateur, télécommande...) avec plus de réticence, parce qu'elles considèrent que ces dernières empêchent les possibilités de contact direct. Les hommes, pour leur part, ont un penchant plus affirmé pour les écrans digitaux, l'informatique, les jeux vidéo, etc. : leur modèle de communication est plus fonctionnel, compétitif et orienté vers l'action. Les études statistiques dont on dispose aujourd'hui témoignent toutefois d'un certain rattrapage de l'accès des femmes aux TIC, mais elles montrent également que les fréquences et les durées d'utilisation de ces outils de communication sont moins élevées chez les femmes que chez les hommes.

La variable du «genre» est donc indiscutablement (à côté de l'âge et de la classe sociale d'appartenance) un facteur important de discrimination des pratiques de communication, comme l'illustre par exemple l'enquête nationale effectuée par Josiane Jouët et Dominique Pasquier[34] auprès des jeunes de 6 à 17 ans sur la culture de l'écran : la sphère de communication des filles s'articule autour du thème du lien, celle des garçons autour de celui de l'autonomie. Cette même étude confirme que la cellule familiale est un lieu fortement marqué par les usages sexués des médias et des TIC. Les garçons s'entretiennent des supports tels que les jeux vidéo ou l'ordinateur en priorité avec leur père alors que les filles parlent plus souvent avec leur mère de télévision, de radio, de téléphone, de musique ou de livres. Le contrôle parental, quant à lui, porte essentiellement sur la télévision et sur le contenu de certaines émissions (en particulier les émissions violentes) ainsi que sur le lieu d'utilisation des médias au sein du foyer, notamment dans les pièces destinées à un usage collectif.

C'est dans la mesure où la réception des messages en provenance des médias est partagée collectivement qu'elle peut exercer une influence sur nos jugements et sur nos goûts. La famille apparaît bel et bien, à cet égard, comme un espace décisif d'appropriation de ces messages, traversé par des moments de négociations et de tensions autour de l'utilisation des médias. Ces derniers ont, si l'on en croit Gwenaël Larmet[35], une triple fonction : ils permettent de ne pas se sentir seul, d'être ensemble ou bien d'aménager du temps à soi. Les médias audiovisuels, en particulier, offrent l'occasion aux adolescents de prendre de la distance à l'égard de leurs parents et aux couples sans enfants de construire leur moi conjugal (reconnaissance réciproque du temps à construire ensemble) tout en préservant leur moi personnel (reconnaissance du temps à laisser à la disposition de chacun). Mais ils ouvrent aussi de nouveaux horizons, favorisent des pratiques de sociabilité tournées vers l'extérieur et participent au processus de socialisation des individus.

LES LOGIQUES SOCIALES À L'ŒUVRE

On a déjà eu l'occasion de le souligner, le comportement du public à l'égard des médias ne se limite pas à une gamme d'attitudes uniquement différenciables selon des critères d'appartenance culturelle (communautés d'origine) ou d'ordre morphologique (âge, sexe, niveau de diplôme, etc.). Il s'inscrit aussi dans des logiques sociales plus ou moins visibles : l'utilisation des instruments de communication fait en effet surgir de nouvelles identités personnelles ou professionnelles, suscite de nouveaux réseaux de sociabilité

et encourage l'essor de certaines pratiques distinctives. Il faut donc essayer de comprendre
comment ces processus s'élaborent et quel est le
poids des contraintes sociales dans ces phénomènes.

L'analyse des modes de consommation des
médias — dont il a été question au chapitre précédent — a ainsi mis en exergue l'importance de
certaines inégalités culturelles et sociales dans
les formes d'utilisation de la presse, de la radio
ou de la télévision. Ces disparités d'usage entre
les milieux sociaux se retrouvent aussi, on a eu
l'occasion de le souligner à plusieurs reprises,
dans les capacités inégalement distribuées des
individus à interpréter les messages médiatiques.
Un ouvrier ou un avocat, un artisan ou un ensei-
gnant, un employé ou un ingénieur ne disposent
pas des mêmes ressources cognitives pour assimiler certains articles ou certaines émissions et
ne possèdent pas, au départ, les mêmes clés de
décryptage. De ce point de vue, il faut réaffirmer
avec force l'incidence, souvent décisive, des clivages sociaux sur les modalités de réception des
médias.

Ainsi que le fait remarquer Éric Darras[36], les
types d'interprétation varient sensiblement en
fonction, d'une part, des dispositions des individus et, d'autre part, des dispositifs mis en place
dans les médias eux-mêmes. Si un même message peut être compris de multiples manières,
cela tient certes à la pluralité de significations
qu'il recèle, mais aussi au fait que l'attention
s'oriente sans doute différemment selon le passé
social des individus : les dispositions propres à

chacun interfèrent avec l'offre de contenu des textes médiatiques. Quant aux dispositifs, force est de constater que les limites de l'interprétation peuvent déjà être inscrites dans les formes des messages médiatiques eux-mêmes et que ceux-ci réussissent effectivement à prescrire certaines lectures. Les entretiens réalisés par Éric Darras avec un certain nombre d'usagers des médias montrent par exemple que les lectures oppositionnelles sont plutôt rares et surtout que les lectures au second degré sont dorénavant connues et prévues par les annonceurs et par les éditeurs de presse eux-mêmes qui en profitent pour les intégrer progressivement dans leurs stratégies marketing. Les producteurs des messages anticipent de plus en plus souvent les capacités de distanciation des lecteurs, auditeurs ou téléspectateurs, relativisant ainsi les formes de résistance du récepteur. Les capacités d'interprétation des individus ne sont pas toujours aussi étendues que certains travaux nous le font croire. Stuart Hall avait sans doute raison de mettre en garde contre une survalorisation des pratiques braconnières ou distanciées. À vrai dire, on manque cruellement d'études de réception fondées sur des enquêtes de longue durée et sur des échantillons de taille importante pour en avoir le cœur net. Les conclusions à ce sujet demeurent donc, pour l'instant, encore fragiles.

L'observation minutieuse des pratiques de réception telle qu'elle s'est développée ces derniers temps en France, bien que ne niant pas l'existence de ces disparités culturelles et sociales, a toutefois plutôt tendance à s'orienter aujourd'hui vers d'autres voies et à mettre l'accent sur le rôle positif des médias en matière d'apprentissages sociaux. Ces enquêtes insistent par exemple sur l'aspect identitaire et générationnel de l'écoute radiophonique ou encore sur les caractéristiques de la culture «relationnelle» diffusée par la télévision aujourd'hui. La dimension sociale des modalités de réception prend alors un tour nouveau et incline à considérer l'intensité des pratiques, leur inscription dans des expériences tout à la fois individuelles et collectives.

Les apprentissages sociaux

Ce sont la radio et la télévision qui ont principalement retenu l'attention en ce domaine et plus particulièrement l'étude du comportement des jeunes adolescents à l'égard des médias audiovisuels. Prenons d'abord le cas de la radio. L'analyse de l'influence exacte de la radio sur ses auditeurs est restée, en France tout au moins, une *terra incognita* jusqu'à ces dernières années. Ce n'est que très récemment qu'on s'est penché sur ce problème jusqu'ici peu exploré. Les pratiques d'écoute de la radio par les jeunes sont, on le sait, essentiellement orientées vers la musique et vers les émissions de discussion dites de «libre antenne». Les enquêtes dont on dispose révèlent que cette écoute est à la fois domestique et plurilocale (avec un baladeur, chez des amis ou parfois en voiture); qu'elle est plutôt solitaire le matin et en soirée (dans sa chambre), mais qu'elle est en revanche partagée avec des amis dans l'après-midi.

La radio sert souvent d'espace d'identification et de contre-identification. Elle est, pour les adolescents, essentiellement désignée par son « style » qui qualifie une musique et un auditoire[37]. Entre Skyrock, NRJ, Nostalgie ou Fun Radio, la couleur de l'antenne est différente et le public n'est pas tout à fait le même parce que chaque station joue sur sa spécificité en diffusant un genre particulier de musique (le rap, la techno, le rock, etc.). Les radios fonctionnent donc sur une sorte de principe de reconnaissance implicite et favorisent ou non l'intégration à un groupe : celui ou celle qui écoute tel type de musique partage ses goûts avec d'autres jeunes qui expriment les mêmes préférences, donnant ainsi naissance à un mouvement d'affiliation à une sorte de tribu avec ses codes et ses hiérarchies. Autrement dit, il faut connaître ce que les autres écoutent pour pouvoir les identifier et éventuellement s'en distinguer.

L'affichage des goûts musicaux est aussi fortement dépendant de l'entourage générationnel parce que la musique permet en même temps d'exhiber des préférences vestimentaires ou d'autres types de pratiques telles que le sport. Les choix radiophoniques des adolescents semblent en outre corrélés au sexe et à l'origine sociale des individus : les jeunes des milieux populaires et de la petite bourgeoisie ont plutôt tendance à écouter Skyrock et Chérie FM alors que les jeunes de milieux plus favorisés se branchent plus volontiers sur Fun Radio ou Le Mouv. La radio joue de cette façon un rôle d'instrument d'intégration et de socialisation des jeunes, mais

aussi de construction de leur identité personnelle et sociale.

Elle constitue en effet un moyen d'expression
de leurs problèmes d'adolescents (les rapports
aux parents, le sexe, l'alcool, la drogue, etc.),
notamment par le biais des émissions interactives de «libre antenne». Ces dernières connaissent un réel succès aujourd'hui parce qu'elles
représentent sans doute l'un des seuls espaces
où les jeunes puissent témoigner de leurs expériences sexuelles ou de leurs désarrois. Les interventions des jeunes à l'antenne et le dialogue
avec l'animateur qu'elles instaurent créent une
certaine atmosphère dans laquelle ces adolescents se retrouvent. Elles définissent un moment
à part, un espace de transgression fait de licence,
de moqueries, voire de délires où l'on prend ses
distances avec le monde des adultes et où l'animateur joue le rôle de confident et de mentor.
Ces émissions font dès lors office, comme le souligne Hervé Glévarec[38], de substitut aux rites
d'initiation et de passage propres à l'adolescence. Elles illustrent ce moment où la réception
se construit autour de la relation triangulaire
entre l'animateur, l'appelant et l'auditeur: derrière l'apparence d'une certaine forme de légè-
reté, elles engagent en fin de compte fortement
ceux qui écoutent. Les radios pour adolescents
remplissent à ce titre une fonction sociale non
négligeable, celle d'agents de socialisation vers
l'âge adulte, à côté d'autres instances telles que
la famille et l'école.

Cette capacité des médias à servir de support
à certains apprentissages sociaux et à certaines

expériences identitaires, on la relève également
dans le cas de la télévision. L'observation des
comportements juvéniles à l'égard de la fiction
sérialisée, qui peut paraître au premier abord
d'un intérêt secondaire ou d'une portée anecdotique, se révèle ici riche d'enseignement. Les
usages sociaux que suscite par exemple l'écoute
des séries télévisées pour adolescents donnent
en effet lieu à des pratiques culturelles et à des
formes de sociabilité inédites. Ces programmes
constituent pour les jeunes téléspectateurs une
expérience globale qui dépasse le cadre habituel
des problèmes liés à l'interprétation individuelle
ou familiale des émissions. L'étude menée par
Dominique Pasquier sur la réception d'une série
pour adolescents telle que *Hélène et les garçons*
fait ici figure d'enquête emblématique[39]. Grâce à
une analyse du courrier adressé par les fans
à l'actrice qui incarne le personnage d'Hélène, à
l'exploitation d'un questionnaire soumis à des
collégiens et des lycéens et enfin à la réalisation
d'une série d'observations menées au sein des
familles, il lui a été possible de déterminer avec
précision l'impact de cette série sur le public
adolescent.

On a d'abord confirmation que le contexte
socioculturel de réception est un élément pri-
mordial de compréhension des comportements
puisque la série télévisée engendre des relations
entre parents et enfants très différentes selon
les milieux sociaux. Pour le dire vite, alors que
les pères sont dans l'ensemble assez distants ou
indifférents à ce type de programme, les mères,
en revanche, se partagent en deux catégories :

celles qui détestent et celles qui adorent. Les premières se recrutent dans les classes moyennes et supérieures, elles critiquent sévèrement la forme et le contenu d'*Hélène et les garçons* et manifestent verbalement leur désaccord devant leurs enfants qui regardent ce genre de fictions. La télévision, dans ces milieux, y est perçue comme concurrente d'autres formes de loisirs et, dans le cas présent, comme synonyme de perte de temps en raison du caractère convenu et superficiel de cette série. Les secondes appartiennent à des familles d'origine plus populaire, regardent fréquemment les différents épisodes avec leurs enfants et apprécient ces moments de connivence et de plaisir partagés. Les clivages sociaux sont ici, une fois de plus, significatifs des différences de comportement. On notera, en passant, que le discours sur la télévision est toujours, d'une certaine manière, un discours sur l'éducation ou, en tout cas, révélateur d'enjeux liés à un idéal éducatif.

On a ensuite la preuve que les jugements hâtifs que l'on pourrait formuler vis-à-vis de la médiocrité ou de la futilité d'une telle série télévisée ne sont pas vraiment de mise. Dominique Pasquier démontre sans peine que les enfants et les adolescents ne sont ni dupes ni mystifiés par la fiction télévisuelle. Ils savent pertinemment décoder les modalités de fabrication industrielle de ce type de produit et décrypter les règles de construction narrative mises en œuvre (cette capacité de déchiffrement croît d'ailleurs à mesure qu'ils avancent en âge). On ne saurait donc réduire leur attitude à une absorption passive de ce type d'émissions.

Plus fondamentalement, on découvre que la réception de la fiction sérialisée est avant tout une expérience collective, un formidable support pour des interactions avec les autres, en famille éventuellement, mais surtout à l'école et entre amis. C'est ce qui se passe en dehors de l'écran qui est important et notamment les relations que le visionnage des épisodes suscite. Cette série télévisée représente ainsi un terrain particulièrement propice pour s'initier aux règles du jeu social. Regarder *Hélène et les garçons*, se passionner pour les personnages, les intrigues sentimentales, c'est apprendre à déchiffrer les relations entre sexes, saisir les jeux de l'amour et du hasard, s'interroger sur l'idéal féminin, sur l'image du couple ; bref, parfaire son éducation sentimentale. En d'autres termes, s'initier à la grammaire amoureuse et, ce faisant, se construire sa propre personnalité, sa propre identité, en conformité (plus rarement en opposition) avec ce miroir si particulier qu'est la télévision.

Bien que construite sur de nombreux stéréotypes, cette série fait par conséquent réfléchir les adolescents sur eux-mêmes et sur les autres. Elle propose des normes d'identification, des modèles de comportement, qui sont ensuite rediscutés et réinterprétés dans le cadre des réseaux de sociabilité de chaque téléspectateur. En ce sens, même lorsqu'elle semble charrier des récits artificiels et simplistes, la télévision peut être à l'origine de comportements complexes. Il n'en demeure pas moins — et c'est toute la limite de l'influence de ce genre de programme — que ce processus d'identification est fugitif et éphémère. Il ne représente qu'un bref moment dans une vie : d'autres systèmes de normes et de valeurs entreront vite en concurrence avec lui au fur et à mesure de l'évolution personnelle de ces adolescents.

La construction socialement et culturellement située des interprétations de ces émissions *a priori* conformistes invite en outre à s'interroger plus profondément sur l'essence même des pratiques télévisuelles des adolescents : quelle est finalement leur intensité ? Que sait-on au juste de leurs modes d'investissement et d'attention devant un tel programme ? L'une des pistes de recherche, en ce domaine, consisterait peut-être à prendre conscience, comme le suggère Dominique Pasquier dans une réflexion sur la sociabilité et les pratiques culturelles, que les jeunes téléspectateurs anticipent bien souvent les contextes sociaux dans lesquels ils ont à parler de leurs goûts télévisuels afin d'être en adéquation avec les normes des groupes dans lesquels ils cherchent à s'insérer.

Il semblerait, par exemple, que les garçons n'osent pas avouer publiquement devant les autres qu'ils regardent des séries télévisées sentimentales sous peine d'être accusés d'avoir des goûts féminins. La censure sociale à l'œuvre les incite donc à affirmer officiellement leur distance à l'égard de ce type de fiction : « Dans la société des garçons, il y a des programmes dont on ne peut pas dire être le public même quand on fait partie de leur audience », constate Dominique Pasquier[40]. Les garçons ne critiquent pas *Hélène et les garçons* parce que celle-ci représente une série bas de gamme, mais parce qu'ils craignent par-dessus tout d'être déconsidérés aux yeux de leurs pairs. La dimension sociale des pratiques culturelles juvéniles ne se limite donc pas à la question du capital social hérité ou du milieu social fréquenté, mais repose aussi sur des enjeux de la sociabilité entre sexes et sur l'entourage générationnel. La présentation de soi comme téléspectateur est, de manière plus générale, une mise en scène : elle conduit très souvent à tenir un discours de dénégation et à affecter une certaine distanciation par rapport à une pratique perçue comme peu valorisante et peu légitimée. On n'ose guère avouer qu'on est « très télé ».

Une autre manière originale d'approfondir la question de la réception des fictions télévisées consiste à explorer, en amont de la production, l'imaginaire créatif des auteurs de scénario et à voir en quoi les propositions de synopsis adressées aux chaînes de télévision véhiculent, par leurs intrigues, par leur cadre et leur thématique, une forme d'imaginaire social. C'est le travail auquel s'est livrée Sabine Chalvon-Demersay sur un bon millier de scénarios parvenus au début des années 1990 à France Télévision[41]. Les projets de fiction qui ont été analysés expriment de manière frappante un pessimisme radical et font ressortir une sorte de consensus quant à la gravité des malaises sociaux et relationnels qui affectent la société de l'époque. On y parle essentiellement de la crise économique et du chômage, des familles recomposées, du sentiment de solitude et de l'errance, c'est-à-dire des difficultés de l'existence. Ces scénarios offrent au final un tableau assez sombre de la réalité : les personnages qui sont mis en scène sont minés par un sentiment d'impuissance. Les médias sont ainsi un lieu de cristallisation et une caisse de résonance de cette atmosphère d'anxiété qui assaille le monde moderne.

Poursuivant sur sa lancée, la sociologue s'est ensuite attelée à la tâche de comprendre comment une série télévisée pouvait instaurer une relation forte avec le public et comment des téléspectateurs, dans la diversité de leurs positions personnelles, sociales et professionnelles, apportaient des regards à la fois complémentaires et différenciés sur une fiction telle que la série *Urgences* diffusée sur France 2 à partir de 1996 [42]. Cette série américaine qui évoque le monde hospitalier, celui des médecins et du personnel soignant affectés aux urgences, a pour originalité de jouer sur le principe de proximité et de rapprochement des conditions : elle fait entrer le téléspectateur dans l'univers des médecins tout comme dans celui des malades. Le travail d'enquête et d'entretiens menés avec des professionnels et des experts (scénaristes, réalisateurs, diffuseurs, journalistes, chercheurs, etc.), avec des membres du personnel médical (médecins, étudiants en médecine, infirmières, aides-soignantes, etc.) et enfin avec des spectateurs à leur domicile, offre ainsi l'occasion de saisir l'intensité des liens qui peuvent s'établir entre une fiction et les téléspectateurs.

En observant les réactions de ces derniers devant l'écran, on s'aperçoit que les processus d'identification sont particulièrement fréquents.

Les dispositions réceptives du public le conduisent à adopter trois postures principales : une
identification d'association (les héros sont comme
nous), une identification de compassion (ils sont
plus malheureux que nous) et une identification
d'admiration (ils sont meilleurs que nous). La
fiction nous fait peu à peu entrer dans un monde
étranger en jouant sur une forme de connivence
avec le récepteur. Elle combine de manière subtile un certain réalisme avec l'héroïsation des
personnages ; celle-ci étant fondée, non pas sur
la compétence scientifique ou sur le prestige,
mais sur le respect de valeurs morales.

Les téléspectateurs ne sont donc pas soumis à
l'illusion de la fiction : ils ne confondent pas le
monde imaginé et le monde vécu, mais procèdent à une comparaison entre les deux univers
en regardant *Urgences*. La fiction leur fournit
en fait les outils indispensables pour analyser
l'écart entre le monde réel et le monde idéal :
« La série offre aux téléspectateurs, note Sabine
Chalvon-Demersay, un certain nombre de ressources analytiques et cognitives qui permettent
de mieux comprendre ce qui distingue l'univers
présenté de l'expérience ordinaire et d'affiner la
réflexion, précisément parce que l'univers fic-
tionnel est un monde idéal et qu'il offre une base
ferme, cohérente et construite sur laquelle peut
s'appuyer la comparaison[43]. » Une fois de plus,
on constate que regarder la télévision correspond à une expérience de vie et que la fiction
télévisée peut résonner dans notre existence
quotidienne. Les téléspectateurs se sont familia-
risés avec l'univers médical, en ont domestiqué

le vocabulaire, reconnaissent dorénavant les principes de fonctionnement d'un hôpital : preuve que la confrontation avec cet univers par le biais d'une série télévisée est de l'ordre d'un apprentissage social.

On pourrait multiplier les exemples d'études qui illustrent l'entrecroisement de plusieurs logiques différentes dans la réception des programmes télévisés. Des travaux menés en Amérique latine démontrent ainsi qu'au sein de productions télévisuelles standardisées telles que les *telenovelas*, la logique de marché entre en tension avec certaines demandes sociales et culturelles du public des classes populaires défavorisées, produisant chez ces dernières à la fois soumission et résistance, complicité et contestation[44]. Chaque fois, on découvre que les modes d'appropriation des produits médiatiques s'inscrivent dans des relations de pouvoir, des structures de diffusion plus ou moins contraignantes, mais également dans des pratiques de réception diversifiées.

Le passage du privé au public

Les téléfilms et les séries télévisées, mais aussi les émissions de reportage ou les talk-shows, sont abondamment discutés et commentés lors de discussions qui dépassent le cadre étroit de la famille ou des proches. Ils provoquent notamment des conversations dans le milieu du monde du travail, c'est-à-dire en dehors du seul moment de leur réception immédiate, de la présence devant le téléviseur s'il s'agit d'images ou du temps de la lecture effective du journal s'il s'agit d'articles imprimés. Et c'est sans doute l'étude de cette réception différée, s'inscrivant dans un autre temps que celui de visionnage en direct ou de la lecture proprement dite, qui permet également de mieux connaître la manière dont le public s'approprie les messages médiatiques.

Ce qu'on appelle, suivant la formule de Dominique Boullier, la « conversation télé[45] », autrement dit le moment où la télévision « se parle » au cours d'autres activités au sein du milieu professionnel, se situe à l'écart de l'exposition instantanée aux médias puisque l'usage de la télévision se déroule essentiellement avant ou après le spectacle télévisuel lui-même. Les échanges entre collègues de travail à propos d'émissions vues la veille ou il y a quelques jours constituent sans nul doute un vecteur de débat public et traduisent le passage plus ou moins réussi de conversations souvent tenues au sein de la sphère privée vers des conversations émergeant au sein de la sphère publique. Nous ne sommes pas simplement des téléspectateurs définis *a priori* par notre relation à tel ou tel support, mais aussi des acteurs sociaux reliés à des univers d'appartenance multiples, endossant divers rôles (père ou mère de famille, collègue de travail, membre d'un club sportif, affilié à une association ou à un parti politique, etc.), utilisant simultanément des ressources fournies par les médias, par les contextes de vie, par d'autres personnes. On ne saurait donc isoler le téléspectateur (ou l'auditeur ou le lecteur) en tant que tel de ses divers

positionnements dans la société. Il faut le concevoir dans l'imbrication simultanée de ces différents rôles dans le monde vécu ordinaire. Tel est
du moins le point de vue défendu par Dominique
Boullier qui cherche ainsi à renouveler les études
de la réception en échappant aux schémas explicatifs traditionnels.

Ce qui s'échange à propos de la télévision est
toujours autre chose que ce que l'on croit parce
que, étant socialement situés dans plusieurs
mondes à la fois, nous échappons à toute définition univoque. Une émission de télévision,
explique Dominique Boullier, est mobilisée dans
de multiples univers comme ressource et comme
support de projection. Elle opère dans la fluctua-
tion des frontières entre différents territoires;
elle est, pour reprendre le vocabulaire du chercheur, un «objet transitionnel», un «produit tan-
gentiel» évoluant dans un entre-deux difficilement
définissable. Bien que cette approche de la réception de la télévision présente quelques limites dans
sa conception générale des relations humaines
(elle sous-évalue le poids de certains déterminismes culturels ou sociaux), elle a toutefois le
mérite d'attirer l'attention sur une modalité de la
réception jusqu'ici peu analysée : la manière dont
se construit une opinion publique locale par le
biais des interactions qui s'établissent entre des
conversations en dehors du domicile. La «conversation télé» est ici vue comme une sorte d'opérateur de conversion du privé au public.

Pour rendre compte de ce phénomène spécifique, ont été recueillies pendant trois mois dans
divers milieux de travail (un secrétariat de labo-

ratoire d'analyses médicales, une pizzeria, un central téléphonique) les conversations auxquelles donnent lieu certaines émissions de télévision. C'est ainsi, par exemple, que les échanges au sein du laboratoire d'analyses médicales au sujet d'une émission sur la chirurgie esthétique sont apparus très différents de ceux qui ont eu lieu dans le cadre du central téléphonique. Dans le premier cas, l'expérience télévisuelle est retraitée et retravaillée par les discussions entre collègues : l'une d'entre elles en vient à aborder son cas personnel (elle a un vilain nez) et son intervention n'est possible que parce que existe une certaine confiance entre collègues. Dans le second cas, celui d'un groupe de techniciens, les éléments personnels interviennent peu dans les conversations. Le consensus se fait plutôt à propos du problème du coût de telles opérations chirurgicales et des dessous-de-table éventuels auxquels elles donnent lieu. La « conversation télé » prend dès lors la forme de jugements d'ordre sociopolitique qui expriment une vision du monde partagée.

Les discours au sujet des programmes de la télévision n'acquièrent une certaine pertinence que dans la mesure où ils s'inscrivent dans un contexte local particulier. Il faut parvenir à enrôler les autres membres du groupe dans l'expérience personnelle et cet enrôlement n'est réussi que si l'expérience personnelle est débattue comme un cas général. La « conversation télé » permet en quelque sorte de socialiser des expériences personnelles, de mieux s'orienter dans le monde complexe d'aujourd'hui. Certains producteurs d'émissions l'ont, semble-t-il, bien compris puisqu'ils ont intégré cet aspect de la réalité sociale dans l'offre télévisuelle elle-même : le succès d'une émission comme *Ça se discute* n'en est-il pas d'une certaine manière l'illustration ?

Les enquêtes effectuées à propos des « conversations télé » en dehors du domicile des téléspectateurs suscitent au final un certain nombre de questions quant à l'essence même d'un public de télévision et, de manière plus générale, sur ce qu'est véritablement un public (voire des publics) des médias. La notion utilisée jusqu'à présent sans que l'on s'interroge sur sa véritable signification tant elle paraît aller de soi (un public est l'addition de tous les individus qui lisent tel journal, écoutent ou regardent tel média audiovisuel) soulève en fait d'énormes difficultés conceptuelles et méthodologiques.

Le public des médias ne se dénombre pas (ou alors, il s'agit de l'audience) et ne se voit pas (il n'est pas réuni dans une salle comme le public de cinéma ou du spectacle vivant). On ne réussit jamais à l'observer en tant que masse d'individus instituant une relation particulière avec un support médiatique donné. Il est paradoxalement insaisissable, non identifiable à des lieux précis ou à des groupes donnés et pourtant il existe. Les annonceurs, les professionnels, par exemple, ont non seulement besoin d'une sanction marchande pour en capter les attentes, mais aussi d'une représentation du public, d'une image en retour de son existence (par le biais des sondages, du courrier des lecteurs, des auditeurs ou des téléspectateurs, etc.). Mais cette représentation se dissout dans de multiples figures : « Entendre, interpréter, s'approprier, détourner un spectacle ou un message mobilise des ressources qui se combinent au gré des héritages sociaux, des apprentissages éducatifs, des insertions dans des réseaux de sociabilité, des modalités d'implication dans l'espace de la délibération publique. Chaque combinaison est complexe, changeante, subjective », reconnaissent certains chercheurs [46] qui concluent à une diversité des modes d'existence du public des médias.

Le public est travaillé par les liens particuliers qu'il tisse avec un journal ou avec une émission, par les types d'attachement, de reconnaissance, de représentation qu'il noue avec lui, par les modes de participation qu'il crée avec autrui à propos de tel article ou tel programme. En d'autres termes, l'image que nous nous faisons du public des médias est le résultat d'une construction mentale, d'une communauté imaginée, mais également d'une forme d'interaction singulière avec d'autres personnes dont nous savons qu'elles partagent les mêmes intérêts ou les mêmes passions au même moment. Le public est à la fois virtuel et incarné, inscription d'un « je » dans un « nous », passage d'une réaction privée à une émotion publique : d'où la difficulté d'appréhender cet être collectif toujours évanescent avec précision [47].

L'une des solutions retenues consiste, comme l'ont fait Daniel Dayan et Elihu Katz [48], à essayer de saisir ce que partagent aux quatre coins du monde les gens qui assistent, leurs yeux rivés sur le petit écran, à un événement d'envergure internationale tel qu'un voyage du pape à l'étranger, une finale de la Coupe de monde de football, les funérailles de Lady Diana, etc. Ces «cérémonies télévisées», retransmises en direct à des millions de téléspectateurs, rythment d'abord de manière particulière notre vie quotidienne, relèvent de l'actualité immédiate, de la commémoration, de l'exploit individuel ou collectif. Elles sollicitent ensuite l'attention des téléspectateurs parce qu'elles mettent en scène des moments forts, amplifient leur écho et engendrent de nouveaux modes de participation du public. Ces cérémonies de conquêtes, de confrontations, de couronnements ou de funérailles se révèlent être une expérience sociale et collective. Une expérience sociale parce que se dessinent des communautés de célébration. Une expérience collective parce que les membres d'une communauté donnée ont conscience de l'existence d'autres communautés. Le public y est tour à tour juge ou témoin, arbitre ou partisan. Regarder une émission de ce type, c'est entrer en interaction avec ce qui est montré et (mentalement) avec tous les autres spectateurs qui regardent.

Ce public, physiquement invisible, mais observable textuellement (par l'analyse des discours de récepteurs) et sociologiquement (par des enquêtes d'observation participante) réactive des discussions et suscite des communautés d'échanges. Il existe bel et bien en tant qu'entité réflexive à l'image d'un public de «fans», d'un public de grands événements médiatiques, d'un public issu de multiples diasporas, ou encore d'un public d'émissions de télé-réalité (qui témoignent de plus en plus de sa montée en visibilité sur les écrans de télévision eux-mêmes). Il est toutefois fragile, fugace et demeure, pour partie, énigmatique.

CONCLUSION

Le monde de la presse, de la radio et de la télévision bénéficie aujourd'hui d'une extrême visibilité : on ne cesse de solliciter l'avis de certains journalistes, de scruter la vie privée de certains animateurs du petit écran, de souligner l'influence grandissante de la télévision, de dénoncer la société du spectacle que les médias sont censés promouvoir. Il n'est pas sûr, ce faisant, que l'on contribue à mieux connaître le poids véritable de ces médias dans nos sociétés ou leur incidence exacte sur nos manières de faire ou de penser. Les multiples études réalisées depuis quelque temps sur cette sphère d'activité permettent toutefois d'aller à l'encontre des idées reçues et d'en savoir davantage sur la façon dont les médias agissent sur nous. Elles démontrent que le pouvoir des médias doit être appréhendé, non pas comme une capacité d'imposition ou d'injonction d'idées ou de comportements, mais comme une capacité d'influence, c'est-à-dire une force de séduction et de persuasion apte à susciter certains types de réactions chez les récepteurs.

S'il est aujourd'hui difficile de nier cette influence des médias, il faut cependant veiller à ne pas tomber dans l'ornière des généralisations hâtives. Redisons donc ici combien le pouvoir des médias est un phénomène multidimensionnel, complexe et ambivalent. Multidimensionnel parce que de très nombreux facteurs d'ordre technique, politique, économique, social et culturel interfèrent dans son accomplissement. Complexe parce que l'enchevêtrement des contextes, des contenus, des dispositifs et des dispositions des individus dessine un entrelacs de situations, souvent difficile à démêler. Ambivalent parce que, en fonction du contexte et de la conjoncture du moment, l'évaluation de l'impact des médias se prête à des interprétations variables (pour ne pas dire divergentes). En d'autres termes, il n'y a pas de réponse univoque à la question « quel est aujourd'hui le pouvoir des médias ? ». Il n'y a que des réponses partielles et provisoires.

Faut-il pour autant renoncer à l'idée de réussir à élucider le phénomène ? Doit-on se contenter de réponses mal assurées et, pour tout dire, décevantes ? Assurément, non. Des progrès dans la conceptualisation et dans la compréhension de l'influence des médias ont sans conteste été accomplis depuis quelques dizaines d'années. Qu'a-t-on en effet appris à ce sujet ?

D'abord que ce pouvoir n'est pas une substance ou un attribut que détiendraient par essence les médias, mais une relation qui s'inscrit dans un ensemble plus vaste de rapports entre des entreprises, des groupes humains, des individus, dont certains disposent de davantage de ressources que d'autres pour agir et se faire entendre. Autrement dit, les rapports de force existant au sein de cette configuration particulière déterminent en partie l'influence éventuelle des médias dans nos sociétés. L'équilibre précaire de tensions qui s'y instaure est en effet le fruit de la domination indéniable de certaines chaînes de télévision sur le marché, de l'influence déterminante de certains journaux sur l'opinion, de la redoutable efficacité de certains groupes de pression, du poids prépondérant de certains professionnels (journalistes, producteurs, animateurs, etc.). Cet équilibre évolue dans le temps, dénouant et renouant les relations existantes dans un processus jamais définitivement stabilisé.

Ensuite qu'il faut définitivement abandonner une vision linéaire des mécanismes d'influence et raisonner en prenant simultanément en compte les structures sociales et les mondes vécus, la logique collective et la logique individuelle. Les médias s'insèrent dans un système économique aujourd'hui dominant, celui de la recherche de rentabilité et d'audience qui pèse lourdement sur l'élaboration des produits d'information et de divertissement. La mondialisation des échanges, la sophistication des techniques de transmission, l'accélération de la circulation des informations favorisent sans nul doute une certaine homogénéisation des contenus. Les médias s'intègrent également dans un environnement législatif et politique propre à chaque pays qui influe sur les stratégies concurrentielles des différentes entreprises et sur le fonctionnement des rédactions de presse écrite ou d'audiovisuel. Mais cette uniformisation tendancielle des produits et des messages n'exclut pas des formes de résistance et de réappropriation particulières.

Dans ce contexte singulier, il convient en effet d'évaluer aussi précisément que possible le poids de chaque élément qui intervient dans la chaîne de production et de réception de l'information ou des produits de divertissement. En amont, le travail réalisé par les sources d'information et par les différents promoteurs de stratégies de communication, les dynamiques internes au milieu professionnel, les spécificités de la culture d'entreprise et des conditions de travail, les particularités de la ligne éditoriale, les impératifs de la programmation et de la recherche de l'audience, etc. Au centre, les caractéristiques du produit lui-même (information ou divertissement), l'identité discursive de chaque média, les dispositifs techniques mis en œuvre, les normes d'écriture et de reportages existantes, etc. En aval, la singularité des différents groupes d'appartenance des lecteurs, auditeurs ou téléspectateurs, l'extension de leurs réseaux de sociabilité, les propriétés sociales des récepteurs et les inégalités de compétence qu'elles entraînent, la personnalité propre de chaque individu, etc.

Quelles leçons concrètes convient-il dès lors de tirer de l'observation des deux champs d'étude retenus ici (le politique et le culturel)? Un certain nombre de tendances semblent se dégager. Esquissons-les en quelques mots.

Les médias peuvent d'abord exercer une

influence *sur le climat de l'opinion*. Tel fut par exemple le cas lors de la guerre en Bosnie où ils réussirent à braquer les projecteurs sur les exactions commises par les forces serbes et à remplir une fonction d'interpellation de l'opinion internationale, contribuant ainsi à déclencher une intervention humanitaire. Tel fut également le cas en République démocratique allemande où le peuple d'Allemagne de l'Est, longtemps privé d'images en dehors des informations officielles, eut peu à peu accès, par le biais des télévisions de l'Ouest, à des reportages sur le mode de vie et de consommation des sociétés occidentales ainsi qu'à des comptes rendus sur les manifestations en cours. Ces images lui firent prendre conscience de l'ampleur du mouvement de protestation. Les médias modifièrent ainsi l'état de l'opinion et eurent un effet déstabilisateur sur le pouvoir en place. Cette influence sur l'opinion a probablement aussi joué au moment de l'élection présidentielle de 2002 en France en raison de la surmédiatisation des problèmes liés à l'insécurité sans qu'il soit vraiment possible de mesurer avec précision l'impact de cette dernière sur le vote lui-même.

Les médias peuvent ensuite agir *sur la perception et sur la représentation des enjeux* du moment. Ils ont par exemple partiellement façonné notre imaginaire ou du moins participé à sa configuration au moment de la retransmission en direct des attentats du 11 septembre 2001 aux États-Unis, provoquant un saisissant effet de sidération. Autre illustration de cette influence : lors du conflit du Kosovo, le type de cadrage utilisé par la presse française pour parler de l'UCK a au départ favorisé une représentation assez négative de l'organisation militante fondée sur une grille de lecture commune à la plupart des journaux. Les médias exercent donc une influence sur la perception qui est la nôtre de certains conflits internationaux, mais aussi et surtout sur notre représentation de la politique. Ils cristallisent les opinions en diffusant une certaine image des hommes politiques et forgent en partie notre vision de la réalité des rapports de force en présence. Ils attirent ainsi l'attention (agenda) sur les candidats les plus légitimes comme ce fut le cas lors des dernières campagnes présidentielles ; accentuent, par l'angle de traitement du sujet (cadrage), certains thèmes de la campagne électorale ou certains traits des hommes politiques (comme l'a montré l'exemple de Raymond Barre) et peuvent enfin influer sur les critères d'évaluation d'une situation (amorçage) en déclenchant certains types de jugement. Ils exercent une influence non pas forcément sur le vote, mais sur le comportement des hommes politiques qui se coulent de plus en plus dans le moule médiatique. Ils impriment probablement aussi leur marque sur la culture politique des citoyens.

Les médias peuvent non seulement peser *sur la hiérarchisation des problèmes, mais également sur leur amplification ou sur leur simplification.* Tel fut par exemple le cas au moment de la guerre du Golfe au cours de laquelle la mise en spectacle du conflit provoqua un important effet d'amplification, suscitant un fort engouement de la part des téléspectateurs pour les journaux télévisés et pour les émissions spéciales alors que les informations et les images disponibles sur le sujet s'avérèrent très pauvres. Ils peuvent en outre accroître la sensibilité du public à l'égard des malaises sociaux comme à propos de certains problèmes liés à la santé publique (par exemple le scandale du sang contaminé qui donna lieu à dramatisation et à déformation) ou de certaines formes de mobilisation collective (par exemple la fermeture de l'usine Renault de Vilevorde). Ils deviennent ainsi de véritables caisses de résonance de la parole publique ou des supports de la compassion publique (par exemple au moment du *Téléthon* en faveur de la lutte contre la myopathie). Ils courent toutefois le risque de simplifier à l'extrême la réalité sociale : la manière dont les chaînes de télévision françaises ont rendu compte de la question des banlieues ou dont la presse et le petit écran ont traité du problème de la violence urbaine en sont une parfaite illustration.

Les médias peuvent encore influer *sur la sélection et sur la consécration de certaines personnalités*. Ils distinguent, par leurs choix éditoriaux, les représentants de la parole autorisée et mettent en avant certaines personnalités. C'est notamment vrai des hommes politiques : la personnalisation de leurs interventions et l'esthétisation de leur discours concourent à l'instauration de cette logique du spectacle qui favorise les responsables politiques les plus à l'aise devant les caméras. Les médias désignent, par leurs invitations sur les plateaux de télévision ou dans les studios de radio, les experts et les intellectuels susceptibles de livrer des explications pertinentes sur tel ou tel sujet. Ils donnent la parole aux profanes, ou du moins à certains d'entre eux, par le biais du témoignage individuel ou du suivi de certaines mobilisations collectives. Participant à la promotion de certaines personnalités, ils exercent alors une fonction de filtre de plus en plus déterminante dans le processus de reconnaissance sociale. On en veut pour preuve la manière dont ils façonnent souvent le succès et la réputation de certains artistes (vedettes de la chanson, de la littérature, du cinéma, etc.) qu'ils soutiennent activement grâce au principe des classements et des palmarès. Ils détiennent ainsi de plus en plus souvent l'accès aux circuits de la consécration et font alors office de sas d'entrée, voire de tremplin, pour obtenir visibilité et notoriété.

Les médias peuvent enfin avoir un impact *sur les formes de sociabilité et sur les formes d'apprentissages sociaux*. L'écoute de la télévision modifie très souvent les formes de communication au sein des familles et redéfinit les rapports d'autorité. Les liens entre les adultes et les enfants en sortent souvent remodelés tout comme d'ailleurs les relations entre les sexes. Ils participent également à la construction de l'identité sociale des récepteurs, notamment des jeunes qui écoutent beaucoup la radio ou qui regardent intensément la télévision, œuvrant à leur intégration sociale progressive au moment de l'adolescence grâce aux conversations auxquelles donnent lieu l'écoute de certaines émissions de libre antenne ou le visionnage de certaines séries télévisées. Ils renforcent les liens communautaires en donnant le

sentiment au public qui regarde la même cérémonie télévisée au même moment de partager les
mêmes émotions. Ils peuvent aussi les défaire ou
les distendre en raison de la segmentation croissante de l'offre qui entraîne une fragmentation
progressive des publics dont les pratiques de lecture ou d'écoute s'individualisent aujourd'hui de
plus en plus.

Il n'y a guère de domaine, semble-t-il, qui
échappe à l'emprise des médias. On pourrait logi-
quement en déduire que nous sommes de plus en
plus dépendants de leur extension planétaire et
de leur présence obsédante dans notre vie quotidienne. Or, on l'a vérifié à maintes reprises, rien
ne serait plus inexact que d'en rester à ce constat.
Il convient en effet de rester prudent quant à
l'évaluation de l'intensité et de l'ampleur véritables de cette influence. D'abord parce que les
recherches menées à ce sujet ne permettent guère
de discerner avec certitude l'impact à court terme
et à long terme des médias sur nos attitudes, sur
nos opinions et sur nos valeurs. Ensuite et surtout
parce que le processus d'influence touche différemment les individus bien que certains types de
comportement apparaissent prédominants. Selon
le contexte économique et politique, selon l'environnement culturel, cette influence peut considérablement varier d'un individu à l'autre.

Réaffirmons-le avec force : le public n'est pas
socialement et culturellement homogène et indifférencié. Les disparités d'âge, de sexe, de milieu
social, la culture héritée, la communauté d'appartenance, le réseau de relations, les croyances
préalables de chaque individu, ses compétences

cognitives, ses réactions émotionnelles sont autant de facteurs qui s'entrecroisent et engendrent des pratiques d'appropriation jamais complètement prévisibles. Les modalités de réception des messages en provenance des médias sont donc plurielles ; les combinaisons et les ajustements possibles, multiples ; les conduites d'usage, relativement diversifiées. Les récepteurs sont capables, en certaines circonstances et sous certaines conditions, de sélectionner, d'interpréter, de déformer ou de détourner les messages.

Il ne s'agit pas, ce faisant, de nier la réelle influence des médias sur notre vie quotidienne, ni de diluer leur pouvoir dans un écheveau d'interactions qui gommerait toutes les aspérités, encore moins de tenir un discours pseudo-consensuel permettant d'affirmer tout et son contraire. Il est clair en effet que certains acteurs ont plus de poids que d'autres, que certains d'entre eux (c'est le cas en particulier des individus les mieux dotés culturellement et socialement) jouissent d'une autonomie plus grande à l'égard des médias que d'autres, davantage livrés à leur influence. Il s'agit simplement de prendre acte de la difficulté du diagnostic et de la nécessité de garder le sens de la nuance.

L'étude du pouvoir des médias conduit en fin de compte à ce surprenant paradoxe : il est à la fois fort et faible, puissant et limité. Les médias ont sans doute moins de pouvoir qu'on ne le dit, mais plus qu'on ne le pense. Bien que décevant pour tous ceux — et ils sont nombreux — qui aimeraient disposer de conclusions définitives en la matière, ce constat d'ambivalence semble le seul à même de rendre compte de la complexité du phénomène. Les médias constituent une puissance dont l'action est trop diffuse pour qu'on puisse totalement déchiffrer l'intensité de leur pouvoir : ils ne nous imposent rien, mais ils imprègnent insensiblement nos consciences.

Pour le dire autrement, le pouvoir actuel des médias, s'il existe, ne peut se comprendre que si on le compare et que si on le confronte aux autres instances qui, dans la société, exercent également une influence déterminante. Il n'est en effet fort que de la faiblesse des autres pouvoirs (le pouvoir politique, le pouvoir judiciaire, etc.) qui participent au bon fonctionnement de nos sociétés. Il devrait en tout cas, dans une démocratie digne de ce nom, être constamment contrebalancé par le pouvoir des hommes politiques, mais aussi celui des juges, des intellectuels, des décideurs économiques et surtout — et avant tout — celui des citoyens.

APPENDICES

Notes

Introduction

1. Toutes ces citations sont respectivement extraites de Michel Rocard, «Ma vie avec les médias», entretien, *Médias*, n° 1, été 2004, p. 17-20; de Raphaëlle Bacqué, «Pouvoir. Les quinquas s'impatientent», *Le Monde 2*, n° 50, 29 janvier 2005, p. 26; de Jacques Derrida, entretien, *Les Inrockuptibles*, n° 435, 31 mars-6 avril 2004, p. 25-34; de Marcel Gauchet, «Les médias menacent-ils la démocratie?», *Médias*, n° 1, *ibid.*, p. 8-14; de Jacques Bouveresse, *Bourdieu savant et politique*, Marseille, Agone, 2003, p. 91; de Jean-François Kahn, «Le clan des journalistes», entretien, *Médias*, n° 2, septembre 2004, p. 29-32.

2. On s'inspire ici de notre article «La "science" des médias au prisme du "pouvoir" des médias», publié en postface à l'ouvrage édité sous la direction de Didier Georgagakis et Jean-Michel Utard, *Sciences des médias. Jalons pour une histoire politique*, L'Harmattan, 2001, p. 235-246.

3. On fait évidemment ici abstraction de l'efficacité de ce pouvoir dans le cadre de régimes totalitaires: la donne est en ce cas tout à fait différente.

4. Voir, sur point, les remarques de Bernard Miège, «Une question à dépasser: celle de l'influence de la télévision et des médias de masse», *in* Didier Courbet et Marie-Pierre Fourquet (sous la direction de), *La télévision et ses influences*, Bruxelles, De Boeck/INA, 2003, p. 113-121, ainsi que, du même auteur, *L'information-communi-*

cation, objet de connaissance, Bruxelles, De Boeck/INA, 2004, notamment p. 49 et suiv.

5. À l'image de la notion de configuration telle que l'a décrite et analysée Norbert Elias dans ses nombreux ouvrages, en particulier dans *La société des individus*, Fayard, 1990.

1. «Les médias» existent-ils?

1. Yves Lavoinne, *Le langage des médias*, Presses universitaires de Grenoble, 1999.

2. *Le Petit Robert* explique pour sa part qu'un média est «un moyen de diffusion, de distribution ou de transmission de signaux porteurs de messages écrits, sonores visuels (presse, cinéma, radiodiffusion, télédiffusion, télécommunication, etc.)».

3. Francis Balle, *Médias et sociétés*, Montchrestien, 2003 (11e édition), p. 8. L'auteur distingue, ce faisant, les médias autonomes (journal, disque, etc.), les médias de diffusion (radio, télévision) et les médias de communication (téléphone, Internet, etc.).

4. Dominique Wolton, *Internet et après?*, Flammarion, 1999, p. 104.

5. Bertrand Labasse, *Une dynamique de l'insignifiance*, Villeurbanne, Presses de l'Enssib, 2002, p. 90.

6. Direction du développement des médias, *Tableaux statistiques de la presse. Édition 2004*, La Documentation française, 2004.

7. Jean-Marie Charon, *Les médias en France*, La Découverte, coll. «Repères», 2003, p. 103.

8. Jean-Marie Charon, *La presse magazine*, La Découverte, coll. «Repères», 1999, p. 59-61.

9. Bertrand Labasse, *Une dynamique de l'insignifiance*, *op. cit.*, p. 88 et 89.

10. In *Le Monde Radio Télévision*, 17-23 mai 2004.

11. Francis Balle, *Médias et sociétés, op. cit.*, p. 161. Les chaînes du câble et du satellite ont obtenu 11,2 % de parts d'audience en 2004 (chiffres Médiamétrie 2004).

12. Olivier Appé et Jean Mauduit, «Câble et satellite : il était une fois Médiacabsat», *Hermès*, nº 37, *L'audience*, 2003, p. 102.

13. Dominique Wolton, *Internet et après ?, op. cit.*, p. 99.

14. Patrick Charaudeau, *Langage et discours. Éléments de sémiolinguistique*, Hachette, 1983.

15. Guy Lochard, Henri Boyer, *La communication médiatique*, Le Seuil, coll. «Mémo», 1998, p. 23-27.

16. Eliseo Veron, «L'analyse du contrat de lecture, une nouvelle méthode pour les études de positionnement des supports de presse», *in* IREP, *Les médias. Expériences, recherches actuelles, applications*, Paris, 1985.

17. Jean-Pierre Esquenazi, *L'écriture de l'actualité. Pour une sociologie du discours médiatique*, Presses universitaires de Grenoble, 2002, p. 148 et suiv.

18. Maurice Mouillaud et Jean-François Tétu, *Le journal quotidien*, Presses universitaires de Lyon, 1989.

19. Yves Lavoinne, *Le langage des médias, op. cit.*, p. 128 et 129.

20. Patrick Charaudeau (sous la direction de), *Aspects du discours radiophonique*, Paris, Didier-Érudition, 1984, ainsi que Antoine Hennion et Cécile Méadel, *La rhétorique de la radio ou comment garder l'auditeur à l'écoute*, Paris, Vibration, 1986.

21. Hervé Glévarec, *France Culture à l'œuvre*, CNRS Éditions, 2001.

22. Bernard Miège *et alii*, *Le JT, mise en scène de l'actualité à la télévision française*, La Documentation française/INA, 1986.

23. On reprend ici une série de distinctions proposée par Erik Neveu, *Sociologie du journalisme*, La Découverte, coll. «Repères», 2001, p. 37 et 38.

24. Voir, à ce sujet, l'étude de Sandrine Lévêque, *Les journalistes sociaux*, Presses universitaires de Rennes, 2000.

25. Affaire au cours de laquelle d'ex-prostituées accusèrent Dominique Baudis, ancien de maire de Toulouse et

président du Conseil supérieur de l'audiovisuel, d'avoir participé à des soirées sado-masochistes et où le tueur en série Patrice Alègre cita le nom de Dominique Baudis. Ces accusations sans aucun fondement donnèrent lieu à un emballement médiatique de grande ampleur et à une dérive des médias vers la logique du scoop.

26. Jean-Gustave Padioleau, «*Le Monde*» et le «*Washington Post*», Paris, PUF, 1985.

27. Chiffres tirés de Jean-Marie Charon, *La presse magazine, op. cit.*, p. 94.

28. Dominique Mehl, *La fenêtre et le miroir*, Payot, 1992.

29. Comme le suggère Umberto Eco, «il n'est plus question de la vérité de l'énoncé, c'est-à-dire de l'adhésion de l'énoncé aux faits, mais plutôt de *la vérité de l'énonciation*», *La guerre du faux*, Livre de poche, coll. «Biblio», 1987, p. 203.

30. Dominique Pasquier, *Les scénaristes et la télévision*, Nathan/INA, 1995.

31. Pour les monteurs, voir Jacques Siracusa, *Le JT, machine à décrire*, Bruxelles, De Boeck/INA, 2001, en particulier le chapitre 9.

32. Gilles Feyel, *La presse en France des origines à 1944*, Ellipses, 1999 et Christian Delporte, *Les journalistes en France, 1880-1950. Naissance et construction d'une profession*, Le Seuil, 1999.

33. Denis Ruellan, *Le professionnalisme du flou*, Presses universitaires de Grenoble, 1993.

34. Voir Cyril Lemieux, *Mauvaise Presse. Une sociologie compréhensive du travail journalistique et de ses critiques*, Métailié, 2000, ainsi que Géraldine Muhlmann, *Du journalisme en démocratie*, Payot, 2004. À comparer avec Jacques Le Bohec, *Les mythes professionnels des journalistes*, L'Harmattan, 2000.

35. En particulier, Jean-Marie Charon, *Cartes de presse*, Stock, 1993 et Erik Neveu, *Sociologie du journalisme, op. cit.*

36. Valérie Devillard, Marie-Françoise Lafosse, Christine Leteinturier, Rémy Rieffel, *Les journalistes français à l'aube de l'an 2000. Profils et parcours*, éditions Panthéon-Assas, 2001.

37. Pour davantage de détails, se reporter à Rémy Rief-

fel, «La profession de journaliste entre 1950 et 2000», *Hermès*, n° 35, *Les journalistes ont-ils encore du pouvoir?*, CNRS, Éditions, 2003, p. 49-60.

38. Dominique Marchetti, «Les marchés du travail journalistique», *in* CRAP-DDM, *Devenir journalistes*, La Documentation française, 2001, qui montre notamment l'existence de ces nombreux sous-marchés.

2. La mondialisation de l'information : uniformité ou diversité ?

1. Armand Mattelart, *La mondialisation de la communication*, PUF, coll. «Que sais-je?», 2005 et du même auteur, *Diversité culturelle et mondialisation*, La Découverte, coll. «Repères», 2005.

2. Manuel Castells, *L'ère de l'information*, Fayard, tome 1 : *La société en réseaux*, 1998 ; tome 2 : *Le pouvoir de l'identité*, 1999 ; tome 3 : *Fin de millénaire*, 1999.

3. Sur ces phénomènes de convergence, se reporter à Francis Balle, *Médias et sociétés*, *op. cit.*, p. 469 et suiv., ainsi qu'à Rémy Le Champion et Benoît Danard, *Télévision de pénurie, télévision d'abondance*, La Documentation française, 2000.

4. On peut lire à ce sujet le dernier ouvrage de Bernard Miège, *L'information-communication, objet de connaissance*, *op. cit.*, en particulier les chapitres 1 et 2.

5. Laurent Gervereau, *Inventer l'actualité. La construction imaginaire du monde par les médias internationaux*, La Découverte, 2004.

6. Laurent Gervereau, *ibid.*, p. 91.

7. Bernard Miège, *Les industries de contenu face à l'ordre informationnel*, Presses universitaires de Grenoble, 2000. Voir également Benoît Danard, Rémy Le Champion, *Les programmes audiovisuels*, La Découverte, coll. «Repères», 2005.

8. Daniel Cohen, *La mondialisation et ses ennemis*, Grasset, 2004, p. 48.

9. On reprend ici la formule proposée par Dominique Martin, Jean-Luc Metzger, Philippe Pierre, *Les métamor-*

phoses du monde. Sociologie de la mondialisation, Le Seuil, 2003, p. 32.

10. L'expression «culture-monde» est utilisée dans l'introduction («L'avènement de la culture-monde») de l'ouvrage de Jean-Pierre Rioux et Jean-François Sirinelli (sous la direction de), *La culture de masse en France de la Belle Époque à aujourd'hui*, Fayard, 2002, p. 7-25.

11. Tristan Mattelart, «Le tiers monde à l'épreuve des médias audiovisuels transnationaux: 40 ans de controverses théoriques», *in* Tristan Mattelart (sous la direction de), *La mondialisation des médias contre la censure*, Bruxelles, De Boeck/INA, 2002, p. 17-80.

12. Armand Mattelart, *La communication-monde. Histoire des idées et des stratégies*, La Découverte, 1992.

13. Arjun Appadurai, *Après le colonialisme. Les conséquences culturelles de la globalisation*, Payot, 2001.

14. *Ibid.*, p. 80.

15. Dominique Wolton, *L'autre mondialisation*, Flammarion, 2003.

16. Tel est le diagnostic posé par Pierre Musso, «La mondialisation de la communication: un processus multiforme», *in* Josepha Laroche (sous la direction de), *Mondialisation et gouvernance mondiale*, PUF, 2003, p. 94.

17. Il existe de nombreuses synthèses sur le sujet, parmi lesquelles celle de Jean-Marie Charon, *Les médias en France, op. cit.*; celle de Michel Mathien, *Économie générale des médias*, Ellipses, 2004 et celle de Nadine Toussaint-Desmoulins, *L'économie des médias*, PUF, coll. «Que sais-je?», 2004.

18. Sur ce sujet, voir Marie Bénilde, «Médias français, une affaire de familles», *Le Monde diplomatique*, n° 596, novembre 2003, p. 3.

19. Chiffre cité dans la revue du SNJ, *Le Journaliste*, n° 274, 3e trimestre 2004, p. 4.

20. Jean-François Kahn, «Le clan des journalistes», *op. cit.*, p. 30.

21. Chiffres cités par Ignacio Ramonet, «Médias en crise», *Le Monde diplomatique*, n° 610, janvier 2005, p. 1.

22. Sondage TNS pour *La Croix* et *Le Point*, publié en février 2005.

23. Déclaration faite dans *Les dirigeants face au changement*, Paris, Éditions du Huitième Jour, 2004.

24. Laurent Gervereau, *Inventer l'actualité*, *op. cit.*, p. 46 et suiv.

25. Chiffres cités par Hélène Risser, *L'Audimat à mort*, Le Seuil, 2004, respectivement p. 95 et 213.

26. François Jost, *La télévision du quotidien*, Bruxelles, De Boeck/INA, 2003, notamment le chapitre 4. Du même auteur, voir également *L'empire du Loft*, La Dispute, 2002.

27. L'anthropologue Stéphane Breton, dans son livre *Télévision*, Grasset, 2005, montre à ce sujet que regarder la télévision, c'est voir des gens parler : «*On regarde la parole*. Si l'image télévisuelle n'est pas expressive, si elle ne dit rien, elle reste cependant indispensable pour attester la vérité de la parole, qui trouve en elle la garantie de sa réelle présence» (p. 17). Les noms des émissions de télévision évoquent d'ailleurs de plus en plus l'acte de parole (*Ça se discute, En aparté, Tout le monde en parle*, etc.).

28. On en trouvera des illustrations dans le livre de Bernard Poulet, *Le pouvoir du «Monde»*, Paris, La Découverte, 2003, qui cite l'exemple du traitement de l'information selon laquelle une secte aurait fabriqué le premier clone humain ou celui de l'explosion chimique de l'usine AZF de Toulouse (perçu comme pouvant être d'origine criminelle). Voir notamment p. 199-213.

29. Voir par exemple Julien Duval, *Critique de la raison journalistique. Les transformations de la presse économique*, Le Seuil, 2004.

30. Daniel Bougnoux, *La communication contre l'information*, Hachette, 1995, p. 106.

31. Jocelyne Arquembourg-Moreau, *Le temps des événements médiatiques*, Bruxelles, De Boeck/INA, 2003, p. 49.

32. Paul Virilio, *La vitesse de libération*, Galilée, 1999, p. 40.

33. Ignacio Ramonet, *La tyrannie de la communication*, Paris, Gallimard, coll. «Folio», 2001, p. 137.

34. Daniel Cohen, *La mondialisation et ses ennemis*, *op. cit.*, p. 92.

DEUXIÈME PARTIE

LE POLITIQUE

3. Les médias acteurs des conflits internationaux ?

1. Voir en particulier les travaux de Gilles Feyel sur *La Gazette* et la synthèse de Pierre Albert, «La presse et la guerre. Remarques d'un historien» *in* Michel Mathien (sous la direction de), *L'information dans les conflits armés*, L'Harmattan, 2001, p. 62-72.

2. Pour une rapide synthèse, voir Jean-Marie Charon et Arnaud Mercier, «Les enjeux médiatiques des guerres», *in* Jean-Marie Charon et Arnaud Mercier (sous la direction de), *Armes de communication massive. Informations de guerre en Irak : 1991-2003*, CNRS Éditions, 2004, p. 5-27.

3. Michel Mathien, «L'information dans la guerre. Spécificités communicationnelles, risques, perspectives», *in* *L'information dans les conflits armés, op. cit.*, p. 25.

4. Dan Hallin, *The Uncensored War. The Media and Vietnam*, New York, Oxford University Press, 1986. On trouvera une synthèse de cette étude dans son article «Images de guerre à la télévision américaine», *in Hermès*, n° 13-14, 1994, «Espaces publics en images», p. 121-132.

5. En 1968, le général nord-vietnamien Giap lança l'offensive du Têt (du nom de la nouvelle année lunaire fêtée à la mi-février), c'est-à-dire des attaques violentes contre plus d'une centaine de cibles urbaines. Ses troupes réussirent à s'infiltrer jusqu'à Saigon et à attaquer l'ambassade et le quartier général américains. L'offensive se solda par un échec militaire, mais par une victoire politique. L'effet psychologique fut en effet dévastateur : les Américains prirent conscience à ce moment-là que la victoire lors de la guerre du Vietnam serait impossible.

6. Toutes les citations sont tirées de l'article de Dan Hallin, *op. cit.*, respectivement p. 122 et 127.

7. Il faudrait, pour être complet, évoquer aussi le rôle des photos et du cinéma dans la représentation après coup de cette guerre et montrer comment l'Amérique a

transformé, grâce aux films qui mettent en scène ses erreurs et ses fautes, son passé vietnamien en légende. Voir, à ce sujet, Benjamin Stora, *Imaginaires de guerre. Algérie-Vietnam en France et aux États-Unis*, La Découverte, 1997.

8. Le 16 mars 1968, une compagnie de soldats américaine entra dans le village vietnamien de My Lai et massacra, dans d'atroces conditions, plusieurs centaines de civils. La réalité des faits fut camouflée, mais la presse publia les premiers témoignages sur ce crime en novembre. Le lieutenant responsable de la compagnie fut plus tard jugé et condamné à la prison à vie. Il fut libéré en 1974.

9. Marc Ferro, Dominique Wolton, « Guerre et déontologie de l'information », entretien, *Hermès*, nº 12-13, *op. cit.*, p. 134. Du même auteur, voir Marc Ferro, *L'information en uniforme. Propagande, désinformation, censure et manipulation*, Ramsay, 1991.

10. Marc Bloch, *Réflexions d'un historien sur les fausses nouvelles de la guerre*, (1re édition 1921), Allia, 1999, p. 49.

11. Philippe Breton, *La parole manipulée*, La Découverte, 1997.

12. *Ibid.*, p. 27.

13. Si l'on en croit Guy Durandin (*L'information, la désinformation et la réalité*, PUF, 1993), la désinformation est toujours faite dans l'intérêt du désinformateur et tend à nuire à l'interlocuteur en utilisant le mensonge tactique (on cache ses plans à l'adversaire afin de lui faire prendre de mauvaises décisions) et médiatique (on dénigre l'image de l'adversaire dans l'opinion internationale). À la différence de la propagande qui est une argumentation manipulée (les informations peuvent être exactes, mais sont partielles), la désinformation est, selon Philippe Breton, une argumentation détournée, sciemment menteuse et trompeuse (les informations sont délibérément inexactes et travesties).

14. Le génocide au Rwanda est un autre cas de figure symptomatique du manquement des médias à leur devoir. Alors que d'effroyables massacres sont perpétrés par les Hutus contre les Tutsis, aucune équipe de télévision ne filme ces événements dramatiques. L'opération « Tur-

quoise» provoque en revanche l'attention des journalistes de télévision qui montrent des images de la fuite d'une population qui s'avérera en fait être celle des auteurs du génocide.

15. On reprend ici l'analyse très précieuse de Gérard Arboit, «Les médias français dans la guerre du Golfe», *in* Michel Mathien (sous la direction de), *L'information dans les conflits armés*, *op. cit.*, p. 83-114, ainsi que les réflexions publiées dans l'ouvrage collectif sous la direction de Béatrice Fleury-Vilatte, *Les médias et la guerre du Golfe*, Presses universitaires de Nancy, 1992. Dominique Wolton a proposé pour sa part également une chronologie de la guerre en quatre étapes qui recouvre à peu de chose près celle de Gérard Arboit. Voir Dominique Wolton, *War game*, Flammarion, 1991, p. 32 et suiv.

16. Sondage publié par *L'Express*, 4 février 1991, cité par Gérard Arboit, *op. cit.*, p. 97.

17. L'étude de contenu menée par Marc Hecker sur un échantillon de journaux (*Le Point*, *L'Événement du jeudi*, *L'Express*, *Le Nouvel Observateur*, *Le Canard enchaîné*, *Paris-Match* et un quotidien, *L'Humanité*) sur la période du 2 août 1990 à la fin mars 1991 fait état de l'existence de certains dérapages dus à la recherche du sensationnalisme et aboutit à la conclusion que la presse française a fait preuve d'un fort consensualisme durant la période qui a précédé les hostilités ainsi que pendant une phase non négligeable de l'opération «Tempête du désert» (thématique de la guerre juste, surévaluation du potentiel militaire irakien, simplification des données géostratégiques et culturelles). Elle montre également que des articles plus distanciés (remise en cause de la guerre propre) et autocritiques ont ensuite altéré cette vision du conflit d'autant que *Le Canard enchaîné* et *L'Humanité* ont ostensiblement rejeté tout traitement consensuel de la guerre en Irak. Voir Marc Hecker, *La presse française et la première guerre du Golfe*, L'Harmattan, 2003.

18. Florence Aubenas et Miguel Benasayag, *La fabrication de l'information*, La Découverte, 1999, dénoncent ce souci constant de la transparence qui s'affirme comme la seule idéologie qui ne peut être aujourd'hui trahie dans le monde de l'information.

19. On s'appuie ici sur l'étude de Dan Hallin, *Hermès*, nº 12-13, déjà citée.

20. Marc Ferro, entretien avec Dominique Wolton, *Hermès*, nº 12-13, article cité, p. 152.

21. Dominique Wolton, *War Game*, *op. cit.*, p. 39 et suiv. L'étude repose sur l'analyse du *Monde*, du *Figaro*, de *Libération*, de l'*International Herald Tribune*, des magazines *Time* et *Newsweek* du 1er janvier au 20 mars 1991.

22. Se reporter sur ce point à François-Bernard Huyghe, «Croire contre», *Les Cahiers de médiologie*, nº 8, 1999, p. 9-18.

23. Sur ce point, voir les travaux d'Erving Goffman sur la *frame analysis* in *Les cadres de l'expérience*, Minuit, 1991 (1re édition 1974) et de William Gamson sur la construction des problèmes publics, en particulier *Talking Politics*, Cambridge, Mass., Cambridge University Press, 1992.

24. Marine de Lassalle et Nathalie Duclos, «L'UCK au miroir de la presse française», *in* Michel Mathien (sous la direction de), *op. cit.*, p. 376-404. L'analyse porte sur un corpus de cinq journaux (*Le Figaro*, *L'Humanité*, *Le Monde*, *Libération* et *L'Express*) sur une période qui s'étend du 28 novembre 1997 (première apparition publique de l'UCK) au 23 septembre 1999 (transformation de l'UCK en force civile : TMK).

25. L'UCK (Armée de libération du Kosovo) née au début des années 1990 lutte contre les forces serbes, combat pour l'indépendance du Kosovo et pour la création d'une grande Albanie. Elle obtiendra une reconnaissance internationale au moment des pourparlers de Rambouillet pour la paix (février 1999) en faisant partie de la délégation des Albanais du Kosovo. L'échec de ces négociations conduira à l'intervention des forces de l'OTAN le 24 mars.

26. Marine de Lassalle et Nathalie Duclos, *op. cit.*, p. 397.

27. N'oublions pas non plus l'influence des photographies à l'instar de celle, déjà évoquée, de la petite fille courant sur une route sous les bombardements au napalm au moment de la guerre du Vietnam ou de celle de l'homme seul face à une colonne de chars sur la place Tienanmen à Pékin (juin 1989).

28. Daniel Colard, «La médiatisation du droit et la

mondialisation des relations internationales», *in* Michel Mathien (sous la direction de), *L'information dans les conflits armés*, *op. cit.*, p. 120.

29. Kurt R. Hesse, «Télévision et révolution. L'influence des médias occidentaux sur le changement politique en RDA», *Hermès*, n° 13-14, *op. cit.*, p. 165-183.

30. Cette étude à paraître porte essentiellement sur l'analyse de la couverture des événements par la radio et la télévision anglaises et a été effectuée par les chercheurs de la Cardiff School of Journalism. On en trouvera un compte rendu synthétique dans l'article présenté par Claude Moisy, «L'*embedding* moins pire que prévu», *Médias*, n° 1, été 2004, p. 89-93.

31. Étude réalisée par le centre de recherche Pew sur l'opinion et la presse et par le Project for Excellence in Journalism (publié en mai 2004).

32. Voir les travaux publiés sous la direction de Jean-Marie Charon et Arnaud Mercier, *Armes de communication massive. Informations de guerre en Irak: 1991-2003*, *op. cit.*, en particulier Jean-Marie Charon, «Informer sur la guerre», p. 36-40, ainsi que Jocelyne Arquembourg-Moreau, «Les récits sont des pièges: la constitution des récits de guerre contre l'Irak sur les chaînes de télévision françaises de 1991 à 2003», p. 47-58.

33. C'est le cas d'Alain Hertogue dans son livre *La guerre à outrance. Comment la presse nous a désinformés sur l'Irak*, Calmann-Lévy, 2003, qui se fonde sur une étude du *Monde*, du *Figaro*, de *Libération*, de *La Croix*, d'*Ouest-France* (sur la période allant du 20 mars 2003, date des premières frappes sur Bagdad, au 9 avril 2003, lendemain de la chute de la capitale irakienne). L'auteur montre que par le choix des titres de «unes» et par la teneur de leurs articles, les journalistes se sont souvent trompés dans leurs prévisions et ont pratiqué un traitement asymétrique des deux principaux protagonistes de cette guerre. Ils ont, selon lui, livré une vision partisane du conflit, en raison notamment de leur anti-américanisme et leur arabophilie. La démonstration de l'auteur, sur certains points éclairante, est malheureusement entachée par le ton adopté, souvent véhément, et par une interprétation systématiquement négative.

34. Patrick Charaudeau, Guy Lochard, Jean-Claude Soulages, Manuel Fernandez, Anne Croll, *La télévision et la guerre. Déformation ou construction de la réalité?*, Bruxelles, De Boeck/INA, 2001.

35. Patrick Charaudeau, *ibid.*, p. 133.

36. *Ibid.*, p. 151-154. On lira également avec intérêt le dossier de *Mots*, «Les médias dans le conflit yougoslave», n° 47, juin 1996.

37. On s'appuie ici principalement sur l'étude de la presse française (*Le Monde*, *Libération*, *Le Figaro*) et anglaise (*The Times*, *The Guardian*, *The Independent*) menée par Yannick Olland, «La "crise" du Kosovo dans les quotidiens de référence français et anglais»; on s'inspire par ailleurs de celle de Béatrice Fleury-Vilatte, «L'expertise télévisuelle en temps de crise. Le conflit du Kosovo dans les journaux télévisés français» et de celle d'Éric Pédon et Jacques Walter sur «La couverture photographique du conflit du Kosovo», *in* Michel Mathien (sous la direction de), *L'information dans les conflits armés*, *op. cit.* Se reporter également à l'ouvrage publié sous la direction de Peter Goff, *The Kosovo News and Propaganda War*, Vienne, International Press Institute, 1999.

38. L'étude a porté sur les six quotidiens mentionnés plus haut.

39. Le chapitre intitulé «La deuxième guerre du Kosovo» du livre d'Élisabeth Lévy, *Les maîtres censeurs*, Jean-Claude Lattès, 2002, expose les raisons de la lecture convergente des événements qui fut faite par les médias français, montre que ces derniers étaient en phase avec les politiques et que toute analyse dissidente était, dans le climat intellectuel de l'époque, automatiquement discréditée.

40. Les photos des «unes» du *Monde* et de *Libération* présentent à cette occasion de nettes différences dans le mode de scénarisation visuelle. Le premier adopte une vision «optique», c'est-à-dire de loin, tendant vers l'abstraction; le second, une vision «haptique», de près et quasi tactile. L'un joue sur le recul et le détachement; l'autre combine proximité et implication. Lire, à ce sujet, l'étude d'Éric Pédon et Jacques Walter, article cité.

41. Jean-François Bureau, «Trois crises ayant trans-

formé les rapports des armées avec les médias : Liban, Golfe, Kosovo », *in* Michel Mathien (sous la direction de), *L'information dans les conflits armés, op. cit.*, p 139-161.

42. Entretien avec Jacques-Marie Bourget, « La mort du regard », *Les Cahiers de médiologie*, n° 8, 1999, « Croyances en guerre », p. 98 et 99.

43. Notation inspirée de l'article d'Éric Maigret, « La guerre du Kosovo et la question de la compassion », *in* Michel Mathien (sous la direction de), *op. cit.*, p. 471-479.

44. Les réflexions de Luc Boltanski *in La souffrance à distance. Morale humanitaire, médias et politique*, Métailié, 1993, trouvent ici confirmation.

45. Béatrice Fleury-Vilatte, « L'expertise télévisuelle en temps de crise », article cité.

46. Sur les enjeux médiatiques et journalistiques du 11 septembre 2001, voir Marc Lits (sous la direction de), *Du 11 septembre à la riposte. Les débuts d'une nouvelle guerre médiatique*, Bruxelles, De Boeck, 2004.

47. Monique Sicard, « Babette et Banania. Qu'est-ce qu'une violence par l'image ? », *Les Cahiers de médiologie*, n° 13, 2002, « La scène terroriste », p. 157.

48. Alain Flageul, « De l'assassinat comme genre télévisuel », *in Les dossiers de l'audiovisuel*, n° 104, juillet-août 2002, « À chacun son 11 septembre ? », p. 21-25.

49. Voir notamment le livre de Dominique Wolton et Michel Wieviorka, *Terrorisme à la une. Médias, terrorisme et démocratie*, Gallimard, 1987, ainsi que l'article de Catherine Bertho Lavenir, « Bombes, protes et pistolets. Les âges médiologiques de l'attentat », *Les Cahiers de médiologie*, *op. cit.*, p. 21-39.

50. Daniel Dayan, « Cui bono ? », *in Les dossiers de l'audiovisuel*, n° 104, *ibid.*, p. 26-31.

51. Guillaume Soulez, « Choc en retour. Les téléspectateurs et le 11 septembre 2001 », *in Les dossiers de l'audiovisuel*, *ibid.*, p. 39-44. L'étude a porté sur un corpus de 527 expressions signées de lecteurs de *Le Monde Radio Télévision*, *TéléCâbleSattelite*, *Téléloisirs*, *TéléMoustique*, *Télépoche*, *Télérama*, *Télé 7 Jours* de la mi-septembre à la mi-novembre 2001.

52. Guillaume Soulez, *ibid.*, p. 44.

53. Roger Silverstone, *Television and Everyday Life*, Londres, Routledge, 1994.

54. Voir, à ce sujet, le chapitre sur les relations complexes entre le global et le local.

55. Pour davantage de détails, se reporter à Béatrice Fleury-Vilatte, «Les médias européens et la guerre du Golfe», in *Les médias et la guerre du Golfe, op. cit.*, p. 93-107.

4. *La politique sous l'emprise des médias?*

1. Michel Rocard, «Ma vie avec les médias», article cité, p. 20.

2. Francis Balle, *Les médias*, PUF, coll. «Que sais-je?», 2004, p. 95.

3. Sur la différence entre la politique et le politique, voir Claude Lefort, *Essais sur le politique*, Le Seuil, 1986.

4. Voir, sur ce point, les travaux des historiens tels que ceux de Marc Martin, *Médias et journalistes de la République*, Odile Jacob, 1997 (chapitre 9), ainsi que notre article, «Les relations des journalistes et du pouvoir dans la presse écrite et audiovisuelle nationale de 1960 à 1985», *in* Marc Martin, *Histoire et médias. Journalisme et journalistes, 1950-1990*, Albin Michel, 1991, p. 251-265.

5. Nous avions, il y a une vingtaine d'années, pointé ce phénomène de conformité avec l'ordre établi dans notre étude sur *L'élite des journalistes*, PUF, 1984. Pour une dénonciation plus véhémente des complicités et de la pensée unique, se reporter à Serge Halimi, *Les nouveaux chiens de garde*, Liber-Raisons d'agir, 1997.

6. Tel est en tout cas le diagnostic de Jacques Gertslé dans son étude sur «les campagnes présidentielles depuis 1965», *in* Pierre Bréchon (sous la direction de), *Les élections présidentielles en France*, La Documentation française, 2002, p. 73-107.

7. Rappelons que l'élection présidentielle de 1965 a vu le général de Gaulle mis pour la première fois en ballottage (il dut affronter au second tour François Mitterrand) et que la communication politique (qui se réduisait jusqu'alors à des entretiens au style compassé entre le prési-

dent de la République avec le journaliste du *Figaro* Michel Droit) a commencé à cette date à se renouveler avec la candidature de Jean Lecanuet qui s'est inspiré des méthodes américaines de marketing politique.

8. On n'entrera pas ici dans le débat autour de la pertinence et de la validité scientifique des sondages, ni de leur influence supposée sur l'électeur. Cette question a fait couler beaucoup d'encre. On peut, pour en savoir davantage, se reporter aux arguments développés par chacun des deux camps qui s'affrontent à ce sujet, à savoir : d'un côté, Patrick Champagne, *Faire l'opinion*, Minuit, 1990, et de l'autre, Roland Cayrol, *Sondages : mode d'emploi*, Presses de Sciences-Po, 2000.

9. Sur l'évolution du journalisme politique en France et sur cette crise du modèle de l'expertise critique, lire Erik Neveu, « Quatre configurations du journalisme politique », *in* Rémy Rieffel et Thierry Watine, *Les mutations du journalisme en France et au Québec*, éditions Panthéon-Assas, 2002, p. 250-276.

10. L'évaluation de ces rapports de force fait l'objet d'appréciations pour le moins divergentes. Pour un bon exemple de ces différences de diagnostic, on confrontera l'ouvrage de Patrick Champagne mentionné précédemment à celui de Dominique Wolton, *Penser la communication*, *op. cit.*

11. Jacques Gerstlé, *La communication politique*, PUF, coll. « Que sais-je ? », 1992, p. 68.

12. Se reporter sur ce point aux analyses d'Erik Neveu, « De quelques incidences des médias sur les systèmes démocratiques », *Réseaux*, nº 100, 2000, « Communiquer à l'ère des réseaux », p. 107-136.

13. Déclaration de Luc Ferry sur RTL (6 mai 2004) et de François Baroin au *Monde 2* (30-31 mai 2004).

14. Chiffres tirés d'un sondage réalisé à la sortie des urnes en avril 1995 et repris dans le rapport de la Commission nationale de contrôle pour l'élection présidentielle de 1995. Sondage mentionné par Jacques Gerstlé dans son article « La persuasion de l'actualité télévisée », *Politix*, nº 37, 1997, « Télévision et politique », p. 88.

15. Sur l'influence des conseillers en communication politique, voir l'article d'Agnès Chauveau, « L'homme

politique à la télévision. L'influence des conseillers en communication, *Vingtième siècle. Revue d'histoire*, nᵒ 80, octobre-décembre 2003, p. 89-100.

16. Erik Neveu, «Les émissions politiques à la télévision», *Hermès*, nᵒ 17-18 «Communication et politique», 1995, p. 145-162.

17. On pourrait, selon le même principe, analyser l'évolution des modèles d'échange appliqués dans le cadre de la communication du président de la République. Jean Mouchon, qui s'est prêté à cet exercice, observe à ce sujet la coexistence de trois modèles: le modèle impositif (le journaliste pose des questions à l'homme politique), le modèle de l'agora (l'homme politique est confronté aux journaliste et aux citoyens ordinaires) et le modèle interactif (le rôle du journaliste est réduit au minimum au profit des questions du public). Il en conclut que, «porté à ériger la prudence et le pragmatisme comme vertus cardinales, l'acteur politique se sent placé sous contrôle permanent. Sa logique de comportement s'ordonne et se comprend en référence aux attentes du public et aux difficultés prévisibles pour les satisfaire», *in* «La communication présidentielle en quête de modèle», *Hermès*, 17-18 et 199.

18. L'expression est de Anne-Marie Gingras, «L'impact des communications sur les pratiques politiques», *Hermès*, nᵒ 17-18, *ibid.*, p. 41. Du même auteur, voir Anne-Marie Gingras (sous la direction de), *La communication politique*, Presses de l'Université de Québec, 2003.

19. Christian Le Bart, *Le discours politique*, PUF, coll. «Que sais-je?», 1998, p. 20.

20. Erving Goffman, *La mise en scène de la vie quotidienne*, tome 1: *La présentation de soi*, Minuit, 1973.

21. En particulier les travaux de Jean-Noël Jeanneney. Lire à ce sujet *Une histoire des médias, des origines à nos jours*, Le Seuil, 1996.

22. Marlène Coulomb-Gully, *La démocratie mise en scènes. Télévision et élections*, CNRS Éditions, 2001.

23. Sur *Les Guignols de l'info*, voir notamment Éric Darras, «Rire du pouvoir et pouvoir du rire. Remarques sur un succès politique, médiatique et mondain: *Les Guignols de l'info*», *in* CURAPP, *La politique ailleurs*, PUF,

1998, p. 151-177. Sur la dérision dans les médias, se reporter à *Hermès*, nº 29, 2001, «Dérision-contestation».

24. Daniel Bougnoux a analysé avec précision cette transformation dans plusieurs de ses ouvrages. Voir, en particulier, *La communication contre l'information, op. cit.*

25. Pour un bon exemple, se reporter à l'article de Geneviève Calbris et Maurice Tournier consacré à l'étude de l'utilisation des doigts et des mains comme signaux et signes de précision par Jacques Chirac et Lionel Jospin lors du duel télévisé du second tour de l'élection présidentielle de 1995. «Chirac et Jospin face à face. Des précisions gestualisées», *in* Groupe de Saint-Cloud, *L'image candidate à l'élection présidentielle de 1995. Analyse des discours dans les médias*, L'Harmattan, 1999, p. 71-94. Voir aussi l'ouvrage de Geneviève Calbris, *L'expression gestuelle de la pensée d'un homme politique*, CNRS Éditions, 2004.

26. On s'appuie ici sur l'étude menée par Aurélien Le Foulgoc sur l'ensemble des émissions qui ont accueilli durant cette période des hommes politiques. Voir «1990-2002 : une décennie de politique à la télévision française», *Réseaux*, nº 118, 2003, p. 23-63.

27. Se reporter à Rémi Festa, «L'audience des émissions politiques», *Les dossiers de l'audiovisuel*, nº 104, 2002, p. 72-75.

28. Erik Neveu, «De l'art (et du coût) d'éviter la politique», *Réseaux*, nº 118, 2003, p. 95-134.

29. C'est la thèse soutenue par Erik Neveu dans l'article cité précédemment.

30. Jay G. Blumler, Michael Gurevitch, *The Crisis of Public Communication*, Londres, Routledge, 1995.

31. Kees Brants, «De l'art de rendre la politique populaire... Ou "qui a peur de l'infotainment"?», *Réseaux*, nº 118, 2003, p. 147.

32. L'expression est de Paul Virilio. Voir, en particulier, son livre, *La vitesse de libération*, Galilée, 1995.

33. Erik Neveu, «De quelques incidences des médias sur les systèmes démocratiques», article cité, p. 124 et 125.

34. On en trouve, semble-t-il, une illustration dans la défaite de Lionel Jospin à l'élection présidentielle de 2002. Telle est en tout cas la thèse de Jean-Pierre Esquenazi qui

estime que le leader socialiste a commis un certain nombre d'erreurs politiques (et non pas de communication) en dédaignant d'apparaître comme le représentant d'un parti politique, en évitant d'exprimer une vision fidèle à la doctrine de ce dernier et en tenant un discours construit non pas sur des promesses d'un monde meilleur, mais sur une logique d'adaptation nécessaire à la mondialisation. Autrement dit, une vision technique d'adaptation aux contraintes économiques du moment. Voir son article « Lionel Jospin et la campagne de 2002. Erreur de communication ou erreur politique ? », *Vingtième siècle. Revue d'histoire*, n° 80, octobre-décembre 2003, p. 101-112.

35. Jean-Pierre Esquenazi a bien montré ces modifications de cadrage du débat politique à la télévision dans son ouvrage *Télévision et démocratie, la politique à la télévision française, 1958-1990*, PUF, 1999. Voir également Sébastien Rouquette, *Vie et mort des débats télévisés, 1958-2000*, Bruxelles, De Boeck/INA, 2002.

36. Pascal Marchand, « Journalistes en campagne : "je n'accuse pas... je pose les questions" », *in* Pascal Marchand (sous la direction de), *Psychologie sociale des médias*, Presses universitaires de Rennes, 2004, p. 167-202.

37. Régis Debray, *L'État séducteur*, Gallimard, 1993, p. 60.

38. Jean-Marie Cotteret, *Gouverner, c'est paraître*, PUF, 1991.

39. À propos de ce cas de figure, se reporter à l'analyse de Rodolphe Ghiglione (sous la direction de), *Je vous ai compris ou l'analyse des discours politiques*, Paris, Armand Colin, 1989, ainsi qu'à celle de Patrick Champagne, « Le cercle politique. Usages sociaux des sondages et nouvel espace politique », *Actes de la recherche en sciences sociales*, n° 71-72, 1988, p. 71-97.

40. Pour plus de détails sur ces travaux, on se permet de renvoyer à notre livre *Sociologie des médias*, Ellipses, 2005 et à celui de Grégory Derville, *Le pouvoir des médias. Mythes et réalités*, Presses universitaires de Grenoble, 1997, auxquels on ajoutera l'article d'Elihu Katz, « La recherche en communication depuis Lazarsfeld », *Hermès*, n° 4, « Le nouvel espace public », 1989, p. 77-91.

41. Pour davantage de détails sur ces différentes

approches, se reporter à Jacques Gerstlé, *La communica-tion politique*, Armand Colin, 2004, p. 98 et suiv.

42. Roland Cayrol, *La nouvelle communication poli-tique*, Larousse, 1986.

43. Arnaud Mercier, «Effets des médias», *in* Pascal Perrineau et Dominique Reynié (sous la direction de), *Dictionnaire du vote*, PUF, 2001.

44. On reprend ici des éléments de la synthèse propo-sée par Jacques Gerstlé dans *La communication politique*, *op. cit.*, en particulier le chapitre 3 («Les effets de la com-munication persuasive»).

45. Maxwell McCombs et Donald Shaw, «The *agenda setting* function of mass media», *Public Opinion Quar-terly*, 1972, vol. 16, p. 176-187.

46. Jacques Gerstlé, Olivier Duhamel, Dennis K. Davis, «La couverture télévisée des campagnes présidentielles. L'élection de 1988 aux États-Unis et en France», *Pou-voirs*, n° 63, 1992.

47. L'expression est de Guillaume Sainteny, «Le cens médiatique. L'accès des petites forces politiques à l'au-diovisuel», *Médias Pouvoirs*», n° 38, «Les médias font-ils l'élection?» 1995, p. 91-102, qui a procédé à un comptage rigoureux du temps de parole durant la campagne prési-dentielle de 1995.

48. Jean-Louis Missika et Dorine Bregman, «La cam-pagne: la sélection des controverses politiques», *in* Élisa-beth Dupoirier et Gérard Grunberg, *Mars 1986: la drôle de défaite de la gauche*, PUF, 1986, p. 97-116.

49. Éric Darras, «Le pouvoir "médiacratique"»?, *Poli-tix*, n° 30, 1995, p. 183-198 ainsi que sa thèse *L'institution d'une tribune politique. Genèse et usage du magazine poli-tique de télévision*, Université Paris-II, 1998.

50. Shanto Iyengar, *Is anyone Responsible? How Televi-sion Frames Political Issues*, University of Chicago Press, 1991.

51. On se sert ici des remarques de Jacques Gertslé, «Les campagnes présidentielles depuis 1965», article cité, p. 102-106, ainsi que du même auteur, «La persuasion de l'actualité télévisée», *Politix*, n° 37, «Télévision et poli-tique, 1997, p. 81-96.

52. Sans doute la manière dont certains médias ont

parlé fin 1979 de l'«affaire des diamants» de Valéry Giscard d'Estaing correspond-elle aussi à cet effet de cadrage et a-t-elle modifié, aux yeux d'une partie de l'opinion, l'image du président de la République.

53. Affaire au cours de laquelle le juge Halphen soupçonna Didier Schuller, conseiller général RPR des Hauts-de-Seine, d'avoir perçu des commissions occultes en marge des chantiers de l'office HLM des Hauts-de-Seine. Quelques jours après une perquisition au siège de campagne de Didier Schuller en décembre 1994, le juge fut victime d'une machination montée contre son beau-père, le docteur Jean-Pierre Maréchal. La tentative de déstabilisation du juge échoua.

54. Voir Jean-Philippe Roy, «"Tours, la ville dont le maire est invisible" : effet local de la presse nationale», *in* Jacques Gerstlé (sous la direction de), *Les effets d'information en politique*, L'Harmattan, 2001, p. 345-359.

55. Jacques Gerstlé, «Les effets d'information. Émergence et portée», *in* Jacques Gerstlé (sous la direction de), *Les effets d'information en politique, ibid.*, p. 24.

56. Pour une bonne synthèse, se reporter aux *Dossiers de l'audiovisuel*, n° 102, mars-avril 2002, «Télévision, politique et élections» et notamment au chapitre sur «L'impact politique et électoral des messages télévisés».

57. Réactions émotionnelles, variables cognitives et formes d'implication politiques dont il n'a pas été vraiment question ici, mais qui, aux yeux des spécialistes en psychologie sociale, jouent un rôle crucial. Voir, à ce sujet, Marie-Pierre Fourquet-Courbet, «Réception et influence des discours politiques à la télévision», *in* Pascal Marchand (sous la direction de), *Psychologie sociale des médias, op. cit.*, p. 257-275.

58. Daniel Gaxie, *Le cens caché. Inégalités culturelles et ségrégations politiques*, Le Seuil, 1978.

59. Jacques Lagroye (avec Bastien François et Frédéric Sawicki), *Sociologie politique*, Presses de Sciences-Po/Dalloz, 2002, p. 344.

60. Se reporter à ce sujet à l'exploitation secondaire de données d'enquêtes statistiques réalisée par Emmanuel Pierru, «"Effets politiques des médias" et sociologie prophétique. Pour une sociologie des rapports ordinaires à

l'information politique», *in* Jean-Baptiste Legavre (sous la direction de), *La presse écrite : objets délaissés*, L'Harmattan, 2004, p. 289-313. L'auteur insiste à juste titre sur le fait que les recherches sur les modalités pratiques de réception des médias devraient conduire à une analyse statistique préalable de la distribution sociale différenciée des produits médiatiques. Analyse à comparer à celle de Pierre Bréchon et Grégory Derville, «Politisation et exposition à l'information», *in* Pierre Bréchon et Bruno Cautrès (sous la direction de), *Les enquêtes Eurobaromètres*, L'Harmattan, 1998, p. 175-192.

61. Lire la contribution de Jacques Gerstlé, «Presse écrite et comportement politique», *in* Jean-Baptiste Legavre (sous la direction de), *La presse écrite : objets délaissés, op. cit.*, p. 337-349, qui plaide en faveur d'une analyse plus fine du message de presse et de son impact politique. Il faut en effet, selon lui, éviter de mettre en relation un type de presse auquel on impute un contenu homogène et un type de lecteur caractérisé par des pratiques d'information et des comportements politiques donnés. Les contenus différenciés des journaux doivent être davantage pris en compte

62. Voir à ce sujet Christiane Restier-Melleray, *Que sont devenues nos campagnes électorales ?*, Presses universitaires de Bordeaux, 2002.

63. Brigitte Le Grignou, *Du côté du public. Usages et réceptions de la télévision*, Economica, 2003, en particulier le chapitre 10 «Le téléspectateur-citoyen», dont on s'inspire ici ainsi que de son article «Citoyens du dimanche. Politique télévisée en fin de siècle», *in* Simone Bonnafous *et alii* (sous la direction de), *Argumentation et discours politique*, Presses universitaires de Rennes, 2003.

64. Brigitte Le Grignou et Erik Neveu, «Émettre la réception. Préméditations et réceptions de la politique télévisée», *in* Paul Beaud, Patrice Flichy, Dominique Pasquier, Louis Quéré, *Sociologie de la communication*, Réseaux, CNET, 1997, p. 749-771.

65. William Gamson, *Talking Politics, op. cit.* L'auteur arrive à la conclusion que *«medias influence depends on which of the three discourse strategies a group is using : cultural, personal, or integrated. It is impossible to say*

from examining effects in use whether the way people privately think or feel about an issue has been changed by their media exposure ». Il ajoute que selon la stratégie adoptée les effets sont différents : « *People who use cultural strategies to understand an issue are subject to substantial media effects... People who use personal strategies to understand an issue are relatively immune to media effects... People who use integrated strategies are selectively influenced by the relative proeminence of media frames* », p. 180.

66. Brigitte Le Grignou, *Du côté du public, op. cit.,* p. 151.

67. Daniel Gaxie, « Une construction médiatique du spectacle politique ? Réalité et limites de la contribution des médias au développement des perceptions négatives du politique », *in* Jacques Lagroye (sous la direction de), *La politisation*, Belin, 2003, p. 325-356.

68. Daniel Gaxie, *ibid.,* p. 337.

69. Bernard Manin, *Principes du gouvernement représentatif*, Flammarion, (1ʳᵉ édition 1996), coll. « Champs », 2000.

70. Bernard Manin, *ibid.,* p. 301.

71. Pour une intéressante discussion de la thèse de Bernard Manin, voir Jacques Gerstlé, « Démocratie du public et communication politique », *Cahiers politiques*, n° 4, février 2000 (« Communication et démocratie »), Paris-IX Dauphine, p. 16-29. Celui-ci considère que Bernard Manin surestime le poids des techniques de communication dans le recrutement du personnel politique ainsi que l'autonomie de l'opinion publique en raison de la neutralisation des médias ; qu'il sous-estime en revanche le poids de l'actualité non électorale sur les perceptions de l'électorat, le rôle des effets persuasifs d'information ou l'impact de la logique marchande.

72. Voir, à ce sujet, les arguments développés par Dominique Wolton in *Penser la communication, op. cit.,* p. 178-186.

73. Pour une mise en perspective des problématiques concernant les liens entre politique et TIC, voir Pierre Chambat, « Démocratie électronique. Quelques jalons dans la généalogie d'une question », *Sciences de la société*, n° 60, 2003 (« Démocratie locale et Internet), p. 49-63.

74. L'étude classique de F. Christopher Arterton sur treize projets de télédémocratie aux États-Unis va dans ce sens. L'auteur doute de leur capacité à provoquer des changements majeurs du système politique et montre que la participation des citoyens à la vie démocratique dépend davantage des objectifs et de la volonté des hommes que des performances des machines. Voir *Teledemocraty. Can Technology Protect Democraty?*, Londres, Sage, 1987. On trouvera un extrait de cet ouvrage traduit en français sous le titre «La technique est-elle au service de la démocratie?» *in Hermès*, nº 26-27, 2000 («www. démocratie locale. fr»), p. 115-128.

75. Celui-ci a procédé à une comparaison entre une petite vingtaine de villes de par le monde. On en trouvera une synthèse *in* Thierry Vedel, «L'Internet et les villes: trois approches de la citoyenneté», *Hermès*, nº 26-27, *op. cit.*, p. 247-262. Du même auteur, voir également «L'idée de démocratie électronique. Origines, visions, questions», *in* Pascal Perrineau (sous la direction de), *Le désenchantement démocratique*, La Tour-d'Aigues, L'Aube, 2003, p. 243-266.

76. Se reporter à ce sujet à Robert Boure, Alain Lefebvre, «Citoyenneté et citadinité dans la mal nommée démocratie électronique locale», *Sciences de la société*, nº 60, *op. cit.*, p. 65-84.

77. Gérard Loiseau, «L'assujettissement des sites Internet municipaux aux logiques sociétales», *Sciences de la société, ibid.*, p. 87-105. Lire également Bernard Corbineau, Gérard Loiseau et Stéphanie Wojcik, «L'invariance de la démocratie électronique municipale», *in* Francis Jauréguiberry et Serge Proulx (sous la direction de), *Internet, nouvel espace citoyen*, L'Harmattan, 2002, p. 81-108 qui, à la suite d'une comparaison des initiatives prises par les municipalités françaises en 1999 et 2000, conclut que l'idée selon laquelle l'insertion d'Internet «assurerait l'avènement d'une démocratie plus participative est très peu vérifiée empiriquement» (p. 104).

78. L'expression est de Gérard Loiseau, *ibid.*, p. 98.

79. La formule est de Stéphanie Wojcik, «Les forums électroniques municipaux. Espaces de débat démocratique?», *Sciences de la société, ibid.*, p. 120 et suiv.

80. Tel est en tout cas le bilan auquel parviennent Éric Maigret et Laurence Monnoyer-Smith à la suite de leur enquête sur cette expérience. Voir leur article «Des caméras dans un conseil municipal. Portée et limites de l'expérience d'Issy-les-Moulineaux, *Hermès*, n° 26-27, *op. cit.*, p. 141-158.

81. Laurence Monnoyer-Smith, «Les enjeux inexprimés du vote électronique», *Sciences de la société*, *ibid.*, p. 127-145.

82. Laurence Monnoyer-Smith, *ibid.*, p. 134.

5. Les médias, supports de la parole publique?

1. Ce ne sont pas les propriétés substantielles, mais relationnelles des objets (ici les médias) et l'articulation de l'individuel et du collectif (ici la réception) qui importent pour comprendre le pouvoir des médias. Il faut donc penser le monde social comme un réseau de relations, un équilibre de tensions précaire et évolutif. Voir, à ce sujet, Norbert Elias, *La société des individus*, *op. cit.*

2. Roger Chartier, *Les origines culturelles de la Révolution française*, Le Seuil (1re édition 1990), coll. «Points», 2000, p. 51.

3. Jürgen Habermas, *L'espace public*, Payot (1re édition 1962), 1986, p. 183.

4. L'article de Bernard Miège, «L'espace public: perpétué, élargi et fragmenté», *in* Isabelle Pailliart (sous la direction de), *L'espace public et l'emprise de la communication*, Grenoble, ELLUG, 1995, p. 163-175, donne un bon aperçu de ce diagnostic. Il repère l'existence de quatre modèles de communication qui ont réorganisé l'espace public des sociétés démocratiques: celui de la presse d'opinion, de la presse commerciale, de la télévision de masse et enfin celui des relations publiques généralisées.

5. Ainsi que le souligne avec raison Dominique Wolton, il faut une reconnaissance mutuelle des légitimités pour discuter et donc des valeurs communes pour débattre et pour délibérer. Voir son livre *Penser la communication*, *op. cit.*, p. 379-381.

6. On fait ici référence aux travaux plus récents de Jür-

gen Habermas, en particulier à son modèle d'activité communicationnelle développé in *Théorie de l'agir communicationnel*, Fayard, 1987, ouvrage dans lequel il pointe les potentialités ambivalentes de ce qu'il appelle «les espaces publics des médias» qui tout à la fois hiérarchisent et décloisonnent l'horizon de communication possible (en particulier p. 428-430). Voir également ses ouvrages ultérieurs sur les problèmes de l'intercompréhension et la Raison communicationnelle comme par exemple *Morale et communication*, Cerf, 1991 ou *Droit et démocratie*, Gallimard, 1997.

7. Joseph Gusfield (entretien avec Daniel Cefaï et Danny Trom), «Action collective et problèmes publics», *in* Daniel Cefaï et Dominique Pasquier (sous la direction de), *Les sens du public. Publics politiques, publics médiatiques*, PUF, 2003, p. 71. Joseph Gusfield est l'auteur de nombreux ouvrages sur la construction des problèmes publics dont on retiendra en particulier *The Culture of Public Problems : Drinking-Driving and the Symbolic Order*, University of Chicago Press, 1981, portant sur l'alcoolisme en tant que problème public.

8. Daniel Cefaï et Dominique Pasquier, introduction à l'ouvrage qu'ils ont dirigé, *Les sens du public, op. cit.*, p. 26.

9. Eliseo Veron, *Construire l'événement*, Minuit, 1980. Le 24 mars 1979 se produisit à la centrale nucléaire de Three Miles Island (Pennsylvanie) un grave accident (panne du système de refroidissement et accumulation de vapeur d'eau radioactive menaçant de faire exploser la structure) qui suscita de grandes appréhensions et dont les médias se firent largement l'écho. Le traitement médiatique de cet accident est à comparer à la manière dont, en 1986, les autorités françaises nièrent toute répercussion sur le territoire national de l'explosion de la centrale nucléaire de Tchernobyl (Ukraine) et à celle dont les médias français reprirent le discours officiel.

10. Voir à ce sujet l'étude de Herbert J. Gans, *Deciding what's news*, New York, Vintage Books, 1979.

11. Harvey Molotch et Marilyn Lester, «Informer : une conduite délibérée», *Réseaux*, n° 75, janvier-février, 1996, p. 23-41. Ces deux auteurs procèdent à une typologie inté-

ressante des événements publics qu'ils classent en événements de routine, accidents, scandales et heureux hasards.

12. Pour une analyse minutieuse du processus de construction et de publicisation d'un problème public, on se reportera à l'article de Daniel Cefaï, « La construction des problèmes publics », *Réseaux*, n° 75, *ibid.*, p. 43-66.

13. Patrick Champagne avec Dominique Marchetti, « L'information médicale sous contrainte », *Actes de la recherche en sciences sociales*, n° 101-102, mars 1994, p. 40-62. Pour une étude plus approfondie de la question, se reporter à la thèse de Dominique Marchetti, *Contribution à une sociologie des transformations du champ journalistique dans les années 80. À propos d'"événements sida" et du "scandale du sang contaminé"* », EHESS, 1998.

14. L'expression est de Stephen Hilgartner et Charles Bosk, « The Rise and Fall of Social Problems : a Public Arenas Model », *American Journal of Sociology*, vol. 94, n° 1, 1988, p. 53-78.

15. La formule est empruntée à Erik Neveu, « Médias, mouvements sociaux, espaces publics », *Réseaux*, n° 98, 1999, p. 17-85. Du même auteur, *Sociologie des mouvements sociaux*, La Découverte, coll. « Repères », 2005.

16. Cette étude n'avait pas prioritairement pour but de réfléchir à la construction des problèmes publics, mais plutôt de rendre compte du poids du dispositif télévisuel et de la variété des comportements des récepteurs, de leur interaction réciproque. Elle peut cependant être lue comme une illustration des transformations induites par les médias dans le traitement d'un problème de santé publique. Voir Dominique Cardon, Jean-Philippe Heurtin, Olivier Martin, Anne-Sylvie Pharabod, Sabine Rozier, « Les formats de la générosité. Trois explorations du Téléthon », *Réseaux*, n° 95, 1999, p. 15-105.

17. Dominique Cardon *et alii*, « Les formats de la générosité », *ibid.*, p. 101.

18. Luc Boltanski a analysé cette « topique du sentiment » et de la dénonciation dans *La souffrance à distance. Morale humanitaire, médias et politique*, Métailié, 1993.

19. Erving Goffman, *Les cadres de l'expérience*, *op. cit.*

20. Étude citée par Erik Neveu dans son article « Médias, mouvements sociaux, espaces publics », article cité. Il s'agit

de «Media Discourse and Public Opinion on Nuclear Power : a Constructionist Approach», *American Journal of Sociology*, 1989, p. 1-37.

21. Henri Boyer et Guy Lochard, *Scènes de télévision en banlieues, 1950-1994*, L'Harmattan, 1998.

22. À l'initiative du mouvement SOS-Racisme, la marche pour l'égalité et contre le racisme partie de Marseille en octobre 1983 s'acheva le 3 décembre par un défilé à Paris qui rassembla plusieurs dizaines de milliers de personnes.

23. Sur cette question du discours médiatique sur l'immigration, voir les travaux de Simone Bonnafous qui montre comment, au cours de la décennie 1980, on est passé d'un cadrage sur les problèmes vécus par les immigrés (logement, alphabétisation, etc.) aux problèmes posés à la France par les immigrés (délinquance, terrorisme, etc.). Se reporter à *L'immigration prise aux mots*, Paris, Kimé, 1991.

24. Henri Boyer et Guy Lochard, *op. cit.*, p. 96.

25. On pourra également se reporter sur cette question de la banlieue et de la mythologie du ghetto à Patrick Champagne, «La construction médiatique des malaises sociaux», *Actes de la recherche en sciences sociales*, nº 90, 1991, p. 64-75.

26. Bernard Delforce et Jacques Noyer considèrent à ce sujet que la médiatisation des problèmes publics est produite par les discours sociaux en même temps qu'elle participe à leur co-construction. La publicisation des problèmes leur apparaît donc inséparable de la question de leur mise en discours (constructions argumentatives, principes narratifs, etc.) et de celle de la lutte entre les acteurs en présence (il faut imposer une version du problème plus recevable qu'une autre). Le discursif et le social (voire l'économique) se trouvent donc étroitement imbriqués. Se reporter à leur article «Pour une approche interdisciplinaire des phénomènes de médiatisation : constructivisme et discursivité sociale», *Études de communication*, nº 22, 1999 («La médiatisation des problèmes publics»), p. 13-39.

27. Cette dénonciation se trouve dans l'article de Philip Schlesinger, «Repenser la sociologie du journalisme. Les stratégies de la source d'information et les limites du médiacentrisme», *Réseaux*, nº 51, 1992, p. 75-98.

28. *Ibid.*, p. 91.

29. Éric Macé et Angelina Peralva, *Médias et violences urbaines*, La Documentation française, 2002.

30. Yves de La Haye avait montré, en son temps, que les formats d'écriture journalistique étaient en partie conditionnés par la configuration des relations d'interdépendance établies avec les autres acteurs sociaux ainsi que par la nature des sujets traités ; qu'ils ne se réduisaient pas à leur aspect formel (savoir rédiger, avoir un style), mais qu'ils révélaient un rapport au monde singulier. Voir son livre, *Journalisme, mode d'emploi*, Grenoble, La Pensée sauvage/ELLUG, 1978. Réédition Presses universitaires de Grenoble, 2005.

31. Étude de Nelson Taylor Sofrès dont *Le Monde* a rendu compte le 28 mai 2002.

32. Daniel Schneidermann, *Le cauchemar médiatique*, Denoël, 2003. L'auteur fait état d'un comptage réalisé pour son émission «Arrêt sur images» qui aboutit à des résultats sensiblement similaires. Ainsi du 1er avril au 21 avril 2002, TF1 a consacré 54 sujets à l'insécurité dont 5 % de sujets positifs. Après le 21 avril 2002 et sur une période équivalente de trois semaines, il n'y avait plus que 10 sujets dont 40 % pouvant être qualifiés de positifs. Les emballements médiatiques semblent devenir depuis quelque temps de plus en plus fréquents. À preuve les affaires récentes telles que celles du bagagiste de Roissy injustement accusé, le prétendu scandale Alègre/Baudis, l'annonce prématurée par France 2 de la retraite d'Alain Juppé, la fièvre médiatique autour d'une jeune femme mythomane supposée avoir été victime d'une agression antisémite dans le RER, etc. Chaque fois, les médias sont contraints de faire acte de contrition et de reconnaître indirectement qu'ils sont allés trop vite en besogne, que la course à l'audience peut avoir des effets ravageurs sur leur crédibilité.

33. Voir Julien Terral, *L'insécurité au journal télévisé. La campagne présidentielle de 2002*, L'Harmattan, 2004, p. 45 et suiv.

34. Jean Charron, *La production de l'actualité*, Montréal, Boréal, 1994.

35. Jean Charron, «Les médias et les sources. Les

limites du modèle de l'*agenda-setting*», *Hermès*, n° 17-18, 1995, p. 73-92.

36. À dire vrai, il faudrait ajouter que les intellectuels ne s'autorisent que d'eux-mêmes (est intellectuel celui qui se nomme intellectuel) puisqu'ils s'auto-intronisent très souvent en génies tutélaires de la démocratie.

37. La littérature sur le triangle hommes politiques/journalistes/sondeurs ou sondages est particulièrement abondante. On peut consulter à ce sujet, outre les travaux de Patrick Champagne dont *Faire l'opinion*, *op. cit.*, les articles d'Erik Neveu, «"L'heure de vérité" ou le triangle de la représentation», *Mots*, n° 20, septembre 1989, p. 57-72 et «Médias et construction de la "Crise de la représentation": le cas français», *Communication*, vol. 14, n° 1, printemps 1993, p. 21-54 ainsi que les analyses de Dominique Wolton in *Penser la communication*, *op. cit.* en particulier le chapitre 7 («Le triangle infernal: journalistes, hommes politiques, opinion publique»).

38. Paul Bénichou, *Le sacre de l'écrivain, 1750-1830. Essai sur l'avènement d'un pouvoir spirituel laïque dans la France moderne*, José Corti, 1973.

39. Voir notamment Jean-François Sirinelli, *Intellectuels et passions françaises. Manifestes et pétitions au XXᵉ siècle*, Fayard, 1990; François Hourmant, *Le désenchantement des clercs. Figures de l'intellectuel dans l'après-Mai 68*, Presses universitaires de Rennes, 1997 et François Dosse, *La marche des idées. Histoire des intellectuels, histoire intellectuelle*, La Découverte, 2003. Gérard Noiriel constate par exemple que, tout au long du XXᵉ siècle, trois figures de l'engagement intellectuel se sont affrontées: celle de l'intellectuel révolutionnaire, celle de l'intellectuel de gouvernement et enfin celle de l'intellectuel spécifique. Ces intellectuels sont, selon lui, aujourd'hui condamnés à se regrouper s'ils veulent continuer à exercer un magistère dans la cité. Voir Gérard Noiriel, *Les fils maudits de la République. L'avenir des intellectuels en France*, Fayard, 2005.

40. Régis Debray, *Le pouvoir intellectuel en France*, Ramsay, 1979.

41. On se permet de renvoyer, pour davantage de détails sur la médiatisation des intellectuels, à notre ouvrage *La tribu des clercs. Les intellectuels sous la Vᵉ République*,

Paris, Calmann-Lévy/CNRS Éditions, 1993 ainsi qu'à notre article, «Journalistes et intellectuels: une nouvelle configuration culturelle?», *Réseaux*, n° 51, janvier-février 1992, p. 11-24. Voir également Hélène Eck, «Médias audiovisuels et intellectuels», *in* Michel Leymarie et Jean-François Sirinelli, *L'histoire des intellectuels aujourd'hui*, PUF, 2003, p. 201-225.

42. On peut, à l'instar de Dominique Wolton, affiner cette typologie grossière et distinguer quatre grandes catégories: les intellectuels médiatiques, les intellectuels stratèges, les intellectuels utilisateurs des médias et les intellectuels anonymes. Voir *Éloge du grand public*, Flammarion, 1990, p. 194 et suiv.

43. Pierre Bourdieu, «Le hit-parade des intellectuels ou qui sera juge de la légitimité des juges?», *Actes de la recherche en sciences sociales*, n° 52-53, juin 1984 repris in *Homo Academicus*, Minuit, 1984.

44. Voir sur ce point Jean-Baptiste Legavre, «Les intellectuels dans l'espace public. Les lectures journalistiques des pétitions de novembre-décembre 1995», *in* Bastien François et Erik Neveu, *Espaces publics mosaïques*, Presses universitaires de Rennes, 1999, p. 209-228. Sans oublier le livre de Julien Duval, Christophe Gaubert, Frédéric Lebaron, Dominique Marchetti, Fabienne Pavis, *Le «décembre» des intellectuels français*, Liber-Raisons d'agir, 1998 qui a donné lieu à controverse.

45. Dominique Wolton, *Penser la communication, op. cit.*, p. 176. Sur la figure de l'expert et du sage à la télévision (par exemple Haroun Tazieff), mais aussi celle de l'intellectuel, on peut aussi se reporter à Yves Chevallier, *L'«expert» à la télévision. Traditions électives et légitimité médiatique*, CNRS Éditions, 1999.

46. Voir, sur ce point, la contribution de Myriam Bachir, «La consultation publique. Nouvel outil de gouvernabilité et transformation des registres et répertoires d'action politique», *in* Bastien François et Erik Neveu, *Espaces publics mosaïques, op. cit.*, p. 167-184.

47. Pour une bonne analyse des remèdes à ce phénomène et de la manière d'associer les experts et les citoyens, voir le livre de Michel Callon, Pierre Lascoumes et Yannick Barthe, *Agir dans un monde incertain*, Le

Seuil, 2001, qui recommandent l'instauration de forums hybrides, la coopération entre la recherche confinée et la recherche en plein air afin d'instituer une véritable démocratie dialogique.

48. Étude que nous menons personnellement au moyen de l'observation des débats au sein du CCNE, des opérations de communication du Comité, de l'analyse du contenu des journaux et de la réalisation d'entretiens avec les différents protagonistes concernés. Sur la figure de l'expert, le Comité consultatif national d'éthique et sur la montée en généralité éthique, se reporter aux travaux de Dominique Memmi, en particulier à son livre, *Les gardiens du corps : dix ans de magistère éthique*, Éditions de l'EHESS, 1996.

49. C'est la conclusion à laquelle arrive Marie-Noëlle Sicard, dans son étude sur «Pratiques journalistiques et enjeux de la communication scientifique et technique», *Hermès*, n° 21, 1997, «Sciences et médias», p. 149-155.

50. Suzanne de Cheveigné, «Dans l'arène des médias», chapitre 3 de l'ouvrage de Suzanne de Cheveigné, Daniel Boy et Jean-Christophe Galloux, *Les biotechnologies en débat*, Balland, 2002, p. 67.

51. Gabriel Tarde, *L'opinion et la foule*, PUF (1re édition 1901), 1989.

52. Dominique Mehl, *La télévision de l'intimité*, Le Seuil, 1996. L'auteur distingue quatre types d'articulation de la parole privée à la télévision : le message personnel, le verbe thérapeutique, la confession cathodique et le message collectif.

53. Sur l'anonymat dans les médias, se reporter à Frédéric Lambert (textes réunis et présentés par), *Figures de l'anonymat : médias et société*, L'Harmattan, 2001.

54. Dominique Mehl, «La télévision relationnelle», *Cahiers internationaux de sociologie*, vol. 112, 2002, p. 63-95.

55. Alain Ehrenberg, *L'individu incertain*, Calmann-Lévy, 1995.

56. Jean Mouchon, «Télévision et argumentation politique : l'exemple du traité de Maastricht», *in* Jean Mouchon et Françoise Massit-Folléa, *Information et démocratie*.

Mutation du débat public, éditions de l'ENS Fontenay/Saint-Cloud, 1997, p. 13-35. Sur ce thème, lire également Éric Darras, «Un paysan à la télé. Nouvelles mises en scène du politique», *Réseaux*, n° 63, janvier-février 1994 qui montre, à propos de l'émission *Les absents ont toujours tort* (de Guillaume Durand sur La Cinq), comment est prise en charge la parole du profane et en quoi cette émission est «un sanctuaire du faux».

57. Sur la réception des débats avec participation du public, on lira avec intérêt l'article de Sonia Livingstone et Peter K. Lunt, «Un public actif, un téléspectateur critique», *Hermès*, n° 11-12, 1993, p. 145-157.

58. Dominique Cardon, «"Chère Menie..." Émotions et engagements de l'auditeur de Ménie Grégoire», *Réseaux*, n° 70, 1995, p. 41-78.

59. Dominique Cardon et Jean-Philippe Heurtin, «La critique en régime d'impuissance. Une lecture des indignations des auditeurs de France Inter», *in* Bastien François et Erik Neveu (sous la direction de), *Espaces publics mosaïques, op. cit.*, p. 85-119.

60. *Ibid.*, p. 116.

61. Sur cette idéologie des droits de l'homme démobilisatrice des esprits, voir Marcel Gauchet, «Les droits de l'homme ne sont pas une politique», *Le Débat*, n° 3, juillet-août 1980 et «Quand les droits de l'homme deviennent une politique», *Le Débat*, n° 110, mai-août 2000.

62. Sur l'ensemble de ces phénomènes, voir Patrick Champagne, «La manifestation», *Actes de la recherche en sciences sociales*, n° 52-53, 1984, p. 18-41 et son livre *Faire l'opinion, op. cit.*

63. Se reporter à Erik Neveu, *Sociologie des mouvements sociaux, op. cit.*

64. Pierre Favre, «Les manifestations de rue entre espace privé et espaces publics», *in* Bastien François et Erik Neveu (sous la direction de), *Espaces publics mosaïques, op. cit.*, p. 135-152.

65. Sur la couverture d'un mouvement de protestation agricole en Bretagne (avril 1998) par la presse quotidienne régionale, voir Erik Neveu, «Engagement et distanciation. Le journalisme local face à un mouvement

social», *in* Daniel Cefaï et Dominique Pasquier (sous la direction de), *Les sens du public*, *op. cit.*, p. 443-468.

66. Se reporter respectivement à Grégory Derville, «Le combat singulier Greenpeace-SIRPA», *Revue française de science politique*, vol. 47, n° 5, 1997, p. 589-629; Philippe Juhem, «La participation des journalistes à l'émergence des mouvements sociaux. Le cas de SOS-Racisme», *Réseaux*, n° 98, 1999, p. 119-152 et, du même auteur, «Luttes partisanes et fluctuations des cadres cognitifs des journalistes», *in* Jacques Gertslé (sous la direction de), *Les effets d'information en politique*, *op. cit.*, p. 109-139; Janine Barbot, «L'engagement dans l'arène médiatique. Les associations de lutte contre le sida», *Réseaux*, n° 95, 1999, p. 155-196; Dominique Marchetti, «Les conditions de réussite d'une mobilisation médiatique et ses limites. L'exemple d'Act-Up Paris», *in* CURAPP, *La politique ailleurs*, PUF, 1998, p. 277-297; Sandrine Lévêque, «Crise sociale et crise journalistique. Traitement médiatique du mouvement social de décembre 1995 et transformations du travail journalistique», *Réseaux*, n° 98, 1999, p. 87-117; Brigitte Le Grignou et Charles Patou, «Mouvement des chômeurs: mais que font les médias?», *in* Jacques Gerstlé (sous la direction de), *op. cit.*, p. 31-54.

67. Sur ce point, voir Éric Macé, «Les médias de masse: scènes et acteurs de l'espace public», in Éric Maigret (sous la direction de), *Communication et médias*, Les notices de la Documentation française, 2003, p. 55-59.

68. Exemple étudié par Pierre Lefébure et Éric Lagneau, «Les mobilisations protestataires comme inter-actions entre acteurs sociaux et journalistes», *in* Jacques Gerstlé (sous la direction de), *op. cit.*, p. 55-81.

69. Voir, à ce propos, l'étude de Sylvie Ollitrault, «De la caméra à la pétition-web. Le répertoire médiatique des écologistes», *Réseaux*, n° 98, 1999, p. 153-185 et, du même auteur, «L'Europe, usages et construction des sources. Les ONG et le rôle des institutions européennes dans les mobilisations médiatiques», *in* Dominique Marchetti (sous la direction de), *Médias européens et médiatisation de l'Europe*, Presses universitaires de Rennes, 2004, p. 131-150, qui analyse la transnationalisation des modes d'action collective encouragée par les relations

entre les institutions supranationales (notamment les Directions générales à Bruxelles) et les ONG qui oscillent entre partenariat et indépendance.

70. Sur ce thème, voir Serge Proulx, «Mondialisation et mouvements d'affirmation identitaire : expressions possibles de la société civile internationale», *in* Francis Jauréguiberry et Serge Proulx (sous la direction de), *Internet, Nouvel espace citoyen ?*, *op. cit.*, p. 13-30, ainsi qu'Alain Ambrosi, «Difficile émergence des réseaux de communication démocratique dans l'espace politique global», *in* Serge Proulx et André Vitalis (sous la direction de), *Vers une citoyenneté simulée. Médias, réseaux et mondialisation*, Rennes, éditions Apogée, 1999, p. 99-122.

71. Éric George, «De l'utilisation d'Internet comme outil de mobilisation : les cas d'Attac et de SalAMI», *Sociologie et sociétés*, vol. 32, n° 2, 2000, p. 171-187.

72. Fabien Granjon, *L'Internet militant. Mouvement social et usage des réseaux télématiques*, Rennes, éditions Apogée, 2001.

73. On s'appuie principalement sur ses publications traduites récemment en français sur le sujet. Voir Peter Dahlgren, «L'espace public et Internet», *Réseaux*, n° 100, 2000, p. 157-186 ; «À la recherche d'un public parlant. Les médias et la démocratie délibérative», *in* Daniel Cefaï et Dominique Pasquier (sous la direction de), *Les sens du public*, *op. cit.*, p. 291-312 ; «Reconfigurer la culture civique dans un milieu médiatique en évolution», *Questions de communication*, n° 3, 2003, p. 151-168.

74. Les citoyens participent en effet volontairement et librement à des discussions sur un certain nombre de questions publiques. Voir également les réflexions de Sophie Duchesne, *Citoyenneté à la française*, Presses de Sciences-Po, 1997 et de Dominique Schnapper in *Qu'est-ce que la citoyenneté ?*, Gallimard, coll. «Folio», 2000, notamment le chapitre 5.

75. La théorie la plus souvent mobilisée à ce sujet est celle de «la spirale du silence» proposée par Élisabeth Noëlle-Neumann. Partant du principe que les individus sont sous la dépendance des médias en matière d'opinion, la sociologue allemande aboutit à la conclusion que les individus qui ne bénéficient pas d'un soutien (dans leur

entourage, mais aussi dans les médias) pour exprimer leur opinion perdent peu à peu confiance en eux et se retirent du débat public en entrant dans la spirale du silence. Voir Élisabeth Noëlle-Neumann, *The Spiral of Silence*, The University of Chicago Press, 1993 (2e édition). On trouvera un aperçu de cette théorie *in* Élisabeth Noëlle-Neumann, « La spirale du silence, une théorie de l'opinion publique », *Hermès*, no 4, 1989, p. 181-189.

76. Robert O. Wyatt, Elihu Katz, Joohan Kim, « Bridging the Spheres : Political and Personnal Conversation in Public and Private Spaces », *Journal of Communication*, vol. 50, no 1, 2000, p. 71-92.

77. Nina Eliasoph, *Avoiding Politics : How Americans Produce Apathie In Everyday Life*, Cambridge University Press, 1998. Voir également un article traduit en français de cet auteur sur ce thème : « Publics fragiles. Une ethnographie de la citoyenneté dans la vie associative », *in* Daniel Cefaï et Dominique Pasquier (sous la direction de), *op. cit.*, p. 225-268.

78. Peter Dahlgren, « Reconfigurer la culture civique dans un milieu médiatique en évolution », article cité, p. 166.

79. C'est la conclusion à laquelle arrive Éric Dacheux, *L'impossible défi. La politique de communication de l'Union européenne*, CNRS Éditions, 2004. Sur ce sujet, voir également Dominique Wolton, *L'autre mondialisation*, Flammarion, 2003 et Dominique Marchetti (sous la direction de), *En quête d'Europe. Médias européens et médiatisation de l'Europe, op. cit.*

80. Sur cette question de l'existence d'un espace public fragmenté, voir l'introduction de Bastien François et Erik Neveu à l'ouvrage collectif *Espace publics mosaïques*, article cité, ainsi que le texte de Pierre Favre, « Les manifestations de rue entre espace privé et espaces publics », dans ce même ouvrage, article cité. Sur ce thème, lire également l'analyse d'un sémiologue, celle de Patrick Charaudeau, « La médiatisation de l'espace public comme phénomène de fragmentation », *Etudes de communication*, no 22, 1999, p. 73-92, qui fait état d'une dialectique particulière entre pratiques sociales et représentations, à l'origine, selon lui, d'un espace public pluriel et mouvant.

Celui-ci «est d'abord fragmenté en un certain nombre de sphères (politique, médiatique, économique, religieuse...) qui, chacune, identifient et redistribuent les rôles des acteurs sociaux de façon propre, et il est ensuite fragmenté par les discours circulants qui construisent divers types de socialité» (p. 80).

81. L'expression est de Peter Dahlgren *in* «L'espace public et Internet», article cité.

TROISIÈME PARTIE

LE CULTUREL

6. *Les médias, vecteurs d'une culture de masse?*

1. Voir à ce sujet les travaux de Pierre Bourdieu sur les transformations du champ universitaire *in Homo Academicus*, Minuit, 1984.

2. Olivier Donnat, «Politique culturelle et débat sur la culture», *Esprit*, nº 144, novembre 1988, p. 90-101.

3. Les références étant très nombreuses, on se contentera de renvoyer à Pierre Bourdieu, *Les règles de l'art. Genèse et structure du champ littéraire*, Le Seuil, 1992.

4. Olivier Donnat, *Les Français face à la culture. De l'exclusion à l'éclectisme*, La Découverte, 1994.

5. On retrouve ici la fameuse distinction opérée par Pierre Bourdieu entre le champ de la grande production et le champ de la production restreinte *in* «La production de la croyance. Contribution à une économie des biens symboliques», *Actes de la recherche en sciences sociales*, nº 13, 1977.

6. Les historiens de l'histoire culturelle ont commencé à s'intéresser à l'influence de cette culture de masse sur l'histoire récente de notre pays. Voir par exemple les différentes contributions à l'ouvrage collectif publié sous la direction de Jean-François Sirinelli et de Jean-Pierre Rioux, *La culture de masse en France de la Belle Époque à aujourd'hui*, *op. cit.*

7. Olivier Donnat, *Les Français face à la culture*, *op. cit.*, p. 147.

8. Chiffres cités par Alain Salles «Le grand Meccano de l'édition», *Le Monde*, 19 mars 2004. Ces données diffèrent de celles publiées par les grands groupes d'édition eux-mêmes : Hachette Livre annonce par exemple 959 millions de chiffre d'affaires en 2003 et Editis 696,4 millions. Autre donnée très parlante : sur les 300 entreprises que compte l'édition française, 117 pesaient, selon le Syndicat National de l'Édition, moins de 1 % du chiffre d'affaires du secteur en 2001. Voir également Janine et Greg Brémond, *L'édition sous influence*, Paris, éditions Liris, 2004.

9. Pour reprendre le constat d'Éric Vigne *in* «Le monde de l'édition et la création intellectuelle», entretien avec Jean-Luc Giribone et Éric Vigne, *Esprit*, nº 3-4, mars-avril 2000, p. 177-190.

10. Chiffres 2002 du Centre National du Livre.

11. Sophie Barluet, *Édition de sciences humaines et sociales : le cœur en danger*, PUF, 2004, p. 25. L'auteur signale que les tirages et les ventes ont été divisés en moyenne par deux, voire par trois en une dizaine d'années.

12. Sans doute conviendrait-il, pour être plus précis, de distinguer deux types d'essais : le premier, pensé comme un ouvrage de courte durée, s'est développé à partir du milieu des années 1970 et est légitimé par l'univers médiatique ; le second, publié dans quelques collections de sciences humaines à partir des années 1990, cultive la mise à distance, la complexité et répond à une légitimation savante.

13. Figure dénoncée à de multiples reprises par Pierre Bourdieu. Pour une analyse de cette confusion entre sphère intellectuelle et sphère journalistique, voir notre article, Rémy Rieffel, «Journalistes et intellectuels : une nouvelle configuration culturelle ?», *Réseaux*, nº 51, janvier-février 1992, p. 11-24.

14. Régis Debray, *L'emprise*, Gallimard, 2000.

15. Voir *L'Express* du 8 mars 2004, p. 106.

16. Palmarès 2004 publié dans *Le Figaro* du 18 janvier 2005.

17. Virginie Ducas-Spaës, «Prix littéraires créés par les médias. Pour une nouvelle voie d'accès à la consécration

littéraire?», *Réseaux*, nº 117, 2003 («Les nouvelles formes de la consécration littéraire»), p. 47-83.

18. L'expression est de Sylvie Ducas-Spaës, *ibid.*, p. 76.

19. Voir Vanessa Lattès et Pascal Lardellier, «Les émissions littéraires à la télévision : ambiguïtés du média-texte», *Communication et langages*, nº 119, 1er trimestre 1999 ainsi que Jean-François Diana, «L'écrivain contre l'image ou le reste de la parole», *Médiamorphoses*, nº 7, avril 2003. Lire également les analyses de Patrick Charaudeau, *La télévision. Les débats culturels, Apostrophes*, Didier Érudition, 1990 qui oppose le principe du «sérieux-crédibilité» à celui du «plaisir-divertissement».

20. Jean d'Ormesson, *Les écrits de l'image*, nº 10, printemps 1996.

21. Nathalie Heinich, *L'épreuve de la grandeur. Prix littéraires et reconnaissance*, La Découverte, 1999.

22. Luc Boltanski et Laurent Thévenot, *De la justification. Les économies de la grandeur*, Gallimard, 1991, en particulier p. 200-262.

23. On s'inspire ici des analyses de Françoise Benhamou, *L'économie du star-system*, Odile Jacob, 2002 (en particulier le chapitre 2 sur «les multiples voies de l'engouement») ainsi que de l'article introductif de Philippe Le Guern au dossier de *Réseaux* sur la consécration culturelle. Voir Philippe Le Guern, «Présentation», *Réseaux*, nº 117, *op. cit.*, p. 9-44.

24. Sur les dispositifs et sur leurs différentes catégories de jugements, voir Lucien Karpik, «Dispositifs de confiance et engagements crédibles», *Sociologie du travail*, nº 38 (4), 1996, p. 527-550.

25. Françoise Benhamou, *L'économie du star-system*, *op. cit.*, p. 110.

26. Marie-Françoise Lafosse et Rémy Rieffel, «L'évolution du journalisme "culturel". L'exemple de la place et du traitement du spectacle vivant dans la presse écrite française en 1986 et 1996», *in* Rémy Rieffel et Thierry Watine (sous la direction de), *Les mutations du journalisme en France et au Québec*, *op. cit.*, p. 291-314. L'échantillon de journaux étudiés était composé de 7 quotidiens nationaux (*France Soir, La Croix, Le Figaro, L'Humanité, Libération, Le Monde, Le Parisien*); de 3 quotidiens régionaux (*Ouest-*

France, *Le Progrès*, *Le Provençal*) et de 6 magazines hebdomadaires (*Télérama*, *Le Nouvel Observateur*, *L'Express*, *L'Événement du jeudi*, *Le Point*, *Le Figaro Magazine*).

27. John H. McManus, *The Market-Driven Journalism. Let the Citizen Beware ?*, Londres, Sage, 1994.

28. Marie-Françoise Lafosse et Rémy Rieffel, «L'évolution du journalisme "culturel"», article cité, p. 311 et 312.

29. Ce que montre bien Matthieu Béra pour la critique d'art : sur 2 000 articles dépouillés dans la presse, 200 environ (soit 10 %) émettaient des avis négatifs. Se reporter à son article, «Critique d'art et/ou promotion culturelle ?», *Réseaux*, nº 117, *op. cit.*, p. 153-187.

30. Observatoire de la musique/GsK, cité par *Le Monde*, 22 janvier 2005.

31. Enquête dont a rendu compte *Le Monde* du 7 novembre 2002.

32. Chiffre tiré de la synthèse éditée par le Syndicat national de l'édition phonographique (SNEP), *L'actualité du disque*, édition 2003, p. 75.

33. Chiffre mentionné par le rapport 2004 de l'Observatoire de la musique.

34. Sur ce point, se reporter à l'ouvrage collectif dirigé par Philippe Le Guern, *Les cultes médiatiques. Culture fan et œuvre culte*, Presses universitaires de Rennes, 2002 (notamment à l'article de Jean-Charles Ambroise et Christian Le Bart sur le fan-club des Beatles et à celui de Philippe Teillet sur les cultes musicaux à travers l'exemple de la presse rock).

35. Philippe Le Guern, «Présentation», *Réseaux*, nº 117, *op. cit.*, p. 27-28.

36. Catherine Clément, *La nuit et l'été*, Seuil/La Documentation française, 2003, p. 93.

37. Francis Balle, *Le mandarin et le marchand*, Flammarion, 1995.

38. Olivier Donnat, «La stratification sociale des pratiques culturelles et son évolution, 1973-1997», *Revue française de sociologie*, vol. 40-1, 1999, p. 111.

39. Pour une intéressante discussion des limites de l'approche en termes de champ et de légitimité culturelle, voir Bernard Lahire, «Champ, hors-champ, contrechamp», *in* Bernard Lahire (sous la direction de), *Le travail socio-*

logique de Pierre Bourdieu. *Dettes et critique*, La Découverte, 1999, p. 23-57, ainsi que «La légitimité culturelle en questions», *in* Olivier Donnat (sous la direction de), *Regards croisés sur les pratiques culturelles*, La Documentation française, 2003, p. 41-62.

40. Jean-Claude Passeron, «Consommation et réception de la culture. La démocratisation des publics», *in* Olivier Donnat et Paul Tolila (sous la direction de), *Le(s) public(s) de la culture*, Presses de Sciences-Po, 2003, p. 388.

41. Sur ce point, lire la présentation par Olivier Donnat de l'ouvrage collectif qu'il a dirigé, *Regards croisés sur les pratiques culturelles*, *op. cit.*, p. 9-37.

42. Bernard Lahire, *La culture des individus*, La Découverte, 2004.

43. Exemple cité par Bernard Lahire, *ibid.*, p. 362-371.

44. Voir, à ce sujet, Olivier Donnat, *Les pratiques culturelles des Français. Enquête 1997*, La Documentation française, 1998, notamment p. 309-316.

45. Ces chiffres proviennent des études réalisées sous l'égide du ministère de la Culture et publiées sous la direction d'Olivier Donnat sous le titre *Les pratiques culturelles des Français*, *op. cit.* Ils ont le mérite de s'inscrire dans la durée et d'être le résultat d'une méthodologie globalement identique. Les limites de ces études sont qu'elles s'arrêtent en 1997.

46. Chiffre tiré de l'enquête réalisée par EuroPQN en 2004.

47. Très exactement 59,5 %. Chiffre provenant de l'enquête AEPM, Évolutions et tendances 2004.

48. Chiffres cités par Valérie Sacriste, «Presse, radio, télévision : chiffres clefs», *in* Éric Maigret (sous la direction de), *Communication et médias*, La Documentation française, 2003, p. 29. Voir également, pour les données les plus récentes sur la consommation des différents médias, Jean-Marie Charon, *Les médias en France*, *op. cit.*, p. 100-107.

49. Sur certaines pratiques radiophoniques (celles des jeunes, des retraités, l'écoute nocturne, etc.), voir Jean-Jacques Cheval (sous la direction de), *Audiences, publics et pratiques radiophoniques*, Bordeaux, Maison des sciences de l'Homme d'Aquitaine, 2003.

50. Olivier Donnat, *Les Français face à la culture. De l'exclusion à l'éclectisme*, op. cit., p. 311.

51. Philippe Coulangeon, « Le poids de la télévision dans les loisirs. Évolution de 1986 à 1998 », *in* Olivier Donnat (sous la direction de), *Regards croisés sur les pratiques culturelles*, op. cit., p. 283-301. La plupart des données qui suivent sont tirées de cet article.

52. Michel Souchon, « Le vieux canon de 75. L'apport des méthodes quantitatives à la connaissance du public de la télévision », *Hermès*, n° 11-12, 1993, p. 233-245.

53. Voir Vincent Caradec, « La télévision, analyseur du vieillissement », *Réseaux*, n° 119, 2003, p. 121-152.

54. David Morley, *Family Television, Cultural Power and Domestic Leisure*, Londres, Comedia of Routlegde, 1986.

55. Olivier Donnat, op. cit., p. 115.

56. Se reporter à Olivier Donnat et Gwenaël Larmet, « Télévision et contextes d'usages. Évolution 1986-1998 », *Réseaux*, n° 119, 2003, p. 63-94. Pour un état des lieux rapide sur les pratiques médiatiques, voir l'article d'Hervé Glévarec, « Les médias dans les pratiques culturelles », *in* Éric Maigret (sous la direction de), *Communication et médias*, op. cit., p. 43-49.

57. On ne détaillera pas ici les usages d'Internet qui ne font pas l'objet d'une attention prioritaire dans cet ouvrage. Sur ce point, voir Benoît Lelong, « Quel "fossé numérique" ? Clivages sociaux et appropriation des nouvelles technologies », *in* Éric Maigret, op. cit., p. 112-116.

58. Voir, à ce propos, l'article de Dominique Pasquier sur le poids des sociabilités juvéniles dans la compréhension de la réception des médias, « Des audiences aux publics : le rôle de la sociabilité dans les pratiques culturelles », *in* Olivier Donnat et Paul Tolila (sous la direction de), *Le(s) public(s) de la culture*, op. cit., vol. 2 (CD-Rom), p. 109-116.

59. Voir, à ce sujet, Dominique Cardon et Fabien Granjon, « Éléments pour une approche des pratiques culturelles par les réseaux de sociabilité », *in* Olivier Donnat et Paul Tolila (sous la direction de), *Le(s) public(s) de la culture*, op. cit., p. 93-107.

60. Hannah Arendt, *La crise de la culture*, Gallimard, coll. « Idées », 1972, respectivement p. 263-266.

61. La notion de «culture moyenne» qui serait diffusée par les médias pose le même type de problème, à savoir : qu'appelle-t-on «moyen»? Par rapport à quels critères ou à quelles références? De quoi se compose-t-elle? Autant de questions irrésolues qui font entrevoir le flou artistique de ce genre d'expression.

62. Pierre Bourdieu et Jean-Claude Passeron, «Sociologues des mythologies et mythologies des sociologues», *Les Temps modernes*, n° 211, décembre 1963, p. 1998-2021.

63. Edgar Morin, *L'esprit du temps*, Grasset, tome 1 : *Névrose*, 1962 ; tome 2 : *Nécrose*, 1976. Le premier tome a été repris en collection de poche sous le titre *L'esprit du temps*, Livre de poche, coll. «Biblio», 1986. Pour une tentative de réhabilitation de la pensée d'Edgar Morin à propos de la culture de masse, voir Éric Macé, «Éléments d'une sociologie contemporaine de la culture de masse. À partir d'une relecture de *L'esprit du temps* d'Edgar Morin», *Hermès*, n° 31, 2001, p. 235-257.

64. Edgar Morin, *L'esprit du temps, op. cit.*, p. 30.

65. C'est le constat auquel aboutit Jean-Claude Passeron dans un entretien récent, «Quel regard sur le populaire?», *Esprit*, n° 3-4, mars-avril 2002, p. 161.

66. Sabine Chalvon-Demersay, *Mille scénarios. Une enquête sur l'imagination en temps de crise*, Métailié, 1994.

67. Éric Macé, «Sociologie de la culture de masse : avatars du social et vertigo de la méthode», *Cahiers internationaux de sociologie*, vol. 112, 2002, p. 47. On s'inspire ici, pour partie, de cet article pour analyser la teneur de la culture de masse aujourd'hui. Ajoutons que les travaux les plus récents autour de la culture de masse prennent de plus en plus en compte les pratiques de réception individualisée (qui conduisent à parler de l'existence d'une *self culture*) et relient de plus en plus ces dernières aux questions d'identité, de genre, d'ethnicité, parce qu'elles sont typiques, selon certains chercheurs, du mouvement d'invention de soi qui caractériserait la société postmoderne.

68. Noël Burch, «Double speak. De l'ambiguïté tendancielle du cinéma hollywoodien», *Réseaux*, n° 99, 2000, p. 99-130. Cette ambiguïté du cinéma hollywoodien est également relevée par Stanley Cavell dans *Le cinéma nous rend-il meilleurs?*, Bayard, 2003, lorsqu'il étudie la

manière dont les films mettent le couple à l'épreuve (montrer, sous la menace de la séparation, la nature de l'union) et dont la conversation au cinéma constitue «un oui» au mariage qui renverse «le non» sceptique ou tragique (je dois cette référence à Éric Vigne).

69. Bernard Miège, «La contribution des industries de la culture, de l'information et de la communication à l'informationnalisation et à la globalisation», *Questions de communication*, n° 3, 2003, p. 223.

70. Abraham Moles, *Sociodynamique de la culture*, Masson, 1967. Sous réserve de ne pas postuler, comme il le faisait, une autonomie de la culture et donc de ne pas faire l'impasse sur le poids des rapports économiques et sociaux et sous réserve également de davantage prendre en compte le contexte de la réception, le modèle théorique élaboré par l'auteur permet de prendre conscience de l'originalité de la nouvelle donne culturelle.

71. Voir par exemple l'étude «La mal info» de l'Observatoire du débat public (ODP) menée en 2004 et dont *Le Monde* a rendu compte dans son édition du 24 décembre 2004.

72. L'expression «culture médiatique» fleurit également de temps à autre dans la bouche des thuriféraires d'une représentation hautaine de la culture ou tout simplement dans les écrits de certains analystes du monde des médias. Conçue comme une sorte de succédané de la culture traditionnelle et légitime, mais élargie à l'ensemble des nouveaux produits audiovisuels, elle englobe sans distinction, tout comme d'ailleurs l'expression de culture de masse, tout ce que les médias modernes produisent et diffusent (films, fictions TV, soap operas, reality-shows, informations, etc.). Cette nébuleuse sémantique ne permet pas *a priori* de faire le départ entre les différents genres de produits, d'insister sur l'originalité propre de leur conception et de leur mode de diffusion, mélange dispositifs matériels et opérations symboliques en ignorant les pratiques effectives des récepteurs. Elle sous-entend implicitement une homogénéité totale des produits transmis par le canal des médias et ne restitue pas non plus, dans sa formulation, la complexité des usages ou la variété des modes d'appropriation de ces produits cultu-

rels. Elle redouble en quelque sorte la notion de culture de masse et n'a de sens que si on la définit, elle aussi, en fonction de la tension entre uniformité et diversité dont on a parlé.

7. Un public des médias passif?

1. Jean-Claude Passeron, «Consommation et réception de la culture. La démocratisation des publics», article cité, p. 387.

2. C'est la thèse défendue par le chercheur danois Kim Schroder, «Vers une convergence de traditions antagonistes? Le cas de la recherche sur le public», *Réseaux*, n° 44-45, 1990, p. 313-338.

3. Parmi les nombreux ouvrages qui abordent cette histoire et ces théories, voir Rémy Rieffel, *Sociologie des médias*, Ellipses, 2005; Philippe Breton et Serge Proulx, *L'explosion de la communication à l'aube du xxie siècle*, La Découverte, 2002; Éric Maigret, *Sociologie des médias et de la communication*, Armand Colin, 2003; Brigitte Le Grignou, *Du côté du public. Usages et réceptions de la télévision*, op. cit., 2003.

4. On s'inspire ici des distinctions proposées par Brigitte Le Grignou dans *Du côté du public*, op. cit.

5. Elihu Katz, Michael Gurevitch, Hadassah Haas, «On the use of the mass media for important things», *American Sociological Review*, vol. 38, n° 2, 1973, p. 164-181.

6. Ien Ang, *Watching Dallas*, Londres, Methuen, 1985.

7. Ien Ang, «Culture et communication. Pour une critique ethnographique de la consommation des médias dans le système médiatique transnational», *Hermès*, n° 11-12, 1993, p. 77. L'auteur défend dans ce texte l'idée qu'il faut dorénavant élargir les études de la réception et procéder à une compréhension plus ambitieuse du contexte politique et social global, mêler le local et le planétaire. Elle rappelle par ailleurs que la réception ne se réduit pas à un processus psychologique, mais qu'elle fait partie d'un processus culturel beaucoup plus large qui implique des rapports politiques de pouvoir.

8. Richard Hoggart, *La culture du pauvre*, Minuit, 1970, p. 294.

9. *Ibid.*, p. 298.

10. Voir, sur cette question, les réflexions stimulantes de Bertrand Labasse, *Une dynamique de l'insignifiance*, *op. cit.*

11. Sylvie Debras, *Lectrices au quotidien*, L'Harmattan, 2003.

12. L'enquête menée par Janice Radway dans une petite ville du Middle West américain sur un échantillon de femmes lectrices de romans sentimentaux montre par exemple clairement que celles-ci ressentent du plaisir à lire ce genre de fiction, mais aussi qu'elles revendiquent les vertus didactiques de ces romans qui les aident à réfléchir à leur propre vie. La lecture s'inscrit alors dans une sorte de revendication féministe implicite. Voir Janice Radway, *Reading The Romance. Women, Patriarchy and Women Literature*, University of North Carolina Press, Chapel Hill, 1984. On trouvera, traduit en français, un article de cet auteur, « Lectures à l'eau de rose. Femmes, patriarcat et littérature populaire, *Politis*, n⁰ 51, 2000, p. 163-178.

13. Stuart Hall, « Codage/Décodage » (traduction partielle de « Encoding and Decoding in Television Discourse, 1974), *Réseaux*, n⁰ 68, nov.-déc. 1994, p. 27-39.

14. Voir *supra*, chapitre 1.

15. Jean-Pierre Esquenazi, *L'écriture de l'actualité*, *op. cit.*

16. Voir, à ce sujet, l'article d'Elihu Katz, « L'héritage de Gabriel Tarde. Un paradigme pour la recherche sur l'opinion et la communication », *Hermès*, n⁰ 11-12, *op. cit.*, p. 265-274.

17. Elihu Katz et Tamar Liebes, *The Export of Meaning. Cross-Cultural Readings in « Dallas »*, New York, Oxford University Press, 1990 dont on trouvera une version française, « L'exportation du sens : lectures transculturelles de la télévision américaine », *Études et documents d'information*, Unesco, n⁰ 104, 1992, p. 73-89, ainsi qu'une synthèse analytique dans « Six interprétations de la série "Dallas" », *Hermès*, n⁰ 11-12, *op. cit.*, p. 125-144.

18. David Morley, *The « Nationwide » Audience. Structure and Decoding*, British Film Institute, Londres, 1980.

19. *Ibid.*, p. 162.

20. Pour une synthèse des travaux de David Morley, se reporter à Brigitte Le Grignou, *Du côté du public. Usages et réceptions de la tévision*, *op. cit.*, en particulier le chapitre 7.

21. C'est le modèle dit du « texte-lecteur » dont on trouvera une présentation détaillée dans Daniel Dayan, « Les mystères de la réception », *Le Débat*, n° 71, 1992, p. 146-162. Voir également les analyses de Serge Proulx, « La construction ethnographique des publics de télévision », *in* Serge Proulx (sous la direction de), *Accusé de réception*, L'Harmattan, 1998, p. 121-161.

22. Les travaux de certains historiens le montrent amplement, comme par exemple ceux de Pierre Sorlin, « Le mirage du public », *Revue d'histoire moderne et contemporaine*, n° 39, janvier-mars 1992.

23. Marie-France Laberge et Serge Proulx, « Vie quotidienne, culture télévisuelle et construction de l'identité familiale », *Réseaux*, n° 70, mars-avril 1995, p. 121-140.

24. Voir Vincent Caradec, « Vieillesse et télévision. Diversité des modes de vie et des usages », *in* Olivier Donnat (sous la direction de), *Regards croisés sur les pratiques culturelles*, *op. cit.*, p. 303-318, ainsi que Jean-Baptiste Comby, *Le public âgé de la télévision*, mémoire de DEA, Université Paris-II (IFP), 2004.

25. James Lull, *Inside Family Viewing. Ethographic Research on Television's Audience*, Londres, Routledge, 1990.

26. David Morley, *Family Television. Cultural Power and Domestic Leisure*, *op. cit.*

27. Dominique Pasquier, introduction à la partie consacrée aux travaux sur la réception, *in* Paul Beaud, Patrice Flichy, Dominique Pasquier, Louis Quéré, *Sociologie de la communication*, *op. cit.*, p. 742.

28. Les études d'inspiration féministe sur la réception sont particulièrement abondantes et portent notamment sur la parole des femmes à propos des feuilletons. Voir, à ce sujet, Jean-Pierre Esquenazi, *Sociologie des publics*, La Découverte, coll. « Repères », 2003, p. 72 et suiv.

29. Pierre Bélanger, Serge Proulx, Jocelyne Voisin,

« Les usages de la télévision conjugués au féminin et au masculin », *Quaderni*, n° 26, été 1995, p. 11-31.

30. La notion d'usage peut avoir trois significations. Elle est d'abord synonyme d'adoption (achat, consommation d'un objet), ensuite d'utilisation (emploi d'une technique conformément au mode d'emploi) et enfin d'appropriation (une manière de faire singulière avec un objet technique). C'est cette troisième signification qui est ici prise en compte. Pour davantage de précisions sur ces distinctions, se reporter à Philippe Breton et Serge Proulx, *L'explosion de la communication à l'aube du xxiᵉ siècle*, *op. cit.*, p. 255-258.

31. Roger Silverstone, Eric Hirsch, David Morley, « Information and communication technologies and the moral economy of the Household », *in* Roger Silverstone et Eric Hirsch (sous la direction de), *Consuming Technologies. Media and Information in Domestic Spaces*, Londres, Routledge, 1992, p. 18.

32. Michel de Certeau, *L'invention du quotidien*, tome 1 : *Arts de faire*, UGE, coll. « 10/18 », 1980.

33. Pour une synthèse sur ces interactions entre la technique et le social et sur les différentes recherches francophones concernant la sociologie des usages, voir Josiane Jouët, « Retour critique sur la sociologie des usages », *Réseaux*, n° 100, 2000, p. 487-521.

34. Josiane Jouët et Dominique Pasquier, « Les jeunes et la culture de l'écran », *Réseaux*, n° 92-93, 1999, p. 25-102. Sur l'importance de ces usages sociaux de genre, se reporter également à Josiane Jouët, « Technologies de communication et genre », *Réseaux*, n° 120, 2003, p. 53-86.

35. Gwenaël Larmet, « Médias audiovisuels et relations familiales », *in* Olivier Donnat (sous la direction de), *Regards croisés sur les pratiques culturelles*, *op. cit.*, p. 255-282.

36. Éric Darras, « Les limites de la distance. Réflexions sur les modes d'appropriation des produits culturels », *in* Olivier Donnat (sous la direction de), *ibid.*, p. 231-253.

37. Hervé Glévarec, « La radio, un espace d'identification pour les adolescents », *in* Olivier Donnat (sous la direction de), *ibid.*, p. 319-342.

38. Hervé Glévarec, «Le moment radiophonique des adolescents», *Réseaux*, nº 119, 2003, p. 27-61.

39. Dominique Pasquier, *La culture des sentiments*, Paris, Éditions de la Maison de sciences de l'Homme, 1999.

40. Dominique Pasquier, «Des audiences aux publics: le rôle de la sociabilité dans les pratiques culturelles», *in* Olivier Donnat et Paul Tolila (sous la direction de), *Le(s) public(s) de la culture, op. cit.*, p. 111.

41. Sabine Chalvon-Demersay, *Mille scénarios. Une enquête sur l'imagination en temps de crise, op. cit.*

42. Sabine Chalvon-Demersay, «La confusion des conditions. Une enquête sur la série télévisée *Urgences*», *Réseaux*, nº 95, 1999, p. 235-283.

43. *Ibid.*, p. 279.

44. Jesus Martin-Barbero, *Des médias aux médiations. Communication, culture et hégémonie*, CNRS Éditions, 2002.

45. Dominique Boullier, *La télévision telle qu'on la parle*, L'Harmattan, 2003.

46. Dominique Mehl et Dominique Pasquier, «Présentation» du numéro de *Réseaux* «Figures du public», nº 126, 2004, p. 12.

47. Sans doute existe-t-il, par exemple en matière de consommation télévisuelle, plusieurs publics, mais pas des publics différents et isolables avec des demandes spécifiques en matière d'attentes et de goûts: il n'y a, en ce domaine, qu'un seul public avec des demandes différentes selon le temps et l'humeur du moment, comme le montre Michel Souchon, «Le vieux canon de 75. L'apport des méthodes quantitatives à la connaissance du public de la télévision», article cité.

48. Daniel Dayan et Elihu Katz, *La télévision cérémonielle*, PUF, 1996. Voir également Daniel Dayan, «Télévision, le presque-public», *Réseaux*, nº 100, 2000, p. 427-456.

Bibliographie

Cette bibliographie se veut sélective et indicative. Elle ne propose que quelques ouvrages qui permettent d'approfondir les différentes questions abordées dans les chapitres du livre. Elle ne prend pas en compte tous les livres (français et anglais) cités portant sur des points particuliers ou sur des études de cas précis, et ne recense pas les très nombreux articles de revues (souvent à la pointe de la recherche en cours) mentionnés en notes.

Francis Balle, *Les Médias*, Paris, PUF, coll. «Que sais-je ?», 2004.

Francis Balle, *Médias et Sociétés*, Paris, Montchrestien, 2005.

Françoise Benhamou, *L'économie du star-system*, Paris, Odile Jacob, 2002.

Daniel Bougnoux, *La communication contre l'information*, Paris, Hachette, 1995.

Philippe Breton et Serge Proulx, *L'explosion de la communication à l'aube du XXIe siècle*, Paris, La Découverte, 2002.

Patrick Champagne, *Faire l'opinion*, Paris, Minuit, 1990.

Patrick Charaudeau, *Le discours d'information médiatique*, Paris, Nathan, 1997.

Patrick Charaudeau, *Le discours politique. Les masques du pouvoir*, Paris, Vuibert, 2005.

Daniel Cefaï et Dominique Pasquier (sous la direction de), *Les sens du public*, Paris, PUF, 2003.

Jean-Marie Charon, *Les médias en France*, Paris, La Découverte, coll. « Repères », 2003.

Jean-Marie Charon et Arnaud Mercier (sous la direction de), *Armes de communication massive. Informations de guerre en Irak : 1991-2003*, Paris, CNRS Éditions, 2004.

Marlène Coulomb-Gully, *La démocratie mise en scènes. Télévision et élections*, Paris, CNRS Éditions, 2001.

Didier Courbet et Marie-Pierre Fourquet (sous la direction de), *La télévision et ses influences*, Bruxelles, De Boeck/INA, 2004.

Grégory Derville, *Le pouvoir des médias. Mythes et réalités*, Grenoble, Presses universitaires de Grenoble, 1997.

Olivier Donnat (sous la direction de), *Regards croisés sur les pratiques culturelles*, Paris, La Documentation française, 2003.

Olivier Donnat et Paul Tolila (sous la direction de), *Le(s) public(s) de la culture*, Paris, Presses de Sciences-Po, 2003.

Jean-Pierre Esquenazi, *L'écriture de l'actualité. Pour une sociologie du discours médiatique*, Grenoble, Presses universitaires de Grenoble, 2002.

Bastien François et Erik Neveu, *Espaces publics mosaïques*, Rennes, Presses universitaires de Rennes, 1999.

Jacques Gertslé, *La communication politique*, Paris, Armand Colin, 2004.

Bertrand Labasse, *Une dynamique de l'insignifiance*, Villeurbanne, Presses de l'Enssib, 2002.

Laurent Gervereau, *Inventer l'actualité. La construction imaginaire du monde par les médias internationaux*, Paris, La Découverte, 2004.

François Jost, *La télévision du quotidien*, Bruxelles, De Boeck/INA, 2003.

Bernard Lahire, *La culture des individus. Dissonances culturelles et distinction de soi*, Paris, La Découverte, 2004.

Brigitte le Grignou, *Du côté du public. Usages et réceptions de la télévision*, Paris, Economica, 2003.

Yves Lavoinne, *Le langage des médias*, Grenoble, Presses universitaires de Grenoble, 1999.

Jean-Baptiste Legavre (sous la direction de), *La presse écrite : objets délaissés*, Paris, L'Harmattan, 2004.

Cyril Lemieux, *Mauvaise presse. Une sociologie compré-*

hensive du travail journalistique et de ses critiques, Paris, Métailié, 2000.

Éric Macé et Angelina Peralva, *Médias et violences urbaines*, Paris, La Documentation française, 2003.

Éric Maigret (sous la direction de), *Communication et médias*, Paris, Les Notices de la Documentation française, 2004.

Éric Maigret, *Sociologie des médias et de la communication*, Paris, Armand Colin, 2003.

Pascal Marchand (sous la direction de), *Psychologie sociale des médias*, Rennes, Presses universitaires de Rennes, 2004.

Michel Mathien (sous la direction de), *L'information dans les conflits armés*, Paris, L'Harmattan, 2001.

Armand Mattelart, *La mondialisation de la communication*, Paris, PUF, coll. «Que sais-je?», 2005.

Armand Mattelart, *Diversité culturelle et mondialisation*, Paris, La Découverte, coll. «Repères», 2005.

Tristan Mattelart (sous la direction de), *La mondialisation des médias contre la censure*, Bruxelles, De Boeck/INA, 2002.

Dominique Mehl, *La télévision de l'intimité*, Paris, Le Seuil, 1996.

Bernard Miège, *Les industries de contenu face à l'ordre informationnel*, Grenoble, Presses universitaires de Grenoble, 2000.

Bernard Miège, *L'information — communication, objet de connaissance*, Bruxelles, De Boeck/INA, 2004.

Géraldine Muhlmann, *Du journalisme en démocratie*, Paris, Payot, 2004.

Erik Neveu, *Sociologie du journalisme*, Paris, coll. «Repères», 2004.

Erik Neveu, *Sociologie des mouvements sociaux*, Paris, La Découverte, coll. «Repères», 2005.

Rémy Rieffel, *Sociologie des médias*, Paris, Ellipses, 2005.

Ignacio Ramonet, *La tyrannie de la communication*, Paris, Gallimard, coll. «Folio», 2001.

Dominique Wolton, *Internet et après?*, Paris, Flammarion, 1999.

Dominique Wolton, *L'autre mondialisation*, Paris, Flammarion, 2003.

Index des noms

Index des notions

DEUXIÈME PARTIE

LE POLITIQUE

Table 537

Table   539

DU MÊME AUTEUR

L'ÉLITE DES JOURNALISTES, PUF, 1984.

LA TRIBU DES CLERCS. LES INTELLECTUELS SOUS LA Vᵉ RÉPUBLIQUE, CNRS/Calmann-Lévy, 1993.

SOCIOLOGIE DES MÉDIAS, Ellipses, 2ᵉ édition, 2005.

En collaboration

LES JOURNALISTES FRANÇAIS EN 1990. RADIO-GRAPHIE D'UNE PROFESSION (IFP, en collaboration), La Documentation française, 1991.

LA RADIO EN FRANCE ET EN ALLEMAGNE (avec U. Koch, D. Schröter, P. Albert), Verlag Reinhard Fischer (ouvrage bilingue), 1996.

LES JOURNALISTES FRANÇAIS À L'AUBE DE L'AN 2000. PROFILS ET PARCOURS (avec V. Devillard, M.-F. Lafosse, Ch. Leteinturier), éditions Panthéon-Assas, 2001.

LES MUTATIONS DU JOURNALISME EN FRANCE ET AU QUÉBEC (sous la direction de), avec Th. Watine, éditions Panthéon-Assas, 2002.

LES MÉDIAS ET LEUR PUBLIC EN FRANCE ET EN ALLEMAGNE (sous la direction de), avec P. Albert, U. Koch, D. Schröter, Ph. Viallon, éditions Panthéon-Assas (ouvrage bilingue), 2003.

Composition Interligne.
Impression Société Nouvelle Firmin-Didot
à Mesnil-sur-l'Estrée, le 15 septembre 2005.
Dépôt légal : septembre 2005.
Numéro d'imprimeur : 75503.

ISBN 2-07-030082-X/Imprimé en France.